새 로 운
실용주의 과학철학

장하석

전대호 옮김

현실적인 사람들을 위한
실재론

김영사

새로운 실용주의 과학철학

1판 1쇄 인쇄 2026. 1. 26.
1판 1쇄 발행 2026. 2. 6.

지은이 장하석
옮긴이 전대호

발행인 박강휘
편집 이승환 | 디자인 지은혜 | 마케팅 고은미 | 홍보 강원모
발행처 김영사
등록 1979년 5월 17일(제406-2003-036호)
주소 경기도 파주시 문발로 197(문발동) 우편번호 10881
전화 마케팅부 031)955-3100, 편집부 031)955-3200 | 팩스 031)955-3111

값은 뒤표지에 있습니다.
ISBN 979-11-7332-470-3 93130

홈페이지 www.gimmyoung.com   블로그 blog.naver.com/gybook
인스타그램 instagram.com/gimmyoung   이메일 bestbook@gimmyoung.com

좋은 독자가 좋은 책을 만듭니다.
김영사는 독자 여러분의 의견에 항상 귀 기울이고 있습니다.

장하석

케임브리지대학교 과학사-과학철학과 석좌교수. 1967년 장재식 전 산업자원부 장관과 최우숙 여사의 차남으로 태어나 서울에서 고등학교 1학년까지 다닌 후 미국 명문 고교인 노스필드 마운트 허먼 스쿨을 수석으로 졸업했다. 캘리포니아 공과대학교에서 물리학과 철학을 공부하였고, 스탠퍼드대학교에서 〈측정과 양자물리학의 비통일성〉이라는 논문으로 철학 박사학위를 받았다. 하버드대학교(1993~1994)와 유니버시티 칼리지 런던(1995~2010)을 거쳐 케임브리지대학교(2010~현재)에 재직 중이다. 과학철학협회PSA 이사, 영국 과학사학회BSHS 회장을 지냈으며, 주요 연구 분야는 18세기 이후 화학과 물리학의 역사와 철학, 과학적 실천의 철학, 실재론, 다원주의, 실용주의, 측정, 증거 등이다.

2004년 출간된 첫 책《온도계의 철학Inventing Temperature》으로 지난 6년간 영어로 쓰인 저서 중 과학철학에 현저하게 기여한 책에 수여하는 러커토시상(2006)을 받았다. 2012년 출간된 두 번째 책《물은 H₂O인가?Is Water H₂O?》는 "과학의 역사와 철학에서 중요한 텍스트가 될 것이라 확신한다"라는 심사평과 함께 국적과 소속을 불문하고 지난 5년간 과학철학에서 뛰어난 성취를 보인 저서에 수여하는 페르난두 질 과학철학 국제상(2013)을 받았다. 2014년 2월부터 5월까지 EBS에서 연속 강연한 내용을 바탕으로 같은 해 출간한 과학철학 개론서《장하석의 과학, 철학을 만나다》는 한국과학창의재단의 우수과학도서에 선정되었다. 2021년에는 물리학의 역사와 철학 연구에서 혁신적이고 영향력 있는 연구를 수행한 공로로 미국 물리학회APS와 미국 물리연구소AIP가 수여하는 에이브러햄 페이스상을 받았다.

옮긴이 전대호

서울대학교에서 물리학을 공부한 후 칸트의 공간론에 관한 논문으로 같은 대학에서 철학 석사학위를 받았다. 독일학술교류처의 장학금으로 쾰른으로 유학, 헤겔의 논리학에 나오는 양적 무한 개념을 주제로 박사논문을 쓰던 중 귀국해 번역가로 정착했다.《과학을 인간답게 읽는 시간》《철학은 뿔이다》를 썼고,《정신현상학 강독》(전2권)을 옮기고 썼으며,《가끔 중세를 꿈꾼다》《성찰》을 비롯해 몇 권의 시집을 냈다.《물은 H₂O인가?》《신에 관하여》《관조하는 삶》《허구의 철학》《인터스텔라의 과학》《위대한 설계》《기억을 찾아서》《로지코믹스》《헤겔》(공역)《초월적 관념론 체계》《나는 뇌가 아니다》 등 많은 책을 번역했다.

새 로 운
실용주의 과학철학

현실적인

사람들을 위한

실재론

호기심과 통찰과 사랑을 베풀어준 아내
그레첸 시글러에게 바칩니다.

고국의 독자들께

2022년 영국에서 영어로 출간된 이 책을 이제 한국어로 여러분께 선보이게 되어 더할 나위 없이 기쁩니다. 저는 고등학교 2학년 때부터 외국에서 살았지만 여전히 한국에서 보내주시는 성원에 힘을 얻고 거기에 큰 의미를 두고 있습니다. 특히 일생 동안 변치 않는 사랑으로 저를 보살펴주시는 부모님과 누님을 비롯한 가족들, 그리고 저의 학문적 노력에 호응해주시는 동료 학자들과 학생들 덕분에 저는 늘 한국을 염두에 두고 모든 일을 진행하게 됩니다.

장기간 힘겨운 작업을 해주신 전대호 번역가님과, 출간을 주도하고 무사히 성사시켜주신 김영사의 이승환 편집자님 및 모든 관계자들께 진심으로 감사드립니다. 책의 내용에 깊은 관심을 보여주시며 저와 상세히 논의하여 작업해주신 것은 저자의 입장에서 기대하기 힘든 축복이었습니다. 요즈음은 번역도 인공지능에 기대어 기계적으로 할 수 있다고들 생각할지 모르지만, 수준 높은 번역을 한다는 것은 작품을 새롭게 창조해나가는 과정입니다. 특히 철학책을 번역한다는 것은 세세한 표현 하나하나에 지혜로운 판단을 내려야 하는 작업인데, 거기에 더해 이 책은 지적 경향이 특이할 뿐 아니라 제가 만들어낸 새로운 용어까지 들어가서 번역하기에 아주 껄끄러운 부분이 많았을 것입니다.

이 책은 과학철학에 실용주의를 제대로 도입해보려는 시도입니다. 저는 지난 40년간 공부하고 연구하고 가르치면서, 과학철학 분야에서 우리가 벌이고 있는 논의들이 과학자들이 실제로 하는 작업의 본질과 너무 동떨어져 있다는 아쉬움을 많이 느꼈습니다. 특히 철학자들이 전통적으로 이야기하는 지식 개념은 과학의 실천을 이해하는 틀로서 적합하지 못한 것 같았습니다. 다년간 그런 고민을 하다가 저는 현존하는 여러 철학적 전통 중 실용주의야말로 과학을 이해하는 데 가장 적합하다는 사실을 깨달았습니다. 실용주의는 19세기 말에서 20세기 초에 걸쳐 미국에서 처음 형성된 전통인데, 지식은 행동의 맥락에서 이해해야 하고 모든 쟁점 역시 실천에 기반해서 고려해야 한다는 철학적 입장입니다. 사실 저는 영어의 'pragmatism'을 '실용주의'로 번역하는 것이 별로 마음에 들지는 않습니다. 그보다는 '실천주의'가 더 낫지 않을까 생각합니다. '실용주의'라는 표현이 이미 굳어져 일단 그대로 사용하긴 했으나 이 책에서 그 의미는 '실용'이라는 말이 주는 세속적인 어감과 다르게 해석하고 있습니다. 이에 대해서는 본문의 1장 6절에서 자세히 다루었습니다.

한국어판의 제목에 대하여 추가 설명을 드릴 필요가 있겠습니다. 원서의 본제와 부제를 이 책에서는 자리바꿈하였습니다. 원서에서는 본제가 "현실적인 사람들을 위한 실재론Realism for Realistic People"이고, "새로운 실용주의 과학철학A New Pragmatist Philosophy of Science"이 부제입니다. 영어판의 본제는 소위 실재론realism이라는 것이 사실은 아주 현실적realistic이지 못한 입장이라는 생각을 거의 말장난에 가깝게 표현한 것이었는데, 한국어로 번역했을 때 그 아이러니가 충분히 전달되지 않아 제목을 조정하게 되었습니다. 독자 여러분께서 책의 본문, 특히 2장을 읽어보신다면 '과학적 실재론scientific realism'이라는 입장이 왜 허망하게 느껴질 수 있는지 이해하실 수 있으리라 생각합니다. 통상 말하는 과학적 실재론은, 과학이 인간의 인식과 전혀 상관없이 존재하는 궁극적 실재에 대한 지식을 얻을 수 있고, 이미 어느 정도 얻었다는 입장입니다. 이에 반하는 저의 입장은, 모든 지식이란 인간이 가지고 만들어내는 개념들이 부여하는 틀 안에서 형성될 수밖에 없다는 것입니다.

책의 표지에 대한 설명도 드려야겠습니다. 표지에 쓰인 이미지는 어떤 건물들이 물에 비친 모습을 거꾸로 뒤집어놓은 것입니다. 노르웨이 트론하임Trondheim시의 니드강 유역에서 제 아내가 찍은 사진으로, 이 책의 원서에도 표지로 쓰였습니다. 왜 이런 이상한 이미지를 사용했는지를 책에서는 따로 언급하지 않았으나, 한국의 독자들께는 이 자리를 빌려 꼭 설명을 드려야겠다고 생각했습니다. 사실은 제가 2014년에 한국에서 출간한 《장하석의 과학, 철학을 만나다》5장에서 이러한 이미지를 이미 소개하며 다음과 같이 설명했습니다.

"[뒤집기 전의] 이 사진이 보통 실재론자들이 생각하는 이론과 실재의 관계를 은유적으로 잘 나타내주고 있습니다. 사진의 윗부분에 명확히 나타난 건물이 실재의 모습입니다. 그 실재가 우리의 과학이론을 통해 표상되는 것이 물에 비친 모습입니다. 물에 비친 모습은 실재의 모습과 비슷하기는 한데 실재를 완벽하게 표현하지는 못합니다. 물결이 일어서 가장자리는 본래 모습과 달라진 데도 있고, 그렇지 않더라도 수면에 반사된 모습은 약간 흐릿합니다. 그래서 '어떻게 하면 이 표상하는 이론들을 더 잘 발전시켜서 실재와 가능한 한 똑같이 하느냐'가 실재론적 과학의 목표라고 비유할 수 있겠습니다.

저는 이 그림을 거꾸로 보자고 제안합니다. 무슨 이야기냐 하면, 이 복잡하고 간결하지 못한 것이 실재의 모습이고, 실재를 표현하고 기술하기 위해 우리가 만들어낸 이론은 깨끗하고 단정하다고 생각해보자는 것입니다. 왜냐하면 실재의 모습은 우리가 통제할 수 없지만, 우리가 만드는 이론은 노력해서 깨끗하게 할 수 있기 때문입니다. 단순하게 만들어놓은 이론은 관측내용과 정확히 맞아떨어지지 않기 쉽고, 또 실재를 그대로 보여준다고 할 수도 없지만 인간의 사고와 이해를 돕기 때문에 무척 유용합니다."

그런데 그로부터 저의 생각이 더 발전하여 한 가지 덧붙일 중요한 내용이 있습니다. 여기서 말하는 '실재'란 우리가 경험하는 세상의 모습이며, 그것은 이미 어떤 개념적 틀에 들어 있는 모습이라는 것입니다. 그 경험을 이론으로 다시 해석할 때는 개정된 또 다른 개념적 틀에 들어가게 되고, 그렇게 달라진 모습은 다음 단계의 탐구 대상이 되는 실재를 형성합니다. 이렇게 계속되는 "인식 과정의 반복"을 통해 지식은 진보합니다.

이 책이 많은 독자들께 감명을 드릴 수 있기를 간절히 바랍니다. 철학책이란 난해할 수밖에 없지만, 이 책은 전문가가 아니더라도 참을성을 가지고 읽어주시는 독자라면 내용을 이해하실 수 있도록 노력하여 썼습니다. '들어가는 말'의 끝부분에 자세히 설명되어 있듯이, 굵은 줄기의 내용들을 다룬 부분과 전문적 세부 사항을 다룬 부분은 서로 다른 활자체를 사용했습니다. 이런 식의 특이한 방법들을 동원하여 독자 여러분께서 각자 원하는 경향에 맞추어 읽으실 수 있도록 책을 구성했습니다.

사실 저의 학문적 습관은 과학의 세세한 내용을 통해 철학적 생각을 펼쳐나가는 것이고, 이 책에 나오는 것처럼 추상적인 철학 논의를 장황하게 하는 경우는 드뭅니다. 하지만 그런 논의가 필요한 시점도 있습니다. 이 책에서 소개하는 개념들은 여러 가지 구체적 상황을 분석하고 이해하는 데 도움이 되도록 디자인한 것입니다. 이처럼 철학적 논의가 인간이 하는 실천적인 일에 유용해야 한다는 믿음이 바로 실용주의 철학의 기반입니다.

한국의 독자들께서 보내주실 반응을 기대합니다.

이 책이 만들어지는 과정에서 도움을 준 사람이 너무 많아 그들 모두를 열거한다는 것은 어림없는 일이다. 내가 가장 크게 빚진 분들을 언급하기 위해 최선을 다하겠지만, 어쩔 수 없이 거명하지 못하고 넘어가는 모든 분들께 감사하며 양해를 구한다.

첫째로, 멀리 가까이 있는 모든 가족들, 특히 서울에 계신 부모님께 감사드린다. 부모님의 변함없는 사랑과 지원은 영영 이울지 않을 것이다.

내가 영국 아카데미 울프슨 연구 교수로서 3년 동안 연구에 전념하는 특권을 누리지 못했다면 이 책은 절대로 완성되지 못했을 것이다. 그런 자리에 임명된 것은 명예롭기도 했고 이 프로젝트가 가진 가치에 대한 확신을 주기도 했다. 영국 아카데미와 울프슨 재단에 충심으로 감사한다.

이 책이 세상에 나오도록 도와준 케임브리지대 출판부의 모든 분께 감사한다. 가장 중요한 사람은 오랫동안 격려와 지원을 베풀어주었으며 나의 계획 변경과 자꾸 늦어지는 일정을 인내해준

힐러리 개스킨이다. 제작 업무를 맡아준 스트레이브사의 니나 마힌과 동료들에게도 감사하고 싶다. 그리고 데미언 러브가 전문가의 솜씨와 꼼꼼한 관심으로 편집을 맡아준 것은 진정한 축복이었다.

필립 키처 교수님의 후한 도움이 없었다면 이 책은 결코 제대로 이루어지지 못했을 것이다. 키처 교수님은 다년간 나를 격려하고 가르쳐 이쪽으로 연구 방향을 잡게 해주셨다. 게다가 결정적으로 중요했던 영국 아카데미 연구 기금을 받도록 도와주셨고, 이 책을 쓰겠다는 제안서부터 시작하여 출판을 앞둔 원고 전체를 검토하고 비판해주셨다. 그것은 건설적 비판의 빛나는 모범이었다. 더구나 나를 지도할 의무가 전혀 없었는데도 이 모든 도움을 베풀어주신 것이다. 매우 유사한 맥락에서 마틴 카리에 교수님께 드리는 깊은 감사도 기록해두고자 한다.

마찬가지로 불가결했던 것은 나의 '천사들'(박사과정 학생들과 다른 젊은 학자들)이 베푼 도움이다. 이들은 내가 이 책의 첫 원고를 완성하기 위해 내달리는 동안 나의 '페이스메이커' 역할을 했으며 끝없는 조언과 격려를 제공했다. 코로나바이러스 대유행 기간 중 이들과 가진 주간 화상 모임은 아름다운 기억으로 영원히 남을 것이다. 특히 셀린 엔, 오스카 베스터블라드, 헬리나 스콧-포스만, 에밀리아 스쿨베르, 봅 포스에게 감사한다. 분량으로는 비교적 적었지만 마찬가지로 통찰이 풍부한 피드백을 건네준 사라 하이만스, 밀레나 이바노바, 하나 톰칙, 아그네스 볼린스카, 그레이스 필드에게도 감사한다. 다니엘 오트, 로리 켄트, 앙리키 곰스도 좋은 기여를 해주었다. 나의 천사들은 어두운 브렉시트의 나날에도 변함없이 나의 유럽연합으로 남아 있다.

이와 유사하게 세계 최고의 과학철학 센터 몇 군데 사람들이 이 프로젝트의 틀을 잡도록 도와주는 잊지 못할 기회들을 제공했다. 빌레펠트대학교(주관자는 마틴 카리에), 타르투대학교(아베 메츠, 엔들라 르키비), 에든버러대학교(미켈라 마시미), 유니버시티 칼리지 런던(UCL)/런던정경대학교(LSE)(키아라 암브로시오, 로만 프릭)에서 꾸려진 세미나와 원고 토의 모임에 대한 깊은 고마움을 나는 영원히 기억할 것이다. 마찬가지로 다음과 같은 곳에서 내 연구를 발표할 기회를 가졌던 것도 중요했다. 아리스토텔레스 학회(하나 카네기, 가이 롱워스), 리즈(그렉 래딕), 한양대학교(이상욱), 빈(마틴 쿠시, 프리츠 슈타들러, 엘리자베트 네메트), 겐트(에릭 베버), 옥스퍼드(사이먼 손더스, 하비 브라운), 베를린 공과대학교(프리드리히 슈타인러), 파르두비체(필립 그리가르), 피츠버그(샌디 미첼), 바르셀로나의 LOGOS와 UAB(카알 헤이퍼, 제노베바 마르티, 토마스 슈튐, 실비아 데 비앙키), 베른(안드레아 뢰트거스), 사이먼프레이저대학교(홀리 앤더슨), 토론토(하콥 바르세기얀), 몬테비데오(루시아 레보비츠), 그리고 SPSP, &HPS, PSA, CLMPST, 유럽 실용주의 철학회 등 여러 학회들이다. 위에 주관자로 거명한 분들뿐 아니라 그 모든 기회에 나에게 생각과 귀를 내어준 다른 많은 분들께도 감사한다.

여러 해에 걸쳐 이 책의 다양한 부분의 초기 버전을 읽고 비판적이며 건설적인 의견을 제공하여 나를 도운 다른 많은 분들께도 감사하고 싶다. 그들을 모두 언급하는 것은 불가능하지만, 특히 낸시 카트라잇, 로베르토 토레티, 폴 텔러, 미리엄 솔로몬, 레나 솔레, 제이미 쇼, 마이크 스튜어트, 앨리슨 와일리, 사비나 레오넬리, 제러미 버터필드를 언급하고 싶다. 또한 안나 알렉산드로바, 레이

철 앵케니, 띠어도어 아라바지스, 마리나 방케티, 앤-소피 바워치, 미케 본, 카림 브시르, 줄리아 버스텐, 안잔 차크라바르티, 앨런 차머스, 마즈비타 치리무타, 스타인 코닉스, 클라우디아 크리스탈리, 에이드리언 커리, 헹크 데 렉트, 스튜어트 파이어스타인, 닥핀 푈레스달, 피터 갤리슨, 마르타 할리나, 클리비스 헤들리, 로빈 헨드리, 제럴드 홀튼, 필리스 일라리, 알리스터 아이작, 케이티 켄딕, 켄 켄들러, 헬렌 라우어, 팀 루웬스, 제프리 로이드, 셰릴 미삭, 미겔 오네조르게, 테미스 판타자코스, 리디아 패튼, 휴 프라이스, 카롤리이나 풀키넨, 켄 섀프너, 두냐 세셀랴, 윌리엄 심슨, 조지 스미스, 크리스티안 슈트라서, 마우리띠오 수아레뜨, 케이티 탭, 데이브 테플로, 닉 테, 피터 비커스, 릭 웰치, 빌 윔샛, 짐 우드워드를 호명하고 싶다.

더 가까이는 케임브리지대학교 과학사-과학철학과에 속한 나의 동료들, 학생들, 또 다른 구성원들과 관계자들에게, 더없이 화기애애하고 활기찬 지적 환경 및 최고 수준의 도서관과 행정적 지원을 제공해준 것에 대하여 감사한다.

이 수많은 교류들을 통하여 나는 이를테면 어떤 학문적 지구촌에서 이런 책을 필요로 했고, 여차저차하여 나를 저자로 지명했다고 느꼈다. 그런 공상적 생각을 버리고 실제 일어난 일들로 말하자면, 내가 이 책에 포함된 내용의 초기 버전들을 선보였을 때, 아주 많은 분들이 매우 열정적으로 나를 격려하면서도 더 많이 더 잘할 필요가 있다고 일러준 것이다. 내가 특히 염두에 두는 것은 실천과학철학회Society for Philosophy of Science in Practice, SPSP를 통해 형성된 공동체다. 이 책은 여러분을 위한 것이다. 부디 기다려준 가치가 있기를 바란다.

5장 실재론

맺음말

일러두기

• 본문 중 고딕체는 원서에서 이탤릭체나 대문자로 강조한 부분, 굵은 글씨체는 저자가 고안한 핵심 용어들이다.

• 외국 인·지명 등은 국립국어원의 외래어표기법을 따랐으나 다음을 비롯한 몇몇 인명은 저자의 의견에 따라 원어 발음에 가깝도록 표기하였다. 원어는 '찾아보기'에 병기했다.

Newton 뉴튼　　　Lavoisier 라봐지에　　　Moore 모어　　　Steup 스토입

Cartwright 카트라잇　　　Clarence 클레어런스　　　Theodore 띠어도어

무엇이 문제인가?

이 책의 목표는 과학 지식을 보는 현실적인 철학적 시각을 제시하는 것이다. 그 시각은 실제 과학 연구와 관련지을 수 있어야 하고 사회적 정치적 삶에 유용해야 한다. 너무나 많은 그릇된 정보, 무지, 선입견, 기만, 불신으로 가득 찬 세상에서 무엇에 의지해야 신뢰할 만한 사실들과 통찰력 있는 이론, 행동을 위한 지침을 얻을 수 있을까? 나는 충분히 구식이어서 우리에게 최선의 희망은 과학과 과학적 태도라고 믿는다. 그러나 과학 지식은 궁극적 실재에 관한 보편적으로 증명된 진리라는 불가능한 이상이 우리를 자주 헷갈리게 만든다. 비현실적인 이상은 해로운 귀결을 불러올 수 있다. 지금 과학에 대한 대중의 신뢰가 처한 위기가 이를 더없이 명확하게 보여준다. 과학 옹호자들은 과학이 의문의 여지가 없는 진리를 제공한다고 은근히 주장하곤 하지만, 실제 과학이 그런 과장된 이미지에 부응하지 못하는 상황이 벌어질 경우, 그 주장은 맥없이 무너지고 과학은 이를테면 종교와 대등하다는 통념이 발생한다. 사람들은 이렇게 생각할 것이다. 진화가 완전히 증명된 바가 아니라면, 진화는 '단지 이론'이며 창조론과 동등하게 취급되어야 한다. 또한 이런 생각도 할 것이다. 인간의 활동이 기후변화를 일으킨다는 것이 완전히 증명되지 않았다면, 더구나 일으킨다는 생각에 동의하지 않는 과학자들이 있다면, 그 생각은 단지 과학계의 다수 의견일 따름이며 우리 나름의 의견보다 본질적으로 우월하지 않다.

확립된 과학 지식에 맞선 도전에 직면하면, 많은 과학자와 철학자, 그리고 과학에 관심이 있는 시민은 권위주의적인, 심지어 전제주의적인 충동에 굴복하면서, 그런 태도에 흔히 '과학적 실재론'이라는 딱지를 붙인다. 즉, 과학은 우리에게 실재에 관한 진리를(혹은 최소한 그 진리의 근삿값을) 제공하며 과학의 판결에 반발하는 사람은 (악의적인 사람까지는 아니더라도) 한마디로 어처구니없는 사람이라고 그들은 쏘아붙인다. 많은 이들은 현대 과학이 기본적으로 옳은 답들을, 혹은 적어도 옳은 답들을 얻기 위한 옳은 **방법들**을 보유하고 있다고 자만한다. 많은 '실재론자'는 이 생각을 신앙의 조목처럼 내세운다. 우리는 관찰 불가능한 실재의 면모들에 직접 접근할 수 없으며, 과학의 역사적 실적은 우주의 가장 기초적인 면모들에 관한 과학자들의 견해마저도 심하게 요동해왔음을 보여주는데도 말이다. 과학철학에서 통상적으로 (과학적) 실재론이라 불리는 입장의 핵심은, 우리가 보유한 최선의 과학 이론들은 자연에 관한 가장 근본적인 질문들에 대한 최종적인 답의 모종의 버전version을 내놓는 것이 틀림없다는 생각이다. 나는 널리 퍼진 이 같은 과

학적 실재론 철학이 '실재론realism'이라는 용어를 가장 비현실적인
unrealistic 교설에 전용한 사례에 불과하다는 느낌을 토로하지 않을
수 없다. 윌리엄 윔샛은 "풍부하고 어지러운 세상 안의 유한한 존
재로서의 인간을 위한 실재론"을, 바꿔 말해 "실재하는 사람들이 실
재하는 상황들에서 실제로 보유한 유형의 도구들로 실시간에 추구할
수 있는 과학철학"(Wimsatt 2007, 5쪽, 강조는 원문)을 이야기하는데,
나는 그것과 유사한 현실적인 실재론을 제안하고자 한다.

통상적으로 이야기되는 '과학적 실재론' 교설이 안고 있는
문제 하나는 우리가 과학 지식의 향상을 위해 무엇을 할do 수 있는
가에 관하여 말해주는 바가 지극히 적다는 점이다. 우리에게는 앎
의 **작업적**operational 이상이 필요하다. 즉, 우리가 일할 때 실제로 채
택할 수 있는 이상, 우리의 최선의 실제 실천들을 반영하면서 또한
어떻게 그 실천들을 더 향상할 수 있는지 가늠하게 해주는 이상이
필요하다. 이상이 언젠가 성취될 가능성은 물론 희박하지만, 이상
이 유용한 기능을 하려면, 이상은 우리를 다르게 생각하고 행동하
게 만드는 무언가일 필요가 있다. 오류가 전혀 없는 바이러스 검사
법을 발명하기, 또는 대도시에서 1년 내내 살인사건이 없도록 만
들기는 작업적 이상이다. 비록 우리가 이 이상에 영영 부응할 수
없더라도 말이다. 반면에 절대적 진리란 실제로 추구할 수 있는 이
상이 아니다. 왜냐하면 이 이상에 접근하기 위하여 우리가 실제로
할 수 있는 바가 없기 때문이다. 과학 지식에 관한 통상적 견해에
따르면, 과학은 우리의 견해와 경험으로부터 완전히 독립적으로
형태를 잘 갖춘 채로 '저 바깥에' 실존하는 실재의 참된 그림을 제
공해야 한다. 그러나 우리로서는 그런 '실재'에 접근하기가 불가능

하며, 그런 실재에 관하여 확실한 앎을 얻을 수 있는 현실적인 방법도 없다.

앎의 현실적인 이상은 또한, 민주사회 안의 성숙한 과학은 논쟁을 허용해야 하며 필립 키처가 말하는 '이상적인 대화'(2011a, 2장)[1]의 정신으로 의견이 다른 이들을 존중해야 한다는 점을 인정한다. 설령 현실적인 행동을 효과적으로 하기 위해서 불가피하게 특정 견해들을 상위에 놓고 다른 목소리들을 구석으로 제쳐놓더라도, 이런 조치는 지적인 공감과 연민을 동반해야 한다. 종교적 근본주의자처럼 행동하는 것은 종교적 근본주의를 이기는 길이 아니다. 가장 성숙한 사회들이 정치에서 반대파의 입을 대뜸 틀어막고 싶은 충동을 극복하는 법을 배운 것과 마찬가지로, 우리는 과학에서 그런 충동을 극복해야 한다. 억압을 정당화하는 권위를 과학에서 찾아서는 안 된다. 과학이란 비판으로부터 보호받는 교리들의 집합이 아니라 끊임없는 탐구와 논쟁이다. 내가 어린 시절에 흠모한 영웅 칼 세이건은 과학에 관하여 이렇게 말했다. "과학이 유일하게 내놓는 신성한 진리는 신성한 진리란 없다는 것이다."[2] 비록 모종의 교리들이 현실적으로 필요할 때가 더러 있지만, 교조주의가 우리 삶의 방식일 수는 없다.

일부 독자는 과학자들이 스스로 과학 지식에 관한 민주주의

---

1 필립 키처와 에벌린 폭스 켈러는(2017) 기후변화에 관한 이상적인 대화를 구체적으로 상상해냈다.

2 이 발언은 PBS 텔레비전 시리즈 〈코스모스〉의 열세 번째 에피소드에서 나온다. 책에 실린 같은 취지의 대목은 Sagan(1980, 333쪽)에서 읽을 수 있으며 다음과 같다. "그것[과학]은 두 가지 규칙을 가졌다. 첫째, 신성한 진리란 없다."

적 논쟁의 기틀을 세우고 유지하기를 바랄지도 모른다. 실제로 몇몇 과학자가 일찍이 계몽시대에 그런 노력을 했다고 나는 믿는다. 전통적인 교설들에 맞선 반란이 처음에 일으킨 흥분이 가라앉은 후 커지는 과학의 인식적 권위를 과학 자신이 더 개방적이고 겸손한 태도로 살펴볼 필요가 생긴 것이 그런 노력의 계기였다(Chang 2012b 참조). 그러나 가차없는 전문화 과정은 많은 현대 과학자가 그런 필요를 망각하는 결과를 가져왔다. 과학자의 처지가 그러하다면, 과학철학자가 그 어려운 과제를 담당하는 것이 적절하다. 그러나 전통적인 철학적 사유의 많은 부분은 앞서 언급한 불가능한 앎의 이상을 숙고하는 일에 발목이 잡혀 실제 과학 실천에 관한 통찰들을 내놓지 못하고 있으며, 슬프게도 이것이 현실이다. 물론 많은 좋은 연구가 '개별 과학에 관한 철학'을 다루는 다양한 분야에서 과학 실천자들과 소통하며 이루어졌지만, 그런 연구의 정신은 딱히 과학에 대한 관심 없이 연구되는 인식론과 형이상학에는 말할 것도 없고 일반적인 과학철학 담론에도 스며들지 못했다. 사회와 문화 안에서 과학의 위치에 관심을 기울이는 학자들은 실제 과학 실천에 관여하기에 적합한 일반적인 과학철학이 필요함을 절실히 느끼고 있다. 이 책이 추구하는 바는 바로 그 필요에 부응하는 것이다.

지식, 진리, 실재에 관한 실용주의적 견해

과학 지식에 관한 우리의 철학적 견해가 실제 과학 실천과 더 잘 연결되게 만들기 위하여 내디뎌야 할 가장 근본적인 한 걸음은 이것이다. 즉, 우리는 우리 자신이 과학에서 실제로 하는 일이 무엇인지 생각해야 한다. 나는 퍼시 브리지먼의(1956, 76쪽) 작업주의적 철학에서 영감을 얻는다. "대상들objects 혹은 존재들entities을 분석하는 것보다 행동들 혹은 사건들을 분석하는 편이 더 낫다. 왜냐하면 후자가 우리를 더 멀리 나아가게 해주기 때문이다."[3] 확실히 이 제안은, 지식이란 진리인 진술들 혹은 명제들의 집합(또는 이 집합과 같은 유형의 무언가)에 대한 정당화된 믿음이라고 여기는 분석철학자들의 기본적인 직감 너머로 우리를 데려갈 것이다. 1장에서 설명하겠지만, 내가 권장하는 대안적인 시각은 과학을(그리고 무릇 탐구를) 사람들이 하는 일로, 달성 여부를 (절대적 진리에 도달했는지와 달리) 실제로 평가할 수 있는 다양한 목표를 추구하는 인식 활동들로 이루어진 일로 간주한다. 이런 관점에서, 지식은 일차적으로 능력으로 간주될 것이며 정보 소유로 국한되지 않을 것이다. 신뢰할 만한 믿음을 품는 것은 활동들을 성공적으로 수행할 능력의 한 측면이지만 그 능력의 전부는 전혀 아니다.

　　내가 제안하는 이 같은 넓은 의미의 작업주의적 정신 안에서 우리는 철학적 개념들인 '진리'와 '실재'를 재고할 것이다. 그렇게 하는 목적은 비현실적이며 방어할 수 없는 교조주의를 부추기지 않으면서 그 개념들을 사용할 수 있게 만드는 것이다. 진리와 실재는 '표상하고 개입하는'(Hacking 1983) 실제 활동에서 완벽하게

---

3 브리지먼의 사상은 흔히 오해되었다. 그는 '작업주의operationalism'라는 명칭을 좋아하지 않았다. 나의 해석을 보려면 Chang(2009b; 2017c) 참조.

유의미한 개념들이며 그 실천의 영역 안에 머물러야 한다. 우리는 우리가 도달한 진리가 절대적이라고 주장하지 않으면서 진술들의 진리임과 거짓임을 놓고 논쟁할 수 있어야 한다. '이 논점과 관련해서는 대통령이 실재와 동떨어져 있다'와 같은 진술을 하면서, 우리 자신도 접촉하고 있다고 주장할 수 없는 어떤 형이상학적 실재의 영역을 들먹이지 않을 수 있어야 한다. 그렇게 유용한 진리 개념 및 실재 개념과 이 개념들에 기초한 지식의 실천적 이상을 명확히 제시하는 것은 내가 보기에 철학의 가장 중요한 과제들 중 하나다.

　　　내가 제안하는 지식, 진리, 실재의 재구성은 '작업적 정합성'이라는 개념을 주춧돌로 삼는다. 이 개념은 1장에서 상세히 논의될 것이다. 매우 개략적으로 말하면, 작업적 정합성을 위한 관건은 우리 활동의 요소들이 서로 조화롭게 들어맞도록 만듦으로써 우리의 목표가 달성될 가능성을 확보하는 것이다. 작업적 정합성은 자전거를 탈 때 신체 동작과 물질적 조건을 능숙하게 조화하는 것처럼 일상적일 수도 있고, 위성 위치 확인 시스템GPS의 작동에서 추상적 이론들과 물질적 기술들의 성공적 통합처럼 전문적일 수도 있다. 이 같은 작업적 정합성 개념에 기초하여 4장에서 내놓을 진리 개념에 따르면, 한 진술이 경험적으로 진리라 함은 그 진술이 작업적 정합성을 띤 활동의 촉진에 긍정적으로 기여할 수 있다는 뜻이다. 이와 유사하게 3장에서 나는, 무언가가 '실재한다' 함은 그 무언가의 존재와 기본적 속성들에 의존하는 정합적 활동에서 그 무언가가 채용될 수 있다는 뜻이어야 마땅하다고 제안할 것이다. 이런 식으로 상정된 진리임과 실재함은 우리의 활동에 기반한 속성들이다.

철학 전통들과 관련해서 말하면, 내가 하려는 일은 실용주의를 되살림으로써 과학철학 분야의 기초 담론을 재구성하는 것이다.[4] 이미 확립된 철학 시스템들 가운데 우리가 지식을 얻고 사용할 때 실제로 하는 일이 무엇인지에 관한 관심을 적절히 촉진할 가망이 가장 큰 것은 실용주의다. 실용주의는 지식을 겸손한 현장 탐구의 성과로 여기며, 우리가 살면서 실제로 수행하는 지적 활동들 안에 지식을 위치시킨다. 서둘러 덧붙이자면, 실용주의는 철학 내부에서 흔히 오인되고 비난당해왔다. 그리하여 내가 보기에 실용주의적 견해를 지닌 많은 사람이 실용주의라는 명찰을 거부할 지경이다. 심지어 앎이(이 번역서에서 knowledge는 맥락에 따라 '지식'으로도 옮기고 '앎'으로도 옮긴다. 정보의 성격을 강하게 띨 때는 '지식'이, 활동과의 연관성이 부각될 때는 '앎'이 번역어로 사용된다 – 옮긴이) 어떻게 활동의 맥락 안에 존재하는지를 선구적으로 강조한 마저리 그린조차도 실용주의라는 명찰을 몹시 꺼렸다. 그녀는 그 명찰을 상대주의라는 명찰보다 더 심한 모욕으로 여겼다. "실용주의라고? 그렇게 우리의 입장이 인지적 명제들에 대한 관심을 아예 버려야 한다는 주장으로 오해받는다면, 우리는 우리 자신의 입장을 매우 부적절하게 소개하고 있는 것이다"(Grene 1987, 69쪽). 어떤 단어가 부정적 함의들로 너무 심하게 오염되어 있어서 우리가 그 단어의 오용과 남용을 교정하려 부질없이 애쓰는 대신에 간단히 그 단어를 버려야 할 경우가 때때로 있을 수 있다. 그러나 내가 보기에 '실용주의'

---

4 많은 점에서 나는 제임스 우드워드가(근간) 제시하는 지침들을 따른다.

라는 용어는 버려지지 않고 변호되고 향상될 수 있으며 그렇게 되어야 마땅하다. '진리', '실재'도 마찬가지다.

　　나는 이 책의 본문에서 내가 보는 실용주의에 관하여 더 신중하고 체계적인 견해를 제시할 것이다. 그러나 먼저 나의 입장을 명확히 하기 위해 몇 마디 간략하게 언급해두는 것이 좋을 성싶다. 실용주의에 대한 통상적인 오해는 두 방향에서 유래한다. 첫째, 실용주의자는 진리의 의미와 상관없이 무릇 진리를 무시한다는, 왜냐하면 실용주의는 당사자에게 편리한 것이라면 무엇이든지 진리로 간주하도록 허용하기 때문이라는 비난이 있다. 이것은 실용주의에 대한 최악의 왜곡이다. 우리의 견해가 실천에서 효과적인지 여부가 우리의 변덕스러운 기분과 소망에 달려 있지 않다는 점은 더없이 명백하다. 또한 명백히 그 여부는 피상적이고 제한된 의미에서 무엇이 우리에게 '편리한가'에 관한 문제도 아니다. 일을 정합적으로 하려면, 우리는 주위 환경을 숙달할 필요가 있다. 실제로 우리의 지식이 객관적인 무언가와 관련 맺게 되는 것은 접근 불가능한 '진짜 세상'과의 대응이라는 신기루에 의해서가 아니라 작업적 정합성을 통해서다.

　　통상적인 둘째 오해는 실용주의가 오직 '실용적인' 것들만 다룬다는 것이다. 심지어 어떤 이들은 현재 만연한 인문학과 기타 '비실용적' 연구 분야들에 대한 평가절하를 실용주의 탓으로 돌리기까지 한다. 참된 실용주의가 주목하는 관건은 우리의 견해가 무릇 실천에서 효과적이냐 하는 것이다. 실용주의가 단지 돈벌이나 적군 죽이기 같은 '실용적' 실천들에만 관심을 기울이는 것은 전혀 아니다. 인간의 실천은 엄청나게 다양한 유형의 목표를 추구하며,

실용주의는 그 모든 유형에 관심을 기울인다. 예컨대 유럽원자핵 공동연구소CERN를 비롯한 순수과학 연구기관들에서 진행하는 실험의 대다수는 적어도 현재로서는 확실히 '실용적이지' 않다. 그러나 그런 시설들에서 벌어지는 일은 이론에 대한 경험적 검증의 완벽한 본보기이며, 실용주의자는 그 검증을 존중하고 소중히 여긴다. 실용주의자가 허수 개념의 정당성을 옹호하는 근거는 허수가 가능케 하는 모든 생산적인 수학적 실천, 그러니까 공학적 응용뿐 아니라 실용적으로 무익한 실천들까지 포함한 모든 수학적 실천이다. 실용주의자가 푸가의 정당성을 옹호하는 근거는 무수한 사람이 바흐의 걸작들을 들으며 느껴온 감동이다. 그런 음악 작품이 군대의 발맞춘 행진에 도움이 되는 등의 '실용적' 효과를 낼 수 있는지는 실용주의자의 음악 평가와 아무 상관이 없다.

실용주의 정신이 권고하는 바는 철학이 삶에서의 다양한 실천으로부터 동떨어지지 말아야 한다는 것이다. 그리고 그 다양한 실천은 과학을 포함한다. 철학자는 색다르고 특이하게 생각할 필요가 있지만 또한 지금 여기에서 사람들에게 중요한 것들에 관하여 생각할 필요가 있다. 이른바 '안락의자 철학armchair philosophy'이 실제로 필요할 때도 있다. 그러나 그 안락의자는 우리가 가끔 불가피하게 물러나 잠시 머무는 장소로, 우리가 실제 삶의 문제들을 차분하고 신중하게 생각할 수 있게 해주는 장소로 머물러야 한다. 어쩌면 놀라는 독자도 있겠지만, 이런 실천적 참여의 정신은 빈 학단의 논리실증주의 선언에서 강하게 표출되는 성향이다(아래 인용하는 선언이 당대의 젠더 차별적 언어를 사용하고 있다는 점을 양해해주기 바란다).

깔끔함과 명확함을 추구하고, 어두컴컴한 먼 곳과 불가해한 깊이를 배척한다. 과학에 '깊이'란 없다. 어디에나 표면이 있다. 인간man은 무엇에든지 접근할 수 있으며, 만물의 척도다. 이런 면에서 플라톤주의자가 아니라 소피스트와의 유사성이, 피타고라스주의자가 아니라 에피쿠로스주의자와의 유사성이, 세속적인 존재와 지금 여기를 대변하는 모든 이들과의 유사성이 존재한다.(Neurath 외 [1929] 1973, 306쪽)

현실적인 행동을 요구하는 과학적 실재론

위에 서술한 나의 관심과 가장 밀접하게 관련된 철학적 싸움터는 과학적 실재론을 둘러싸고 오래전부터 격렬히 벌어져온 논쟁이다. 일카 니닐루오토는 과학적 실재론을 다루는 박식하고 통찰력 있는 저서의 첫머리에서 이렇게 운을 뗀다. "20세기 과학철학은 '실재론적' 접근법과 '반실재론적' 접근법이 맞선 전쟁터였다"(Niiniluoto 1999, v쪽). 표준적인 과학적 실재론은 불가능한 일이 모종의 방식으로 가능함을 보여주려 애쓰지만, 즉 경험과학이 정말로 경험을 넘어선 것에 관한 확실한 진리에 도달할 수 있음을 보여주려 애쓰지만, 나는 철학자들의 관심을 그런 표준적인 과학적 실재론의 노력으로부터 멀리 떼어놓고 싶다. 2장에서 논증하겠지만, 우리가 세상World에 관한 궁극의 진리를 보유했는지 여부를 알 수 없다는 사실을(또한 그런 진리에 관한 생각들이 어쩌면 무의미하기까지 하다는 점을) 받아들일 때가 되었다. 과학적 실재론자들은 이 명백한 사실을 피해보려는 노력에 매달림으로써 그릇된 길로 들어선다. 한편 반실재론자들이 범하는 실수는 그런 실재론적 고집에 맞서 비생산적인 싸움을 벌이는 것이다.

나는 실재론을 과학자들에게, 또 경험적 지식의 생산, 평가, 향상에 실제로 참여하는 다른 사람들에게 유용한 입장[5]으로 재조형再造形하고자 한다. 그 입장, 곧 현실적인 사람들을 위한 실재론은 5장에서 온전히 상술될 것이다. 내가 실행하려 하는 과제는 이미 10년 전에 내가 주창했던 바다. "나는 (대다수의 경험주의자 및 실용주의자를 포함한) 현실적인realistic 사람들이 '실재론realism'이라는 표찰을 '실재주의'로서 되찾아야 한다고 생각한다!"(Chang 2012a, 217쪽, 번역서 457쪽, 강조는 원문). 다른 많은 이들도 이를 촉구한 바 있다. 예컨대 내 생각의 노선은 피터 코소가(1998, 8장, 177~178쪽) '현실적인 실재론'이라고 부른 것과 어느 정도 유사하다. 내가 코소에게서 '현실적'이라는 표현을 흡수했는지 기억나지 않지만, 그랬다 해도 좋다. 5.1절에서 나는 현실적인 정신을 표명한 다른 저자들을 추가로 언급할 것이다.

내가 이 책에서 제시하는 지식의 작업적 이상이 전통적인 '실재론자'와 '반실재론자'를 양쪽 다 설득하여 그들 모두가 동의할 수 있는 더 현실적인 형태의 실재론이 있음을 믿게 만들기를 바

---

5 나는 '입장stance'이라는 용어를 반 프라센이 그 용어를 경험주의에 적용할 때, 그리고 켈러트, 론지노, 워터스가(2006) 다원주의에 그 용어를 적용할 때와 유사한 의미로 사용한다. 반 프라센이 약간 더 나중에 제시한 설명은 이러하다. "입장은 태도들의 뭉치다. 입장은 (사실에 관한 믿음을 포함한) 명제적 태도와 기타 태도들로 이루어지며, 특히 의도들, 신념들, 가치들로 이루어진다."

란다. 내가 내놓는 현실적인 실재론은 진정한 경험적 배움에 초점을 맞추며 실제 삶에서 합리적 결정이 내려지는 방식을 개념화하는 데 적합한 앎의 개념을 제공한다. 앎은 우리가 사는 세상 안에서만 유의미하다. 힐러리 퍼트넘이(1980a, 100쪽; 1981, 49쪽) 말한 자연을 보는 '신의 관점God's Eye point of view', 세상의 '진짜' 모습을 볼 수 있게 해주는 '외재주의적' 관점을 추구하는 것은 부질없고 해로운 철학적 꿈이다. 로베르토 토레티는(2000, 114쪽) "실재는 인간의 행동과 생각으로부터 독립적으로", 그럼에도 "인간의 담론으로 적절하게 표현할 수 있는 방식으로 영원불변하게 잘 정의되어 있다"고 믿는 '과학적 실재론자들'을 맹비난한다. 실재론자로 자처하는 그들의 주장에 따르면 과학의 목표는 "실재를 바로 그렇게 적절하게 표현하는, 플라톤의 말을 빌리면 '실재의 마디마디를 능숙하게 분절하는' 담론을 개발하는 것이며, 현대 과학은 이 목표의 달성에 뚜렷이 접근하고 있다". 토레티는 "이 주장들 중 어느 것도 받아들이기 어려울뿐더러 무슨 뜻인지 이해하기조차 어렵다"고 토로한다. 인식론은 존재하지 않는 '최종적인' 지식에 초점을 맞추지 말아야 한다. 신의 관점에 기초한 과학 지식에 관한 견해가 규제적 이상regulative ideal으로서 유용하다고 강변하는 것은 부질없다. 우리가 어떻게 행동하는지와 실제로 관련되어 있지 않다면, 우리의 실천을 규제하는 데 실은 기여하지 못한다면, 그 무엇도 '규제적'이라고 간주될 수 없으니까 말이다.

　　5장에서 자세히 설명하겠지만, 내가 이 책에서 주창하는 실재론은 행동을 관건으로 삼는 입장이다. 과학에 적용할 경우 이 입장은, 과학은 더 나은 지식을 더 많이 얻기 위해서 할 수 있는 모든 일을 해야 한다고 말하는 철학적 입장이다. 따라서 이 입장은, 보아하니 과학은 지식을 아주 잘 발견하며 그 지식은 실제 세상의 상태를 충실히 반영하는 것이 틀림없다는 점을 흡족하게 지켜보는 구경꾼의 입장과 반대된다. 대다수 과학자에게 물으면, 그들은 나의 행동 중심적 입장에 대한 지지를 명확히 밝힐 것이다. 비록 그들의 실제 행동은 때때로 다른 쪽으로 향하더라도 말이다. 내가 주창하는 실재론의 행동 중심적 본성은 그 실재론을 형이상학적 실재론과는 전혀 다른 유형의 교설로 만든다는 점을 유념할 필요가 있다(2장에서 논하겠지만, '과학적 실재론'은 대개 형이상학적 실재론과 동맹을 맺는다). 형이상학적 실재론의 선언들('외부세상은 실재한다!')은 대다수 현장 과학자의 관심을 끌지 못한다고 할 만하다('귀찮게 굴지 말고 꺼져! 난 자연에 관해서 뭔가 배우느라 바빠'). 내가 주창하는 실재론은 과학의 진보에 능동적으로 기여하는 입장이므로 '실재론'보다는 '실재주의'라고 부르고 싶다. 삶의 다른 영역에서도 지식이 좋은 것으로 간주된다면, 그 영역이 무엇이건 간에 실재주의는 거기에도 유사하게 적용된다. 실재주의는 우리가 믿는 바, 혹은 우리가 안다고 생각하는 바에 만족하며 머무르지 말라는 명령이다. 이런 실재주의 정신은 사회적 진보 및 정치적 진보와도 밀접한 관련이 있다.

이것은 어떤 책인가?

많은 철학자는 어디에서나 철학적 논쟁의 중심에 놓이는 책을 쓰려는 야심을 품는다. 나의 야심은 유용한 책을 쓰는 쪽에 더 중점을 둔다. 내가 제시하고자 하는 것은, 사람들이 다양한 분야에서 하는 일의 도구로 채택할 수 있는 생각들, 바라건대 지식과 관련한 좋은 실천들을 이해하고 증진하고자 하는 사람들이 생산적으로 사용함으로써 그 가치가 입증될 생각들이다. 나 자신의 연구에서 과학철학 분야의 생각이 즉각 사용되는 것은 항상 과학사의 틀 안에서였다. 이 책에 담긴 생각들은 내가 동시에 수행 중인 새로운 과학사 연구에 적용되고(또한 그 연구의 영향을 받고) 있다. 그 연구의 결과는 별개의 저서(《전지는 어떻게 작동하는가?How Does a Battery Work?》, 시카고대학교 출판부 근간)로 출간될 것이다. 바라건대 이 책에서 펼칠 철학적 생각들은 다른 사학자들에게도, 또한 사회학자, 인류학자, 그 밖에 과학을 경험적으로 연구하는 이들에게도 유용한 기틀이 될 것이다. 더 나아가 나의 생각이, 자신들이 아주 잘하는 일의 목표와 방법을 더 명확히 이해하기를 원하는 과학 실천자들에게 도움이 되기를 바란다. 내가 말하는 '과학 실천자'는 연구에 종사하는 과학자뿐 아니라 엔지니어, 의사, 수학자, 또한 이 모든 분야의 교사와 학생까지 아우른다. 더욱더 광범위한 바람은 우리의 개인적 삶과 사회적 삶에서 과학이 차지하는 지위를 신중하게 숙고하고자 하는, 정책 결정자와 일반 대중을 포함한 모든 사람에게 이 책이 유용하게 쓰이는 것이다. 내가 제시할, 좋은 지식의 작업적 이상이 과학과 정치 및 윤리가 만나는 모든 영역에서 명쾌한 사고를 돕기를 바란다.

나는 반박과 논쟁에 초점을 맞추지 않을 것이다. 단, 2장에서처럼 나 자신의 견해를 펼칠 공간을 창출하는 일이 정말로 필요할 때만 제외하고 말이다. 나는 이 책의 논의와 유관한 전문적인 철학 분야들에서 현재 진행 중인 첨단의 논쟁들 다수를 대체로 우회할 것이다. 이는 그 논쟁들을 존중하지 않기 때문이 아니라 단지 무엇이 중요한지에 대해 내가 느끼는 우선순위를 반영할 따름이다. 나의 주요 관심사는 다른 사람들이 틀렸다고 주장하는 것이 아니다. 그들 중 다수는 나보다 우월한 지식인이며 고유한 견해를 발전시키고 방어하는 일에 많은 노력을 기울여왔음을 나는 안다. 실제로 내가 추구하는 목표의 한 부분은 과도하고 쩨쩨한 논쟁을 피하는 것이다. 나는 그 논쟁들이 벌어지는 좁은 특수분야들에 종사하지 않는 직업 철학자 대다수에게조차도 실질적인 쓰임새가 없는 전문 학술 철학서를 쓰고 싶지 않다.

　　　나의 가장 큰 관심사는 구체적인 주장들을 제시하는 것이 아니라 관점 혹은 입장의 변경을 촉구하는 것이다. 때때로 나는 단지 유용한 동어반복을 제시할 것이다. 예컨대 '우리가 생각과 말로 다룰 수 있는 모든 것은 개념화된 것이다'라는 동어반복을 말이다(3장 참조).[6] 나는 독자 여러분이 설령 나의 몇몇 특수한 주장에 동의하지 않더라도 수긍할 수 있는 전체적인 그림을 제시하기를 열망한다. 그리고 결과가 어떠하건 간에, 내가 보기에 철학은 주장들을 절대적으로 증명할 수 있거나 논쟁에서 명명백백하게 이길 수 있는 분야가 아니다. 나는 이 책에서 제시할 생각들을 열렬히 옹호하지만, **존중으로 충만한 비난, 평화로운 선동, 생산적인 불만의 달인**

---

[6] 유용한 동어반복의 일상적인 예로 '사내라면 해야 할 일을 해야 한다'와 최근의 악명 높은 동어반복인 '브렉시트는 브렉시트다'(전 영국 총리 테리사 메이의 발언)를 들 수 있다.

이 되려 애쓴다. 나는 굳이 이성과 합리성을 들먹이지 않으면서 이성적이며 합리적이고 싶다. 실재에 관한 웅장한 주장 없이 현실적이고 싶으며, 테이블을 내리쳐가며 진리를 논함 없이 정직하며 진실하고 싶다.

저서 전체를 추상적인 철학에 할애하는 시도는 나에게 이번이 처음이다. 나는 평소 연구 모드를 벗어나야 한다는 일종의 의무감을 느꼈다. 물론 이 연구도 확실히 즐거웠지만 말이다. 이 책에서 내가 제시할 생각들은 명확히 제시될 필요가 있었지만, 나로서는 그 생각들이 이미 명확하고 체계적이며 이해하기 쉽게 종합되어 있는 것을 어디에서도 발견할 수 없었다. 그리하여 나는 나 자신과 타인들을 위하여 그 생각들을 나름의 방식으로 명확히 표현해볼 수밖에 없었다. 나는 지속적인 추상적 사고를 그리 잘하는 축에도 끼지 못한다. 특히 철학계의 횃불들인 대단한 사상가들과 비교하면 확실히 그러하다. 그들의 연구는 한마디로 존경과 경외를 자아낸다. 그러나 천재는 좋은 선생이나 설명자인 경우가 드물다는 생각을 위안으로 삼고자 한다. 또한 나는 완전히 추상적인 책을 쓰는 일에 실은 성공하지 못했다. 정반대로 본문의 논의는 과학사와 일상에서 가져온 구체적 사례들을 많이 포함할 것이다. 물론 과학사에 관한 논의가 길게 이어지는 대목은 없다. 미리 밝혀두는데, 내가 드는 과학적 사례의 대다수는 물리학과 화학에서 유래한 것들이다. 나는 자연과학, 사회과학, 인문과학을 통틀어 사례들을 골고루 뽑아내지 않았다. 솔직히 이는 물리학과 화학이 내가 가장 잘 아는 과학들이기 때문이다. 하지만 나의 한계가 장점일 수도 있다고 생각한다. 왜냐하면 내가 넘어서고자 하는 전통적인 과학철학적 견해들은 주로 물리과학들에서, 특히 물리학에서 영감을 얻은 것들이기 때문이다. 나의 주장을 예증하기 위하여 물리학에서 많은 예를 끌어옴으로써 나는 심지어 물리학조차도 '물리학'(곧 통상적인 물리학의 이미지) 같지 않다고 주장하는 셈이다.

솔직히 말하건대, 이 책에서 정말로 독창적인 생각은 극히 드물다. 모든 철학은 플라톤과 아리스토텔레스에 대한 각주라는 흔한 말에는 동의하지 않지만, 사람들이 몇백 년 동안 고민해온 중요한 사안에 관하여 완전히 독창적인 생각을 하기는 어렵다고 나는 생각한다. 나의 생각들은 임마누엘 칸트부터 낸시 카트라잇까지 아우르는, 과거와 현재의 여러 위대한 사상가들에게서 영감을 얻었다. 내가 이 책에서 정말로 독창적이라고 생각하는 부분은 그들의 오래되고 익숙한 생각들을 내 나름대로 종합하는 방식이다. 그 방식이 종합된 성분 각각의 가치와 중요성을 향상시키기를 바란다. 거듭 말하지만, 나의 주요 목표는 독자 여러분이 각자의 목적을 위해 사용할 수 있는 긍정적 견해를 제시하는 것이다. 필요할 경우 나의 생각을 다른 저자들의 연구와 관련짓고 시비를 가리기 위해 최선의 노력을 다하겠지만, 일반적으로 나의 초점은 세밀한 논쟁이나 해석에 놓이지 않을 것이다. 오히려 다른 사상가들의 생각을 나 자신의 생각을 위한 영감으로 삼고 가능하면 언제나 그들의 연구를 기반으로 삼음으로써 그들에게 존경을 표할 것이다. 그리고 여러분도 나의 연구를 그렇게 대해주기를 바란다.

책의 구조에 관하여

이 책의 구조는 여러 갈래와 층으로 이루어져 있다. 이런 구조를 채택한 이유는 되도록 읽기 쉽게 만들기 위해서다. 독자가 처음부터 끝까지 모든 단어를 일일이 읽지는 않으리란 것이 현실임을 수긍하면서 품는 또 하나의 의도는 효과적이고 정합적인 발췌 독서를 돕는 것이다. 이 '들어가는 말'에서 나는 우선 책 전체를 아주 간결하며 직관적인 방식으로 개관했다. 이어질 몇 개의 장은 전체 이야기의 특수한 측면들을 상세히 다룰 것이다. 이것이 줄기와 가지로 이루어진 이 책의 전반적 구조다.

가지가 퍼져나가는 구조는 다음 단계에서도 계속되어, 각각의 장도 가지가 여럿인 구조를 띨 것이다. 우선 개관을 담은 절이 나오고, 이어서 더 전문화된 절들이 나올 텐데, 그 절들은 특수한 논제에 관한 전문적 세부 사항을 더 충실히 다루면서 독자들이 제기할 만한 구체적 반론과 상세한 설명의 요구도 자주 거론할 것이다. 이 전문화된 절들도 간략한 요약을 출발점으로 삼고 이어서 세부 사항을 덧붙일 것이다. 이 책의 논의는 그렇게 프랙털과 유사한 방식으로 점점 더 전문화되면서 무한정 이어질 수도 있을 것이다. 큰 그림과 세부 내용을 구분하기 쉽도록, 이 '들어가는 말'과 각 장의 첫 개관 절, 그리고 다른 절들의 첫머리 요약은 나머지 본문과 다른 활자체로 인쇄했다.

이 같은 분기 구조는 수학적 증명 같은 형태가 아니라 잘 짜인 신문 기사나 웹사이트와 유사하다. 물론 책의 구체적인 부분들은 연역적 논증을 일부 포함하겠지만 말이다. 당신은 스스로 원하는 대로 이 책을 읽을 수 있다. 즉, 짧게 또는 길게, 간명하게 또는 상세히 읽을 수 있다. 당신이 바쁘거나 그다지 관심이 없다면, (이 활자체로 인쇄된) 맨 위층 텍스트만 읽으라. 주어진 장이나 절의 개관을 직관적으로 이해하고 동의한다면, 당신은 그 장이나 절을 더 읽지 않아도 된다. 그러나 나는 당신이 계속, 적어도 몇몇 특수한 가지까지 읽고 싶어지기를 바란다. 이 책의 분기 구조는 모름지기 탐구는 끊임없이 증식할 수 있고 증식해야 한다는 나의 직감을 표현한다. 우리가 어떤 결론에 도달하건 간에, 그 결론은 추가 탐구를 위한 새로운 질문들과 논제들을 불러일으켜야 마땅하다.

1장

능동적 앎

ACTIVE KNOWLEDGE

1.1 개관

과학은 어떻게 명제적 지식을 넘어서는가

지식의 작업적 이상을 세우고자 한다면 우선 사람들이 무엇을 하는가를 중심으로 지식을 이해해야 한다. 나는 할 줄 앎이라는 의미의 지식에, 그러니까 능력으로서의 지식에 초점을 맞추고자 한다. 일반적으로 철학자들은 지식을 진리인 명제 혹은 (조직화된 명제 집합을 의미하는) 이론을 소유하기로 간주한다. 이 기본 견해는 지배적인 인식론 교과서가 채택하는 접근법의 핵심을 이루며, 주류 분석철학자들은 여전히 그런 교과서로 인식론 공부를 시작한다. 권위 있는 〈스탠퍼드 철학 백과사전Stanford Encyclopedia of Philosophy〉에 실린 글에서 조너선 젠킨스 이치카와와 마티아스 스토입은(2018) 이렇게 선언한다. "지식 분석 프로젝트란 명제적 지식을 위해 개별적으로 필요하며 종합적으로 충분한 조건들을 진술하는 것이다." 이어서 그들은 전통적인('세 부분으로 이루어진') 지식 분석, 곧 '지식을 위한 필요충분조건은 정당화된 진리인 믿음이다'[1]를 상기시킨다. 물론 연구의 첨단에 있는 인식론자들은 '인식론 개론' 강좌에나 나올 법한 이 분석을 훌쩍 넘어섰다. 하지만 이 분석 앞에서 나 자신이 받는 느낌은 다음과 같은 오래된 농담을 되새기게 한다. '레터프랙에 가려면 어떻게 해야 하죠? ─나라면 여기에서 출발하지 않겠어요'(출발점이 부적절해서 길이 너무 멀고 복잡해진 상황을 표현하는 농담 ─옮긴이).

내가 인식론의 새로운 출발점을 모색하는 동기는 주로 과학철학에서 유래한다. 명제적 지식에 초점을 맞추는 관점은 과학적 실천practice을 이해하기 위해서는 한마디로 너무 협소하다. 그리고 지식에 관한 이론을 세울 때 과학에 관심을 기울이는 것은 과학철학자가 아닌 사람들에게도 매우 합당하다. 물론 인간 삶의 거의 모든 측면이 어떤 식으로든 지식과 관련이 있지만, 과학에서는 지식의 획득이 주요 목표다. 그러므로 사람들이 과학에서 무엇을 하는지 살펴보면, 지식의 획득이 무엇을 포함하는지를 배경잡음이 비교적 적은 조건에서 배울 수 있다. 또한 과학을 벗어난 지식에 적용할 수 있는 교훈들을 얻을 개연성도 있다.

먼저 선입견을 너무 많이 품지 말고 과학자들이 무엇을 하는지 살펴보는 것에서 출발하자. 과학을 할 때 우리는 어떤 것들을 알고 싶어할까? 당연히 우리는 확고한 사실들을 알고 싶어한다. 하지만 우리는 설명과 이해도 원하며, 많은 과학 애호가는 설명과 이

---

1 이와 유사한 진술은 너무 많아서 다 인용할 길이 없다. 대표적인 사례들을 보려면 Dancy(1985, 23쪽), Audi(2014, 221쪽) 참조.

해를 가장 중시한다. 철학자들은 이해처럼 모호한 것을 다루고 싶지 않을 수도 있겠는데, 그렇다면 최소한 원인과 메커니즘에 대한 지식을 다룰 수는 있지 않을까? 또 염소 기체의 냄새를 맡는 경험이건 침팬지와 대화하는 경험이건 간에, 자연에 대한 경험이 어떤 것인지에 관한 지식도 연구할 만하지 않을까? 핵분열 연쇄반응이나 새로운 '초중超重, super-heavy'원소 같은 새로운 대상과 현상을 만들어내는 방법에 관한 지식은 어떨까? 이 모든 것이 과학 지식의 범위 안에 있지 않을까? 과학 지식의 주요 초점이 단지 명제나 이론에 놓인다는 것은 전혀 자명하지 않다. 하지만 우리는 이렇게 다양한 과학 지식의 유형들을 철학적으로 엄밀하게 생각하는 방법을 보유하고 있지 않은 듯하다. 이 대목에서 우리의 표준적인 철학적 사고방식에 맞지 않는 과학의 부분들을 무시하거나 둘러대는 식의 설명으로 제거하려 하지 말고 철학을 개선할 필요가 있다. 그렇게 철학을 개선하는 건설적 과제를 수행하기에 앞서, 우리가 오로지 명제적 지식에 초점을 맞출 때 과학철학에 미치는 악영향 세 가지를 더 세심히 살펴보자.

(1) 과학에서 지식으로서 중시되는 많은 것은 **무언가를 할 줄 앎**에 속하며, 이 앎은 명제적 지식에 쉽사리 포섭되지 않는다. 이 언 해킹이(1983, 13장) 강조했듯이, 만들기making는 과학 연구의 중요한 양태이며, 우리의 창조물이 가질 법한 유용성과 아무런 상관없이 그러하다. 더 일반적으로, 길버트 라일에게서(1946, 15쪽) 유래한 중요한 통찰은 다음과 같다. "지식의 진보는 단지 발견된 진리들의 축적에만 있는 것이 아니라 또한 주로 누적적(점진적)인 방법

통달에 있다." 지난 몇 세기 동안 풍부하고 다채롭게 일어난 과학의 진보에서 뽑아낸 몇 가지 구체적 사례를 보면, 과학에 관한 인식론이 다룰 수 있어야 마땅한 것들의 범위를 가늠할 수 있을 법하다. (이 예들을 철학적 관심을 둘 가치가 없는 세부 사항으로 간주하여 건너뛰지 말고 1분만 할애하여 살펴보기를 부탁한다.) 18세기 이래로 우리는 행성의 궤도를 정확히 계산할 줄 안다. 이 앎은 행성의 궤도에 관한 기초적인 물리학 방정식들을 풀 줄 아는 것을 포함한다. 또한 애당초 그런 방정식들을 세울 줄 아는 것도(그리고 그 방정식들을 집어넣을 틀이 되기에 적합한 수학을 발명하는 것도) 중요하다. 요새 우리는 물리적으로 수행할 수 없는 실험의 시뮬레이션을 작동시킬 줄도 알고, 복잡한 상황의 형식적 모형을 만들 줄도 안다. 우리는 가까운 미래의 날씨를 예측할 줄 알고, 많은 질병의 진행을 잘 예측할 줄 안다. 우리는 온도와 습도부터 인플레이션율까지 온갖 것들을 측정할 줄 안다. 관찰 솜씨skill가 수량 측정에만 국한된 것도 아니다. 우리는 분자의 조성과 구조를 알아내는 법을 터득했고, DNA 분자의 염기서열 분석 같은 복잡한 과제들은 이제 일상다반사다. 우리는 허블 우주망원경 같은 장치들을 써서 극도로 먼 천체를 영상화할 줄 안다. 또한 생물 분류법이나 원소주기율표에서처럼 대상들을 유용하고 효과적인 방식으로 분류할 줄 안다. 더 나아가 우리는 만들기 영역에서도 매우 다양한 능력들을 갖췄다. 즉, 의약용 화합물을 합성하는 능력, 고온 초전도체를 제작하는 능력, 라디오·텔레비전·인터넷 같은 복잡한 기술적 시스템을 제작하고 운영하는 능력, 많은 복잡한 정신적 과제에서 인간보다 뛰어난 성과를 내는 인공지능을 제작하는 능력 등을 갖췄다.

(2) 과학사를 진지하게 살펴본 많은 사상가는 과학 지식의 주요 단위가 이론이라는 점을 의심하게 되었다. 과학철학자들은 전통적으로 이론 선택 문제에 관심을 기울였지만, 토머스 쿤은([1962] 1970) 역사의 가장 결정적인 순간들에 있었던 과학자들의 선택은 그가 패러다임이라고 부른 더 크고 더 복잡한 전체에 관한 결정이었던 경향이 있음을 상당히 설득력 있게 보여주었다. 쿤이 말한 '패러다임'이 정확히 무엇인가는 널리 알려진 논쟁거리지만, 패러다임이 서술적descriptive 진술들보다 훨씬 더 많은 것을 포함한다는 점은 쉽게 합의될 수 있다. 특히 쿤이 말하는 패러다임의 넓은 의미를 ('모범examplar'이 아니라) '전문분야 매트릭스disciplinary matrix'로(Kuhn [1962] 1970, 181~187쪽) 상정하면, 위의 합의 가능성은 명백해진다. 이런 의미의 패러다임은 다룰 가치가 있다고 여겨지는 문제들, 그 문제들을 대하는 올바른 방법들, 그 문제들의 해답을 평가하는 기준들을 특정한다. 그런데 이 요소들 가운데 어느 것도 서술적 명제들로 이루어지지 않았다. 래리 라우단은(1977; 1984) 패러다임을 이루는 모든 요소가 함께 변화해야 한다는 쿤의 '총체주의적holist' 견해를 비판했지만 '연구 전통research tradition'이 포괄하는 요소들이 다양한 유형이라는 점에 동의했다. 그 유형들은 이론, 방법론, 가치론이다. 패러다임과 비교할 만한 더 최근의 사례로는, 폴 텔러의(2021, S5016쪽) '기틀framework' 개념에 대한 분석, 또는 레이철 앵케니와 사비나 레오넬리의(2016) 과학적 실천에서의 '레퍼토리repertoire' 개념을 꼽을 수 있다. 후자는 연구의 사회적 조직화에 합당한 관심을 기울인다. 이 사상가들이 한결같이 강조한 바는 이론 선택이 서술적 진술들로 환원할 수 없는 과학적 실천의 면

모들과 뗄 수 없게 연결되어 있다는 점이다.

　　(3) 명제적인 지식에 초점을 맞추는 시각은 탐구의 산물을 강조하고 대개 탐구의 과정을 등한시한다. 주류 인식론 및 과학철학의 오랜 결함 하나는 이 문제에서 비롯된다고 할 수 있다. 즉, 우리는 발견의 맥락과 정당화의 맥락을 구별한 다음에 전자를 무시한다. 정당화는 명제들을 통해서 그런대로 잘 이해될 수 있는 과정이다. 그래서 정당화는 분석철학에서 탐구에 포함된 다른 과정들(가설 상정, 개념 구성 등)보다 훨씬 더 많은 관심을 받는다. 그러나 우리가 단지 정당화만 다루더라도, 우리는 정당화와 관련된 인식 과정들의 우여곡절에 진지한 관심을 기울여야 한다. 대다수 인식론자는 여전히 명제들을 중심으로 정당화를 생각하고 궁극적으로는 한 명제가 더 잘 확립된 다른 명제들과 합치하는지 여부를 정당화에 대한 생각의 기반으로 삼는다. 그러나 주류 인식론자 중에도 실제로 과정들을 강조하는 이들이 있는데, 주요 인물들은 프랭크 램지까지 거슬러 올라가는 전통 안에 있는 신뢰성주의자reliabilist다. 그러나 탐구 과정, 규칙, 행위자의 '신뢰성'은 그 과정, 규칙, 행위자가 생산하거나 배척하는 명제들의 진릿값을 통해 정의될 수밖에 없는 것으로 보이고, 따라서 신뢰성주의는 산물에 초점을 맞추는 시각으로 복귀하고 만다(Goldman and Beddor 2016, 그리고 이 문헌 안의 참고문헌 참조). 과정을 무시하면, 지식이란 우리가 능동적으로 추구하고 창출하고 평가하는 것이 아니라 수동적으로 수용하거나 배척하는 것이라는 그릇된 인상이 생겨난다.

좋은 과학적 실천이란 무엇인가, 라는 질문을 숙고하기 위한 신선한 기틀을 마련할 필요가 있다. 앞선 출판물들에서 나는 기본적으로 명제들을 중심으로 삼는 통상적인 분석에 작심하고 맞서서 **인식 활동**epistemic activity(그리고 함께 작동하는 다양한 인식 활동들로 이루어진 **실천 시스템**system of practice)[2]을 중심으로 과학 연구를 분석할 것을 제안했다(Chang 2011a; 2011b; 2012a; 2014). 이 생각은 1.3절에서 더 상세히 논의될 것이다. 일단 아주 간략하고 알기 쉬운 방식으로 설명하면, 활동이란 알아볼 수 있는recognizable 목표의 달성을 위해 설계된 행동action 프로그램(또는 그런 프로그램의 실행)이다. 인식 활동이란 앎과 관련된 활동이며 앎의 획득, 평가, 사용을 목표로 삼는다. 실천 시스템이란 정합적으로 함께 작동하는 활동들의 연결망network이다. 활동은 어떤 간단명료한 의미에서도 명제로 환원될 수 없다. 오히려 나중에 나는 명제가 활동에 들어맞거나 그렇지 않을 수 있다는 점에 관하여 숙고할 것이다.

인식 활동의 예를 살펴보기 위하여, 행동과 영 거리가 멀어 보일 수도 있는 사례를 들어보자. 그 사례는 개념 정의다. 과학 용어를 정의하려면 무엇을 해야 하는지 따져보라. 그 용어를 올바로 사용하기 위한 형식적 조건들을 제시해야 하고, 그 용어가 가리키는 양의 측정, 표준적인 검사, 기타 조작들을 위한 절차들과 물리적 장치들을 마련해야 하고, 그 개념이 합의대로 사용되는지 점검하고 합의된 사용법을 어기는 사람들을 제재하는 방법을 고안하기 위해 사람들을 모아 위원회를 꾸려야 한다. 파리에 있는 국제도량

---

2 내가 고안한 핵심 용어들이 처음 등장할 때는 굵은 글씨로 표기할 것이다.

형국이 조율하는 온갖 인식 행동들이 없다면, '1 미터'나 '1 킬로그램'은 현재의 의미를 가지지 않을 터이고 가질 수 없을 터이다. 일찍이 퍼시 브리지먼과(1927) 루트비히 비트겐슈타인이(1953) 가르쳐주었듯이, 심지어 의미론도 하기doing 곧 행동에 관한 것이다.

실천 시스템의 예로 18세기 후반에 앙투안 라봐지에와 동료들이 창조한 새로운 화학 시스템을 생각해보자. 그 시스템은 이른바 화학 혁명을 일으켰다(Chang 2012a, 1장). 라봐지에의 '산소주의' 실천 시스템에서 주요 인식 활동들은 다양한 화학반응을 일으키기, 반응 생성물들 특히 기체들을 수집하기, 표준적인 화학적 검사들을 통해 다양한 물질을 식별하기, 연소를 통해 유기물질들을 분석하기, 반응의 반응물과 생성물의 무게를 측정하기, 그 무게 측정을 통해 화학물질들을 추적하기 등이다. 이것들 중 일부는 이미 잘 확립된 활동이었고, 다른 일부는 비교적 새롭고 낯설었는데, 아무튼 이 모든 활동은 시스템 전체의 목표들을 달성하기 위하여 종합적으로 조율되었다. 그 목표들이란 다양한 물질의 화학적 조성을 알아내기, 모든 화학물질을 잘 분류하기, 화학반응을 설명하기 등이었다. 실천 시스템은 정합적인 과학적 활동들의 집합이며 인식 활동과 마찬가지로 과학철학자와 과학사학자에게 분석의 단위로서 유용하다.

능동적 앎

이제 행동에 기초한 지식관, 곧 행동에 기초하여 지식을 보는 견해를 도입하고자 한다. 그 관점은 과학과 기타 삶의 영역에서의 실천을 더 잘 이해하는 데 도움이 될 수 있다. 하지만 우선 나는 적어도 버트런드 러셀까지(1912, 5장) 거슬러 올라가는 많은 선도적인 인식론자들이 명제적 지식만 있는 것이 아니라 다양한 유형의 지식이 있음을 알았다는 점을 지적해야 한다. 예컨대 키스 레러의 고전적인 인식론 교과서는(1990, 3~4쪽) 첫머리에서 지식의 모든 유형을 이렇게 나열한다. "나는 루가노로 가는 길을 안다. 나는 π의 값을 소수점 아래 여섯째 자리까지 안다. 나는 기타를 연주할 줄 안다. 나는 그 도시를 안다. 나는 존을 안다. 나는 알폰소와 엘리시아에 관하여 안다. 나는 중성미자의 정지질량이 0.…임을 안다."[3] 그러나 레러는 오직 명제적 지식(또는 '정보를 의미하는' 지식)만 인식론의 주요 관심사라고, 왜냐하면 '인간의 인지에서 근본적으로 중요하며 이론적 고찰과 실천적 행동 둘 다를 위해 필요한 것은 바로 이 명제적 지식이기' 때문이라고 설명한다. 이것은 분석철학 전통 안에 있는 인식론자들 사이에서 지극히 전형적인 출발점이다. 그들은 정당화의 명확한 본성과 진리의 정확한 의미를 놓고 끝없이 논쟁할 수도 있겠지만, 지식에서 관건은 세상에 관한 정보를 제공하며 형식에 맞는 진술의 형태로 표현될 수 있는 **명제**에 대한 믿음이라는 전제가 의문시되는 경우는 거의 없다.[4]

---

3 또한 Snowdon(2004, 5쪽) 참조.

4 때때로 나는 '진술statement'과 '명제proposition'를 동의어로 사용할 것이다. 그러나 진술과 진술의 내용을 구별할 필요가 있을 때는 그렇게 하지 않을 것이다. 진술의 내용이 바로 명제다.

곰곰이 생각해보면, **명제적 지식**(곧 **정보로서의 지식**[5])이 다른 지식 유형들보다 훨씬 더 중요해서 철학자들의 전폭적인 관심을 받아야 마땅하다는 점은 전혀 명백하지 않다. 물론 명제에 초점을 맞추는 정통 인식론이 틀렸다고 주장하는 것은 아니다. 하지만 내가 보기에 그 인식론은 한계가 역력하다. 그 인식론은 우리가 기꺼이 지식 곧 앎으로 간주하는 많은 유형의 것들을 부득이 무시하게 만든다. 그 모든 앎의 유형들은 명제적 지식보다 철학적으로 덜 중요하다는 논증을 시도할 수도 있을 것이다. 키처가 지적하듯이, 명제적 지식의 결정적인 특징은 공적인 소통에 가장 적합한 앎이라는 점이다.[6] 그러나 앎의 공적인 소통이 앎의 사적인 차원보다, 또는 사람들이 직접 대면하면서 앎을 암묵적으로 주고받는 소통보다 반드시 더 중요할까? 궁극적으로 나는 명제적 지식의 우월성을 변론하기 위해 많은 지적 에너지를 써야 한다는 확신이 들지 않는다.

대신에 나는 앎을 일차적으로 행동의 맥락 안에서—바꿔 말해, 삶 자체의 맥락 안에서—고찰하는 대안적 시각을 옹호하고 발전시키고자 한다. 이것은 일찍이 마저리 그린이(1974, 172쪽, 158쪽) 명확히 제시한 관점이다. "앎은 사람들이 하는 무언가다. 곧, 활동이다", "앎에 필수적인 행위자agent는 온전하고 구체적이며 역사적인 개인이다"(나는 1.2절에서 인식 행위자의 본성에 관한 논의를 펼 것이다). 행동의 맥락 안에서 앎의 주된 의미는 무언가를 할 줄

---

5 여기에서 내가 말하는 '정보'는 통상적으로 거론되는 정보와 같다. 정보의 본성을 더 신중하게 고찰하는 일은 지식을 정보로 간주하는 이들에게 맡긴다.

6 Philip Kitcher, 2021년 1월 29일에 나눈 개인적인 대화에서.

앎이다. (실제 행동 능력에 반드시 동반되지는 않는 서술인 '나는 X가 어떻게 이루어지는지 안다'와 구별되는) '나는 X를 어떻게 하는지 안다'는 평범하고 유의미하고 중요한 말이다. 나는 인간의 언어 대다수에 이와 대략 같은 표현들이 있다고 추정한다. 이것이 명확하고 잘 확립된 앎(곧 알기knowing) 개념이다. 우리는 이 개념이 정보의 저장 및 인출retrieval을 의미하는 앎으로 환원될 수 있거나 그 앎에 종속된다고 상정하지 말아야 한다. 나는 이 같은 **능력으로서의 앎**을 가리키는 용어로 '**능동적 앎**active knowledge'을 제안한다. 능동적 앎에 주의를 기울이면, 우리가 과학을 비롯한 삶의 다양한 분야에서 어떻게 앎을 얻고 평가하는지를 온전히 사리에 맞게 이해하는 데 큰 도움이 될 수 있다.

어원 풀이는 철학이 아니지만 의미심장한 단서를 제공할 수 있다. 인도유럽어 어근 gnō는 영어 know(알다)와 can(할 수 있다)의 공통 어원이며, 스코틀랜드어 ken과 독일어 kennen(알다) 및 können(할 수 있다)의 공통 어원이기도 하다. 옛 영어 cunnan은 이 단어들 각각의 의미를 모두 가지고 있었다. 즉, 이 단어는 "알다, 할 줄 알다, 할 수 있다"를(Watkins 1985, 23~24쪽; 또한 Shipley 1984, 129~133쪽) 뜻했다. 이 사정은 다음과 같은 비트겐슈타인의 통찰과 (1953, 59쪽, §150) 맥이 통한다. "단어 '알다'의 문법은 '할 수 있다', '할 능력이 있다'의 문법과 명백히 밀접한 관련이 있다."[7] 앤서니 케니의 말마따나 "안다는 것은 자신의 행동을 불특정하며[미리 정해져

---

[7] 비트겐슈타인은 "또한 '이해하다'의 문법과도 밀접한 관련이 있다"라는 말을 덧붙인다.

있지 않으며] 자신의 목표 추구에 적합한 방식으로 수정할 능력이 있다는 뜻이다"(Kenny 1989, 108~109쪽; Hyman 1999, 438쪽에서 재인용).

능동적 앎은 과학 지식의 핵심을 이룬다. 또한 다음을 주목해야 하는데, 과학적 능력은 인간의 평범한 삶을, 심지어 동물의 삶을 지탱하는 다양한 능력들과 전혀 다르거나 완전히 분리되어 있지 않다. 과학에서의 능동적 앎은 단지 삶의 다른 영역에서의 능동적 앎보다 더 체계적일 가능성이 있을 따름이다. 이 사정은 체계성systematiciy이 과학을 정의한다는 폴 호이닝엔-휘네의 주장과 맥이 통한다. 인간 사회의 평범한 구성원들은 언어를 말할 줄 알고, 추론할 줄 알며, 거짓말하고, 설명하고, 서로 논쟁하고, 사물들을 세고 분류할 줄 안다. 우리 대다수는 달리고, 수영하고, 공을 찰 줄 안다. 우리 중 일부는 심지어 노래하고, 그림을 그리고, 도자기를 제작할 줄 안다. 우리는 사람들의 얼굴을 기억하고 알아볼 줄 알며, 우리의 목적지에 이르는 복잡한 경로를 찾아낼 줄 알고, 허구적인 것들을 상상할 줄 안다. 우리는 요리할 줄 알고, 집을 청소할 줄 알며, 손톱을 깎을 줄 안다. 어떤 이들은 농작물을 기를 줄 알고, 다리를 건설할 줄 알고, 수술할 줄 알고, 아이를 양육할 줄 알고, 다른 이들에게 기술을 가르칠 줄 안다. 왜 이 모든 활동 안에 중요한 앎이 있다는 점을, 단지 그 앎이 명제적인 형태로 존재하지 않을 가능성이 있다는 이유로, 부인해야 할까?

우리는 이런 평범한 앎을 다룰 수 있는 인식론을 보유하고 싶어해야 마땅하다. 하지만 앎은 본질적으로 **믿음**이라는 생각을 출발점으로 삼으면 그런 인식론에 쉽사리 도달할 수 없게 된다. 우리는 능력을 어색하게 에둘러 우회하면서 다루지 말고 직접 다루려 애써야 한다. 능력을 믿음의 적용이나 명제의 비본질적 곁다리로 간주해서는 안 된다. 목적을 품은 인간 행동의 영역에서 아는 자는 살아가며 탐구하는 능동적 행위자이며, 앎은 그런 행위자의 상태다. 내가 지금 전달하려 하는 것과 동일한 유형의 통찰을 다양한 선도적 철학자들이 명확히 제시했다. 나는 그들의 생각을 종합하고 확장하려 애쓸 것이다. 나는 이미 그린을 언급했는데, 그녀의 연구는 마이클 폴라니의(1958) 연구와 밀접한 관련을 맺는 쪽으로 발전했다. 유사한 방향으로 나아간 철학자 중에는 심지어 분석철학의 창시자로 여겨지는 인물들도 있다. 비트겐슈타인, 램지, 라일, 그리고 오스틴이 그러하다. 현재의 분석철학 안에도 이 노선에 우호적인 몇몇 행보가 있다. 티머시 윌리엄슨의 '앎 우선knowledge first' 인식론은 올바르게도, 앎을 믿음을 비롯한 다른 개념으로 환원하는 것에 반발하고, 앎을 행위자의 정신적 상태로, 구체적으로 '가장 일반적인 사실적factive 정신 상태'로 간주한다. 그러나 사실적임은 행위자가 오직 진리 앞에서 취하는 '명제적 태도'라고 윌리엄슨은 설명하는데, 여기에서 그가 여전히 명제적 지식에 초점을 맞춘다는 점이 명확히 드러난다(Williamson 2000, 33~34쪽). 어니스트 소사로 거슬러 올라가는 덕virtue 인식론의 전통은 명제적 지식에 대한 익숙한 설명을 행동의 맥락 안에 놓고 "판단과 앎 자체가 의도적intentional 행동의 형태들"(Sosa 2017, 71쪽)이라고 주장한다는 점에서 이 노선과 맥이 통할 가망이 더 높다. 그러나 내가 보기에 이 접근법의 잠재력은 완전히 실현되지 않았다. 소사에 따르면(같은 곳, 73쪽), 의도적 행동(곧 시도attempt)은 충분히 능력을 갖췄기 때문에 성공적일 때, 그리고 오직 그럴 때만 적절하다. 이 설명은 명제적 지식을 다루는 교과서 인식론을 지나치게 본뜬 것처럼 느껴진다. 그 인식론에 따르면, 믿음은 정당화되었기 때문에 진리일 때, 그리고 오직 그럴 때만 앎이다.

이런 노선을 따르는 대신에 나는 실용주의 전통을 돌이킨다. 실용주의 철학자들은 지식을 행동의 맥락 안에서 이해하고 평가할 필요성을 명확히 깨달았다. 나는 방법 학습과 탐구 실천에 관하여 실용주의가 우리에게 해줄 수 있는 말에 초점을 맞추면서 과학철학에서 유용할 수 있는 능동적 앎에 관한 견해를 제시하고자 한다. 내가 생각하는 실용주의 철학이 무엇인지에 대한 상세한 설명은 1.6절에서 이루어질 것이다. 우선 지금은 윌리엄 제임스의 말을 들어보자. 그는 그린을 비롯한 철학자들보다 훨씬 더 먼저 이렇게 말했다. "아는 자는 행동하는 자다"(Putnam 1995, 17쪽에서 재인용). 존 듀이는(1917, 12쪽) 한 걸음 더 나아가 다음과 같은 주목할 만한 구호를 보충함으로써 위 견해를 완성했다. "우리는 살아나간다we live forward." 듀이가 보기에 경험은 능동적이며 기대와 반응으로 가득 차 있다. 이 견해는 경험을 감각적 입력을 통한 정보 기록으로 보는 전통적 경험주의의 빈곤한 견해와 정반대다. 경험은 그저 주어지는 것이 아니라 능동적 행위자에 의해 **채택된다**. 지식도 마찬가지다. 최근에 조지프 라우스가(2015) 강조하듯이, 탐구는 환경에 대처하는 유기체의 필수 활동이며 삶의 모든 곳에서 이루어진다.

능동적 앎 안에 내장된 명제적 지식

지식 곧 앎을 일차적으로 능력으로 간주하자는 나의 제안은 명제적 지식을 도외시하자는 주장이 아니다. 능동적 앎(능력으로서의 앎)과 명제적 지식(정보로서의 앎)은 둘 다 과학과 일상에서 제 역할을 한다. 긴급한 과제는 둘 사이의 관계를 명확히 밝히는 것이다. 명제적 지식을 인간의 지적 활동의 전부이자 최종 목적으로 대뜸 간주하지 말고 명제적 지식의 기능들을 숙고할 필요가 있다. 특히 우리 중에 지식인으로 자처하는 이들은 명제적 지식이 그 자체로 가치 있다는 점을 당연시하는 것을 경계해야 마땅하다. 솔직히 터놓자. 정보 소유는 그 자체로 목적이 아니다. 혹은 이렇게 표현을 바꿀 수도 있다. 우리는 **가르침을 주는**informative 것만을 '정보information'로 간주해야 하고, 무엇이 가르침을 주는지는 우리의 목적과 상황에 달려 있다. 정보를 전달할 때 우리는 당연히 신호 대 잡음 비율을 높이고자 하는데, 무엇이 신호이고 무엇이 잡음인지는 우리가 무엇을 왜 배우고자 하는지에 따라 달라진다. 오랫동안 한낱 지식의 철학이 아닌 지혜의 철학을 촉구해온 니컬러스 맥스웰의 말을 빌리면, '과학의 목표는 진리 그 자체를 발견하는 것이 아니라 가치 있는valuable 진리를 발견하는 것이다'(Maxwell 1984, 91쪽, 강조는 원문). 과학에서 인간적 가치들의 위치를 다루는 과학철학 분야의 문헌은 어느새 방대하다.[8] 이 책은 가치에 관한 논의에

---

8 주요 문헌 몇 개만 꼽으면, Raskin and Bernstein(1987), Longino(1990), Douglas(2009), Kitcher (2011a), Carrier(2013), Brown(2020) 참조.

직접 기여하지는 않지만, 능동적 앎에 초점을 맞추는 나의 접근법은 가치에 대한 숙고와 앎에 대한 숙고를 서로에게 더 가까이 접근시키는 데 도움을 줄 수 있다고 생각한다. 능력으로서의 앎에 관한 생각은 앎을 행동의 맥락 안에 탈출할 수 없게 집어넣는데, 그 맥락 안에서 우리는 단박에 가치들과 마주친다. 그럴 때 우리는 삶에서 앎이 어떻게 기능하는지를 온전히 살펴볼 수 있다.

우리의 시선을 능동적 앎과 명제적 지식 사이의 관계로 돌리기 위하여 우선 다양한 유형의 앎이 있다는, 앞서 언급한 일반적인 주장으로 돌아가자. 사실을 앎, 이유를 앎(무언가를 인과관계나 의도를 통해 설명할 줄 앎), 누군가 또는 무언가를 앎(친숙함에 의한 앎knowledge-by-acquaintance), 누군가의 입장이 어떠할지 혹은 무언가를 경험한다는 것이 어떤 것일지 앎(공감을 통한 이해empathetic understanding) 등등, 다양한 유형의 앎이 있다. 이런 다양성 앞에서 사람들이 통상적으로 느끼는 충동은 이 모든 앎 유형을 명제적 지식을 기반으로 이해하려는 것이다.[9] 반면에 내가 원하는 방향은 이 모든 앎 유형을 명제적 지식으로 환원하기보다는 이 모든 앎 유형이 복잡한 방식으로 상호작용한다는 점을 인정하는 것이다. 예컨대 우리가 누군가를 안다고 말할 때 그 말의 취지는 과연 무엇인지 따져보자. (이어지는 문장들에서 나는 새로운 젠더 중립적 3인칭 단수 대명사 'e'—소유격 'er', 목적격 'em', 소유대명사 'ers'—를 제안한다.)[10] 누군가

---

9 이 방향으로 나아가는 정교한 논의를 보려면, Craig(1990), 16장, 17장; Stanley and Williamson(2001); Lawler(2018), 2장 참조.

10 'e'는 'she(그 여자)'와 'he(그 남자)'의 공통 성분이다. 또한 공교롭게도 (나

를 앎은 해당 개인을—이를테면 그이의 목소리를 통해, 그이 손의 감촉을 통해, 그이의 얼굴을 봄으로써, 그이 몸의 모습을 통해—알아보고 타인들과 구별하는 능력을 포함한다. 또한 누군가를 앎은 그이에 관한 몇몇 기초적 사실을—이를테면 그이의 버릇과 여러 상황에 대한 전형적 반응을—암묵적으로나 명시적으로 앎을 포함한다. 더 나아가 누군가를 앎은 그이와 내가 공유한 몇몇 경험에 대한, 흔히 암묵적인, 기억을 보유함을 포함한다.[11]

이로써 전체 그림의 복잡성을 명심했으니, 이제 능동적 앎을 다른 앎 유형들보다 더 포괄적인 범주로 상정함으로써 전체 그림을 중요하고 유용한 방식으로 단순화해보자(이 제안은 다른 앎 유형들을 능동적 앎으로 환원하는 것을 함축하지 않는다). 전체 그림에서 다른 모든 앎 유형들은 능동적 앎에 의존하며 또한 기여한다. 앞서 든 예를 다시 살펴보자. 이미 보았듯이, 친숙함에 의한 앎은 확실히 능동적 앎에 의존하며 또한 능동적 앎에 결정적으로 기여한다—누가 누구이고 무엇이 무엇인지 모른다면, 우리가 어떤 행동

의 모어인) 한국어에서 'e'(이)는 개인을 젠더 중립적으로 가리키는 단어이기도 하다. '이'는 흔히 (어린이, 늙은이처럼) 접미사로 쓰인다. 영어에서 젠더 중립적 3인칭 대명사를 마련하기 위해 'they'를 단수로도 쓰고 복수로도 쓰는 것은 명백히 불리한 선택이라고 나는 믿는다. 영어가 오래전에 2인칭 단수 대명사 'thou'를 상실한 것은 몹시 유감스러운 일이다. 이 상실로 인해 후대에 y'all(2인칭 복수 대명사)이 발명되어야만 했다.

11 친숙함에 의한 앎은 다른 앎 유형들과 충분히 구별되는 하나의 앎 유형이다. 프랑스어와 독일어에서는 '사실을 앎'에 더 어울리는 단어와 별개로 '친숙함에 의한 앎'을 가리키는 단어가 따로 있다. 즉, 프랑스어에서는 savoir와 connaître가 구별되고, 독일어에서는 wissen과 kennen이 구별된다.

이든지 할 수 있겠는가?

　　이제 이 관점을 채택하고서 능동적 앎과 명제적 지식 사이의 관계로 돌아가자. 사람들은 흔히 이러저러함을 앎knowledge-that과 어떻게를 앎knowledge-how을 맞세우면서 명제적 지식과 능동적 앎이 같은 레벨에서 대립한다고 여기는 듯하지만, 실제로 명제적 지식과 능동적 앎은 전혀 그렇게 대립하지 않는다. 오히려, 명제적 지식이 능동적 앎에 어떻게 들어맞는가, 라는 질문을 던질 필요가 있다. 대답은 두 부분으로 이루어진다. 즉, 명제적 지식은 능동적 앎에 의존하고 또한 능동적 앎에 기여한다. 라일은 이 두 부분에 관하여 결정적인 통찰을 제공했다. 첫째, 그의 지적에 따르면, (명제적 지식과 대략 같은) 이러저러함을 앎은 오직 (능동적 앎과 유사한) 어떻게를 앎 안에 적절히 내장될 때만 기능할 수 있다. 그는 "어떻게를 앎이라는 개념은 이러저러함을 앎이라는 개념에 논리적으로 선행하며" "이러저러함을 앎은 어떻게를 앎을 전제한다"라고까지 주장한다(1946, 4~5, 15~16쪽).[12] 어떤 명제적 지식이든지 가지려면 언어를 사용할 줄 알아야 한다. 당신이 이 책을 읽을 수 있는 것은 오직 당신이 어느 시점엔가 읽기를 배웠기 때문이다. 난생 처음 언어를 배우려면 가리키기 놀이pointing-game를 하는 능력을 비롯한 암묵적인 능동적 앎이 필요하다.[13] 애당초 언어의 발명도 이런저런 것들을

12　알바 노에는(2005, 285쪽) 같은 주장을 이렇게 적절히 표현한다. "명제들을 파악함 자체가 어떻게를 앎에 의존한다. 그런데 이때 어떻게를 앎이 또 다른 명제들을 파악함이라면, 과연 우리가 명제를 하나라도 파악할 수 있을까, 라는 의문이 생길 만하다."

13　가리키기 놀이를 하는 능력을 당연시하면 안 된다. 나는 상냥하고 아주 영

비언어적 방식들로 개념화하고 소통할 줄 아는 사람들에 의해 이루어졌을 것이 틀림없다. 혹은 수학 등식이나 형식적 모형으로 표현된 명제적 지식을 생각해보라. 수학을 할 수 있으려면 정말 어마어마하게 많은 솜씨들을 숙달해야 한다! 큰 수 두 개를 곱할 줄 앎은 능력이다. 연립방정식을 풀 줄 앎, 복잡한 함수를 적분할 줄 앎, 증명을 구성할 줄 앎도 마찬가지다. 수학에서 일부 업무는 알고리즘을 따름으로써(단, 알고리즘을 따를 줄 안다면) 수행할 수 있지만, 대다수 수학적 업무는 과제에 특유한 솜씨들을 요구한다. 설령 과제를 더 단순한 과제들로 분해할 수 있더라도, 그 분해는 개수를 셀 줄 앎 같은 기초적인 능력들에 이르러서야 더는 분해할 수 없는 바닥에 도달할 텐데, 그런 능력들은 명제적 지식으로 환원될 수 없다. 온갖 능동적 앎이 없으면, 명제적 지식은 존립할 수 없다.

　　거꾸로 어떻게 명제적 지식이 능동적 앎에 기여하는지는 쉽게 알 수 있다. 우리는 인식 행위자가 명제적 지식을 자신의 활동에 적용하는 방식들을 상세히 살펴보아야 한다. 이 대목에서도 라일의 말을(1946, 16쪽) 들어보자. "이러저러함을 앎을 효과적으로 소유함은, 필요할 경우 그 앎을 다른 이론적이거나 실천적인 문제들을 풀기 위해 사용할 줄 앎을 포함한다." 풀이하자면, 명제적 지식의 **진정한 의미와 목적** 자체가 능동적 앎의 내부에 놓여 있다는 것이다. 주목할 만하게도 라일은 지식의 소유를 '박물관-소유와

리한 다람쥐 한 마리에게 내가 먹이로 견과류를 놓아두는 장소를 손짓으로 가리킴으로써 알려주려 8년 동안 헛되이 애쓴 끝에 그 능력을 당연시하면 안 된다는 점을 깨달았다. 고릴라와 인간에서 가리키기 몸짓의 복잡성에 관해서는 Gómez(2004, 186~190쪽) 참조.

작업실-소유'로 구분했다.[14] 작업실의 이미지는, 우리가 명제적 지식을 가지고 무엇을 하는가, 라고 묻게 만들고, 어떻게 명제들에 대한 믿음(그리고 기타 인식적 태도들)이 우리의 인식 활동에 들어맞고 그 활동 안에 내장된 능동적 앎에 기여하는가, 라고 묻게 만든다. 명제를 믿음은 앎의 본질이거나 심지어 핵심이 아니라 특수한 한 면모다. 비유를 들자면, 명제적 지식은 능동적 앎을 만들어내고 사용하는 활동의 흐름 안에서 때때로 국소적으로 형성되는 결정結晶일 수 있을 따름이다.

작업적 정합성과 그것의 향상

우리는 능동적 앎의 질을 어떻게 평가하거나 측정할까?《선과 모터사이클 관리술》에서 저자 로버트 퍼시그가(1974) '질'을 이해하려 애쓰는 장면을 연상시키는 이 질문은 까다롭고 매혹적이다. 명제적 지식에 대해서는 질을 평가하는 주요 기준이 명확히 있다. 해당 진술이 진리인지 여부가 그 기준이다. 그러나 이 진리라는 기준은 능동적 앎에 대뜸 적용되지 않는다. 그렇다면 우리는 활동의 인식적 질을 어떻게 판정해야 할까? 능동적 앎은 능력이므로, 성공을 주요 평가 기준으로 삼을 수 있을 것처럼 느껴질 만하다. 내가 무언가를 할 줄 안다고 주장한다면, 당장 떠오르는 검사법은,

---

14 이 구분은 박물관에서 몹시 고루한 일이 벌어진다는 것을 전제하지만, 이 전제는 아마도 라일의 시대에 박물관의 실상과 심하게 다르지는 않을 것이다.

내가 그 무언가를 실제로 얼마나 잘하는지 보는 것일 터이다. 그러나 실제 사정은 그리 간단하지 않다. 나는 단지 운이 좋아서, 혹은 오해를 품었지만 그 오해가 우연히 좋은 결과를 낳아서 무언가를 성공적으로 할 수도 있다. 심지어 공인되고 신뢰할 만한 능력도 그 자체로는 능동적 앎이 아니다. 폴 스노든은(2004, 18쪽) 이를 다음과 같이 주목할 만하게 표현한다. "내가 피를 흘리거나 세 끼 식사를 소화할 수 있더라도, 내가 이 일들을 할 줄 안다고 말할 사람은 아무도 없을 것이다." 내가 무언가를 할 줄 안다는 말은 모종의 이해를 함축한다. 이는 명제적 지식은 '정당화된 진리인 믿음'이라는 설명에 정당화라는 요소가 끼어드는 것과 유사하다.[15]

능동적 앎을 위해 필요한 이해는 목적 추구와 관련이 있다. 또한 목적 추구는, 심지어 가장 단순한 행동들에서도, 체계적이다. 무슨 말이냐면, 무언가가 일어나게 만들기 위해서는, 행위자가 목표 달성을 향하여 다양한 동작들과 생각들을 서로 조화되고 외부 사정과도 조화되도록 면밀히 **조율해야**coordinate 한다. (이때 조율은 명시적이지 않을 수도 있고, 목표는 의식적이지 않을 수도 있다.) 나는 그런 **목표 지향적 조율**aim-oriented coordination 상태를 가리키는 용어로 **작업적 정합성**operational coherence을 사용하자고 제안한다. 작업적 정합성은 내가 이 책의 나머지 부분에서 시종일관 사용할 핵심 개념이다. 이 개념의 의미는 1.4절에서 더 충실하게 제시될 것이다. 대

---

15 심지어 명제적 지식과 관련해서도, "지식은 한낱 정보 소유 그 이상"이며 모종의 이해를, "진리와 오류를 구별하는 능력"을(Lehrer 1990, 4~5쪽) 요구한다는 것은 철학적 상식이 되어야 마땅하다.

략적인 발상만 비유적으로 이야기하면, 정합적 활동은 그 활동에 가담하는 모든 것이 서로 잘 들어맞기 때문에 사리에 맞는다make sense. 이때 정합적이라 함은 활동의 다양한 측면들이 목표 달성을 향하여 조화롭게 합쳐진다는 것이다. '작업적'이라는 수식어는 '들어가는 말'에서 언급한 브리지먼의 용어를 의식적으로 빌린 것이다. 내가 아는 최신 문헌 가운데 나의 생각과 가장 가까운 것은《생각과 행동에서 정합성Coherence in Thought and Action》(2000)이라는 적절한 제목이 붙은 저서에 담긴 폴 새가드의 연구다. 작업적 정합성은 기본적으로 명제들 사이의 논리적 관계에 관한 것이 아니라는 점을 강조할 필요가 있다. 또한 작업적 정합성은 활동과 관련된 질이므로, 목적을 품고 행동하는 행위자가 없으면 작업적 정합성은 무의미하다. 작업적 정합성은 해석적 면모hermeneutic aspect를 강하게 띤다. 왜냐하면 작업적 정합성은, 어떻게 행동이 목적을 품은 활동 안에서 **실용적으로 사리에 맞는가**make pragmatic sense, 하는 것에 기초를 두기 때문이다. 작업적 정합성을 위한 관건은 사리에 맞게 하기다. 작업적 정합성이 깃드는 장소는 '정신으로부터 독립적인 세상'이 아니다. 하지만 작업적 정합성은 우리의 생각에 부과되는 경험적('외적') 제약들을 반영한다. 왜냐하면 정합적 활동의 설계는, 무엇을 하고 무엇을 하지 않는 것이 사리에 맞는지에 관하여 우리가 경험으로부터 배운 바를 포함하기 때문이다.

능동적 앎의 본성을 온전히 이해하려면, 능동적 앎이 획득되고 향상되는 과정에도 주의를 기울여야 한다. 바꿔 말해, 탐구inquiry를 성립시키는 인식 활동들에도 주의를 기울여야 한다. 탐구에 주의를 기울일 필요성은, 애당초 우리가 지식을 다루는 이론을 세우고자 한 이유를 돌이켜보면 더욱 명확해진다. 키처를(2011b, 508쪽) 계승하여 나는, 인식론의 근본적인 목적 하나는 우리가 더 나은 지식을 더 많이 **얻도록** 돕는 것이어야 한다고 주장한다. 이 주장이 옳다면, 인식론은 지식이 획득되는 과정과 개선되는 과정과 평가되는 과정에 관하여 우리에게 무언가 가르쳐주어야 한다. 그리하여 우리가 그 과정들을 더 잘해낼 수 있도록 말이다. 나는 나의 인식론적 생각을 이 방향으로 조종하려 애써왔다(예컨대 Chang 2011a 참조).

탐구는 교란되고 불안정한 의심 상태에서 시작된다는 찰스 샌더스 퍼스의 견해를 출발점으로 삼자.[16] 듀이는 이 견해를 받아들이고 완전하게 발전시켰다. 그는 더 명확히 행동에 초점을 맞춘 관점을 채택했는데, 그 관점에 따르면 탐구는 환경 안에 있는 생물이 하는 행위다. "탐구란, 불명확한 상황을 그 성립 요소들의 구별 및 관계가 명확한 상황으로 바꿔 원래 상황의 요소들이 통일된 전체로 전환되는 결과를 가져오는, 통제된 혹은 규제된 변환이다."[17] 상황의 요소들을 '통일된 전체'로 전환한다는 것은 무슨 뜻일까? 나는 듀이가 내가

16 Peirce(1877, 5쪽). 또한 Peirce(1986), W3:248 참조. 셰릴 미삭에(2013, 32~33쪽) 따르면, "퍼스가 보기에 의심 상태의 문제점은… 그 상태가 행동 마비를 유발한다는 점이다".

17 Dewey(1938, 104~105쪽, 강조는 원문). 라우스는(2015) 우리 시대의 철학자들 가운데 탐구에 관한 이 같은 견해를 계승하는 대표적 인물이다. 명시적으로 탐구를 과정으로 간주한 듀이는 탐구의 단계들을 다음과 같이 열거했다(1938, 105~112쪽). 선행 조건들, 문제를 도입하기, 해답을 알아내기, 의미를 추론하고 검사하기, 생각을 발전시키되 '그 생각이 속한 의미들의 맥락과 관련지어' 발전시키기(같은 곳, 112쪽).

말하는 작업적 정합성과 유사한 무언가를, 또한 (작업적 정합성에 기초를 둔) 실용적 이해를 지목하고 있다고 추측한다. 다음과 같은 매우 의미심장한 듀이의 언급을 보라. "인간의 지적 노력의 주요 과제는 의미의 안정성이 사건들의 불안정성을 압도하게 만들고자 애쓰는 것이다."[18] 여기에서 보듯이, 명확히 듀이는 모종의 사리 파악sense-making을 탐구의 중요한 목표로 간주한다. 그 사리 파악의 목적은 탐구를 촉발한 애초의 어리둥절함을 극복하는 것이다.

탐구는 작업적 정합성을 증가시키기 위한 노력이다. 탐구를 촉발하는 무질서 상태에서 벗어나려면, 당면 상황을 부분적으로 변화시킴으로써 우리가 그 상황 안에서 수행할 수 있는 활동들의 작업적 정합성을 늘려야 한다. 이 조정은 **목표 지향적 조정**aim-oriented adjustment의 형태를 띤다. 이 개념은 1.5절에서 충실히 설명될 것이다. 이 조정 과정은 매순간 정합성 증가에 따른 안도감과 만족감에 의해 추진되며 고정된 최종 목표는 없다. 작업적 정합성을 증가시키는 과정에서 우리가 변화시킬 수 있는 것이라면 무엇이든지 변화할 수 있다. 영원히 무조건적으로 확정되고 입증된 것은 우리의 앎 안에 없으며, 탐구는 미리 정해진 영원한 방법을 따르지 않는다. 탐구는 내용 배우기 과정일 뿐 아니라 방법 배우기 과정이기도 하다. 우리는 정말로 노이라트의 배를 타고 떠다니는 중이다. 우리는 "배를 건선거乾船渠, dry dock에서 분해하여 가장 좋은 부품들로 재조립하는 작업을 영영 할 수 없는 선원들, 먼바다에서

---

18 이 인용문을 나에게 알려주었을 뿐 아니라 듀이의 철학에 관하여 다른 많은 조언과 통찰을 제공한 셸린 엔에게 감사한다.

항해하는 채로 배를 재건해야 하는 선원들"(Neurath [1932/3] 1983, 92쪽)과 비슷한 처지다.

지식을 확실한 토대 위에 세우려는 모든 노력이 실패로 돌아간 다음인 20세기 초반, 현실적인 지식의 이상을 설정하려면 확실성이라는 전통적 이상을 치워버려야 한다는 깨달음을 다양한 철학자들이 명확히 제시했다. 대표적으로 비트겐슈타인은 특히 유작으로 출판된 《확실성에 관하여On Certainty》(1969)에서, 듀이는 《확실성 추구The Quest for Certainty》(1929)에서 그 깨달음을 밝혔다. 불안정한 상황을 안정화하려는 노력이 충분히 성공적이라면, 그 결과는 우리가 더 많이 제약된 추가 탐구를 시작하는 것을 돕기에 충분할 만큼 안정화된 상황일 것이다. 그런 제약된 탐구 형태들—예컨대 사실 수집, 잘 정의된 과제를 수행하는 방법을 배우기—은 쿤이 '정상과학normal science'으로 분류한 일들이다. 정상과학은 패러다임이 잘 자리잡은 다음에야 이루어질 수 있다. 정상과학은 탐구로 인정받기가 더 쉬울 수도 있겠지만, 오직 제약되지 않은 탐구가 먼저 성공적으로 이루어진 결과로 그 안에서 정상과학이 수행될 수 있는 기틀이 확정되어 있을 때만 작동할 수 있다. 셀린 엔은 '틀짓는framing' 탐구와 '틀지어진framed' 탐구를 구별하면서 이 사정을 논한다.

책의 나머지 부분의 설계

다음 내용은 뭘까? 나는 독자 여러분이 이 책을 기꺼이 계속 읽기를 바란다. 당신에게는 세 가지 선택지가 있다. 이제껏 논한 주제들을 온전하고 상세하게 다루는 논의를 원한다면, 이 장의 나머지 절들을(또는 최소한 몇몇 절을 선택해서) 읽으라. 그 절들은 능동적 앎의 다양한 구체적 면모를 더 깊고 자세하게 논할 것이다. 즉, 인식 행위자(1.2절), 인식 활동(1.3절), 작업적 정합성(1.4절), 탐구(1.5절)가 논의될 것이다. 또한 내 생각과 실용주의의 근친성을 (1.6절) 설명할 것이다.

이제껏 제시한 프로그램이 상당한 설득력을 발휘하여 당신이 나머지 이야기를 빨리 알고 싶어 조바심이 난다면, 곧장 3장, 4장, 5장으로 넘어가도 좋다. 당신의 시간과 관심이 그리 많지 않다면, 각 장의 개관(1절)만 읽으라. 하지만 나머지 절들도 어느 정도 읽기를 바란다. 각 절의 첫머리에 있는 요약은 선택적 읽기의 길잡이 역할을 할 수 있다. (더 친절한 표면층의 요약을 더 전문적이고 상세한 논의와 시각적으로 구별하기 위하여, 들어가는 말, 각 장 첫 절의 개관, 나머지 절들의 요약은 다른 활자체로 인쇄했다.) 3장과 4장은 내가 작업적 정합성 개념을 사용하여 실재 개념과 진리 개념을 어떻게 재정립하는지 보여줄 것이다. 이 같은 진리 및 실재에 관한 견해에 기초하여 5장에서는 현실적인 사람들에게 적합한 실재론이 제시될 것이다.

그러나 이 모든 작업에 앞서, 그런 생각들이 자라날 공간을 확보하기 위해 빈터를 마련할 필요가 있다. 이것이 2장의 과제인데, 거기에서 나는, 자연에 관한 우리의 앎에서 관건은 우리의 이론과 '저 바깥의' 궁극적 실재 사이의 대응correspondence이라는 단단히 자리잡은 생각을 어떻게 벗어날 수 있고 벗어나야 하는지 보여주려 애쓸 것이다. 이런 내용을 담은 2장은 이 책에서 유일하게 주로 부정적이고 비판적인 내용이다. 그 후로는 나 자신의 생각을 건설적으로 제시하는 일에 주력할 것이다. 내가 이제껏 설명한, 앎에 대한 비정통적 접근법은 불필요하다고, 왜냐하면 더 정통적인 접근법들이 나의 접근법과 대등하거나 더 우월하게 작동하기 때문이라고 당신이 느낀다면, 다른 장들보다 먼저(혹은 책 전체를 내팽개치기 전에) 2장을 읽기를 바란다. 반대로 당신이 나의 일반적인 접근법에 동의하고 내가 정통 견해들에 맞서 그 접근법을 어떻게 변호하는지 알고 싶더라도, 역시나 당신은 2장이 흥미롭고 유익하다고 느낄 가능성이 있다.

1.2 인식 행위자

능동적 앎의 본성을 철학적으로 엄밀하게 이해하려면 인식 활동을 명확하고 꼼꼼하게 규정할 필요가 있다. 이 일의 출발점은 아는 자를 엄연한 행위자로 이해하는 것이다. 주류 분석철학에서 행동을 다룰 때는 인식 행위자를 단지 믿음과 욕망만 가진 자로 간주하는데, 그것은 너무 편협한 시각이다. 인식 행위자는 신체적 역량과 정신적 역량도 지닌 존재로서 목적을 품은 행동을 하고 진정한 선택과 판단을 한다. 인식 행위자는 사회적 공동체 안에 내장되어 있으며, 사회적 공동체는 특정한 규범적 표준들을 구현하고 강제한다. 반복적 발생 과정을 통하여 사회로부터 개인들이 발생하고, 개인 간 상호작용들을 통하여 다시 사회가 구성되는 식으로 점점 더 정교한 수준으로의 상승이 일어난다.

인식 행위자의 기본 속성들

능동적 앎을 온전히 설명하려면 인식 행위자란 과연 어떤 존재인가 하는 것부터 제대로 다뤄야 한다. 과학철학에서는 과학자를 단지 다양한 서술적 진술에 대하여 다양한 정도의 믿음을 지닌 유령 같은 존재로만 상정하는 경향이 있다. 이때 과학자의 믿음은 합리적 생각의 규칙들(예컨대 베이즈 정리)에 따라 조정되고, 그 규칙들은 진정한 판단의 필요성을 제거한다고 여겨진다. 이 기괴하고 빈곤한 그림에 들어맞지 않는 모든 것은 '한낱' 심리학이나 사회학의 관심사로 폄하되곤 한다. 우리는 과학자를 수동적인 정보 수용자나 명제들을 알고리즘에 따라 처리하는 자로 보는 것이 아니라 행위자로 보는 더 진지한 관점을 채택할 필요가 있다. 여기에서 인식 행위자를 간략하게 서술함으로써 우리가 숙고할 필요가 있는 문제들이 무엇인지 지적만이라도 하고 싶다.

이번에도 출발점은, 아는 자는 행동하는 자다, 라는 제임스와 그린의 구호다. 첫걸음은 아는 자가 최소한 도구적 합리성을 발휘하는 방식으로 목적을 품은 행동을 한다는 점을 인정하는 것이다. 행위자에 관한 가장 기본적인 사실은, 그이가 목적을 품고 행동한다(고 이해될 수 있다)는 것, 그러면서 그이의 욕망과 믿음에 기초하여 정해진 특정 목표의 달성을 추구한다는 것이다. 행위자는 자신의 욕망을 충족하는 데 도움이 되리라고 스스로 믿는 행동을 채택한다. 제니퍼 혼스비의 말마따나, 이것이 철학에서 "행동에 관한 표준적인 이야기"이다. 이 이야기에 따르면, 행동이란 "믿음-욕망이 일으키는 신체 동작"(2007, 180쪽, 또한 165쪽)이다. 혼스비는 이 설명이 행위자에게 진정한 능동적 역할을 부여하지 않는다고, 따라서 "행위자성agency에 관한 이야기가 전혀 아니라고" 강하게 비판해왔다. 그러나 과학철학계의 현실을 고려하면, 인식 행위자가 믿음을 가질 뿐 아니라 욕망도 가진다는 점을 제대로 인정하는 것만 해도 중대한 진보일 터이다. 과학자에게(또한 다른 인간들에게) 동기를 부여하는 쾌락의 유형은 다양하다. 예컨대 신체적 편안과 감각적 안락, 추상적 이해와 구체적 이해, 사랑, 타인들과의 우호적인 어울림, 자존감, 안전, 후대에 업적을 남기기, 아름다움과 질서와 정합성을 느끼기 등이 있다. 그리고 우리는 이 다양한 쾌락을 바탕으로 삼고 그 위에서 다양한 사람들이 '과학의 목표(들)'라고 여기는 것들, 곧 진리, 경험적으로 적절함, 생각의 경제성 등을 숙고해야 한다. 이것들은 가치들과 관련지을 때 가장 잘 이해된다. 구체적 실천을 이해하려면, 그런 욕망들과 가치들이 특수한 인식 활동의 구체적 근접 목표를 어떻게 조형造形하는지 살펴볼 필요가 있다. 나는 이 사정을 1.3절에서 자세히 논할 것이다.

인식 행위자는 욕망들과 가치들 외에 믿음들도 실제로 가지고 있다. 하지만 우리는 명시적이며 명확히 발설된 믿음뿐 아니라 훨씬 더 많은 믿음을 고려해야 한다. 우리가 검증 없이 당연시하는 것들도 있는데, 어떤 유형의 행동이든지 가능케 하려면 그런 추정들이 필수적이다. 특히 중요한 것은 미래 예상expectation이다. 명확히 발설된 명제에 대한 의식적 승인을 '믿음'이라 칭한다면, 예상은 전혀 믿음이 아닐 때가 많다. 흔히 예상은 에드문트 후설이라면 '지평선horizon'이라고 불렀을 법한 곳에 위치하거나, 폴라니가 말하는 암묵적 차원에 위치한다. 심지어 예상은 특정한 가능성을 고려하지 않기일 수도 있다. 내가 평소처럼 걸어갈 때, 그 활동에 포함된 나의 예상들은 그 예상들과 정합적이지 않은 무언가와 직면할 때까지 드러나지 않을 것이며, 명시적으로 제시되는 일은 더더욱 없을 것이다. 이를테면 지진으로 인한 땅바닥의 흔들림, 반가움에 흥분한 옛 친구가 나의 왼팔을 잡아채는 일, 보도에 팬 구멍과 맞닥뜨릴 때까지 말이다. 과학적 실천도 예상들로 가득 차 있으며, 그것들은 때로는 우리의 활동을 순조롭게 이끌고, 때로는 특정 활동을 가로막고, 때로는 우리를 이끌어 이유를 명확히 알지 못하는 채로 무언가를 거듭 시도하게 만든다.

과학에 관한 철학적 언급에서 흔히 간과되는 것이 있는데, 그것은 인식 행위자의 능력 혹은 역량이다. 이것들은 주로 윤리 및 인간의 번영human flourishing에 관한 논의에서 고려된다. 유사한 맥락에서, 역량은 법적 책임과 관련하여 논의되고, 인지 역량은 심리철학philosophy of mind에서 논의된다. 혼스비는 행동을 다루는 철학의 표준적 이야기가 행위자의 역량을 배제한다는 점도 비판한다.

> 행동에 대한 설명 안에 능력이 들어설 자리를 허용하면, 표준적인 이야기가 제공하는, 행위자가 가진 행동의 이유에 기초한 설명이 얼마나 협소한지가 명확히 드러난다. 누군가가 의도적으로 무언가를 하기가 단지 그 누군가가 욕망과 믿음을 가지기의 귀결이라면, 이것은 일종의 마법이라고 나는 말하겠다.(Hornsby 2007, 170쪽; 또한 2004, 20~22쪽 참조)

여기에서 중요한 것은 신체적 능력과 정신적 능력 양쪽 모두가 필요하다는 점에 대한 인정, 그리고 그 양쪽의 상호 얽힘에 대한 인정이다. 폴라니가(1958, 4장) 과학 연구에서 솜씨들의 역할을 강조하고 신체화embodiment에 마땅한 주의를 기울인 것을 상기하자. 거의 모든 구체적 능력은 학습되어야 한다. 따라서 우리는 학습 및 훈련의 과정을 고찰할 필요가 있다. 능력에 대한 고찰이 과학철학 분야의 폭넓은 주제들에 관한 논의에 진입할 필요가 있다. 이를테면 관찰 가능성, 검증 가능성, 단순성, 비정합성incommensurability에 관한 논의에, 따라서 실재론, 구획demarcation, 입증confirmation, 이론 선택 등에 관한 논의에도 말이다. 우리가 과학적 합리성과 관련된 행위자의 능력들을 고찰하지 않는다면, 과학적 합리성에 대한 고찰에 큰 지장이 생길 것이다. 왜냐하면 무엇을 시도하는 것이 행위자에게 합리적인가에 대한 판단은 행위자가 실제로 무엇을 할 수 있는가에 크게 의존하기 때문이다('해야 마땅함은 할 수 있음을 함축한다'라는 오래된 윤리적 교훈을 상기하라).

인식 행위자의 본질과 관련하여 내가 강조하고자 하는 마지막 논점은 인식 행위자가 선택하고 판단한다는 사실이다. 행동에 관한 표준적인 이야기는 판단이 들어설 자리를 남겨놓지 않는다. 행동을 설명하기 위해 제시하는 원인이 효용 추구이건, 인지심리학적 원인이건, 신경학적 원인이건, 사회학적 원인이건, 그 밖에 어떤 원인이건 간에 말이다. 예컨대 이익과 손해에 기초한 사회학적 설명이 채택하는 개인상은 합리적 선택에 관한 개인주의적 이론들에서 등장하는, 효용을 극대화하는 자에 못지않게 빈곤하다. '이론 선택'이라는 문구 안의 '선택'과 '결정 이론decision theory' 안의 '결정' 같은 단어들에 무언가 실질적인 의미를 부여하는 방안을 모색할 필요가 있다(Bradley 2017 참조). 설령 행동에 대한 옳은 설명이 궁극적으로 결정론적이라고 하더라도, 어떤 구체적인 방식으로 행동하겠다는 결정은 각각의 개인과 각각의 공동체에서 목표들과 믿음들과 능력들의 특정한 조합에 의해 내려진다. 그럴 때 행위자는 최소한 자유롭게 행동하는 것처럼 보일 것이며, 과학적 실천의 실상은 다원적으로 될 것이다.

사회적 차원: 반복적 발생

결정적으로 중요한 일은 인식 행위자의 사회적 본성을 고려하는 것이다. 여기에서 온전한 사회 존재론social ontology이나 사회 인식론social epistemology, 지식사회학을 시도하는 것은 부적절하지만, 이 책의 나머지 논의를 위한 틀을 짜는 데 도움이 되는 몇 가지 생각을 제시하고자 한다. 내가 독자적으로 지어낸 내 나름의 사회이론을 많은 기존 문헌을 더 잘 살펴보며 개선하는 일은 절실한 미래 과제다(그 문헌들을 종합하는 주목할 만한 문헌으로 Epstein 2015 참조). 헬렌 론지노가(근간) 강조하듯이, 사람들의 상호작용 과정에 주의를 기울이는 일은 사회 인식론에서 결정적으로 중요하고, 개인들은 오직 함께 의논하고 서로 조언하는 상호작용을 통해서만 인식 행위자들이 된다.

이와 관련하여 나는 예상치 못한 출처에서 영감을 얻었다. 폴라니는 고전적인 저서 《개인적인 앎Personal Knowledge》 중에 '친목親睦함conviviality'을 다루는 장에서, 앎을 다룰 때 사회적 측면을 반드시 고려해야 한다는 점을 보여주었다. 그는 '우리의 지적 열정에 붙는 시민적 계수들civic coefficients'이 결정적인 역할을 한다는 점을 강조했다. 그 계수들은 '신념 공유', '동료애 공유', '협업co-operation', '권위나 강제력 행사'(같은 곳, 212쪽) 등이다. 이것들은 일차적으로 암묵적인 수준에서 작동하며 심지어 다양한 비인간 동물에서도 효과를 낸다. 이것은 폴라니의 사상에서 흔히 간과되는 측면이다. 즉, 그의 사상에 따르면, 암묵적인 것은 신체화되어 있고 개인적일 뿐 아니라 또한 본성상 사회적이다.[19] 비트겐슈타인과 폴라니는, 앎은 우리가 타인들에게 두는 신뢰를 토대로 삼아야 하며, 우리가 의존하는 사실들은 반드시 타인들의 증언에 기초를 둔다는 견해를 공통으로 품었다(Daly 1968 참조). 마틴 쿠시(2002) 등은 이 전통을 훌륭하게 계승해왔다.

그러나 사회적 측면의 필수성과 우선성에 대한 이 같은 인정을 '모든 것이 사회적이다'라는 무차별적 생각으로 단순화하지 말아야 한다. 과학 지식이라고 할 만한 것이 발생하려면, 개인화되지 않은 집단뿐 아니라 독립적인 개인들도 있어야 한다. 사회-개인 상호작용을 이해하고자 할 때는 양쪽 방향의 환원주의를 피하면서 반복을 중심으로 삼을 필요가 있다. 개인의 행동과 인지는 사회에 기반을 두지만 단지 사회적인 것만은 아니다. 개인의 행동과 인지를 오로지 집단적 요인들만 가지고 서술할 수 있다거나 심지어 완전히 설명할 수 있다고 간주하지 말아야 한다. 합리적인 개인 행위자는

---

19 그리고 벌과 개미에서 보듯이, 비개인주의적이며 가장 덜 개별화된 사회가 성취할 수 있는 대단한 능력들이 있다.

사회적 매트릭스에서 발생하지만, 독립적인 생각과 반발의 능력을 갖추고 발생한다. 그리고 그런 개인들의 연합으로부터 더 높은 수준의 사회성이 발생한다. 그 사회성은 우리가 아는 삶의 필수적 측면을 이루고 또한 수준 높은 지식 시스템들의 토대를 이룬다. 이처럼 사회적인 것으로부터 개인이 나오고 개인으로부터 사회적인 것이 나오는 반복적 발생은 무한정 계속된다.

이 전체 그림에서 가장 먼저 이해해야 할 것은 개인화 과정이다.[20] 어떻게 제각각 따로 분리된 개인이 존재하게 될까? 발달하는 개인 각각은 타인들과 다른 특수한 신체적 정신적 기질을 지녔으며 삶의 궤적 역시 다른 누구와도 다를 수밖에 없다. 또한 개인은 작업적 정합성을 추구할 역량을, 그이 자신의 생각 및 행동을 그이 자신의 기질 및 환경과 조화시키는 **실용적인 사리**事理 파악pragmatic sense-making 역량을 지녔다. 무엇이 사리에 맞는지는 개인마다 다르며, 이로 인해 반발이, 타인들이 하는 말에 '아니야'라고 말하는 내면의 목소리가, 사회적 기대에 대한 내면의 배척이 발생한다. 이 반발은 배리 반스가 대단히 높게 평가하는 밀그램 실험에서 입증된 복종 본능에 못지않게 실재한다. 사회가 완벽하게 만족스럽다면, 개인은 불필요하다. 개인은 사회에 맞서 자신을 정의한다.

개인화는 과학을 고찰할 때 특히 중요하다. 더구나 탐구하는 태도는 개인의 발생과 본질적으로 연결되어 있다고 할 만하다.

---

20 나는 '개인화'라는 용어를 과거에 융 심리학으로부터 받아들였지만, 여기에서 이 용어를 정확히 그 맥락 안에 놓을 필요는 없다. 여기에서 개인화는 다른 심리학자들이 자기실현self-actualization 혹은 자아 발달ego development이라고 부르는 것과 관련이 있다.

어떤 중요한 의미에서 과학은 반발과 비판에서 시작된다. 이 견해는, 탐구는 불안정한 상황에서 시작된다는 듀이의(1938) 생각과 맥이 통한다. 개인의 불만족에서 동기를 얻지 않는다면 탐구는 아예 시작되지 못할 것이다. 이 논점은 과학이 채택하는 근본적 경험주의와도 깊은 관련이 있다. 그 근본적 경험주의의 토대는 관찰에 권위를 부여하는데, 관찰은 환원 불가능하게 개인적인, 심지어 사적인 차원을 지닌다. "내가 직접 확인해볼게"라고 말하기가 과학적 태도의 출발점이며, 이 말은 근본적으로 개인주의적인 선언이다(Bridgman 1940; Pritchard 2016). 이것은 개인들이 사회를 기반으로 삼는다는 점을 간과하는 낡은 방법론적 개인주의가 아니다. 오히려 이것은 사회적 기반을 딛고 자율적 개인이 일어서는 것을 북돋고 경축하는, 행동하는 개인주의다.

그러나 이것은 단연코 이야기의 끝이 아니다. 자기를 실현하는 개인들의 연합으로부터 더 높은 수준의 사회성이 발생한다. 이 과정에서 특히 한 측면을 주의깊게 살펴볼 필요가 있다. 2인칭 상호작용second-person interaction이 그 측면인데, 이 상호작용에서 나는 사회의 동료 구성원을 나와 마찬가지인 개인으로 상대한다. 그런 2인칭 상호작용으로부터 개인들로 환원할 수 없는 무언가가 발생한다. 윤리적 삶에서 2인칭 관점의 중요성은 스티븐 다월이(2006) 강조해왔고, 당연히 오래전에 마르틴 부버가(1923) 강조했지만, 인식론과 과학철학에서도 2인칭 관점이 결정적으로 중요하다. 어떤 2인칭 상호작용이든지 그 바탕에는 다음과 같은 심층적인 전제가 깔려 있다. 즉, 너는 개인이며, 믿음과 행동의 정합성을 의미하는 기본적 합리성을 지녔고, 소통에 필요한 기본적 인지 역량을 지녔으며,

또한 적어도 최소한의 선한 의지와 우호성을 지녔다는 전제가 말이다. 개인주의적 관점과 사회적 관점의 통상적인 충돌을 논할 때 우리는 흔히 2인칭 상호작용을 시야에서 놓친다. 그러나 우리가 살면서 하는 평범한 언어 행동의 아주 많은 부분은 2인칭 유형, 곧 명령, 문답, 주장과 (비)동의, 논증, 설명 등이다. 많은 핵심적인 인식 활동 역시 본질적으로 2인칭 유형이다. 최소한 서술하기나 설명하기가 향하는 상상된 '너'가 없으면, 서술이나 설명은 무의미하다. 철학과 과학에서 우리는 문답이라는 2인칭 상호작용을 생각하지 않으면서 질문과 대답을 거론하는 경우가 너무 많다. 더욱 심각한 문제는 너와 내가 참여하는 활동인 **논쟁하기**arguing와 '논증argument'의 결별, 그리고 '정당화'를 네가 나를 설득하기로부터 떼어놓는 것이다. 이 모든 활동을 명제들로, 그리고 명제들 사이의 논리적 관계로 환원하는 것은 부적절하다.

사회적 집단은 복잡하게 얽힌 2인칭 상호작용들을 발전시킨다. 윌프리드 셀러스가 말한 '우리의 의도we-intention'는 훗날 라이모 투오멜라와 존 설에 의해 다른 방식으로 사용되었는데, 아무튼 셀러스가 말한 우리의 의도는 너와 나 사이의 상호작용에서 발생해야 한다.[21] 이런 상호작용들의 얽힘 안에서 사람들은 관습과 루틴routine과 제도를 확립한다. 이로써 더 높은 수준의 사회성이 발생하는 것인데, 이 사회성은 함께 더 잘 살기 위해 의식적으로 서로 관련 맺는 개인들로 이루어진다. 이렇게 형성된 사회는 다시금 개인

---

21 Schweikard and Schmid(2021), 특히 셀러스의 생각과 기타 관련 생각들을 다루는 2.3절 참조.

들을 조형하며, 이 과정은 앞선 단계에서 개인들이 덜 개별화된 사회성을 통해 조형되는 과정과 유사하다. 사회적 상호작용 패턴들이 정착되면 사회적 규범, 루틴, 기대가 충분히 내면화되어, 명시적인 재강화가 더는 필요하지 않을 수도 있다. 그렇게 되면, 개인은 발설되지 않은 규칙들을 기꺼이 또 편안히 통달한 자로서, 혹은 소심한 순응주의자로서, 혹은 규칙들을 충분히 이해하지 못한 부적응자로서 다시 사회 속으로 침몰한다. 과거에 의식적으로 협상되었던 것이 이제 무의식 속에 **퇴적된다**(Husserl [1954] 1970; Føllesdal 2010) — 즉, 명확히 발설되지 않은 채로, 공유된 문화에 추가된다. 과학에서도 이런 과정이 일어난다. 온도계나 시계, 또는 산성-염기성 측정기 pH meter를 사용하는 사람들은 대개 이 측정 기준들이 어떻게 확립되고 유지되는지에 관한 생각을 전혀 하지 않는다.

이처럼 의식적 합의에 의해 더 높은 수준의 사회가 형성되는 것도 아직 이야기의 끝이 아니다. 새로 퇴적된 사회성으로부터 더 높은 수준의 개인이 몸부림치며 튀어나온다. 이런 사회화와 개인화의 순환은 무한정 계속될 수 있고, 그 순환 과정을 거치면서 사회와 개인은 점점 더 복잡하고 정교해진다. 돌이켜보면, 내가 논의의 출발점으로 삼았던 최초의 사회적 차원은 과정의 진짜 시초가 아니었음이 드러난다. 그 출발점에 앞서 개별 동물들이 있었고, 그 동물들 각각은 원초사회적proto-social 환경 안에서 조형되었고, 이런 식으로 계속 거슬러 올라간다.

1.3 인식 활동과 실천 시스템

능동적 앎에 대한 철학적 이해를 촉진하려면, 명제들로 표현되지 않는 앎과 탐구의 면모들을 수용하기에 알맞은 분석 단위들을 설정해야 한다. 이를 위해 나는 **인식 활동**epistemic activity이라는 개념을 제안한다. 활동은 일회성 행동이 아니라, 알아볼 수 있는 목표의 달성을 위해 설계된 행동 프로그램이다. 활동은 내재적 목표를 가지고, 그 목표는 활동을 부분적으로 정의한다. 또한 활동은 다양한 외적 기능을 가진다. 다양한 활동들을 그러모아 새로운 전체적 목표를 가진 통합 활동으로 만들 수 있다. 그러나 그런 통합 활동과 요소 활동들 사이의 상호관계는 환원이 아니며, 요소 활동들이 통합된 전체 활동보다 반드시 더 단순한 것도 아니다. 과학과 같은 광범위하고 복잡한 분야를 고찰할 때 가장 중요한 분석 단위는 **실천 시스템**system of practice, 곧 활동들의 정합적 연결망이다. 실천 시스템은 쿤의 패러다임과 비교할 만하다. 통합 활동과 달리 실천 시스템은 여러 목표를 가진다. 활동과 시스템은 둘 다 작업적 정합성을 띠는데, 작업적 정합성이라는 개념은 1.4절에서 더 상세히 규정될 것이다.

활동과 실천

인식론에서 통상적인 분석 단위는 명제거나 명제들의 집합으로서의 이론이지만, 이것들은 능동적 앎을 고찰하는 데 적합하

지 않다. 능력으로서의 앎 개념을 제대로 이해하려면 적절한 행동
action 개념과 실천practive 개념이 필요하다. 하기doing란 정확히 무엇
이며, 우리가 하는 것들은 무엇일까? 나의 고유한 인식 활동 개념과
실천 시스템 개념을 설명하기 전에, 행동에 관한 철학과 실천을 다
루는 사회과학 이론들과 과학기술학에서 이루어진 관련 연구들을
간략히 언급해야 한다.

　　행동철학 문헌 중에서 내가 특히 주목하는 것은 제니퍼 혼스
비의 연구다. 그녀는 나의 사고에 근본적으로 중요한 두 가지 논점
을 강조한다. 첫째, **활동**에 참여하기의 중요성을 강조한다(Hornsby
2007a, 170쪽). "인간 행위자는 일회성 행동에만 참여하는 것이 아니
라 활동에도 참여한다." 활동이란 복잡하고 조직적이며 규칙에 따
르는 일련의 행동들이다. 개별 행동은 계획 없이 이루어질 수도 있
는 반면, '활동'이라고 불리는 무언가는 하나의 목표를 향한, 루틴화
되고 반복적이며 상당히 안정적인 규칙들과 규범들을 따르는 하기
doing들을 함축한다. 둘째, 혼스비는 역량들에, 그리고 능력으로서
의 앎에 초점을 맞춘다. "개인이 무언가를 할 줄 안다고 할 때 그 앎
은 개별 행동들을 넘어 더 많은 것을 내용으로 가진다." 그리고 "인
간의 행위자성의 많은 부분은, 이런저런 활동에 참여할 능력을 지
속적으로 가지도록 보장해주는 역량의 보유에 의해 가능해진다"(같
은 곳, 179쪽).

　　실천의 본성에 관한 이론을 담은 문헌은 방대하고 다양하
다.[22] 나의 '인식 활동' 개념과 '실천 시스템' 개념을 상세히 풀어내

---

22 내가 주요한 길잡이로 삼는 논문집 두 권은《현대 이론에서의 실천적 전환The

기에 앞서 제기해야 할 질문이 하나 있다. 이런 복잡한 개념들을 지어낼 것이 아니라 그냥 실천에 대해서 논의하면 안 될까? 그러면 나의 생각을 기존 담론과 더 간단명료하게 연결하는 데도 도움이 될 터이다. 그러나 한 가지 문제는 사람들이 '실천'이라는 단어로 온갖 유형의 것들을 가리킨다는 점이다. 따라서 더 구체적인 규정이 없으면 그 단어를 정확히 사용하기가 불가능하다. 내가 발견한 한에서 그 단어의 의미를 간결하고 공정하게 요약하려는 최선의 시도는 띠어도어 샤츠키에 의해 이루어졌다(2001a, 11쪽) 그에 따르면, 통상적으로 실천은 '활동의 배열array of activity'로, 더 구체적으로 말하면, "공통의 실천적 이해를 중심으로 조직되었으며 신체화되고 물질적으로 매개된 인간 활동의 배열"로 여겨진다. 이런 의미의 실천은 내가 말하는 실천 시스템과 유사하다. 그러나 다른 용례들에서 '실천'은 인식 활동과 더 유사하다.

라우스는(2001, 199쪽) 인간 행동이 단지 규칙적인 경우와 규범적 구조에 의해 지배되는 경우를 구별하는데, 이는 중요한 구별이다. 오직 후자만 '실천'으로 불릴 자격이 있다. "행위자들의 행동이 옳거나 그른 실천 규범에 부합한다고 간주함이 적절할 때, 행위자들은 실천을 공유하는 것이다." 나는 라우스를 계승하여 실천을

Practice Turn in Contemporary Theory》(Schatzki 외 2001) 그리고 《과학철학, 과학사 및 과학기술학의 실천적 전환 이후의 과학Science after the Practice Turn in the Philosophy, History, and Social Studies of Science》(Soler 외 2014)다. 후자의 편집자들이 쓴 '들어가는 말'은 '실천으로의 전향practice turn'의 역사와 주요 특징을 특히 과학학과 관련지으며 포괄적이고 훌륭하게 조망한다. 또한 마이클 톰슨과(2008) 데이비드 스턴의(2003) 서술도 매우 유익하다. 과학철학 분야에서는, 매우 중요하지만 안타깝게도 주목받지 못한 이 방향의 연구로 Harré and Llored(2019) 참조.

보는 규범적 시각을 채택한다. 샤츠키에(2001b, 60~61쪽) 따르면, 실천의 규범성은 목적들과 가치들을 관련지어 특정하는 '목적감정적 teleoaffective 구조'다. 이와 관련해서도 나는 라우스, 샤츠키 등을 계승하여 실천에서 이해理解가 차지하는 지위를 강조한다. 그 지위는 1.4절에서 상세히 논의될 것이다. 실천의 중요한 차원 하나를 추가로 언급할 필요가 있는데, 특히 과학철학을 위해 중요한 그 차원은, 우리의 실천은 거의 다 우리 자신이 아닌 대상을 다루기를 포함한다는 사실이다. 라우스와(2001) 카린 크노르 세티나가(2001) 공히 강조하듯이, 대상의 관여는 실천을 결말이 열려 있고 상황의존적이며 contingent 창조적이게 만든다. 이 모든 것이 인식 활동과 실천 시스템에 관한 나의 견해를 형성한 교훈들이다.

인식 활동

나는 과학사와 과학철학을 연구하면서 '활동에 기초한 분석'을 과학 지식에 적용하는 일을 시도해왔다(Chang 2011a; 2014). 일관성과 연속성을 위하여, 인식 활동을 규정하기 위한 나의 기존 시도 가운데 가장 잘 알려진 것을 나의 저서《물은 H_2O인가?》에서 인용하는 방식으로 운을 떼고자 한다(Chang 2012a, 15~16쪽, 번역서 66쪽).

인식 활동이란, 어떤 식별 가능한 규칙들에 맞게(그 규칙들이 명시되어 있지 않을 수도 있지만) 특정한 방식으로 지식의 생산이나 개선에 기여할 의도로 행하는 다소 정합적인 정신적 신체적 작업들의 집합[23]을 말한다. 내 제안의 중요한 부분 하나는, 각각의 상황에서 과학자들이 성취하려 하는 목표들을 명심하라는 것이다. 식별 가능한 목표의 존재는 (비록 활동자들 본인은 그 목표를 명시적으로 밝히지 않더라도) 활동과 한낱 신체적(인간의 몸이 관여하는) 사건을 구별해주는 특징이다.

이 인용문이 들어 있는 저서에서 나는 내가 말하는 인식 활동이 솔레의 '논쟁 모듈argumentative module' 개념과 유사하다는 점을 언급했다. 논쟁 모듈은 "목표를, 즉 답하려는 질문이나 해결하려는 문제를 기반으로 삼아 그 위에서 하나의 단위로서 개별화되고 정의된다"(Soler 2012, 235쪽).

　이제 나는 그때 했던 시도를 수정하는 것을 출발점으로 삼아 인식 활동 개념을 추가로 상술하고자 한다. '인식' 개념은 지식의 생산과 개선뿐 아니라 지식의 평가와 사용도 포함하도록 확장되어야 한다. 그리고 대다수 경우에 정신적 활동과 신체적 활동은 서로 결합된다는 점을 강조해야 한다. 브리지먼은(1959, 3쪽) 정신적 활동과 신체적 활동 외에 '종이와 연필 작업paper-and-pencil operation'이 과학에서 중요하다고 지적했다. 이와 유사하게 우르술라 클라인은(2003) 화학에서 '문서 도구paper tool'(문서 형태를 띤 도구, 예컨대 화학식-옮긴이)의 사용이 중요하다는 점을 강조했다.

---

23 약간 더 앞선 시도에서(Chang and Fisher 2011, 361쪽) 나는 '집합' 대신 '시스템'이라는 단어를 사용했다. 그런데 그 단어의 사용은 현재 내가 제시하는 '실천 시스템'에 대한 설명과 일관되지 않기 때문에, 여기에서는 '집합'을 사용한 것이다.

또한 목표들의 층이 다양하다는 점을 명확히 해두는 것도 중요하다. 구체적 활동은 행위자들이 궁극적으로 바라는 바를 성취하는 데 도움이 되는 최근접 목표를 달성하기 위해 설계된다. 내가 성냥을 성냥갑에 긋는 것을 보고 누군가가 나에게 무엇을 성취하려 하느냐고 묻는다고 해보자. 나의 대답은 '성냥불을 켜는 중이야'일 수도 있겠고 '유기화합물에 대한 연소 분석을 진행하는 중이야'일 수도 있을 것이다. 둘 다 납득할 만한 대답이지만, 각각의 대답이 언급하는 목표는 유형이 다르다. 첫째 대답은 활동의 **내재적 목표**에 관한 것이다. 성냥을 마찰면에 긋는 활동 그 자체의 목적은 성냥에 불을 붙이는 것이다. 하지만 그 활동을 하는 궁극적 이유는 성냥불로 분젠 버너를 켜기 위해서일 수도 있고, 집을 홀랑 태워버리기 위해서일 수도 있고, 단지 연소라는 경이로운 현상을 바라보며 감탄하기 위해서일 수도 있다. 이런 이유들은 성냥불 켜기 활동의 **외적 기능들**이라고 부를 수 있을 것이다. 그것들은 그 활동을 성공적으로 수행했을 때 발생하는 귀결들이니까 말이다. 활동은 내재적 목표를 통해 부분적으로 정의되는데, 내재적 목표는 활동이 어떤 외적 기능에 종사하는지와 상관없이 존재한다(만일 행위자의 의도가 성냥불을 켜는 것이 아니라면, 성냥불 켜기는 성냥불 켜기가 아니다).

마지막으로, 우리가 서술할 수 있는 활동은 어떤 것이든지 행동 **프로그램**이라는 점을 강조해야 한다. 이때 프로그램이란 사후에 돌이켜 얻는 이해일 수도 있고 사전에 제시하는 지침일 수도 있다. 그런 프로그램은 각각의 활동 수행 사례가 띤 특징들을 모두 포함할 수는 없다는 의미에서 추상적일 수밖에 없다. 우리가 서술할 수 있는 활동은 실제 수행에서 정확히 구현되지 않으며, 우리가 살면서 끊임없이 수행하는 행동들의 흐름에서 어떤 활동을 끄집어내어 지목하고 분류하는 유일무이하게 옳은 방식은 없다. 이런 의미에서, 인식 활동은(또한 실천 시스템은) 막스 베버가 말하는 '이상형 ideal type'이다. 이상형이란, 관찰 가능한 실재에서 도출하되 의식적인 단순화와 과장을 덧붙여 도출한 개념이다. 베버는 이렇게 말한다. "이상형은 특정한 관점(들)을 일방적으로 강조함으로써 형성되는데", "구체적인 개별 현상들은" 그 관점이나 관점들에 따라 "배열되어 통일된 분석적 구성물을 이룬다"(Kim 2019에서 재인용). 김성호가 설명하듯이 "자신의 허구성을 잘 아는 이상형은 자신이 실재의 복제물reproduction이나 대응물로서 타당성을 지녔다는 주장을 절대로 하려 들지 않는다. 이상형의 타당성은 오직 적절함adequacy을 통해서만 확인될 수 있다". 1.4절에서 추가로 논하겠지만, 활동은 해석적 차원을 지녔다. 즉, 활동의 작업적 정합성은 실용적인 사리 파악에 관한 것이며, 이때 그 사리 파악의 주체는 행위자 자신일 수도 있고 그들의 행동을 분석하는 타인일 수도 있다.

실천 시스템

인식 활동은 대개 고립된 채로 이루어지지 않으며 고립된 채로 이루어져서는 안 된다. 인식 활동들은 흔히 연결망을 이루는데, 그 연결망은 충분히 조밀하고 충분히 규모가 커서 '실천 시스템'이라고 불릴 만하다. 다시 한번 내가 2012년에 출판한 저서를 인용하겠다.

실천 시스템이란 특정 목표를 성취할 목적으로 수행되는 인
식 활동들의 정합적 집합이다. [⋯] 각 활동의 정합성이 목표
성취 능력에 의해 정의되는 것과 유사하게, 실천 시스템의
정합성이 무엇인가는 그 시스템의 전체적인 목표들에 의해
정의된다.(Chang 2012a, 16쪽, 번역서 67쪽; 또한 Chang 2014, 72쪽)

이제 나는 어떻게 활동들이 정합적으로 결집하여 실천 시스템을 이
루는지를 더 세심히 고찰하고자 한다. (어떤 유형의 활동들이든지 결집
하여 실천 시스템을 이룰 수 있다. 나는 인식 활동을 거론하는 경향이 있는데,
이는 내가 주로 다루는 사안들이 앎에 관한 것이기 때문이다.) 한 실천 시스
템 안의 다양한 활동들은 단순히 동일한 일반적 틀 안에서 수행되
지 않는다. 오히려 그 활동들은 특정한 목표들을 달성하기 위해 매
우 특수한 방식들로 결집한다. 시스템은 시스템 수준의 목표들을
달성하기 위해 다양한 활동들을 조율한다.

　　활동과 달리 실천 시스템은 단일한 내재적 목표를 가지고 있
지 않다. 사실 이 사정은 활동과 시스템 사이의 핵심적인 차이라고
할 만하다. 1.1절에서 소개한 사례를 돌이켜보라. 라봐지에 화학 시
스템의 주요한 전체적 목표들은 다양한 물질의 조성을 알아내기,
모든 화학물질을 잘 분류하기, 화학반응들을 설명하기였다. 이런
목표들은 상호 의존적이기도 하고 독립적이기도 하다. 라봐지에의
시스템은 '합성주의적compositionist' 화학 시스템이었다(Chang 2011b;
2012a, 1.2.3절 참조). 즉, 물질의 조성을 알아내기는 다른 두 목표인
설명과 분류를 위해 필수적이었다. 왜냐하면 이 시스템에서는 조성
에 기초하여 설명하고 분류하는 것이 당연한 책무로 여겨졌기 때문

이다. 한편, 분류와 설명은 대체로 상호 독립적인 목표들이었다. 한 활동을 다른 활동 없이 추구하는 것이 최소한 어느 정도까지 가능했으니까 말이다.

다른 유형의 사례로 축구를 생각해보자. 개별 축구 시합이 아니라 제도institution로서의 축구를 말이다. 그러면 축구는 실천 시스템으로 간주될 만하다. 축구 제도 전체는 단일한 내재적 목표가 없다. 따라서 축구는 단일한 활동이 아니다. 반면에 축구 내부의 특수한 활동들은 제각각 단일한 내재적 목표가 있다. 예컨대 골문 지키기의 내재적 목표는 상대 팀의 득점을 막는 것이며, 패스하기의 내재적 목표는 우리 팀의 다른 선수에게 공을 건네는 것이다. 그렇다면 축구 자체의 내재적 목표는 이기기가 아닐까? 각 팀의 축구 시합 참여의 목표는 이기기라고 할 수 있겠지만, 축구라는 스포츠 전체의 목표를 이기기라고 할 수는 없다. 스포츠 전체에 '이기다'라는 술어를 붙이는 것은 부적절하다. 우리가 축구 시스템 전체의 목표를 진지하게 물으면, 명확한 하나의 대답이 나오지 않고 여러 대답이 나온다. 이를테면 사람들에게 재미있는 구경거리를 제공하기, 특정 개인들과 단체들을 위한 수입과 이익을 창출하기, 사회의 건강과 신체적 역량을 향상하기, 공동체의 결속에 기여하기 등이 대답일 수 있다.

활동들을 조율하기

그런데 다양한 활동들이 결집하여 시스템 수준의 목표들에 종사하는 방식과 다양한 행동들이 조율되어 하나의 활동을 이루는 방식 사이에는 유사한 구석이 있다. 행동들이 결집하는 방식을 더 세심히 고찰할 필요가 있다. 과거에 나는 활동을 '작업들의 집합'으로 규정했는데, 그때 나는 '작업operation'이 무엇인지 정의하지 않았다. 그러면서 '작업'은 '활동'과 유사한 무언가를 뜻하지만 활동의 하위 성분들을 가리키려 할 때 편리하게 사용할 수 있는 용어라고 생각했다(Chang 2014, 74~75쪽). 더 큰 문제는 내가 대체로 원자론적인 구도를 암묵적으로 짰다는 점인데, 레나 솔레와 레지스 카티노드의(2014, 82쪽) 적절한 비판은 이 문제를 지적한다. 하지만 이제 나는 그 원자론적 관점을 피할 길을 발견했다고 믿는다.

핵심적인 난점은 가장 단순한 활동조차도 복잡하고 따라서 성분 활동들로 분석할 수 있는 듯하다는 점이다. 그렇다면 그런 분석이 끝없이 계속될 듯하다. 한 예로 라봐지에 화학 시스템 안의 한 활동인 연소 분석combustion-analysis을 생각해보자. 이 활동은 다양한 다른 활동들을 포함한다. 즉, 무언가를 불태우기, 다른 화학물질들을 이용하여 연소 생성물들(기체들)을 포획하기, 그 결과로 얻은 화합물들의 무게를 측정하기, 비율 계산을 수행하기 등을 포함한다. 그런데 이 활동들 역시 다른 활동들로 이루어진 듯하다. 예컨대 양팔 저울로 무게를 측정하기 활동은 측정할 물건과 추를 양팔 저울의 접시들에 올려놓기, 바늘이 가리키는 숫자를 읽기, 사용되는 추가 표준에 맞는 추인지 인증하기를 포함한다. 만약에 이 인증 활동이 없다면, 무게 측정 활동 전체가 타당성을 잃을 터이다. 그런데 이 인증 활동도 그 자체로 매우 복잡하다! 이 활동의 구체적인 방법은 신뢰할 만한 공급자에게서 추를 주문하기일 수도 있고, 추들을 신뢰성이 더 높은 다른 추들과 비교하기일 수도 있고, 특정한 자연현상을(예컨대 미터법을 고안한 사람들의 발상에서는, 특정 온도에서 특정 부피의 물의 무게를) 기준으로 삼아 추들을 점검하기일 수도 있다. 어느 방법을 선택하든지, 추 인증이라는 이 '성분component' 활동이 양팔 저울로 무게를 측정하기라는 전체 활동보다 더 단순하지 않다는 점은 명백한 듯하다.

활동 분석은 원자론적이거나 환원주의적인 사업이 아니다. 한 활동이 더 단순한 활동들로부터 '합성된다composed'라는 말은 어폐가 있다. 왜냐하면 '합성合成, composition'은 원자론적 존재론을 너무 강하게 함축하기 때문이다. 나는 성분이 되는 활동이나 요소가 되는 활동, 기초가 되는 활동보다 성립시키는constituent 활동이라는 표현을 더 선호한다. 서술의 맨 아래층, 원자적 활동들로 이루어진 암반, 분석 과정의 명확한 종결점은 없다. 그러나 많은 경우에 어떤 활동을 누가 봐도 명백히 그 활동을 성립시키는 활동들로 분석하면 유용한 통찰들을 얻을 수 있다. 그리고 이 분석은 생산적이라면 어느 경우에든지, 또한 생산적인 만큼까지만 이루어져야 한다.

다시 본론으로 돌아가서, 활동들은 어떻게 결집하여 또 다른 활동을 이룰까? 몇 가지 사회적 비유를 들면 유익할 듯하다. 국제연합UN은 결집한 회원국들에 불과하지 않다. 왜냐하면 국제연합이 기능하려면, 개별 회원국들 각각의 내부에는 존재하지 않는, 공유된 제도, 루틴, 목적이 필요하기 때문이다. 또한 회원국들이 전적으로 국제연합에만 속해 있는 것도 아니다. 요컨대 이 경우에 전체는 부분들의 총합 이상이며 또한 이하이다. 이와 유사하게 개인들이 결집하여 연합(자율방범대, 익명의 알코올중독자들 모임 등)을 이룰 때, 그 연합은 단지 개인들의 집합에 불과하지 않으며, 개인 각각은 그 연합의 범위 바깥에서 매우 복잡한 삶을 꾸려가면서 다른 많은 연합에도 가입한다. 활동들이 결집하여 또 다른 활동을 이룰 때도 이와 유사하다. 통합 활동을 성립시키는 활동들을 결집하기 위해서는 그 활동들 바깥의 무언가가 도입되어 그 활동들을 연결해야 한다. 가장 중요한 인자는 통합 활동을 성립시키는 활동들이 결집하여 종사하는 목표, 곧 통합 활동의 전체적 목표다.

　　　이로써 인식 활동과 실천 시스템의 존재론을 개략적으로 제시해볼 준비가 되었다. 활동은 단일한 내재적 목표를 기준으로 한 작업적 정합성에 의해 식별되고 개별화된다(그리고 다양한 외적 기능들을 가질 수 있다). 전형적인 경우에 한 활동은 다른 활동들을 자기 안에 포함한다고 간주할 수 있다. 이 포함의 목적은 그 활동의 목표를 이뤄내는 것이다. 한편, 그 활동에 포함된, 그 활동을 성립시키는 활동들 각각은 그 전체적 목표뿐 아니라 고유한 내재적 목표도 계속 보유한다. 이 활동들 역시 다른 활동들을 포함한다. 우리는 활동을 그것을 성립시키는 활동들로 분석하는 일을 무한정 이어갈 수도 있지만, 이 상황은 무한 역진이 아니다. 왜냐하면 여기에서 성립시키기 관계는 환원적이지 않기 때문이다. 오히려 전체적인 그림은 그물의 형태에, 수많은 활동들의 연결망에 더 가깝다. 연결망 안의 활동 각각은 다양한 다른 활동들을 포함한다. 이 그림은 질 들뢰즈와 펠릭스 가타리가([1980] 1987) 말하는 '뿌리줄기rhizome' 구조를 연상시킨다. 다음으로 실천 시스템을 살펴보자. 실천 시스템은 활동들이 단일한 포괄적 목표 없이 조율될 때 형성된다. 만약에 단일한 내재적 목표가 있다면, 조율된 전체는 단일한 통합 활동을 이룰 터이다. 실천 시스템은 시스템 수준의 목표를 여럿 가지며, 그 목표들 각각을 시스템에 포함된 어느 한 활동에 할당할 수는 없다. 실천 시스템이 정합적이라 함은 시스템에 속한 다양한 활동들의 외적 기능들이 시스템 수준의 목표들을 달성하기 위하여 효과적으로 조율되어 있다는 뜻이다. 시스템 내부의 다양한 목표들이 얼마나 잘 조화되는가 하는 점도 작업적 정합성과 관련이 있다.

1.4 작업적 정합성

능동적 앎에 대한 나의 이해에서 핵심을 이루는 개념은 작업적 정합성이다. 앞서 1.3절에서 보았듯이 이 개념은 인식 활동과 실천 시스템에 대한 정의의 핵심 부분이기도 하다. 이제 나는 이 개념을 더 정확하고 상세하게 규정하고자 한다. 이는 특히 3장과 4장에서 이루어질 실재 및 진리 개념에 대한 재구성에서 작업적 정합성이 결정적 역할을 할 것이기 때문이다. 기존의 출판물들에서 나는 작업적 정합성을, 활동을 이루는 작업들 사이의 조화로운 관계로 정의했다. 하지만 그 정의가 유발하는 몇 가지 난점에 대처하기 위해 고심한 끝에 이제 더 근본적인 견해에 이르렀다. 간단히 말하면, 작업적 정합성이란 **목표 지향적 조율**aim-oriented coordination 이다. 정합적 활동이란 목표 달성을 위해 잘 설계된 활동이다. 비록 정합적 활동이 매번 성공하리라고 예상할 수는 없지만 말이다. 작업적 정합성은 실용적 이해에 기반을 둔다. 즉, 작업적 정합성을 갖추기 위한 관건은 목적을 품은 행동을 하는 구체적 상황에서 사리에 맞게 하기다.

작업적 정합성이란 무엇일까? 직관과 예증

이 장의 개관(1.1절)에서 나는 능동적 앎의 질을 평가하는 주요 기준으로 작업적 정합성을 제시했다. 1.3절에서는 작업적 정합성을 인식 활동의 핵심 특징으로 소개했다. 이제 나는 작업적 정합성을 더 상세하고 신중하게 규정하고자 한다. 이번에도 몇 가지 예를 들어 작업적 정합성 개념의 필요성을 보여주는 것을 출발점으로 삼자. 작업적 정합성은 과학적 활동과 일상적 활동을 비롯한 모든 유형의 활동에 적용할 수 있는 개념이다. 일상에서 우리는 그야말로 수천 가지의 단순한 솜씨를 활용한다. 그 솜씨들은 신체 동작과 물질적 조건과 정신적 개념을 잘 조율할 것을 요구한다. 컵에 담긴 물을 마시기, 신발끈 묶기, 젓가락으로 식사하기, 자전거 타기가 그런 솜씨들이며, 계단을 걸어 오르기도 마찬가지다. 계단을 걸어 오르기는 오늘날의 로봇공학에서 밝혀졌듯이 대단한 성취다. 매우 단순한 활동인 성냥불 켜기를 생각해보자(여담이지만, 이 활동은 아주 오랫동안 화학의 진보를 위해, 또한 심지어 물리학의 진보를 위해 정말 필수적이었다!). 대다수 사람은 아마도 과거에 자신이 성냥불 켜는 법을 어떻게 배웠는지 기억할 것이다. 실제로 성냥불을 잘 켜려면 놀랄 만큼 높은 수준의 솜씨와 조율이 필요하다. 나는 한 손으로 성냥갑을 단단히 붙잡되, 가칠한 마찰면이 다른 손을 향하도록 붙잡고, 다른 손으로는 성냥을 역시 단단히 붙잡는다. 이어서 성냥 대가리를 성냥갑의 마찰면에 대고 몸 쪽으로 끌어당긴다(그러자 성냥이 부러진다. 이건 아니다. 올바른 동작은 성냥을 밀어내는 것이다). 나는 성냥을 적절한 각도로 들고 어느 정도 갑작스럽게, 적당한 속력으로 밀어낸다. 불꽃이 피어나면 손동작을 즉시 멈춘다. 나의 성냥불 켜기 활동이 정합적이려면, 나는 이 작업들을 충분히 잘 조율해야 한다. 여기에서 다음을 유의해야 하는데, 정합성은 단일한 행동에 적용되는 것이 아니라 지속적이며 조직화된 **활동**에(또한 실천 시스템 전체에도) 적용된다.

이와 똑같은 유형의 조율이 과학적 실천과 공학적 실천에서도 이루어진다. 다만 이 실천들에서는 더 이론적이고 복잡하며 면밀한 행동들이 조율될 따름이다. 극단적인 사례로 피터 갤리슨이(2003, 285~289쪽) 논하는 위성 위치 확인 시스템GPS의 작동을 들 수 있다. GPS를 작동시키려면 다양한 물질적 기술들(정지궤도위성, 원자시계, 전자기파 신호, 핸드폰 등)과 다양한 추상적 이론들(인공위성을 띄우는 데 필요한 뉴튼 역학, 원자시계의 작동에 필요한 양자역학, 위성의 속력과 지구 중력장 내 위치에 따라 원자시계의 측정값을 보정하는 데 필요한 특수상대성이론과 일반상대성이론)을 복잡하게 조율해야 한다. 엄청나게 복잡한 그 시스템의 요소 각각은 다른 요소들과 꼼꼼하게 조율되어 있다. 그 덕분에 우리가 그 시스템을 이용하여 수행하는 활동들은 경이로운 수준의 작업적 정합성에 도달할 수 있다. 그리고 이론적 요소들이 이토록 중대하게 관여하는 시스템인 GPS에서도 작업적 정합성은 단일한 통합 이론에서 나오는 결과가 아니다(가장 근본적으로, 우리는 통합된 양자중력이론을 가지고 있지 않다. 이론물리학과 공학 시스템들을 아우르는 이론이 없다는 점은 더 말할 것도 없다). 오히려 작업적 정합성은 매우 임기응변적인 방식으로, 즉 다양한 이론에서 취사선택한 이론적 요소들을 시스템의 다양한 부분에 적용하되 당면한 구체적 목표를 달성하기 위해 사리에 맞게 설계하여 적용하는 방식으로 성취된다.

작업적 정합성이란 무엇인지 규명하려 할 때 정합성이 없으면 어떤 일이 벌어지는지 생각해보는 것도 도움이 된다. 내가 물을 마시기 위해 컵을 들어 코로 가져간다면, 이것은 부정합적인 incoherent 활동이다. '계단 주의'라는 경고 표지판을 눈여겨보지 않아 발을 헛디디고 휘청거리는 드문 순간에 우리는 평소에 우리가 신체 동작들을 정합적으로 유지하고 외부 환경에 맞추는 일을 생각하지 않으면서도 얼마나 잘하는지 새삼 깨닫는다. 또 다른 예로 학자의 (코로나19 대유행 이전의) 전형적인 사회생활에서 벌어지는 일을 들 수 있다. 당신은 학회에 가서 당신이 정말 좋아하지만 아주 잘 알지는 못하는 동료들을 만난다. 당신은 따스한 악수를 건네는데, 동료는 가벼운 포옹이나 입맞춤을 건넨다. 그리하여 두 사람의 인사가 뒤엉켜버린다. 때때로 부정합성은 틀렸거나 서로 모순되는 믿음들에서 비롯된다. 그러나 확언하건대 믿음의 부적절성이 부정합성의 유일한 이유인 것은 아니다. 부정합성은 기초 역량의 부족(이를테면 나쁜 시력이나 약한 근력)에 기인할 수도 있고, 부적합한 재료의 사용이나 다양한 작업들의 타이밍 조절 실패, 상호 충돌하는 규칙들의 적용 등에 기인할 수도 있다. 방금 든 예들을 통해 내가 충분히 명확하게 보여주고자 하는 바는 작업적 정합성에 정도 차이가 있으며, 그럼에도 작업적 정합성을 엄밀히 정량화할 수는 없다는 점이다. 작업적 정합성은 논리적으로 정의되는 일관성보다 덜 엄밀한 개념일 수밖에 없다.

본격적인 논의를 이어가기에 앞서, 쉽게 예상되는 우려를 언급하고 해소하고자 한다. 인식론에서 등장하는, 진리와 정당화에 관한 이른바 정합 이론들coherence theories은 상대주의나 관념론, 혹은 구성주의constructivism로 주저앉을 가능성이 있다. 만약에 정합성이 오로지 우리의 믿음들 사이의 긍정적 관계에 관한 것이고, 그 믿음들이 서로 합치한다는 것이 그 믿음들을 뒷받침하는 근거의 전부라면, 정합성은 앎과 실재 사이의 연결을 제공하지 못한다는 우려는 정당하다. 진리에 관한 정합 이론의 가장 단순소박한 버전에서 정합성은 단지 진술들의 집합 내부의 논리적 일관성으로 간주된다. 제임스 영에(2015) 따르면, 비교적 설득력이 큰 버전들은 정합 관계를 '일종의 연역적 관계'나 '명제들 사이의 상호 설명적 뒷받침 관계'로 간주한다. 이와 유사하게 리처드 폴리가(1998, 157쪽) 정당화와 관련하여 지적하는 바에 따르면 "정합주의자들은 믿음이 스스로 자기를 정당화할 가능성을 배제하면서, 믿음은 서로를 뒷받침하는 믿음들의 시스템에 속해 있을 때만 정당화된다고 주장한다". 캐서린 엘긴도(2017, 71~73쪽) 느슨한 정합성 개념을 지녔다. 그이는 "정합적인 언급의 성분들은 서로 일관되고, 함께 유지될 수 있고 cotenable, 서로를 뒷받침해야 한다"라는 최소한의 조건을 정합성의 조건으로 제시한다. 또한 그녀는 다양한 층의 신념들 사이의 관계를 고찰한다. 그러나 가장 정교한 정합주의 버전들에서조차도 순환성 문제는 그대로 남아 있다.[24] **작업적 정합성**은 전혀 다른 사안이다. 작업적 정합성을 임의적인 방식으로, 곧 법령이나 편의적인 생각을 통해, 혹은 단지 믿음들의 일치나 사람들의 합의를 통해 성취할 수

---

24 하지만 주목할 만하게도 새가드는(2000, 77쪽) 순환성이 반드시 무한 역진인 것은 아니라고 지적하면서 이렇게 말한다. "정합성에 기초한 추론은 무한 역진을 포함하지 않는다. 왜냐하면 그 추론은 단계적으로 진행되는 것이 아니라 다수의 요소를 동시에 평가하는 것을 통해 진행되기 때문이다."

는 없다. 정반대로, 일을 정합적으로 하려면, 주위 환경을 이해하고 숙달해야 한다. 작업적 정합성은 본질적으로 자연에 의해 제약된다. 정신의 지배 바깥에 놓인 세상은 작업적 정합성을 통해 앎과 관련 맺는다. 실제로 나는 2장에서 이렇게 주장할 텐데, 실재는 오로지 작업적 정합성을 통해서만 우리의 실천을 조형할 수 있다. 더 나아가 3장과 4장에서 나는 어떻게 작업적 정합성이 실재 개념과 진리 개념 자체의 기반일 수 있는지 보여줄 것이다.

세 가지 난점

기존 출판물에서 나는 '작업적 정합성'을 이렇게 정의했다.

활동은, 그 활동을 성립시키는 작업들 사이에 조화로운 관계가 성립할 때 그리고 오직 그럴 때만 정합적이다. 정합적 활동을 구체적으로 실행하면, 다른 모든 조건이 동일할 경우, 성공한다. 이 둘째 조건은 정합성 판정의 간접 기준으로 쓰일 수 있다.(Chang 2017b, 111쪽)

이 정의는 딱히 틀린 점이 없지만 더 상술하고 방향을 조정할 필요가 있다. 이 옛 정의가 이미 출판물에 실려 세상에 나와 있으므로, 나는 지금 내가 도달한 정의만 불쑥 제시할 것이 아니라 나의 현재 생각이 옛 정의에서 어떻게 진화했는지 서술해야 한다고 느낀다. 그러면 설익은 정의를 출판한 잘못을 바로잡는 효과를 얻는 것 말고도 내가 지금까지 겪은 변화가 어떤 동기에서 유발되었는지 보여주는 데도 도움이 될 수 있을 것이다.

정합성에 대한 나의 옛 정의는 세 가지 난점을 미해결로 방치했다. 첫째, 작업적 정합성을 활동을 성립시키는 작업들 사이의 관계로만 간주하는 것에 문제점이 있다. 솔레의(2009, 9장; 2012) 설득으로 내가 깨달았듯이, 정합성을 활동의 **온갖** 측면들 혹은 요소들(이를테면 이론적 전제들, 신체적 능력들, 지각들, 사회적 제약들, 우리의 도구들의 속성들) 사이의 조화로운 관계로 간주하는 것을 허용하지 않는 것은 쓸모없는 제약이다. 그럼에도 그런 이질적인 항목들이 서로 어떻게 관련 맺는지를 적절히 생각하는 것은 어려운 일이다. 바로 이런 연유로 과거에 나는 존재론적 동질성을 위해 작업들만 다뤘던 것이다. 하지만 그 해법은 기껏해야 난점을 은폐할 따름이다. 왜냐하면 작업들 사이의 상호작용을 이해하는 일도 결코 만만치 않으며, 각각의 작업이 어떻게 이루어지는지 이해하려면 그 작업을 이루는 온갖 요소들 사이의 상호작용을 이해해야 하기 때문이다.

둘째, 관계가 '조화롭다'는 것은 정확히 무슨 뜻일까? 조화는 음악적 비유다.[25] 또 나는 행동들이 "서로 들어맞는다*fit*"는 표현도 사용했는데, 이 표현은 기계적 비유다. 행동들은 음표들이 아니며 기계의 부품들도 아니다.[26] 이전 논문에서 나는 이 질문을 미해결로 남겨놓은 채로 이렇게 고백했다.

---

25 리바 타움이 나에게 일러준 바에 따르면, '조화(화음)*harmony*'라는 음악 용어 자체도 원래의 희랍어에서는 배의 널판들 같은 것들이 서로 들어맞는다는 생각에 의존한 비유였을 개연성이 높다. 그렇다면 노이라트의 배는 또 다른 층의 의미를 가질 수 있다!

작업들 간 상호작용에 적용되는 이 조화를 더 정확히 특징 짓거나 더 잘 이해된 다른 개념으로 환원하기는 어렵다. 우리는 유사한 단어들을 계속 열거할 수 있을 따름이다. 조율, 오케스트레이션orchestration, 일치concordance, 한참 전에 언급한 정합성 등을 말이다. [...] 어쩌면 '조화'(혹은 '조화로움')를 의미의 측면에서 가장 원초적인 속성으로, 그리고 오직 활동 목표의 달성을 통해서만 입증 가능한 속성으로 취급하는 것이 최선일지도 모르겠다.(Chang 2017b, 110쪽)

하지만 '조화로움'을 원초적인 속성으로 간주하는 것이 썩 만족스럽지는 않았다.

셋째, 활동의 성공과 작업적 정합성 사이에 정확히 어떤 관계가 성립할까? 과거 논문에서 나는 정합성과 성공을 동일시하는 것을 자제했다. 이는 특히 정합적 활동이 모종의 우연한 외적 상황 때문에 실패할(또한 부정합적 활동이 우연히 성공할) 가능성을 열어놓기 위해서였다. 예컨대 나는 성냥불 켜기 작업들을 모두 적절히 하고도 예상외로 바람이 불어서, 또는 짓궂은 친구가 내 머리 위로 물을 쏟아부어서, 또는 다른 많은 불운 때문에 실패할 수도 있다. 만일 성냥불 켜기 활동 자체와 외적 사건들 사이의 경계를 충분히 명확히 그을 수 있다면, 나의 성냥불 켜기 행동은 정합적이지만 때때로 외적 상황 때문에 성공하지 못할 가능성이 있다는 말이 사리에 맞을

---

26 2장에서 나는 '대응 실재론'에서 사용되는 문제 있는 은유들을 비판할 것이다. 그러므로 나는 나 자신의 은유를 조심스럽게 도입해야 마땅하다!

터이다. 하지만 작업적 정합성을 띤 활동이 성공하는 경향을 띠어야 하는 이유는 정확히 무엇일까? 정합성으로부터 성공이 생산되는 과정에 개입할 만한 메커니즘 혹은 인과적 경로는 과연 어떤 유형일까? 나는 이 문제도 미해결로 남겨놓았다.

이해와 조율로서의 정합성

그런데 알고 보면, 작업적 정합성의 의미에 관한 위의 모든 난점은 하나의 공통 해법을 지녔으며, 그 해법의 씨앗은 나의 옛 논문에 나오는 다음과 같은 진술 안에 들어 있다. "정합적 활동은 추상의 영역 안에서 **사리에 맞지만**, 정합적 활동의 현실적 수행이 성공하는지 여부는 온갖 조건들에 의존한다. 이런 연유로 정합적임과 성공함이 동의어가 아니라는 느낌이 발생한다"(Chang 2017b, 111쪽, 강조는 추가됨). 풀이하자면, 작업적 정합성은 해석적 개념이다. 이 개념은 실용적 이해와 관련이 있다. **작업적으로 정합적인 활동이란** 우리가 해야 사리에 맞는 활동이며, 이때 '사리'는 우리의 목표에 의해 틀지어진다framed. 그렇다면 **사리에–맞음**sense-making과 성공은 어떤 관계일까? 어떤 활동이 내가 보기에 사리에 맞는다고 해서 그 이유로 그 활동이 성공한다고 주장하려는 것은 물론 아니다. 활동의 성공은 활동의 정합성이 일으키는 결과가 아니다. 그런 인과관계가 아니라, 행위자가 성공을 위하여 사리에 맞는 바를 한다면, 그것이 **바로 정합적인 활동이다.** 정합성은 성공을 위한 설계이며, 그 설계는 경험적인 배움에 기반을 둔다. 즉, 성공하리라고 우리가 생각하는 바를 하는 것은 **사리에 맞고**, 성공할 가망이 낮다고 우리가 생각하는 바를 하는 것은 사리에 맞지 않는다. 정합적 활동은 효과가 있도록 주의깊게 설계된다. 정합성과 성공 간의 관계는 인과관계가 아니고, 목적을 품은 행동의 맥락에서 사리에 맞게 하는 해석적-실용적 행위를 가리키는 것이다.

하지만 '사리에 맞음making sense'은 정확히 무슨 의미일까? 이해의 본성을 다루는 과학철학 문헌은 현재 상당한 규모에 도달했다. 이 논의의 막바지에 그 문헌을 거론하고자 한다.[27] 일단 나는 다른 방향으로 출발해야 한다. 왜냐하면 기존 문헌의 대다수는 자연현상에 대한 이해나 과학 이론에 대한 이해를 다루기 때문이다. 내가 여기서 펼치고자 하는 논의에 필요한 것은 무엇보다도 먼저 우리 자신의 행동에 대한 이해를 고찰하는 일이다. 왜냐하면 작업적 정합성의 핵심에 놓여 있는 것이 바로 그 이해이기 때문이다. 오스카 베스터블라드는(근간) 그것을 '작업적 이해operational understanding'라고 부른다. 작업적 이해에 초점을 맞춘다면, 안타깝게도 제대로 인정받지 못하고 있는 폴 새가드의 정합성에 관한 연구에서처럼 부분적으로 심리학적인 시각으로 사리 파악에 접근해야 한다. 세이가드는 정신이 너무 심한 부조화 없이 기꺼이 함께 보유할 수 있는 것에 초점을 맞추면서 정합성을 다양한 유형의 요소들 사이의 관계로 간주한다. 그 요소들이란 개념들, 명제들, 이미지의 부분들, 목표들, 행동들 등이다. 이 요소들은 다양한 '정합 관계'를 통해 서로 들어맞

27　특히 De Regt, Leonelli and Eigner(2009); De Regt(2017); Grimm, Baumberger and Ammon(2017); Grimm(2018); Stuart(2018) 참조.

을(또는 들어맞지 않을) 수 있다. 이때 정합 관계는 "설명, 도출, 촉진, 연상 등을 포함할" 수 있다(Thagard 2000, 17쪽). 이 같은 다양한 관계들을 고려하면서 우리는 활동의 다양한 요소들이 어떻게 협력하는지를 사리에 맞게 이해할 수 있다.[28] 또한 '이해'를 더 깊이 이해하기 위하여 해석학 분야를 들여다보는 작업도 해야 하는데, 그 분야는 전통적으로 언어 텍스트 이해에 초점을 맞추므로, 그 분야와 행동 이해 사이의 연관성은 간접적일 것이다.

나 자신의 직접적 접근법은 작업적 정합성이 합리적 행동과 관련 있다고 보는 것을 출발점으로 삼는다. 표준적인 도구적 합리성(수단-목적 관계) 개념을 기초로 삼으면, 목표 달성을 촉진하는 행동이라면 무엇이든지 하는 것이 우리의 입장에서 사리에 맞는다. 그러나 도구적 합리성을 다루는 통상적인 방식은, 수단-목적 관계를 기본적으로 인과관계로 간주하면서 해석적 차원을 배제하는 경향이 있다. 나 자신도 처음에는 작업적 정합성을 행동들의 물질적 차원에 투사했기 때문에 비유에 의존할 수밖에 없었다. 들어맞음을 판정할 기준으로서의 목적이 없으면, 이것과 저것이 '들어맞는다'라는 표현은 무의미하다. 배를 조립할 때 널빤지들이 들어맞는 것

---

28 새가드는 정합성을 주로 조건 충족의 문제로 보지만, 나는 그의 많은 통찰을 이해를 중심으로 재구성할 수 있다고 생각한다. 흥미롭게도, 작업적 정합성에 관한 나의 생각과 가장 유사한 것은 (윤리와 정치의 영역에서 역할을 하는) '의도적 deliberative 정합성'에 관한 새가드의 견해다. "어떤 행동이 어떤 목표의 달성을 촉진한다면, 그 행동과 그 목표는 마치 서로의 가드레일처럼 서로를 긍정적으로 제한한다"(Thagard 2000, 127쪽). '진리'와 '인식적 정당화epistemic justification'에 관해서는, 새가드는 이것들이 정합성의 요소들로서의 명제들과만 관련이 있다고 본다(같은 곳, 25쪽, 표1). 따라서 그의 인식론은 능동적 앎을 다루기에 적합하지 않지만, 나는 그 인식론을 약간 변형하여 능동적 앎을 다루도록 만들 수 있다고 믿는다.

과 같은 통상적인 이미지들은 기만적이다. 왜냐하면 그런 이미지들이 동원될 때 목적(배에 물이 새어들지 않게 만들기)은 당연시되어 언급되지 않기 때문이다. 활동의 정합성은 사물 자체들 사이의 어떤 신비로운 조화가 아니라, 우리가 우리의 목표를 달성하기 위하여 사물들과 행동들을 어떻게 결집하느냐에 관한 사안이다. 이런 의미에서 작업적 정합성은 **목표 지향적 조율**이다.

작업적 정합성과 관련 있는 실용적인 사리 파악을 생생히 이해하기 위해 간단한 예를 몇 개 살펴보자. 개리 라슨의 만화 시리즈 〈뒷면The Far Side〉에 속한 한 작품은 어느 젊은이가 아침에 침대에서 일어나 앉은 채로 벽에 붙어 있는 문구 '먼저 바지, 그다음 신발Pants BEFORE shoes'를 주의깊게 바라보는 모습을 보여준다. 그런 것도 자연스레 알지 못하고 적어놓아야 하는 사람이 있다면 참 우스꽝스러운 일인데, 하지만 정색하고 반응하자면, 이런 규칙들은 사실 우리 모두의 머리와 몸에 새겨져 있다시피 하다. 바지를 입기 전에 신발을 신는 것은 실용적으로 사리에 맞지 않는다.[29] 그렇게 해본 사람이라면 누구나 안다. 우리가 동시에 한 방향과 반대 방향으로 가려 하는 것, 또는 동시에 두 장소에 있으려 하는 것은 사리에 맞지 않는다. 물론 우리가 아니라 양자역학적 이중슬릿 실험에 등장하는 전자들이 그런 시도들을 한다면 사정이 조금 다를 수도 있겠지만 말이다. 레이저를 사용하여 극저온의 원자들을 아주

---

29 라슨이 말하는 'pants'는 미국 영어에서의 pants, 곧 바지다. 하지만 만약에 그 'pants'가 영국 영어에서처럼 속옷 팬티를 뜻한다면, 저 문구는 더 그럴싸해질 것이다!

좁은 구역 안에 가둬두기(원자 덫치기atom trapping)는 정합적인 활동이다. 왜냐하면 물리학자들은 이 대단한 성취를 가능케 하는 조건들과 작업들을 이해하는 법을 배웠기 때문이다. 나는 나 자신의 힘, 활과 화살과 주변 공기의 속성들, 표적의 위치, 기초적인 역학법칙들을 느낌으로 어느 정도 파악한 것에 기초하여 활쏘기를 정합적으로 실행할 수 있다.

　　부정합적 활동의 사례들을 살펴보는 것도 정합성을 이해하는 데 도움이 된다. 일부 부정합성은 순전히 정신적일 수 있다. 우리는 누군가가 횡설수설할 때, 즉 이해할 수 없어서 틀렸다고 할 수조차 없는 말을 할 때, 그의 말이 앞뒤가 맞지 않는다고 한다. 즉, 부정합적이라고 판정한다. 그러나 더 흥미롭고 유익한 것은 활동의 부정합성이 우리의 생각, 소망, 행동, 사리事理 사이의 불일치에 있는 사례들을 고찰하는 것이다. 잠깐 활쏘기의 예로 돌아가자. 화살이 표적에 명중하지 않으면, 활쏘기는 실패다. 그럴 때 나는 나 자신과 타인들이 그 실패를 이해하게 만들기 위해 이렇게 말할 수 있을 것이다. "아이쿠, 활시위를 당길 때 손이 미끄러졌네." 또는 "젠장, 갑자기 예상치 못한 바람이 불었어". 그렇게 나는, 산발적인 실패들에도 불구하고 활쏘기 활동 전체에 대한 나의 이해는 여전히 옳기 때문에 나의 활동은 정합적이라고 주장할 수 있다. 그러나 내가 계속해서 표적을 전혀 못 맞히고 나의 실패들이 해명 불가능하면, 나의 현재 행동을 계속하는 것은 부정합적이다. 교란된 상황이 탐구를 유발한다는 퍼스와 듀이의 말마따나, 그럴 때 나는 탐구해야 한다. 나는 다르게 생각하고 행동할 필요가 있다. 어쩌면 시위를 더 세게 당겨야 할 수도 있고, 내가 발휘하는 힘의 크기를 평가하는 방식을 바꿔야 할 수도 있고, 내가 표적을 충분히 잘 보고 있는지 확인하기 위해 시력검사를 받아야 할 수도 있고, 심지어 다른 역학법칙들을 적용해야 할 수도 있다. 그런 조정을 하지 않고 안 되는 일을 계속한다면, 나의 활동은 부정합적이다.

이제 실용적 이해를 중심으로 기틀을 잡은 작업적 정합성 개념을 갖추고 돌이켜보면, 나의 예전 정의를 괴롭혔던 세 가지 난점을 어떻게 해소할 수 있는지 명확히 알 수 있다. 첫째, 실용적인 사리 파악은 이질적인 요소들의 상호 조율을 받아들일 수 있다. 이때 조율은 수단과 목적 사이의 관계를 중심으로 이루어진다. 둘째, 알쏭달쏭하고 비유적인 '조화'는 이제 실용적 이해로 환원된다. 마지막으로, 활동의 정합성과 성공 사이에 긍정적 관계가 성립한다. 왜냐하면 우리는 정합적 활동을 설계할 때 우리가 이해하는 성공의 전망을 고려하기 때문이다. 우리의 사리 파악이 경험주의를 고수하는 한, 우리는 '실재로부터 동떨어질' 염려가 없다. 실용적 이해는 단지 '머릿속에' 있지 않다. 하지만 경험주의를 거부하면서 자신들이 보기에는 경험의 가르침을 무시하는 것이 사리에 맞는다고 주장하는 이들이 있다면, 어떻게 응수해야 할까? 독단에 대한 비난이나 객관주의적 인식론을 아무리 장황하게 늘어놓더라도 그런 사람들을 말릴 수 없을 것이다. 우리는 오로지 장기적으로 경험주의의 결실들을 끈기 있게 보여줌으로써만 그들을 설득할 수 있다.[30]

---

[30] 이해에 관한 절대적 기준이나 권위에 호소하지 않는다는 점에서 나의 견해를 상대주의적 견해로 간주하는 독자도 어쩌면 있을 것이다. 그러나 절대적인 것을 배척한다는 의미의 상대주의는 이미 파산해버린 엉성한 교설이 아니다. 마틴 쿠시의(2020) 편집으로 최근에 출판된 인상적인 논문집은 이 사실을 아주 명확하게 보여준다.

작업적 정합성에 관한 논의를 마무리하기에 앞서, 타인의 활동을 정합적이라고 판정하는 것과 관련한 난점들을 간략히 언급해야 한다. 이것은 내가 이미 1.3절에서 활동의 식별과 관련하여 잠깐 언급한 일반적인 문제의 한 부분이다. 설령 다른 행위자들이 자기네 활동의 목표와 조율 방식을 명시적으로 밝히지 않더라도, 우리는 그들의 활동이 작업적 정합성을 띠었다는 해석을 정당하게 할 수 있다고 나는 주장한다. 과학사학자를 비롯한 역사학자는 이 문제에 일상적으로 직면한다. 자기네 행동의 이유에 관한 증거를 남기지 않은 과거 사람들에게 질문을 던지며 답변을 요구할 수는 없는 노릇이니까 말이다. 명확히 발언하지 않는 행위자들의 활동을 작업적으로 정합적인 활동으로 이해하려는 노력은 유의미하고 유익한 훈련이다. 내가 활쏘기에만 천부적인 재능을 지닌 바보라고 해보자. 어찌 된 영문인지 나는 깊이 생각하거나 의식적으로 계획하지 않아도 표적을 명중시킬 줄 안다. 하지만 만일 관찰자들이 나의 활동을 표적을 명중시킨다는 목표를 위해 사리에 맞게 하는 일로 자기네 나름대로 이해할 수 있다면, 그들은 경탄하면서 나의 활동이 정합적이라고 간주할 것이다. 이 상황은 우리가 타인의 정신이라는 일반적인 문제를 실제로 다루는 방식과 근본적으로 다르지 않다. 나는 당신을 나와 유사한 경험들을 가진, 의식과 인지능력을 갖춘 행위자로 간주하기로 결정한다. 비록 나는 당신의 경험들에 직접 접근할 수 없더라도 말이다. 이것은 무슨 대단한 고차원적 추론이 아니라 단지 합당한reasonable 삶의 방식이며, 이 삶의 방식은 우리가 서로를 생산적으로 존중하는 것에 기반을 둔다.

동물들도 이와 동일한 방식으로 대할 수 있을 것이다. 벌들이 꽃에서 꿀을 모을 줄 알고 어디에 좋은 꽃이 있는지 서로에게 알려줄 수 있다고 말하는 것이, (우리가 보기에) 벌들은 왜소한 뇌 안에서 믿음들을 정식화하지 못하므로 앎을 보유할 수 없다고 완강히 주장하는 것보다 더 자연스럽다. 실제로 나는 거미가 그물을 짤 줄 알고, 다람쥐가 먹이를 숨길 줄(또한 때로는 숨긴 먹이를 찾아낼 줄도) 알고, 돌고래들이 물고기를 몰기 위해 협력할 줄 알고, 철새가 수천 킬로미터를 날아가면서도 경이로운 정확도로 길을 찾을 줄 안다고 생각한다. 그리고 알파고는 어떤 인간 바둑 기사보다 바둑을 더 잘 둘 줄 안다. 이 모든 사례에서 우리는 행위자의 행태를 작업적 정합성을 띤 활동으로 이해하고 그 이해에 기초하여 그 행위자가 앎을 가졌다고 인정한다. 일상에서 우리는 그렇게 다른 사람들이나 동물들이 앎을 가졌다고 인정하면서 그 앎을 높게 평가하고 경외한다. 인식론이 그런 앎을 무시해야 할 이유는 없을 것이다. 하지만 나의 현재 목적을 위해서는, 대부분의 인간이, 또 특출하게 지능을 지녔다고 느껴지는 몇몇 다른 존재들이 정합성과 목표와 앎을 가지고 활동한다고 보는 것만으로도 충분하다. 자동온도조절기가 의식과 경험을 지녔다고 할 수 있는가와 같은 질문들을 둘러싼 논쟁에 내가 꼭 끼어들 필요는 없다(Chalmers 1996, 그리고 이 문헌에 대한 반응들).

1.5 목표 지향적 조정으로서의 탐구

이 절에서 나는 능동적 앎을 동적인 관점에서 살펴볼 것이다. 무슨 말이냐면, 우리가 앎을 얻고 개선하기 위해 능동적으로 애쓰며 거치는 과정인 탐구의 본성을 들여다볼 것이다. 내가 상세히 풀어내고자 하는 발상은 탐구란 작업적 정합성을 증가시키는 과정이라는 것, 바꿔 말해 목표 지향적 조정의 과정이라는 것이다. 아무런 제약 없는 탐구에서, 탐구자들이 처음에 마주하는 불만족스러운 상황의 면모나 요소는 어떤 것이든 간에, 그들의 활동의 작업적 정합성을 증가시키기 위해 변경될 수 있다. 구체적인 믿음들뿐 아니라 능력들과 방법들, 심지어 목표 자체도 목표 지향적 조정의 과정에서 바뀌고 개선될 수 있다. 특정 요소들이 고정되어 있을 때는 다양한 유형의 제약된 탐구가 발생한다. 목표 지향적 조정 과정의 전체 범위를 두루 살피기 위해 맨 먼저 제약 없는 탐구를 고찰하기로 하자. 이 대목에서 내가 특별히 주목하는 것은 통상적으로 등한시되는 탐구 과정들, 곧 참신한 실험적 현상을 다루기 위해 개념들을 만들어내기, 새로운 이론적 기틀을 창조하기, 목표를 조정하기 등이다.

목표 지향적 조정

지금까지 나는 능동적 앎에 관한 생각들을 상술했다. 능동적 앎의 질은 인식 활동의 작업적 정합성에 의해 결정된다. 이제 나는 동적인 관점에서 앎의 발전을 고찰하면서 탐구의 본성은 무엇인지 묻고자 한다. 나는 일단 다음과 같은 단순한 전제를 채택할 것이다. 즉, 작업적 정합성을 띤 활동 안에 좋은 앎이 깃들어 있다면, 앎의 향상이란 작업적 정합성의 향상이다. 여기에서 나는 탐구란 사실을 발견하기라는 협소한 이미지를 확실히 넘어서서 정합성 창출이라는 큰 그림에 맞게 탐구의 이미지를 재정향하고 확장하려 한다. 1.4절에서 나는 작업적 정합성을 실용적 이해에 관한 사안으로 이해해야 한다고 강조했다. 따라서 나는 탐구 과정도 이해의 차원을 지녔다는 점을 인정하고자 한다. 탐구에 관한 이 같은 견해는 1.1절에서 언급한 퍼스와 듀이의 견해와 맥이 통한다.

1.1절에서 나는 작업적 정합성이 **목표 지향적 조정**의 과정을 통해 향상된다고 진술했는데 이제 그 생각을 더 상세히 설명하고자 한다. 우선 일상적인 예로, 망치로 못을 박는 활동을 배우는 과정을 생각해보라. 그 과정은, 망치 손잡이를 단단히 감싸 쥐는 법을 배우기, 못대가리를 내리치는 법과 잘 내리쳤는지 알아채는 법을 배우기, 벽의 유형과 못의 유형 등의 조건에 따라 망치질의 강도와 횟수를 조절하는 법을 배우기 등을 포함한다. 망치로 못을 박는 활동을 배우기는, 활동 목표에 비추어 활동의 작업적 정합성을 향상하는 데 필요한 것이라면 무엇이든지 시도하는 과정을 통해 이루어진다. 일반적으로 (답을 이미 아는 선생이 내는 연습문제 같은 '문제'와 달리) 실생활real-life 문제에 대해서는 명시적인 해결 절차가 미리 마련되어 있지 않다. 비유적으로 말하면, 또 때로는 진짜 말 그대로, 우리는 몸부림쳐야 한다. 즉, 무언가 '맞아떨어질' 때까지(또는 편안하고 효과적인 루틴이 정착될 때까지) 이것도 해보고 저것도 해보기를 반복해야 한다. 이 과정은 루드빅 플렉이 말하는 '튜닝tuning'과 퍽 유사하다. 앤드류 피커링의(1995, 121쪽) 말마따나 "과학자들은 그 [바서만Wassermann 매독 검사를 위한] 절차의 원형을 온갖 방식으로 변경해본 끝에 결국 의학적으로 유용한 절차에 도달했다". 우리는 과제

를 해결해가면서 과제에 대한 신체적이며 개념적인 이해에 도달한다. 알바 노에가(2004) 생생하게 강조했듯이, 심지어 시각을 비롯한 지각 양태들을 배우기도 이와 유사하다. 1.2절에서 그 중요성이 강조된 다양한 2인칭 상호작용을 배우는 과정도 대체로 그런 목표 지향적 조정을 통해 이루어진다. 2인칭 상호작용의 예를 무작위로 몇 개만 대자면, 악수하기, 설명하기, 공동 저술, 농담하기, 복싱 시합, 사교댄스, 협력하여 가구 옮기기 등을 꼽을 수 있다.

이 대목에서 자전거 타는 법 배우기라는 고전적인 예를 다시 살펴보는 것이 유익하다. 폴라니는 이 고전적인 예를 인상적으로 논한 바 있다. 처음에 초보자는 어떻게 해야 넘어지지 않는지 모르며 어떻게 두 바퀴로 중심을 잡는지 이해하지 못한다. 자상한 누나가 나서서 '자전거가 쓰러지는 쪽으로 핸들을 돌려'와 같은 조언을 해주지만, 이 조언을 추상적으로 이해하는 아이가 느끼기에 이 조언은 사리에 맞지 않는다. 아이가 조언을 실행하려 해도, 잘되지 않는다. 그러나 시도와 오류 끝에 결국 무언가가 뇌와 근육에 깃들고, 아이는 비록 휘청거리더라도 자전거를 탈 수 있게 된다. 이 단계에 이르면, 쓰러지는 쪽으로 핸들을 돌리는 것이 개념적-신체적으로 사리에 맞기 시작한다. 또한 솜씨가 향상됨에 따라 아이는 핸들을 돌리지 않고 몸의 무게중심만 옮겨서 자전거의 방향을 약간 트는 법 같은 것도 이해하기 시작한다. 이런 식으로 어떻게에 관한 배움이 향상되면서 아이의 자전거 타기는 계속해서 작업적 정합성이 증가한다. 내가 자전거를 타면서 하는 행동이 사리에 맞느냐고 나 스스로 자문한다면, 나는 두 가지 방식으로 사리에 맞는다고 대답할 것이다. 첫째, 내가 근육들을 움직이고 몸의 무게중심을 옮기는 행동이 그런 행동을 하는 나의 입장에서 명시적이지 않은 방식으로 사리에 맞는다. 둘째, 나는 내가 하는 행동을 명시화하고 '몸의 무게중심을 옮겨서 자전거의 진행 방향을 약간 틀어라'와 같은 실용적 규칙으로 표현함으로써 그 행동을 이해할 수 있다.

제약 없는 탐구와 제약된 탐구

탐구가 어떻게 이루어지는지를 일단 전반적으로 감 잡으려면, 먼저 제약 없는 탐구를 살펴보고 그다음에 특정한 제약들이 부과되면 탐구의 성격이 어떻게 바뀌는지 따져봐야 한다고 나는 믿는다. 이때 다음을 유념해야 하는데, 탐구를 유발하는 문제적 상황의 요소들 중 어떤 것이든지 원리적으로 변경되거나 폐기될 수 있으며, 새 요소들이 도입될 수도 있다. 제약 없는 탐구의 결말 개방성open-endedness은 쿤이 '탈정상 연구extraordinary research'라는 생생한 표현으로 가리키는 바의 전형적 특징이다. 탈정상 연구는 흔히 혁명적 변화를 일으킨다. 제약 없는 탐구에서는 전제, 방법론, 목표, 판정 기준, 중요한 문제들의 목록을 비롯해서 어떤 것이라도 변화할 수 있다. 반면에 통상적으로 탐구(또는 연구)로 인정받는 활동의 대부분은 (쿤이 말하는 '정상과학'이 그렇듯이) 훨씬 더 제약되어 있으며, 오직 더 먼저 수행된 제약 없는 탐구를 토대로 삼아야만 이루어질 수 있다. 가장 많이 제약된 탐구의 예로 사실 수집fact-gathering이라고 부를 만한 활동을 살펴보자. 이 활동에서는 목표들과 질문들과 방법들이 모두 확정되어 있으며, 명확히 규제된 관찰 행동에 의해 채워져야 할 공백들의 실제 내용만 가변적이다. 사실 수집은 가장 단순한 유형의 탐구이며 명제적 지식을 산출한다. 그러나 이 유형의 탐구를 모든 탐구의 원형이나 패러다임으로 간주한다면, 그것은 오류다. 정반대로 제약 없는 탐구의 성공적 수행이야말로 모든 인지 활동의 토대다. 왜냐하면 제약 없는 탐구의 성과는 언어 사용, 수학, 실험 설계, 인과 추론, 이론적 설명, 기타 지적인 삶의 거의 모든 측면의 토대를 이루기 때문이다. 더 많이 제약된 탐구에서는 더 많은 것들이 이미 확정되어 있으며, 정말로 도전적이고 흥미진진한 제약 없는 탐구 단계들은 보이지 않게 은폐되는 경향이 있다.

쿤이 '정상' 연구와 '탈정상' 연구를 깔끔하게 갈라놓는 이분법을 암묵적으로 채택한 것은 물론 오류지만, 쿤의 구분이 스펙트럼의 양 끝을 지목한다고 간주하면, 그 구분은 완벽하게 사리에 맞는다. 내가 정말로 쿤의 관점과 결별하고자 하는 지점은 쿤이 '정상' 과학을 과학의 정상적인 상태로, 심지어 과학의 정의에 들어 있는 상태로 간주하는 대목이다.[31] 오히려 정반대로, 다양한 유형의 제약된 탐구는 일시적이고 국소적인 방편으로서 탐구에 부과된 제약의 결과일 따름이다. 대중적인 이미지에서 쿤의 탈정상과학은 오직 판 전체를 바꾸는 과학혁명과만 연결되지만, 쿤 본인은 탈정상 연구

---

31 칼 포퍼와의 전설적인 논쟁에서 나온 다음과 같은 쿤의 발언을 참조하라. "정상과학에서는 칼 경Sir Karl이 말하는 검증이 이루어지지 않는다… 정상과학은 과학을 다른 사업들과 가장 명확하게 구별짓는다. 양자를 갈라놓는 기준이 있다면, 그 기준은 과학에서 칼 경이 도외시하는 바로 그 부분에 놓일 것이다… 칼 경의 견해를 물구나무 세우자면, 어떤 의미에서 과학으로의 이행의 특징은 다름 아니라 비판적 담론의 포기다"(Lakatos and Musgrave 1970, 6쪽에 인용된 쿤의 발언).

가 어떤 규모로든지 발생할 수 있음을 실제로 인정했다. 예컨대 엑스선 발견은 소규모 변화였지만, 그 발견의 과정은 대규모 혁명들과 동일한 성격을 띠었다(Kuhn [1962] 1970, 92~93쪽). 정상과학은 '특정한 패러다임 아래에서의 연구'라는 쿤의 견해는, 한 과학 분야 안에서 주류 탐구의 많은 부분은 매우 명확하게 제약되어 있으며 명확한 사전 지침을 따른다는 점을 아주 잘 표현한다. 반면에 탈정상 연구는, 절박한 퍼즐을 풀기 위해서는 지배적 패러다임과의 결별이 반드시 필요하다고 과학자들이 느낄 때 벌이는 연구다.

제약 없는 탐구를 탐구의 기본 형태로 인정하면, 탐구의 결과는 능동적 앎의 모든 측면이 발전하는 것임을 인정할 수 있게 된다. 철학자들은 그 측면들 중 다수를 간과해왔다. 과학철학계 안에서는 주로 몇몇 잘 통제된 유형의 탐구에만 관심이 집중되어왔다. 그런 탐구 유형들은 사실 수집, 가설 검증, 분류, 이론 구성, 이론적 설명 구성, 관찰 방법 개발 등이다. 이 절의 나머지 부분에서 나는 과학철학자들이 흔히 논하지 않는 몇몇 중요한 탐구의 측면들에 관심을 기울이면서, 그 측면들에 대응하는 목표 지향적 조정의 과정들을 부각하고 강조하고자 한다.

의미를 만드는 실험

실험적 연구에서 가장 제약 없는 탐구는 새로운 유형의 현상이 발견되고 그 현상을 어떻게 이해해야 할지 모른다는 점에 대한 불만이 강렬하게 제기될 때 이루어진다. 그럴 때 새로운 현상에 부여할 새로운 의미meaning를 창조하기 위하여 거의 필사적인 목표 지향적 조정이 이루어진다. 좋은 예로 1820년에 한스 크리스티안 외르스테드가 발견한 전자기 효과를(그림1.1 참조) 이해하려고 두 세기 전의 과학자들이 어떻게 노력했는지를 들 수 있다. 자석으로 된 바늘 위쪽에 바늘과 평행한 방향으로 금속 전선이 놓여 있다. 전선을 배터리에 연결하여 전류가 흐르면, 자석 바늘이 회전한다. 실제로 외르스테드의 관찰 결과에 대해서는 어떤 논란도 없었다. 그 현상은 명확히 관찰되었고 쉽게 재현되었으며 진지한 논쟁을 전혀 일으키지 않았다. 문제는 그 현상을 어떻게 이해할 것이냐였다. 왜 전류가 자기적 효과를 낼까? 왜 전류가 자석 바늘을 (이를테면 전류와 같은 방향으로 놓이게 만들지 않고) 전류와 수직인 방향으로 회전시킬까? 힘은 점과 같은 입자들 사이에서 그것들을 연결하는 직선과 같은 방향으로 작용한다는 뉴튼적 도식이 당대를 지배했는데, 그 도식 안에서는 그런 자기적 효과를 일으키는 메커니즘을 발견할 수 없었다.

이 난감한 상황을 과학자들이 어떻게 극복하려 했는지 이해하려 애쓰는 과정에서 나는 '탐색적 실험exploratory experimentation'에 관한 프리드리히 슈타인레의 생각에서 교훈을 얻었다. 그 생각은 주로 앙드레-마리 앙페르와 마이클 패러데이가 전자기에 관한 지식을 발전시킨 방식에 대한 슈타인레의 연구에서 유래했다(Steinle [2005] 2016). 탐색적 실험에서는 체계적인 상위 이론이 없으며 연구자들은 경험적 규칙성의 발견에 초점을 맞추는 것으로 첫발을 뗀다. 맨처음 채택되는 방법은 중요하다고 여겨지는 모든 실험적 변수들을 체계적으로 바꿔보는 것이다. 때때로 이 방법은 잘 통하지만, 잘 통하지 않으면, "연구자들은 실패가 해당 분야의 기본 개념들이 지닌

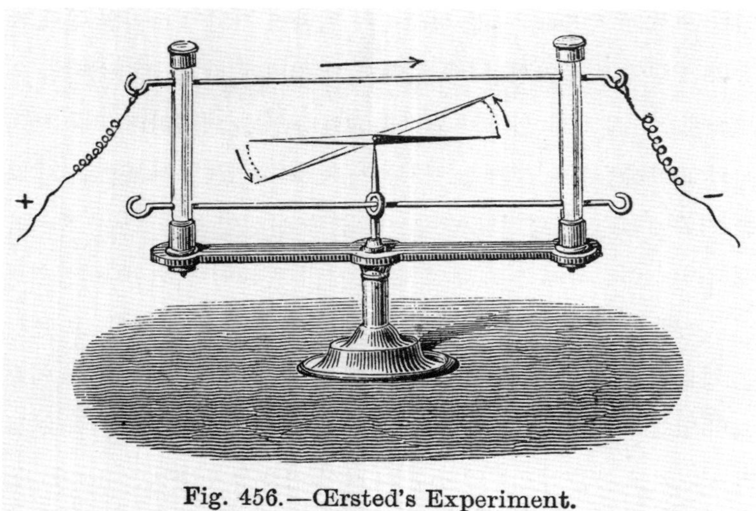

그림 1.1. 한스 크리스티안 외르스테드가 최초로 발견한 전자기 효과를 보여주는 실험 장치. Privat-Deschanel(1876), 656쪽, 그림456. Whipple Library, Cambridge 제공.

결함과 관련이 있을 가능성을 고려하고, 실험적 발견들을 수용할 수 있는 새로운 개념들을 구성하고 도입할 필요가 있다고 느낀다"(같은 곳, 314쪽). 이런 창조적 과정에서 과학자들이 따를 만한 알고리즘은 없으므로, 목표 지향적 조정의 몸부림이 발생한다. 슈타인레가 지적하듯이, 앙페르는 전자기 효과에 관한 경험적 법칙들을 옳게 표현하는 개념들을 발견하려 애쓰는 과정에서 '전류의 우측과 좌측 right and left of current' 개념과 전류 회로current circuit 개념을 발명했다.

　　슈타인레가 토대로 삼는 것은 안타깝게도 진가를 인정받지 못하고 있는 데이비드 구딩의 연구다. 그 연구는 과학 연구에 관여하는 신체화된 행위자와 실천적 사고를 다루며 구딩의 저서《실험과 의미 만들기Experiment and the Making of Meaning》(1990)에서 정점에 도달한다. 구딩은 자기적 영향의 동심원들이 전류가 흐르는 전선을 둘러싸면서 전류 방향에 수직인 평면들에 배치된다는 생각을 패러데이가 어떻게 품게 되었는지 추적한다. 전자기 현상들을 가능한 한 뉴튼적 힘들로 환원하는 (앙페르 등이 주도한) 프랑스의 지배적 접근법을 채택하는 대신에 패러데이는 스승인 험프리 데이비에게서 영감을 얻었다. 데이비는 전선에 수직인 평면에 자석 바늘들을 배치하는 실험에서 그것들이 적절히 회전하여 전체적으로 원형 고리를 이루는 것을 관찰한 바 있었다(Gooding 1990, 53쪽). 마분지로 평면을 대신하고 그 위에 쇳가루를 뿌리는 방법으로도 동일한 고리 패턴을 얻을 수 있었다. 패러데이는 전기적 작용력을 가진 물체와 자기적 작용력을 가진 물체 주변의 공간이 '힘의 선들lines of force(역선들)'로 채워진다는 생각을 품기 시작했다. 이 생각은 훗날 제임스 클럭 맥스웰 등에 의해 장 개념으로 발전했다.

그런데 패러데이는 어떤 과정을 거쳐 그런 개념들에 도달했을까? 패러데이의 탐구는 목표 지향적 조정의 과정이었으며, 전자기 현상들을 설명하고 확장한다는 목표를 달성하기 위해 다양한 인지적 수단을 채용했다. 패러데이의 실험 노트와 기타 기록 자료를 꼼꼼히 살펴본 것에 기초하여 구딩은 이렇게 결론짓는다. "패러데이는 행동에 관하여about 생각하고 있을 뿐 아니라 행동을 통하여through 생각하고 있다. 그 생각의 일부는 실재하거나 상상된 항목들(이미지들, 모형들, 또는 구체적 장치)로 명시화되기 전까지는 내재적으로 불분명하다." 패러데이의 창조적 사고는 시각 이미지, 촉각, 실험적 관찰에 대한 숙고, 새로운 실험 장치의 발명과 사용이 성공적으로 뒤섞인 잡탕이었다. 그의 초기 전자기 실험들은 대개 숙고된 가설에 대한 검증이 아니었다. "패러데이는 명확히 구별되는, 또는 양립 불가능한 두 해석 중 하나를 선택하기 위해서가 아니라 가능성들을 실현하기 위해서 실험하고 있었다"(Gooding 1990, 124쪽, 강조는 원문). 실험들을 끊임없이 진화시킴으로써 패러데이는 기존에 알려지지 않은 현상들을 명확히 제시하고 새로운 의미들을 창조했다. 또한 그는 유명한 회전 장치들rotation devices을(그림1.2 참조) 비롯한 경이로운 장치들을 새로 창조했다. 패러데이의 회전 장치들에서 수직으로 매달아 수은 그릇에 담근 전선은 전류가 흐르면 그 아래의 자석 기둥을 중심으로 회전한다(또는 자석이 전선을 중심으로 회전한다). 이런 장치들은 패러데이의 새로운 아이디어를 구현하는 실물 역할을 했다. 이런 탐구 노선을 통해 패러데이는 현대 기술 문명의 확립을 향한 길을 열었을 뿐 아니라 작업적 정합성을 띤 활동들로 구현되는 새로운 이해를 창조했다.

새로운 이론적 기틀을 세우기

목표 지향적 조정을 통해 작업적 정합성을 창조적으로 향상하는 과정은 비교적 이론에 초점을 맞춘 탐구에서도 일어난다. 한 예로 마이컬슨-몰리 실험의 수수께끼를 해결하려 애쓴, 아인슈타인 세대의 물리학자들을 살펴보자(충실한 세부 사항은 Holton 1969; Miller 1981; Staley 2008 참조). 빛은 에테르 속의 파동이고 지구는 에테르 속에서 공전한다고 전제하면, 빛의 겉보기 속력은 지구의 운동

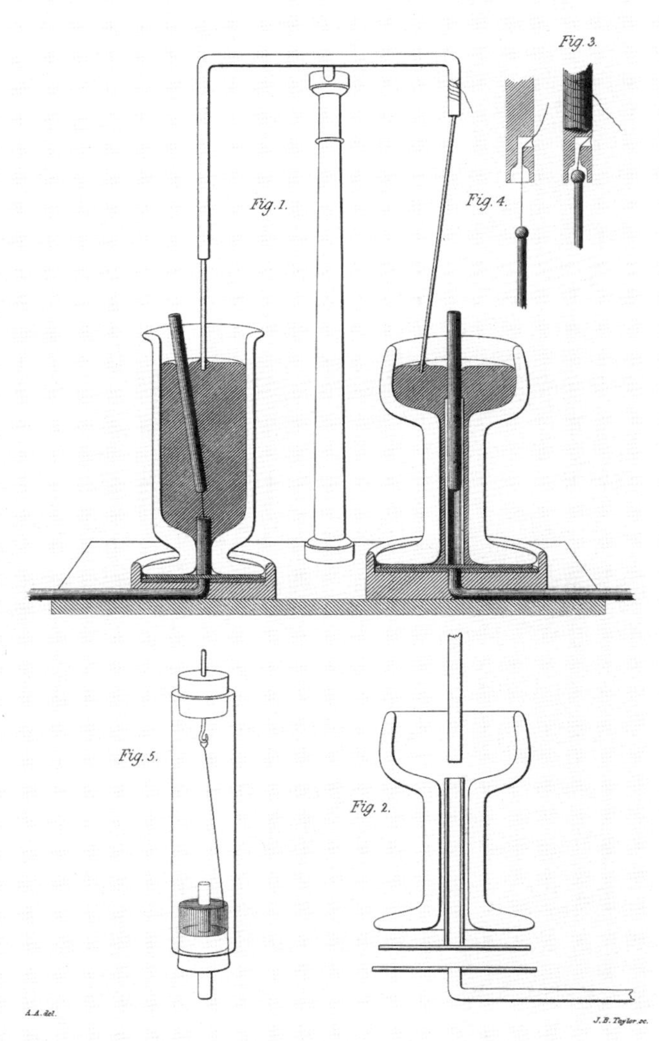

그림 1.2. 패러데이의 소형 회전 장치. Faraday(1822), 도판7. Cambridge University Library 제공.

에 따라 달라져야 하는데, 과학자들은 빛의 겉보기 속력이 탐지 가능하게 변화하는 것을 발견할 수 없었다. 이 상황에서 전체적인 조화를 이뤄내기 위해 무엇을 고정해야 하는지는 전혀 자명하지 않았다. 지구가 에테르를 헤치며 운동하는 것을 탐지할 수 없는 이유를 설명하기 위하여 많은 기발한 설명이 제시되었다. 그 설명들은 지구가 운동하면서 주변의 에테르를 끌고 다닌다는 것부터, 관찰되는 시간 좌표와 공간 좌표가 체계적으로 변화한다는 헨드릭 안톤 로렌츠의 제안(그리고 조지 피츠제럴드의 유사한 제안)까지 가지각색이었다. 아인슈타인의 해결책은 더 과감했다. 그는 두 가지 공리postulate를 제안함으로써 그 문제적인 상황을 아예 제거했다. 그 공리들은 상대성원리와 빛의 속도가 (광원이나 관찰자의 운동과 상관없이) 일정하다는 원리였다. 이 공리들을 가지고 아인슈타인은 공간, 시간, 질량, 에너지의 개념 자체를 재구성하기 시작했다. 그는 첫눈에 보기에 그럴싸하지 않은 이 같은 토대 위에 매우 정합적인 실천 시스템을 세울 수 있음을 보여주었다. 그 시스템은 기준틀frame of reference을 정의하는 활동, 바뀐 기준틀에 맞게 물리량들을 (로렌츠 변환 공식에 따라) 변환하는 활동, 이 변환의 관찰 가능한 (시간팽창, 길이 축소, 질량의 속도 의존성, 질량 에너지 등가성을 비롯한) 귀결들을 도출하는 활동, 이 귀결들을 검증하는 실험을 고안하는 활동, 잘 알려진 (마이컬슨-몰리 실험을 비롯한) 다양한 관찰들을 설명하는 활동을 포함했다. 아인슈타인과 동료들의 탐구가 마무리되었을 때, 물리학은 근본적으로 달라져 있었다. 이것은 제약 없는 탐구가 부정합적인 최초 상황에서 새로운 안정적 의미를 어떻게 창조하는지 보여주는 매우 규모가 큰 사례다. 정합성과 이해를 향한 욕망은 혁신을 위한 강력한 동기이자 지속적인 지침이다.

특수상대성이론에 관한 아인슈타인의 1905년 논문은 근본적으로 새로운 이해를 창조한 것이 틀림없지만, 우리는 더 신중하게 물을 필요가 있다. 여기에서 '이해'란 정확히 무엇을 뜻할까? 또 그 이해는 능동적 앎과 어떤 관계일까? 실용적 이해에서 관건은 우리의 활동을 사리에 맞게 파악하기라는 점을 상기하라. 아인슈타인의 논문은 거의 전적으로 이론적이기 때문에 특히 유익한 사례다. 이 사례는 인식 활동이 반드시 물질적 대상을 다루는 신체적 작업을 포함하는 것은 아니라는 점을, 또 '실용적'은 '물질적'이나 천박한 의미의 '현실적'과 같지 않다는 점을 일깨운다. 또한 다음을 유념해야 하는데, 특수상대성이론은 기존 활동들의 정합성을 증가시킴으로써 능동적 앎을 향상했다기보다 전혀 새로운 활동들을 창조함으로써, 그리고 그 활동들이 정합적이라는 점이 밝혀짐으로써, 능동적 앎을 향상했다. 상대론적 실천 시스템에 속한 모든 활동의 기반에는, 주어진 관찰자와 동일한 속도로 운동하는 단단한 막대들과 시계들로 이루어진 격자를 (상상으로) 설치함으로써 관찰자의 기준틀을 정의하는 활동이 놓여 있다. 상대론적 틀을 설정하는 활동과 한 틀에서의 물리량을 다른 틀에서의 물리량으로 변환하는 활동은 많은 새로운 정합적 이론적 활동의 토대가 되었다. 그런 새로운 이론적 활동은 상대론적 양자역학과 관련된 활동들, 그리고 전기와 자기의 오랜 연결을 새롭게 주조하는 일과 관련된 활동들을 포함한다. 또한 이 같은 새로운 방식의 사리 파악은 새로운 활동들 안에 내장된 새로운 명제적 지식을 풍부하게 산출했다.

목표 조정

정합성을 향상하려 애쓰는 과정에서 심지어 활동의 목표마저도 바뀔 수 있다. 바꿔 말해 목표 지향적 조정이 반드시 고정된 목표를 성취하기 위해 나머지 모든 것을 조정하는 과정을 뜻하는 것은 아니다. 때때로 최선의 행마는 목표를 조정하여 목표 성취를 더 현실적인 가능성으로 만드는 것이다. 그런 상황에서도 목표 지향성은 유지된다는 것이 나의 견해다. 왜냐하면 우리의 목표가 장기적으로 고정되어 있지 않아서 상황이 역동적이라 하더라도, 활동의 작업적 정합성은 여전히 매 순간 활동의 목표에 비추어 정의되기 때문이다. 탐구 과정에서 우리가 기존에 추구해온 바가 그럴싸하지 않으며 정합성을 향상하는 최선의 길은 다른 목표를 추구하는 것임을 깨닫는다면, 목표는 바뀔 수 있고 바뀌어야 마땅하다. 예컨대 망치로 못을 박는 활동을 하는 과정에서 우리는 주위의 벽들이 온통 강철로 되어 있음을 발견할 수도 있다. 그런 상황에서 합당한 행동은 망치질을 멈추고 액자를 거는 다른 방법을 찾아내는 것일 터이다. 성취할 수 없는 목표를 성취하려는 노력을 멈추는 것은 사리에 맞는다. 우리가 어떤 활동의 내재적 목표를 변경하면, 그 활동은 존재하기를 그친다. 새로운 목표를 가지고 우리는 새로운 활동에 착수한다. 그러면 정합성에 대한 판단도 완전히 달라진다. 또한 더 긍정적인 측면에서는, 우리가 잘하는 활동이 곧 하고자 하는 활동으로 되고 그 활동을 중심으로 다른 활동들이 기획되는 일이 흔히 벌어진다.

망치와 못에 관한 이야기를 과학철학의 맥락에서 꺼내는 것은 부질없게 느껴질 만도 하다. 그러나 정합성을 추구하는 과정에서 목표가 수정되는 일은 진지한 과학적 실천에서도 벌어진다. 이와 관련해서도 아인슈타인과 특수상대성이론을 훌륭한 예증 사례로 들 수 있다. 아인슈타인은 마이컬슨-몰리 실험(그리고 다른 '에테르 이동 실험들')의 결과를 에테르 속 지구의 운동과 관련지어 설명하라는 원래 문제를 풀지 않았다. 오히려 그는 에테르가 '불필요하다'라고 선언함으로써 그 문제를 일축하고 전혀 새로운 인식 활동들에 착수했다. 그의 제안은 그 원래 문제를 풀 수 없는 상황에 신물이 난 다른 많은 물리학자에게 매력적이었다. 탐구 과정은 우리가 알려고 애써야 하는 것이 무엇이고, 파고들 가치가 있는 질문이 무엇인가에 대한 재평가로 우리를 얼마든지 이끌 수 있다.

1.6 실용주의와 능동적 앎

이 책에서 내가 펼치는 생각은 실용주의 철학 전통에서 중대하게 영감을 받았으므로, 내가 말하는 실용주의란 무엇인지, 그리고 왜 실용주의와 능동적 앎에 관한 생각이 그토록 밀접하게 연결되는지 설명할 필요가 있다. 실용주의 철학은 흔히 개념의 의미를 개념의 실천적 함의와 관련지어 명료화하는 일에 관심을 기울인다. 하지만 더 넓게 보면 실용주의는 실천의 본성을 다루는 철학이다. 따라서 실용주의는 능동적 앎의 본성을 이해하기 위한 기틀로서 적합하다. 내가 이해하는 실용주의는 철저하고 가차없는 경험주의, 모든 배움의 유일한 궁극적 원천은 경험이라고 주장하는 경험주의,

온전한 의미에서의 경험은 능동적인 앎의 주체가 겪는 무언가라고 여기는 경험주의다. 실용주의자가 보기에 경험적인 배우기는 방법을 배우기를 포함하며, 이때 방법을 배우기는 세세한 구체적 방법들을 배우기뿐 아니라 적절한 논리적 공리들을 선택하는 법을 배우기까지 아우른다. 이 같은 실용주의적 관점은 이 책의 나머지 부분에서 펼칠 다른 모든 논의에서 유용하게 채택될 것이다. 나의 실용주의 해석은 최근 들어 다양한 분야에서 일어나고 있는 실용주의 철학의 부활에 작게나마 기여하려는 의도를 품고 있기도 하다.[32]

의미론을 넘어서: 실천을 다루는 철학으로서의 실용주의

실용주의란 무엇이고 실용주의가 과학철학에 관하여 함축하는 바는 무엇일까? 평범한 사전(〈Webster's Ninth New Collegiate Dictionary〉, 1986)이 아주 좋은 정의를 제공한다. "찰스 샌더스 퍼스와 윌리엄 제임스가 창시한 미국 철학 유파. 사람들이 품은 견해의 의미를 그 견해의 실천적 함의에서 찾아야 한다는 교설, 생각의 기능은 행동을 안내하는 것이라는 교설, 진리는 무엇보다도 먼저 믿음의 실천적 귀결에 의해 검증되어야 한다는 교설을 특징으로 한다." 이 정의의 첫째 부분은 퍼스가 내놓은 '실용주의 격언pragmatist

---

32 관련 문헌은 너무 방대하고 다양해서 나로서는 여기에서 적절히 조망할 수 없다. 책의 나머지 부분에서 나는 다양한 개별 저자들의 저술을 논할 것이다. 최근 논문들을 모아놓은 훌륭한 책으로 Cheryl Misak(2007a)과 Roberto Frega(2011), Kenneth Westphal(2014)이 있다.

maxim'의 한 버전일 따름이다. 제임스는 그 격언을 다음과 같이 달리 표현한다([1907] 1975, 29쪽). "대상에 대한 우리의 생각이 완벽하게 명료해지려면, 그 대상이 유발할 법한 실천적 효과들을—그 대상으로부터 우리가 어떤 감각들을 예상해야 할지, 그 대상 앞에서 우리가 어떤 반응들을 준비해야 할지—따져보기만 하면 된다."[33] 퍼스-제임스 실용주의 격언은 자연스럽게 실용주의에 대한 의미론적 해석으로 이어졌고, 그 해석은 어쩌면 오늘날의 지배적인 해석일 것이다. 캐서린 레그와 크리스토퍼 후크웨이에(2021, 2절) 따르면, 실용주의 격언은 "개념과 개념을 포함한 가설의 의미를 명료화하기 위한 독특한 방법을 제시한다. 우리는 어떤 가설이 진리일 경우에 우리가 예상해야 할 실천적 귀결을 확인함으로써 그 가설을 명료화한다". 이처럼 실용주의는 작업주의operationalism와, 그리고 많은 이들이 논리실증주의의 핵심 교설로 여겼던 검증주의verificationism와 공통점이 많다.

　　제임스는 실용주의를 "다른 식으로는 판정 불가능할 성싶은 형이상학적 논쟁을 해결하는 방법"이라고(James [1907] 1975, 28쪽) 칭했다. 논쟁하는 양편 중 한쪽이 옳다는 것으로부터 모종의 '실천적 차이practical difference'가 귀결되지 않는다면, 논쟁은 부질없다. 제임스는 '실용주의는 무엇을 의미하는가'에 관한 강의의 첫머리에서 다음과 같은 언뜻 사소한 일화를 언급한다. 등산길에서 그의 친구들은 '열띤 형이상학적 논쟁'에 빠져들었다. 그 논쟁은 다람쥐 한 마리에 관한 것이었다! 그 다람쥐는 나무줄기에서 인간 관찰자와 마

---

[33] 원래 표현은 Peirce(1878) 참조.

주하지 않은 반대편에 매달려 있었다.

그 인간 관찰자는 그 다람쥐를 보려고 재빨리 나무를 돌아 뒤편으로 가지만, 그가 아무리 빠르게 가더라도 다람쥐는 그만큼 빠르게 반대 방향으로 이동하여 항상 자신과 그 사람 사이에 나무가 있도록 만든다. 그리하여 그 사람이 나무 주위를 한 바퀴 도는 내내 다람쥐를 보지 못했다고 하자. 이로부터 나오는 형이상학적 문제는 이것이다. 그 사람은 다람쥐의 주위를 한 바퀴 돈 것일까 아닐까?

이 문제에 대한 제임스의 답은 아래와 같다.

[정답은] 다람쥐의 '주위를 돈다'가 실천적으로 어떤 의미인지에 달려 있다. 그것이 다람쥐의 북쪽에서 동쪽으로 가고 이어서 남쪽으로, 그다음에 서쪽으로 가고 다시 북쪽으로 가는 것을 의미한다면, 명백히 그 사람은 다람쥐의 주위를 도는 것이다. 왜냐하면 그는 방금 언급한 위치들을 차례로 점유하니까 말이다. 반면에 처음에 다람쥐의 앞쪽에 있고, 이어서 다람쥐의 오른쪽에, 그다음엔 뒤쪽에, 이어서 왼쪽을 거쳐 결국 다시 다람쥐의 앞쪽에 있는 것을 의미한다면, 역시 명백하게 그 사람은 다람쥐 주위를 도는 데 실패한다. 왜냐하면 다람쥐의 운동이 그 사람의 운동을 상쇄하여 항상 다람쥐의 배가 그 사람을 마주하고 등이 그 사람의 반대쪽을 향하니까 말이다. 구별하라. 그러면 더 논쟁할 일이 없다.(같은 곳, 27~28쪽, 강조는 원문)

이런 식으로, '실용주의적 방법'은 다람쥐 수수께끼보다 사뭇 더 중요한 논쟁들까지 포함해서 모든 해결 불가능한 형이상학적 논쟁을 제거하겠다고 약속한다.

나는 제임스의 다람쥐 사례가 보여주는 의미론적 실용주의 전통을 전적으로 지지하지만 개인적으로 다른 측면을 강조한다. 필립 키처는(2012, xii~xiv쪽) 실용주의 '길들이기domestication'를 경고하는데, 나도 거기에 동의한다. 의미론에 초점을 맞추는 것은 매우 효과적인 길들이기 방법일 수 있다. 이 방법은 실용주의를 평범한 분석철학의 흥미롭고 그리 위험하지 않은 변형처럼 보이게 만든다. 반면에 나는 실용주의가, 우리의 말이 행동과 관련하여 무엇을 의미하는가에 관해서뿐 아니라 일을 어떻게 할 것인가에 관해서 더 잘 생각할 수 있도록 우리를 돕는 철학이기를 바란다. 위에 언급한, 실용주의에 대한 사전적 정의의 둘째 부분, 곧 '생각의 기능은 행동을 안내하는 것이다'를 상기하라. 다람쥐 사례로 돌아가면, 제임스가 단지 용어를 세심히 정의하라는 주장만 펼치는 것일까, 라는 의문이 들 만하다. 내가 보기에 제임스가 제시하는 유형의 용어 명료화는 잠재적인 실천적 목적과 밀접한 관련이 있다. 만일 나의 목적이 울타리를 둘러쳐 다람쥐를 가두는 것이라면, 나는 그 **목적에 적합**한 의미에서 다람쥐의 주위를 돈 것이다. 반면에 나의 목적이 다람쥐의 등에 난 상처가 아물었는지 점검하는 것이라면, 나는 그 목적에 적합한 의미에서 다람쥐의 주위를 도는 데 실패한 것이다. 우리가 '주위를 돈다'라는 말을 어떤 의미로 사용해야 **마땅한지**는 실용적 목적에 의해 결정된다. 의미론은 효과적인 행동을 위한 도구여야 한다. 이 입장은 진리와 기타 개념들에 관한 휴 프라이스의(1988) 신실용주의적 기능주의와 완벽하게 조화된다.

가차없는 경험주의로서의 실용주의

사람들은 흔히 실용주의의 의미론적 차원 너머로 나아가기를 꺼리는데, 그 거리낌의 매우 중요한 이유 하나는, 더 나아가 진리에 관한 실용주의적 이론을 채택하면 무슨 일이 벌어질까에 대한 두려움이다.[34] 우리는 이 문제를 회피하지 말고 정면으로 마주할 필요가 있다. 결정적으로 중요한 일은 실용주의는 편리한 것이라면 무엇이든지 진리로 간주한다는 통상적인 오해를 배척하는 것이다. 특히 제임스에게서 유래했다고 여겨지는 '진리에 관한 실용주의적 이론'은 폭넓은 분야의 학자들에 의해 터무니없다고 여겨지며, 이런 사정은 완고한 철학자들이 실용주의에 대하여 경멸을 품는 데 크게 일조했다. 진리에 관한 제임스의 진술 가운데 가장 악명 높은 것은 아마 아래 인용문일 것이다.

아주 간단히 말해서, '진리인 것the true'은 우리의 생각하기 방식에서 이로운 것the expedient일 따름이다. 이는 '옳은 것'이 우리의 행동하기 방식에서 이로운 것일 따름인 것과 마찬가지이다. 거의 어떤 방식으로건 이로운 것⋯

---

34 의미론은 진리 조건을 다루는 연구 분야라고 여기는 이들에게 나의 진술은 의 아할 것이다. 나는 의미론을 더 넓은 뜻의 의미에 대한 연구로 간주한다.

124

여기에서 제임스가 'expedient'라는 단어를 선택한 것은 불운이라고 나는 생각한다. 왜냐하면 그 단어는 단지 '편리함' 또는 '유용함'으로 느껴지는 경향이 너무 강하기 때문이다. 어쩌면 그 단어가 제임스의 시대에는 사뭇 다른 함의를 지녔을지도 모르겠는데, 이는 제임스 전문가들이 논할 사안이다. 아무튼, 제임스의 진술은 다음과 같이 이어진다.

> … 그리고 당연히 장기적으로 또 전반적으로 이로운 것이다. 시야 안의 모든 경험에 이로운 방식으로 부합하는 것이 더 나아가 다른 경험에도 반드시 마찬가지로 만족스럽게 부합하는 것은 아니니까 말이다. 알다시피 경험은 **끓어 넘칠** boil over 능력이 있으며, 우리의 현재 공식들을 수정하게 만든다.(James [1907] 1975, 106쪽, 강조는 원문)

내가 보기에 이 인용문이 정말로 보여주는 것은 뼛속까지 충실한 경험주의자 제임스다. 그는 진리의 원천은 경험이며 이보다 더 거창한 진리 개념을 품는 것은 부질없다고 선언하고 있다(4.6절에서 진리에 관한 실용주의적 이론을 추가로 다룰 것이다). 이 선언은 실용주의에 대한 나의 해석에 중요한 단서를 제공한다. 그 해석은 실용주의를 철저하고 완전하며 가차없는 경험주의로 이해한다. 경험주의는 경험을 배움의 유일한 궁극적 원천으로 인정하며, 어떤 더 높은 인식적 권위도 인정하기를 거부한다. 다시 제임스의 말을 들어보자([1907] 1975, 31쪽).

실용주의는 철학에서 더없이 익숙한 태도인 경험주의적 태도를 대표한다… 그것도 이제껏 경험주의가 띠어온 형태보다 더 급진적이면서도 반감을 덜 유발하는 형태로 대표한다. 실용주의자는 직업적 철학자들이 소중히 여기는 많은 뿌리 깊은 관습에 결연히 또 영원히 등을 돌린다. 추상화와 불충분함에, 말뿐인 해결책들에, 나쁜 선험적 근거들에, 고정된 원리들에, 닫힌 시스템들에, 절대자들과 기원들에 등을 돌린다. 실용주의자는 구체성과 적절성을, 사실들을, 행동을, 권능power을 향한다. 즉, 경험주의적 성향에 지배권을 주고 이성주의적 성향을 진심으로 포기한다.

내가 이해하는 실용주의에 따르면, 철학은 삶을 성립시키는 경험들에 온전하고 철저하게 관심을 기울임으로써 삶에 기여한다.

요새 철학계에서 일반적으로 제시되는 경험주의가 경험을 보는 관점은 극단적으로 제한되어 있다. 그 경험주의는 감각지각을 통해 정보를 얻는 것이 경험의 관건이라고 본다. 한스 래더는(2006, 2장) '경험주의에 경험이 없다'고 올바르게 한탄한다. 고전적인 실용주의자들은 경험의 풍요로움을 느끼는 감각이 있었다. 나는 모든 경험주의자가 그 감각을 회복해야 한다고 생각한다. 셰릴 미삭의(2013, 12쪽) 주장에 따르면, 초기 실용주의자들은 랄프 왈도 에머슨에게서 영감을 얻었는데, 에머슨은 경험주의를 원했지만 '쪼잔한 paltry 경험주의'는 원하지 않았다. 에머슨이 보기에 경험은 당연히 감정적이고 열정적인 경험을 포함했다. 제임스의 '급진 경험주의 radical empiricism'는 심지어 종교적 경험, 신비주의적 경험, 초심리학적 경험에도 존중심을 품고 관심을 기울이는 것을 포함했다. '경험'을 사람들이 살면서 겪는 온전한 경험으로 간주하고 경험의 너른 범위와 모든 면모를 인정하는 것은 실용주의의 중요한 부분이다. 또한 실용주의는 경험을 행동의 맥락 안에서 이해하는데, 이는 능동적 앎에 관한 나의 견해와 잘 어울린다. 이처럼 경험의 다양한 면모를 두루 고찰한다는 점에서 실용주의는 통상적으로 철학자들이 말하는 '경험주의'와 놀랄 만큼 다르게 보일 수 있다.

경험에 대한 온전한 이해가 무엇을 포함하는지 더 살펴보자. 만일 경험의 다른 차원들을 외면하면서 감각지각의 결과에 절대적인 인식적 권위를 부여해야 한다는 것이 경험주의가 함축하는 바라고 간주한다면, 경험주의는 심각하게 왜곡된다. 또한 감각지각 자체도 많은 과학철학자가 흔히 상상하는 것보다 훨씬 더 복잡하다. 감각지각은 '오감伍感'보다 훨씬 더 많은 것을 포함한다. 이와 관련해서 현상학자들에게 배워야 할 것이 많으며, 현상학과 실용주의의 협력은 큰 성과를 낳을 잠재력이 있다.[35] 고유감각proprioception과 근육의 긴장은 설령 의식적으로 경험되지 않더라도 모든 감각의 바탕에 깔린 필수 성분들이다. 해킹은(1983, 189쪽) 이 생각을 과학적 관찰에도 적용한다. "당신은 단지 보기를 통해서가 아니라 하기를 통해서 현미경으로 관찰하는 법을 배운다." 해킹은 조지 버클리의《시각에 관한 새로운 이론을 향한 에세이》를 언급하면서 이렇게 진술

---

35 이 협력을 위한 최선의 길은 역시나 모리스 메를로-퐁티에서([1945] 1962) 출발하여 알바 노에(2004), 마즈비타 치리무타(2015) 같은 현재의 저자들로 옮겨가는 것이다. 오래전에 허버트 스피겔버그는(1956) 제임스의 철학이 현상학과 명백히 유사함을 지적했으며 퍼스와 후설을 심층적으로 비교하는 연구를 수행했다.

한다. "이 에세이에 따르면, 우리는 세상에서 돌아다니며 세상에 개입하기가 어떤 것인지 배운 다음에야 3차원 시각을 가진다." 또한 버클리는 안구 운동에 관여하는 근육을 느끼는 감각이 보기 경험의 필수적인 부분이라고 지적한다(Berkeley [1709] 1910, 16~20쪽). 살면서 실제로 겪는 대로의 경험을 고찰한다는 것은 또한 경험의 능동적 차원에 더 많은 관심을 기울인다는 뜻이다. 요컨대 우리는 지각과 관찰의 실천에 초점을 맞출 것이다. 심지어 무언가를 바라보기조차도 여러 요소가 목적을 품고 협력하여 수행하는 활동이다. 또한 행동에 초점을 맞춘다는 것은, 1.2절에서 논한 인식 행위자의 본성을 명심하면서 능동적 행위자에 초점을 맞춘다는 것을 뜻한다. 더 나아가 우리는 경험이 과정이라는 점을 인정해야 한다. 제임스는 '의식의 흐름'을 논하면서 시간의 경과, '진짜 지속real duration', 기억에 관한 앙리 베르그송의 생각을(Bergson [1896] 1912) 언급했다. 우리는 경험을 감각지각의 내용을 서술하는 명제들의 집합으로 간주하는 것이 아니라 삶의 과정으로 간주할 필요가 있다. 관찰, 실험, 경험적 증거의 본성에 관한 통상적인 견해를 중대하게 업데이트하고 다시 생기를 불어넣을 필요가 있다.

앎에 관한 실용주의적 견해, 곧 실용주의적 지식관은 인본주의humanism에 깊이 뿌리박고 있다. 여기에서 내가 말하는 '인본주의'는 넓은 의미이며 지금은 잊힌 독일계 영국인 철학자 퍼디낸드 캐닝 스콧 실러의 정신을 계승한다(1939, 65~80쪽). 과학과 관련해서 인본주의가 권고하는 바는 과학을 우리 자신이나 우리의 탐구와 완전히 별개로 존재하는 지식으로서가 아니라 사람들이 하는 활동으로서 이해하고 장려하는 것이다. 가장 추상적이고 비현실적인 지식의 생산을 목표로 삼을 때조차도 과학은 철저히 인간적인 활동이다. 경험주의도 인본주의의 한 형태라고 할 수 있다. 궁극적으로, 우리가 유일하게 보유한 배움의 원천은 인간의 본성에 의해 조형되는 인간적 경험이다. 제임스의([1907] 1975, 37쪽) 유명한 표현대로 "그렇게 모든 것 위에 뱀이 기어간 자국처럼 인간의 흔적이 있다". 이런 유형의 (그 뿌리가 적어도 칸트까지 거슬러 올라가는) 인본주의는 어쩌면 딱히 논란을 일으키는 입장이 아니겠지만 그 의미와 귀결을 꼼꼼히 제시하는 일은 큰 가치가 있다고 나는 생각한다. 클레어런스 어빙 루이스는 듀이의 걸작 《확실성 추구》를 다루는 서평에서 인본주의 정신을 또 다른 방식으로, 다음과 같이 상당히 시적으로 요약했다.

> 인간은 어떤 다른 세상으로 — 종교적 신비의 세상으로, 또는 철학 분야에서 그 세상에 해당한다고 할 만한 초월적 관념들과 영원한 가치들의 영역으로 — 달아남으로써 확실성 추구의 목표에 도달해서는 안 된다. 구원은 일work을 통해, 현실적인 인간의 미래를 향해 영리하게 방향을 잡은 실험적 노력을 통해 이루어진다.(Lewis 1930, 14쪽)

이 인용문은 나에게 가장 큰 영감을 주는 실용주의 철학자 두 명을 모아놓고 실용주의의 인본주의적 갈래와 경험주의적 갈래를 연결한다는 점에서 특별한 명문장이다. 능동적 앎이라는 개념은 이 같은 실용주의의 경험주의적-인본주의적 정신에 아주 잘 들어맞는다.

내가 이해하는 인본주의에서 가장 중요한 것은 생물학적 종으로서의 호모사피엔스에 초점을 맞추는 것이 아니다. 인본주의는 인공지능이나 동물 인지, 또는 외계 지적 생물에 대한 관심과 양립 불가능하지 않다. 오히려 정반대로 비인간 인지에 대한 우리의 이해는 인간 인지에 대한 충분한 이해에 기초한 비교 고찰에 의해(또한 후자의 이해는 전자의 이해에 기초한 비교 고찰에 의해) 증진될 따름이다. 내가 이해하는 실용주의의 가장 근본적인 요점은 지식이 모종의 인식 행위자들에 의해, 바꿔 말해 물질적이며 사회적인 세상 안에서 더 잘 살기 위해 행동하는 지적인 존재들에 의해 창조되고 사용된다는 것이다. '지식에 관한 구경꾼 이론'에 대한 듀이의 통렬한 비판을 상기하라(Kulp 2009 참조).

방법론과 논리에 관한 경험주의적 견해

실용주의의 핵심에 놓인 확고한 경험주의는 방법론도 아우른다. 듀이의 관점에서 보면, 방법 배우기는 다른 배우기와 마찬가지로 경험적 과정이다. "비교-대조를 통해 우리는, 어떻게 또 왜 특정 수단들과 행위자들은 보증 가능하게 단언할 수 있는 결론들을 제공한 반면 다른 수단들과 행위자들은 그렇게 하지 못했고 할 수 없는지 알아낸다. 여기에서 '할 수 없음'은 사용되는 수단들과 획득되는 결과들이 내재적으로 양립 불가능함을 뜻한다"(Dewey 1938, 104쪽). 방법론적 규칙들은 상황의존적으로 일반화될 수 있다. 이는 모든 일반적인 경험적 진술과 마찬가지다. "탐구가 적용되는 주제의 다양성에도 불구하고, 탐구는 … 공통의 구조 혹은 패턴을 띤다. 그 구조 혹은 패턴은 … 상식에도 적용되고 과학에도 적용된다"(같은 곳, 101쪽). 방법 배우기를 위한 특별한 방법은 없다. 방법 배우기는 경험에서 유래하는 경험적 배우기의 한 유형일 따름이며, 경험적 배우기에서 우리가 어떤 견해를 품는지는 성공에 의해 좌우된다. 그리고 방법론의 성공은 단지 "장기적으로, 혹은 탐구를 이어갈 경우에 후속 탐구에서, 입증되거나 동일한 절차의 사용을 통해 옳게 수정되는 결과들을 산출하는 경향이 있는 방식으로 작동하느냐"에(같은 곳, 13쪽)[36] 관한 것일 따름이다. 듀이는—일상적인 탐구의, 과학적 방법의, 심지어 논리의—규칙들의 연속성을 강하게 고수했는데(같은 곳, 4~6쪽), 이 모든 규칙들은 성공적인 생각하기 습관에서 나온다(같은 곳, 12쪽). 듀이가 최후의 위대한 (거의 80세에 출판한) 작품에 《논리》라는 제목을 붙이고 부제로 '탐구에 관한 이론'을 덧붙인 것은 범주 오류가 아니다.[37]

　　듀이는 방법론을 지상으로 끌어내린다. "우리는 수술이나 농업, 도로 건설, 항해 등에서 특정한 방법들이 다른 방법들보다 더 나음을 아는 것과 마찬가지로 탐구에서 특정한 방법들이 다른 방법들보다 더 나음을 안다"(1938, 104쪽). 추론 방법들도 과학의 역사 속에서 발전하며, 그 발전은 때때로 매우 근본적이며 흔히 기존에 받아들여진 일반적인 생각하기 규칙들에 도전하는 매우 구체적인 새 방법들의 개발이다. 과학사를 돌아보면 거의 모든 시기에 최선의

---

36 듀이는 성공이 '정합성'에 의해 측정된다는 말도 한다. 하지만 이 말이 정확히 무슨 뜻인지는 말하지 않는 듯하다.

37 논리와 과학의 방법론에 관한 듀이의 생각을 면밀히 다룬 문헌으로 Mattew Brown(2012) 참조.

추론 방법을 두고 논쟁이 벌어졌음을 알 수 있다. 속도와 무게를 양
量으로 간주해야 할까? 중세 아리스토텔레스주의자들은 그렇지 않
다고 생각했지만, 논란의 여지가 없는 정량화의 성과들이 그들을
반박했다(Crombie 1961). 사고실험은 물리 이론을 생산하는 방법으
로서 정당할까(Stuart, Fehige and Brown 2018)? 갈릴레오는, 그리고
더 나중에 아인슈타인은 그렇다고 생각했지만, 그들에게 동의하지
않는 사람들도 있었다. 컴퓨터 시뮬레이션은 어떨까(예컨대 Galison
1997, 8장 참조)? 이런 논쟁들과 변화들은 지금도 일어나고 있다. 컴
퓨터에 의지한 수학적 증명을 타당한 것으로 간주해야 하는가를 둘
러싼 논쟁(Burge 1998), 혹은 더 실천적인 사례로 인공지능 시스템이
내린 의학적 진단을 어떻게 활용하는 것이 최선일까를 둘러싼 논쟁
을 보라(Ahmad 외 2021). 더 평범한 사례도 있다. 경험적 검증에 어
떤 유형의 통계학을 적용하는 것이 적합할까? 빈도주의 통계학일
까, 베이즈주의 통계학일까(Mayo 1996)? 무작위대조시험은 어떤 상
황에서 가설 검증 방법으로 적합할까(Cartwright 2011; Cartwright and
Hardie 2012)?

과학이 발전해가면서 더 나은 탐구 방법들을 새로 배운다는
것은 논란의 여지가 없는 역사적 사실이다. 그리고 새 방법의 채택
은 흔히 근본적인 인식적 기준의 변화를 동반했다. 갈릴레오에 의
해 망원경이 맨눈보다 우월한 천체 관찰 수단으로서 신뢰받으며
정착한 것에 관한 앨런 차머스의 논의를 생각해보라(Chalmers 2013,
151~155쪽). 이 변화는 이 변화 자체보다 훨씬 더 광범위하고 심층적
인 의미를 가진 중대한 사건이었다. 왜냐하면 이 변화는 장치의 판
결이 인간의 감각보다 인식론적으로 우월하다고 여겨진 최초의 핵

심 사례 중 하나이기 때문이다. 나는 온도계 읽기가 뜨거움과 차가움을 느끼는 감각보다 더 중요해진 것과 관련하여 유사한 이야기를 제시한 바 있다(Chang 2004, 47쪽). 이런 방법론적 변화들은 어떤 상위의 방법이나 총괄적인 물리학 이론에 의해 승인되지 않았다. 오히려 그 변화들은 단지, 왜 장치에 의지하지 않은 지각보다 망원경이나 온도계를 통한 관찰에 더 큰 신뢰를 두어야 하는가에 관한 상세한 사례별 논증에 의해 승인되었을 따름이다. 예컨대 망원경은 맨눈 관찰로 포착할 수 없는 세부 사항들(이를테면 금성의 모양 변화와 달의 크레이터들)을 보여주었고, 그 세부 사항들은 (코페르니쿠스의 이론을 채택하면) 사리에 맞았다. 또한 갈릴레오는 인간의 시각으로 포착한 행성들과 별들의 밝기와 모양에 이런저런 비일관성이 있음을 지적했다. 그는 망원경에 인식적 권위를 부여해야 한다는 것을 (특히 당대에는 수준 높은 광학 이론이 없었으므로) 어떤 최초 원리들로부터 논증할 수 없었지만, 망원경 사용은 몇몇 구체적 탐구에서 매우 정합적이라는 것이 드러났다.

심지어 논리도 영원히 타당한 '사고 법칙들'의 집합이 아니라 단지 실용적으로만 정당화된다는 것을 보여줄 수 있다면, 이는 실용주의자를 위한 궁극의 찬사일 터이다. 만일 논리조차도 실용적으로만 정당화된다면, 과학의 방법들뿐 아니라 우리가 살면서 따르는 모든 규칙은 당연히 수정될 수 있고 진화할 수 있다. 바로 이것이 듀이가 성취하고자 한 결론이라고 나는 생각한다. 당신이 논리학 수업을 받을 때, 논리 규칙들은 진리로 선포된다. 그러나 논리가 다른 상황에 적용될 때, 논리는 논리의 성과에 의해, 작업적 정합성을 띤 활동을 얼마나 잘 뒷받침하느냐에 따라 판정되어야 한다. 듀이가 보기에도 논리학은 우리가 잘 생각하려면 어떻게 생각해야 하는가를 다루는 규범적인 학문 분야다. 그러나 논리의 규범적 구속력은 궁극적으로 논리의 경험적 성공에 의존하지, 어떤 선험적 요구들에 의존하지 않는다. 한 예로 실질 함축material implication(실질 함의)에 관한 '폭발 원리principle of explosion'의 설득력을 생각해보자. 그 원리란 모순으로부터는 어떤 명제라도 도출할 수 있다는 것이다. 그렇다면 폭발 원리는 과연 생산적인 생각의 방법일까? 우리가 단지 모순을 확보했다는 이유만으로 미친 듯이 흥분하여 아무 명제나 믿어버리는 상황이 실생활에서 벌어질 수 있을까? 나는 도무지 그런 상황을 생각하기 어렵다.

　　듀이는 추론의 실질적 내용과 별개로 논리가 존재한다는 것을 부정한다. "모든 논리적 형식들(그리고 그것들의 특징적 속성들)은 탐구 작업 안에서 발생하며 탐구를 통제하여 보증된 진술들을 산출하도록 만드는 일에 종사한다"(Dewey 1938, 3~4쪽). 사람들이 통상적으로 '논리'로 간주하는 바는 단지, 좋다는 것이 드러난 생각 규칙들 가운데 가장 일반적인 것(을 가장 추상적으로 표현한 결과)일 따름이다. 듀이가 보기에 논리학은 역사적이며 경험적인 학문 분야이며, 우리는 그 분야에서 더 나은 추론 방법들을 끊임없이 배운다. 논리학은 '진보적인progressive 학문 분야'라고(같은 곳, 14쪽) 선언하면서 듀이는 '논리학을 개혁할 필요성'을(같은 곳, 5장 제목) 언급한다. 그 개혁은 충분한 역사적 인식에 기초를 두어야 한다고 그는 지적한다. 예컨대 아리스토텔레스 논리학은 고대 그리스 과학과 철학에 감탄할 만큼 적합한 시스템이지만 이제 더는 적합하지 않다(같은 곳, 82~93쪽). 폐기된 아리스토텔레스적 사고의 핵심 요소로 듀이가 꼽는 것들은 본질주의essentialism, 양보다 질에 중점을 두기, 정적靜的인 분류, 우주의 비균질적이며 위계적인 구조다(여기에서도 듀이가 논리와 방법론을 뒤섞어 생각한다는 점을 알 수 있다). 그는 동시대의 논리학자들이 고전 논리학을 떠받치는 형이상학적이며 작업적인 토대는 버리면서 고전 논리학의 형식은 보존하는 경향이 있다고 나무란다.

일부 독자는 듀이가 전문적인 논리학자들이 실천하는 논리학을 모르는 '흐리멍덩한' 사상가라고 생각할지도 모른다. 그러나 아무도 그런 식으로 클레어런스 루이스를 비난할 수는 없을 것이다. 논리학에 관한 루이스의 견해는 듀이의 견해와 매우 유사했다. 루이스는 실용주의자로 알려지기 전에 기호논리학 분야에서 크고 영속적인 명성을 얻었다(그는 지금도 그 명성으로 기억된다). 루이스 본인은(1929, vii쪽) 자신의 실용주의적 인식론이 기호논리학 연구에서 기원했다고 공언했다. 듀이와 마찬가지로 루이스는 일찍부터 고전 논리학의 근본적인 개념인 실질 함축에 불만을 느꼈다. 고전 논리학이 배중률에 기초하여 규정하는 바에 따르면, P가 참이고 Q가 거짓인 경우를 제외한 나머지 모든 경우에 P는 Q를 (실질적으로) 함축한다. 루이스는 이 개념이 우리가 자연언어에서 말하는 '함축'을 올바로 표현하지 못한다고 생각했다. 그가 보기에 이 개념은 그가 '엄밀 함축strict implication'으로 명명한 것으로 대체되어야 했다. 엄밀 함축에는 듀이가 개탄한 '폭발 원리'를 비롯한 바람직하지 않은 귀결들이 없었다. 그러나 비판자들은 루이스의 엄밀 함축도 그 나름의 어색한 특징들을 지녔다고 지적했고, 어쩔 수 없이 루이스는 각각의 논리 시스템이 다양한 장점과 단점을 가진다고 인정했다. 이를 계기로 루이스는 논리에 관한, 또한 개념적 기틀 전반에 관한 다

원주의를 향해 나아갔다.[38]

　다양한 논리 시스템이 실제로 있으며, 논리적으로 추론하고자 하는 사람은 특정한 논리 시스템을 채택하는 것을 출발점으로 삼아야 한다. 그런데 논리 시스템의 선택을 정당화하는 방법으로서 유일하게 설득력 있고 자의적이지 않은 것은 실용적 토대에 근거한 정당화일 것이다. 왜냐하면 논리 규칙들에 의거하여 그 선택을 정당화하는 것은 명백히 선결문제 요구의 오류이기 때문이다. 따라서 논리를 취급하는 방식은 실제로 실용주의의 가장 설득력 있는 부분일 수 있다! 루이스는 자신의 견해를 이렇게 요약했다. "경험을 해석하기 위해 개념적 시스템을 고르는 선택은, 그 선택이 신중한 숙고 끝에 이루어지건 선택의 실제 이유를 알지 못하는 채로 무의식적으로 내려지건 간에, 결국 실용적 선택이다"(Lewis 1929, 300쪽). 현재 비고전(대안) 논리들이 급증하고 그중 일부가 지능 시스템 설계에 성공적으로 적용되는 상황을 고려할 때, 듀이와 루이스의 정당성이 입증되었다고 인정해야 한다고 나는 생각한다. 듀이의 정신은 오늘날 논리에 관한 '반反예외주의anti-exceptionalism' 안에 여전히 살아 있다. 올레 토마센 요틀란은(2017, 631쪽) 그 반예외주의를 이렇게 표현한다. "논리는 특별하지 않다. 논리학 이론들은 과학과 연속선상에 있다. 논리학의 방법은 과학의 방법과 연속선상에 있다. 논리는 선험적이지 않으며 논리적 진리는 분석적 진리가 아니다. 논리학 이론들은 수정될 수 있으며, 수정된다면 과학 이론들이 수정

38　루이스 철학의 발전 과정에 관해서는 Schilpp(1968); Rosenthal(2007); Misak(2013) 10장; Stump(2015) 5장 참조.

될 때와 똑같은 이유들 때문에 수정된다."[39]

　　지금까지의 논의를 요약하자. 나는 실용주의가 진정으로 경험주의적인 과학철학이라고 보는데, 그런 과학철학은 과학 탐구도 인간적 경험의 일종이라는 점을 명확히 인정해야 한다. 실용주의자들에 따르면 탐구는 삶 전체에서 두루 이루어지며, 과학적 실천도 마찬가지다. 심지어 경험 자체가 내재적으로 탐구적일 가능성도 있다. 또한 탐구가 경험과 맞물려 있기만 한 것이 아니라 탐구 과정 자체가 경험의 한 유형이다. 경험으로부터 배우기는 배우기 경험으로부터 배우기를 포함한다. 철학자들은 지식 생산 및 사용 과정에 관심을 기울이면서 그 과정에 관여하는 인식 활동들을 어떻게 하면 가장 잘 조직하고 뒷받침할 수 있는지 물을 필요가 있다. 실용주의가 실천을 제대로 다루겠다는 철학적 약속이라면, 실용주의적 인식론은 지식과 관련 있는 모든 실천을 다뤄야 한다. 그리고 이것은 고전적인 실용주의자들이 진지하게 종사했던 일이라고 나는 믿는다.

　　이 책의 나머지 장들에서 나는 실용주의가 인식론과 형이상학에 관하여 함축하는 바를 특히 과학철학의 맥락 안에서 면밀히 펼쳐놓으려 한다. 이 장에서 나는 지식의 실용적 본성에 초점을 맞췄고 탐구 과정에 관한 실용주의적 견해를 제시했다. 나는 일관되게 **작업적 정합성** 개념을 중심으로 생각을 이어갈 것이다. 그 개념은 1.1절과 1.4절에서 정의되었다. 작업적 정합성은 실용주의자(와 무릇 경험주의자)가 기꺼이 받아들일 수 있는 실재론의 기둥이다. 나는

---

[39] 요틀란은 자신의 견해가 특히 콰인, 매디, 프리스트에게서 유래했다고 밝힌다. 비고전 논리들에 관한 입문서로 Priest(2008), Gottwald(2020) 참조.

이를 5장에서 상세히 설명할 것이다. 어떤 유형의 실재론이든지 무언가가 지식의 대상으로서 실재한다고 여길 필요가 있다. 따라서 나도 3장에서 실용주의적 실재 개념을 제시할 텐데, 그 개념 역시 작업적 정합성 개념을 토대로 삼는다. 실재론은 또한 우리가 탐구를 통해 실재하는 것들에 관한 진리들을 배울 수 있다는 기본적인 생각을 포함한다. 이와 관련하여 나는 4장에서 이 시대에 맞게 최신화된 실용주의적 진리 개념을 내놓을 것이다.

2장

대응

CORRESPONDENCE

2.1 개관

대응 실재론: 그냥 상식일까?

앞 장에서 나는 능동적 앎의 개념을 제시했는데, 이제 그 개념을 바탕으로 삼아, 수정된 진리 및 실재 개념을 제안하고 이어서 과학적 실재론을 보는 새로운 시각을 제안하려 한다. 만일 당신이 이 사안들과 관련하여 널리 채택되는 관점, 곧 명제적인 지식에 초점을 맞추는 관점에 뿌리를 둔 견해들에 충분히 만족한다면, 당신은 내가 이런 일에 뛰어드는 동기를 이해하지 못할지도 모른다. 많은 철학자와 과학자 등은 다음과 같은 일련의 견해들을 상식으로 여긴다. 즉, 과학 지식을 갖는 것이란 진리인 이론을 보유하는 것이다. 진리인 이론은 세상과 대응하는 이론이다. 세상은 우리가 무엇을 어떻게 생각하건 상관없이 그냥 제 모습 그대로다. 이 모든 견해에 누가 동의하지 않을 수 있겠는가? 이 같은 표준적 실재론의 시각에 만족하는 사람들은 불확실한 보상을 위해 잘 확립된 근본적 개념들을 건드리는 것을 부질없는 짓으로 여길 것이다. 그러므로 나 자신의 견해를 제시하기에 앞서, 내가 이 철학적 상식에 심각한 문제가 있다고 생각하는 이유를 설명해야 한다.

그 상식적 견해에서 등장하는 핵심 개념은 우리의 이론과 세상의 대응correspondence이다. 당연한 말이지만, 이 개념은 진리에 관한 대응 이론(진리대응론)과 밀접한 관련이 있다. 그 이론은 '진리란 사실과의 대응이다'라고(David 2016) 주장한다. 지금 우리는 상식으로 받아들여지는 바에 관하여 논하는 중이므로, 〈위키피디아〉가 제시하는 진리대응론의 정의를 살펴보자. 그 정의는 이러하다. "진술statement이 참인지 아니면 거짓인지는 오로지 진술이 세상과 어떻게 관련 맺는지에 의해, 그리고 진술이 세상을 정확히 기술하는지(바꿔 말해 세상과 대응하는지)에 의해 결정된다." 이 정의에 담긴 다음과 같은 핵심 직관은 널리 받아들여진다. 즉, 진리란 우리의 관념(또는 이론, 믿음, 가설)이 사실과 일치하는가에 관한 것이다. 우리는 이론이 실재와 대응하기 때문에 진리라고 말한다.

많은 철학자는 과학적 실재론 교설의 중심에 이론-세상 대응 개념을 두는데, 그 교설의 토대는 우리가 보유한 최선의 과학 이론들은 세상을 정말로 참되게 서술한다는 직관이다. 문헌에 등장하는 무수한 과학적 실재론 정의 가운데 내가 보기에 가장 명확하고 통찰력이 돋보이는 것들은 레인 비할렘의(2012, 특히 10쪽) 정의와 일카 니닐루오토(1999; 2014, 특히 159쪽)의 정의다. 표준적인 과학적 실재론은[1] 다음과 같은 기본 원칙들을 고수하는 입장이라고 규정한다는 점에서 나는 비할렘과 니닐루오토를 따른다.[2]

(1) 정신으로부터 독립적인 실재가 있다.

(2) 진리란 진술(또는 이론)과 실재의 대응이다.

(3) 정신으로부터 독립적인 실재에 관한 지식을 획득하는 것이 가능하다.

(4) 관찰 불가능한 면모들까지 포함해서 실재에 관하여 진리에 도달하는 것이 과학의 본질적 목표다.

(5) 현대 과학은 이 목표를 대체로 성공적으로 달성해왔다.[3]

과학철학자들은 실재론 문제를 놓고 끝없는 논쟁을 벌여왔으며 특히 원칙 (5)에 초점을 맞춰왔다. 반면에 처음 네 개의 원칙은 원칙 (5)에 맞서 반론을 펴는 많은 이들조차도 확립된 것들로 간주하는 경우가 많다. 그럴 때 논쟁은 **철학적이지 않게** 된다. 즉, 특정한 근본적 전제들을 의심 없이 받아들이는 것에 기초하여 논쟁이 수행된다. 과거 전통에서 도구주의자들과 실증주의자들이 반형이상학적

---

1 '표준적(인) 과학적 실재론'은 내가 비할렘에게서 가져다 쓰는 표현이다. 이 개념은 철학 논문 데이터베이스 PhilPapers에서 하나의 범주로 취급될 만큼 잘 확립된 개념이다(https://philpapers.org/browse/standard-scientific-realism, 2021년 10월 2일에 마지막으로 접속함).

2 서둘러 덧붙이는데, 니닐루오토와 비할렘 본인들은 표준적인 과학적 실재론을 전적으로 지지하지는 않는다. 나는 이 원칙들을 내 나름의 단순화된 방식으로 표현했으며, 원래의 표현을 왜곡하지 않았기를 바란다.

3 원칙 (5)는 비할렘의 목록에 명시적으로 들어 있지 않다. 니닐루오토는 이 원칙을 다음과 같이 표현한다. "그런 지식의 가장 좋고 심오한 부분은, 관찰 가능한 현상을 설명하기 위해 관찰 불가능한 것들을 상정하는, 경험적으로 검증 가능한 과학 이론들에 의해 제공된다."

태도에 기초하여 원칙 (1)부터 (4)까지를 의심했지만, 오늘날 그런 도구주의나 실증주의를 옹호하는 사람은 거의 없다. 바스 반 프라센이 원칙 (4)에 의문을 던진 지도 이미 40년이 흘렀으며, 그의 '구성적 경험주의constructive empiricism'는 존중 받을지언정 따르는 이가 많지는 않다. 특히 원칙 (1)과 (2)는 꼼꼼히 검토되지 않는 경향이 있다. 이 두 원칙은 내가 **대응실재론**correspondence realism이라고 부르는 것을 이루는 요소들이다. 대응실재론에 따르면, 이론의 진리성은 이론이 정신 독립적 세상과 대응하는 것에 있다.

이 장의 과제는 대응실재론을 비판하는 것이다. 철학에서 흔히 그렇듯이, 이 입장은 상식common-sense이라고들 하지만 더 자세히 살펴보면 오히려 헛소리nonsense에 가깝다. 바꿔 말해, 이 입장은 틀린 입장이라기보다 '틀리지도 못하는' 입장이다. 왜냐하면 이 입장이 잘 정의된 의미를 지녔는지 자체가 불명확하기 때문이다. 진술이 세상과의 대응에 의해 진리로 판정된다는 것은, 그 둘을 서로 비교하니 일치한다는 것이다. 그러나 세상이 진술들로 이루어져 있지 않다면, 어떻게 진술을 세상과 비교할 것인가? 일찍이 오토 노이라트는 빈 학단Vienna Circle의 지도자 중 한 명으로서 가장 왕성하게 활동하던 시절에 이 문제를 이렇게 지적했다. "진술은 진술과 비교되지, '경험'과 비교되지도 않고 '세상'과 비교되지도 않으며 다른 무엇과도 비교되지 않는다"(Neurath [1931] 1983, 66쪽, 강조는 원문). 따라서 진술-세상(또는 이론-세상) 대응을 생각할 때 우리는 기초적인 범주 오류를 범하는 듯하다.[4] 이 문제가 처리되지 않으면, 그런 대응을 추구해야 한다는 생각을 사리에 맞게 이해할 길이 없다.

비트겐슈타인은 초기 저술에서, 세상 자체가 사실들로 이루어졌으며 따라서 진술들과 대응할 수 있다고 선언하는 충격적인 해법을 제시했다. 바로 이 해법이 《논리철학논고》(1922, 30~31쪽)의 서두였다. "§1. 세상이란 사례事例인 모든 것이다. §1.1. 세상은 사물들의 총체가 아니라 사실들의 총체다."[5] 이 선언은 '자연이라는 책'이 수학을 언어로 삼아 쓰여 있고 따라서 수학 용어로 표현된 우리의 이론과 일치할 수 있다는 오래된 생각을 연상시킨다. 나는 자연이 '책'이라는(또 '태초에 말씀이 있었다'라는) 생각이 약간 이상하다고 항상 느껴왔다. 하지만 세상이 형이상학적인 차원에서 사실들로 이루어졌다고까지 말하지는 않을 사람들도 정신 독립적(정신으로부터 독립적인) 세상에 관한 객관적 사실들이 있다는 주장에는 기꺼이 동의하는 듯하다. 그런 세상이 우리의 이론 안에서 등장하는(또는 이론이 함축하는) 진술들과 대응할 수 있다면서 말이다. 따라서 우리의 진술 혹은 이론은 정신 독립적 세상과 대응하기를 열망해야 한다고 여겨진다. 이제부터 이 같은 정신 독립적 세상의 개념을 더 꼼꼼히 들여다보자.

---

4 노이라트 본인은 '세상'에 대한 언급을 아예 배척하는 쪽을 선호했다. 이 인용문에 이어 등장하는 다음과 같은 문장이 그 선호를 보여준다. "이 모든 무의미한 중복들duplications은 다소 정교한 형이상학에 속하며 따라서 배척되어야 한다."

5 §1. Die Welt is alles, was der Fall ist. §1.1. Die Welt ist die Gesamtheit der Tatsachen, nicht der Dinge.

정신 독립성의 두 가지 의미

대응실재론자들은 이렇게 말한다. '저 바깥에' 실재하는 세상이 있으며, 그 세상은 그 세상에 관한 우리의 지식과 완전히 별개로 존재하고, 그 세상에 관한 사실들이 있으며, 우리 이론의 과제는 그 사실들과 일치하는 것이다. 이렇게 이어지는 생각의 중심에 놓여 있는 것은 정신 독립성이라는 개념이다. 예컨대 팀 버튼은 (2013, 7~8쪽) '독립성 원리'를 '외재적 실재론 신조'의 첫째 원리로 꼽는다. 그 원리에 따르면 "세상은 (주로) 정신, 언어, 이론으로부터 독립적인 대상들로 이루어져 있다". 버튼은 외재적 실재론을 형이상학적 실재론, 첫 철자를 대문자로 쓴 **실재론**Realism, 굳센robust 실재론, 책상을 내리치는desk-thumping 실재론, 진짜 실재론과 대략 동일시한다. 또한 이 입장은 퍼트넘이 말하는 '신의 관점God's Eye point of view'을 연상시킨다고 버튼은 말한다. (서둘러 덧붙이는데, 버튼 본인은 외재적 실재론을 간단명료하게 옹호하지 않는다.)

'정신 독립성' 개념은 많은 혼란을 일으킨다. 이 개념을 명료화하면 많은 철학적 고민(과 허풍)을 면할 수 있다고 나는 생각한다. 나는 **정신에 의한 통제**mind-control와 **정신에 의한 틀짓기**mind-framing를 구별하자고 제안한다. 타당한(내가 전적으로 동의하는) 실재론적 직관은, 단지 생각만으로는 실재가 어떠한지 결정할 수 없다는 것이다. 관건은 정신이 실재를 통제할 수 있는가 하는 문제다. 우리 정신은 우리 외부의 실재를 원하는 대로 직접 통제할 수 없다. 실재는 우리의 명령에 복종하지 않는다. 실재가 정신으로부터 독립적이라는 대응실재론의 주장이 긴요하다고 여겨져 온 이유는 관념론자, 상대주의자, 사회적 구성주의자, 사회구성주의자(사회적 구성주의social constructivism는 개인의 인지가 사회적 상호작용을 통해 형성된다는 입장인 반면, 사회구성주의social constructionism는 사회적 실재 자체가 구성원들의 상호작용을 통해 구성된다는 입장이다 – 옮긴이), 또는 적어도 이러한 적들의 조야한 버전에 대항하여 반론을 펴기 위해서였다. 우리는 매슈 브라운이 말하는 '바라는 대로 생각하기의 문제'를 피하고자 한다. 무언가가 정신에 의해 통제되지 않는다면, 무엇보다도 먼저 그것의 존속은 우리가 무엇을 생각하는지(혹은 심지어 우리가 존재하는지)에 의존하지 않는다. 니닐루오토는(1999, 26~27쪽) 이것을 '존재론적' 정신 독립성이라고 부른다. 샘 페이지도(2006, 322쪽) 같은 명칭을 사용하면서 정신 독립성의 의미를 무려 네 가지로 구분한다. 정신에 의한 통제의 부재는 페이지가(같은 곳, 325쪽) 말하는 '구조적' 정신 독립성도 포함한다. 무언가가 "구조적으로 정신 독립적이라 함은, 그것의 구조가 어떠하다는 우리의 말로부터 독립적인 구조를 그 무언가가 지녔다는 뜻이다".[6] 3장에서 더 자세히 설명하겠지만, 정신에 의한 통제의 부재는 실재하는 것들이란 무엇인가에 관한 우리의 생각의 핵심에 놓여 있다.

정신에 의한 틀짓기는 우리가 대상들을 개념화하는 것과 관련이 있으며 정신에 의한 통제와 전혀 다른 사안이다. 우리가 어떤

---

6 우리가 우리의 행동으로 실재의 다양한 측면을 변화시키고 심지어 창조한다는 의미에서, 실재의 다양한 측면이 인과적으로 우리에게 의존한다. 페이지는(같은 곳, 323쪽) 이를 '인과적' 의존이라고 부른다. 그러나 우리가 이 같은 인과적 영향을 그저 생각하기를 통해서가 아니라 신체적 행동을 통해 끼치기 때문에, 인과적으로 우리에게 의존하는 대상들은 정신에 의해 직접 통제되지 않는다.

대상을 한 개념으로 일컬을 때면 언제나 그 대상은 우리의 정신(혹은 언어) 안에 있는 그 개념에 의해 틀지어진다. 나는 실재하는 대상이 정신에 의해 틀지어져 있다고 본다. 물론 실재하는 대상의 대다수는 정신에 의해 통제되지 않지만 말이다. 모든 대상이 정신에 의한 틀짓기 아래 있다는 간단한 이유에서, 실재하는 대상은 정신에 의한 틀짓기 아래 있다. 퍼트넘은(1977, 496쪽) 이 사정을 다음과 같은 인상 깊은 동어반복으로 표현한 바 있다. "세상은 우리의 서술로부터 독립적으로는 서술 가능하지 않다." 바꿔 말해, 우리의 모든 진술, 우리가 생각하는 모든 명제는 **모종의 개념들을 통해 표현되어야 한다.** 이에 대하여 이견을 품는 것은 우리가 어떤 단어도 사용하지 않으면서 말할 수 있다고 상상하는 것과 마찬가지일 터이다. 우리가 언급하거나 생각할 수 있는 모든 것은 개념화된(어떤 개념들에 의해 특정된) 대상들이지, 인간의 손길이나 생각이 전혀 닿지 않은 채로 미리 깔끔하게 포장된 상태로 우주에서 뚝 떨어진 요소들이 아니다. 'X는 실재한다' 또는는 'X는 존재한다'라는 명제조차도 X라는 개념을 사용하지 않고는 표현할 수 없다. 개념은 인식 행위자의 창조물이다. 혹은 개념은 최소한 인식 행위자에게 속박되어 있다(3.2절에서 정신에 의한 틀짓기를 추가로 논할 것이다).

'정신 독립성' 개념을 이렇게 명료화하면, 실재하는 대상들이 정신에 의한 틀짓기 아래 있다는 사실 앞에서 불안해할 필요가 없다. 왜냐하면 이 사실은 정신에 의한 통제와 전혀 연결되지 않기 때문이다. 실재하는 것의 주요 특징은 상상되거나 꾸며내어진 것과 달리 정신에 의해 (완전히) 통제되지 않는다는 점이다. 심지어 정신의 통제 아래에서 움직이는 내 팔다리도 대부분의 속성들과 타고난 성질들에서는 정신의 통제 아래에 있지 않다. 이 같은 사정은 실재가 우리의 바람과 선입견에 '저항한다'는 일반적이며 옳은 생각의 배후에 있다. 페이지의 해석에 따르면, 넬슨 굿맨, 리처드 로티, (한때의) 퍼트넘 같은 20세기 후반의 몇몇 저명한 과학적 실재론 비판자들이 부정한 것은 세상의 '개별화와 관련한' 정신 독립성이었다. 즉, 그들은 실재가 정신에 의해 틀지어진다고 믿었다. 그러나 그들은 실재가 정신에 의해 통제된다고 믿지 않았으며, 그런 한에서 실재론자들이 그들에 맞서 보인 격앙된 반응은 부적절했다.

내가 지금 제시하고 있는 생각은 철학사에서 거듭 등장했다. 대개 '개념적 도식'이나 '언어적 기틀' 같은 문구로 대표된 그 생각은 신칸트주의자들부터 루돌프 카르납과 토머스 쿤까지 이르는 매우 다양한 철학자들에 의해 제기되었다. 이 사상가들의 견해에 따르면, 인지능력으로 다룰 수 있는 대상들은 오로지 이런저런 개념적 도식 안에서만 유의미하게 생각될 수 있고 따라서 모두 정신에 의해 다양한 방식으로 틀지어져 있다. 많은 사람이 이 생각을 확장하여 예컨대 카르납이 〈경험주의, 의미론, 존재론〉(1950)에서 한 것처럼 인간의 담론 전체에 적용하거나, 쿤이([1962] 1970, 111쪽) 과학혁명 후에 과학자들은 다른 세상에서 산다고 문학적으로 표현할 때 한 것처럼 온 우주에 적용했다.

통상적인 '정신 독립성' 개념은 정신에 의한 통제와 틀짓기 모두의 부재를 뜻하며 따라서 생각의 도구로서 몹시 무디다. 문제는, 정신에 의한 통제를 배제하겠다는 올바른 의도를 품은 이들이 정신에 의한 틀짓기까지 부정해야 한다고 느낀다는 점이다. 왜냐하면 그들은 어떤 대가를 치르더라도 실재의 정신 독립성을 지켜

내야 한다고 느끼기 때문이다. 더욱 심각한 문제는, 정신 독립성이라는 무딘 개념의 사용이 정신의 통제에 대한 공포를 이용하여 정신에 의한 틀짓기를 배척할 길을 대응실재론자들에게 열어준다는 점이다. 많은 잘못된 논증의 핵심에는 정신에 의한 틀짓기와 정신에 의한 통제를 뒤섞는 혼동이 놓여 있다. 그 혼동은 대개 대응실재론적 직관들을 떠받치기 위해 설계된다. 그런 논증의 한 버전을 니닐루오토는(2014, 168쪽; 또한 1999, 40쪽) '존재론적 실재론'을 옹호하는 '과거에 기초한 논증'이라고 부른다. 그 논증은 아래와 같다.

> t_0[진화 과정에서 인간이 출현한 시점] 이전에 존재했던 모든 것은 인간의 정신으로부터, 또 개념과 같은 인간의 문화적 구성물로부터 존재론적으로 독립적일 수밖에 없다. 따라서 아무것도 인간 정신으로부터 독립적으로 존재하지 않는다고, 또는 모든 대상은 우리가 구성한 것이라고 명시적으로 주장하는 철학적 교설들은 모두 틀렸다.

당연한 말이지만, 인간 이전의 것들이 인간 정신에 의해 통제되지 않는다는 점은 명백히 옳다. 즉, 우리는 그것들이 우리가 원하는 바를 하게(예컨대 생겨나게) 만들 수 없다. 그러나 그렇다고 해서, 우리가 과거의 것들을 아무튼 고려할 수 있으려면 그것들이 우리의 현재 개념화에 의해 틀지어져야 한다는 점이 반박되는 것은 아니다.

불명료한 정신 독립성 개념은 실재론을 둘러싼 논쟁에서 양쪽 진영 모두에 의해 매우 흔하게 사용된다. 〈스탠퍼드 철학 백과사전〉의 '실재론Realism' 항목을 쓴 알렉산더 밀러는(2016, 6절) "실재론의 독립성 차원, 곧 [주제] 영역을 특징짓는 대상들이 어느 누구의 믿음, 언어적 실행, 개념적 틀 등으로부터도 독립적으로 존재한다는 주장, 혹은 [주제] 영역을 특징짓는 속성들이 그렇게 독립적인 방식으로 구체적 사례로서 출현한다는 주장"을 강조한다. 이 책의 나머지 부분에서 펼칠 논증들의 배경으로서, 정신에 의한 통제와 정신에 의한 틀짓기를 명확히 구별하는 것은 매우 중요하다. 철학적 논증에서 부적절한 정신 독립성 개념과 마주칠 때마다 우리는 그 개념의 의미가 정확히 무엇인지 밝히라고 요구해야 한다.

선형상화의 오류

지금까지 정신 독립성 개념을 명료화했으므로, 이제 더 생산적인 방식으로 나의 대응실재론 비판을 이어갈 수 있다. 세상은 특정한 모습shape을 띠어야 하고, 정확한 이론은 세상의 그러한 객관적 모습을 어떤 식으로든 표현해야 하므로, 모종의 대응이 있어야 한다는 것은 뿌리 깊은 직관이다. 그러나 문제가 없지 않은 부분은 애당초 세상이 정신에 의해 파악되지 않은 채로 특정한 '모습'을 띤다는 생각이다. 이 생각은 대응실재론을 둘러싼 논쟁에서 가장 중요한 쟁점이다. 대다수 사람의 실재론적 직관에 따르면, '저 바깥에' 존재하는 것들이 확실히 있으며, 그것들은 우리가 그것들을 어떻게 생각하는지, 심지어 생각하는지 여부와도 상관없이 독자적으로 이러저러하다. 나는 이 직관을 **선先형상화의 오류**fallacy of pre-figuration라고 부르고자 한다. 선형상화의 오류란 실재가 모든 개념화로부터 독립적으로 존재하는, 잘 정의된 부분들과 속성들을 지녔다고 전제하는 것이다. 이것은 우리 앎의 대상들이 정신에 의해 틀지어져 있지 않으며 그럼에도 우리 담론의 대상들일 수 있다고 전제하는 것과 마찬가지다. 후자들은 반드시 정신에 의해 틀지어져야 하는데도 불구하고 말이다.

'선형상화'라는 용어는 내가 고안했지만, 확실히 나는 이 문제를 최초로 주목한 사람이 아니다. 앞서 '들어가는 말'에서 토레티가 지적한 아이러니를 인용한 바 있는데, 그 아이러니가 표현하는 것이 바로 이 문제다. 키처와(2001) 텔러도(2001) 여러 해에 걸쳐 이 문제를 다뤘고, 이들보다 먼저 로티가(1982) 이 문제를 지적했다. 퍼트넘은 '이미 만들어져 있는 세상ready-made world'은 없으며, 신의 관점을 채택해야 한다는 요구는 부질없다고 주장했다(Putnam 1981, 49쪽; 1982). 라이모 투오멜라는(1985, 3장) 이 문제를 '주어진 것의 신화myth of the given'(전통적인 번역어는 '소여의 신화'-옮긴이)라고 칭하며 비판적으로 논했다. '주어진 것의 신화'라는 문구의 저작권자는 윌프리드 셀러스다. 투오멜로에 따르면, 주어진 것의 신화는 '존재론적으로 주어진, 범주적으로 이미 만들어져 있는 실제 세상이 있다'는 생각이다.[7] 이보다 훨씬 더 먼저 에른스트 카시러는([1910] 1953) 저서 《실체와 기능Substance and Function》의 첫머리에서, 실재하는 대상에 대한 정신-독립적 서술로부터 추상화를 통해 개념이 형성된다는 생각을 공격했다.[8] 듀이는 긴 철학적

---

7 투오멜라는 주어진 것의 신화를 다른 두 가지 방식으로도 표현한다. 셀러스에 관해서는 DeVries(2005, 114~116쪽) 참조.

경력에서 누구보다도 많이 이 문제로 거듭 회귀했는데, 이는 어쩌면 사람들이 그의 논지를 계속 오해했기 때문일 것이다. 그는 이 문제를 때로는 "실체화hypostatization"(Fesmire 2015, 64쪽 이후) 문제로, 때로는 "앎의 결과를 선행하는 실재로 변환하는 철학적 오류"로, 때로는 "소급 오류retrospective fallacy"로 규정했다. 나는 지금 이 문제에 새로운 명칭을 부여하는 셈인데, 이는 이제껏 열거한 다른 입장들에 담긴 다른 모든 함의와 암시에 동조하지 않으면서 나의 입장을 그 입장들과 연결하기 위해서다.

선형상화는 오류다. 왜냐하면 우리가 언급하거나 생각할 수 있는 모든 항목은 모종의 개념들을 통해 특정되어야 하기 때문이다. 이 근본적인 생각을 최초로 명확히 제시한 인물은 어쩌면 칸트일 것이다. (나 자신의 용어로 표현하면) 정신에 의한 틀짓기에서 벗어날 길은 없다. 우리가 생각하거나 언급할 수 있는 모든 것은 칸트가 말하는 의미의 페노메나phenomena(나타나는 것들. 단수는 페노메논phenomenon)이며, 우리가 사는 세상 안에 있는 그 페노메나를 모종의 방식으로 산출하는, 바탕에 깔린 미지의 존재는 누메나noumena(생각되는 것들. 단수는 누메논noumenon)의 영역이다. 칸트의 어법에서 페노메나와 누메나는 대충 '현상들appearances'과 '사물자체들things-in-themselves'이라고 할 수 있다.[9] 우리의 개념들에 의해 틀

---

8 카시러의 주장을 나에게 일러준 사라 하이만스에게 감사한다.

9 니컬러스 스탱은(2018, 6.1절) 간략하지만 권위 있는 논의를 통해 어떤 현상이든지 페노메논으로 간주되는 것은 아니라고 지적한다. "예컨대 내가 시각적 잔상이나 지리멸렬한 시각적 환영을 지각한다면, 그 지각은 대상을 인과관계들 안에 있는 놈으로서, 혹은 절대적으로 영속하는 실체의 변화로서 표상하지 않을 수도 있

지어진 페노메나는 우리가 삶에서 마주하는 대상이다. 다시 나의 고유한 어법으로 말하면, 모든 페노메나는 정신에 의해 틀지어져 있다. 그런데 그런 페노메나만 논하는 것으로 충분하지 않은 이유는 무엇일까? 누메나 혹은 사물자체들에 관하여 어떤 말도 할 수 없다면, 대체 왜 누메나 혹은 사물자체들이라는 개념이 있을까? 칸트 본인의 설명은 이러하다. "무릇 현상이라는 개념으로부터, 그 자체로 현상이 아닌 무언가가 현상과 대응해야 한다는 것이 자연스럽게 도출된다. 왜냐하면 현상은 우리의 표상 바깥에 있는 독자적인 것일 수 없기 때문이다"(Kant [1787] 1998, 348쪽). 따라서 '지적인'(바꿔 말해 '감각적이지 않은') 직관의 대상들로서 사물자체들 혹은 누메나가 있다고 칸트는 생각했다(같은 곳, 347쪽). 이 모든 이야기에 담긴 칸트의 취지가 정확히 무엇인지는 복잡하고 미묘한 문제이며, 개인적으로 나는 누메나의 본성에 관한 장황한 논쟁을 피하는 쪽을 선호한다. 그러려면 '현상'이라는 개념에서 멀리 떨어질 필요가 있다. 왜냐하면 칸트가 지적하듯이 그 개념은 현상의 배후에 '실재'가 있다는 생각을 곧바로 유발하기 때문이다. 대신에 우리는 '페노메나'를 지극히 일상적인 의미로 해석하여 우리가 실제로 경험하고 관찰하고 숙고하고 논하고 이론화하는 것으로 간주할 수 있다고 나는 생각한다. 3장에서 '실재함'과 '실재'의 의미가 무엇이어야 마땅한지 이야기할 때 추가로 논할 테지만, 페노메나는 실재하는 것들(곧 실재들)이거나 실재하는 것들의 속성들이다. 페노

다. 이런 잔상과 환각은 현상이지만 페노메나는 아닐 터이다."

메나는 정신에 의해 틀지어져 있지만 정신에 의해 통제되지는 않는다. 그리고 실재가 우리에게 저항할 때의 그 '저항'이란 다름 아니라 페노메나의 저항이다. 페노메나 영역과 별도로, 또는 그 영역의 '배후'에 어떤 다른 영역이 있다고 상정할 필요는 없다. 굳이 다른 영역을 상정하겠다면, 누메나 혹은 사물자체들이 있다고 말할 수 있다. 그러나 그렇게 말하면서도, 누메나에는 우리의 개념들이 적용될 수 없다는 칸트의 경고를 명확히 되새겨야 한다. 또한 세상은 존재하고 세상 자신이 이러저러한 대로 이러저러한데 그 이러저러함을 특정할 수 없다는 주장을 고집하는 것은 허망하기 그지없다. 오히려 작업적으로 유효한 것은 몇몇 특정한 것들이 실재한다는(찌르레기는 실재하지만 유령은 실재하지 않는다는) 우리의 견해 혹은 앎이다. 다른 예로, 알파선과 베타선은 실재하지만 N선은 실재하지 않는다는 앎, 전자기장은 실재하지만 에테르는 실재하지 않는다는 앎 등도 마찬가지다.

선형상화의 오류는 누메나를 페노메나로 간주하기, 혹은 사물자체들이 우리의 개념들을 통해 특징지어질 수 있고 특징지어져야 한다고 상상하기에 해당한다. 3.1절에서 추가로 논하겠지만, 이 오류는 누메나 영역을 '세상the world'이라고 부르는 만연한 관행에 의해 부추겨진다. 이 명칭은 우리가 사는 세상, 곧 페노메나 영역을 뚜렷이 연상시킨다. 만일 대응 도식schema이 이론과 누메나 영역으로서의 '세상' 사이의 대응을 다룬다면, 그 도식은 철학적으로 문법에 맞지 않는다. 왜냐하면 대응해야 할 양쪽 중 '세상' 쪽에는 **식별 가능한**identifiable 것이 아무것도 없기 때문이다. 우리의 이론과 일치할 수 있는 사실이라면 어떤 사실이든지 모종의 개념들을 통해 명확히 발설될 수 있어야 한다. 바꿔 말해, 그런 사실은 페노메나 영역에 속한다. 만일 존재한다고 간주되는 어떤 것이 누메논이고 따라서 개념들을 통해 특정되어 있지 않다면, 그것에 관한, 명확히 발설 가능한 사실적 명제들은 있을 수 없다.

한스 라이헨바흐는 오래전에 '짝짓기 문제problem of coordination'를 논하면서 이 생각을 완벽하게 표현했다.[10] 만일 우리가 수학적 구조 두 개 사이의 짝짓기를 고찰하는 중이라면, 짝짓기 방법은 간단명료하다. "예컨대 점들의 집합 두 개가 주어져 있다면, 우리는 한 집합의 점 각각에 다른 집합의 점 하나를 짝지음으로써 두 집합 사이의 대응을 성립시킨다." 반면에 "물리학적 명제에서 이루어지는 짝짓기는 대단히 독특하다". 왜냐하면 짝짓기를 위해서는 "각 집합의 원소들이 정의되어 있어야 하는데", 두 집합 중 하나인 '실재' 쪽에는 그 정의가 없기 때문이다.

> 실재 인지와 관련한 짝짓기의 한쪽에는 그런 정의들이 없다. 공식들equations, 곧 짝지어지는 양쪽 중 개념적인 쪽은 특유하게 정의되어 있는 반면에 '실재하는' 쪽은 그렇지 않다. 오히려 정반대로, '실재하는' 쪽은 공식들과의 짝짓기에 의해 정의된다.(Reichenbach [1920] 1965, 37~38쪽, 강조는 원문)

---

10 이에 관한 라이헤바흐의 연구를 일러준 라파엘 크리스머와 밀레나 이바노바에게 감사한다. 다른 이들에게 더 잘 알려져 있는 것은 과학적 표상에 관한 반 프라센의(2008) 논의에서 다뤄지는 핵심 문제를 라이헨바흐가 제공한다는 점일 것이다.

라이헨바흐의 짝짓기 문제는 오류가능주의fallibilism를 통해 극복될 수 없다. 문제는 이론과 세계를 옳게 짝짓는 방법을 우리가 확실히 알지 못한다는 점에 있는 것이 아니라, 짝짓기가 성공적으로 수행되기 전에는 '세상' 안에 있는 것들이 정의조차 되지 않는다는 점에 있다. 더 간결하게 말하면 '인식 영역에서 짝지어지는 두 집합 중 하나는 이 짝짓기를 통해 질서를 얻을 뿐 아니라 이 **짝짓기에 의해** 그 원소들이 **정의된다**는 기이한 사실을 우리가 마주한다는 점'이(같은 곳, 40쪽, 강조는 원문) 문제다.[11]

선형상화가 오류임을 깨달으면, 실재를 순조롭게 또 일반적으로 언급하기가 어려워지는데, 이것은 나쁜 일이 아니다. 우리는 '실재'라는 용어를 조심스럽게 다뤄야 한다. 이미 지적했듯이, 나는 '실재함'이라는 단어를 정신에 의해 틀지어져 있지만 완전히 통제되지는 않는 존재들을 서술하기 위해 사용해야 한다고 생각한다. 이에 관한 상세한 논의는 3장에서 이루어질 것이다. 실재가 정신에 의해 틀지어져 있다면, 우리 이론의 내용과 실재의 모습을 비교하는 일은 완벽하게 사리에 맞는다. 이 경우에 이론-실재 대응은 우리가 실제로 이뤄내고 알아채고 검증할 수 있는 사정이다. 대신에 우리는 우리의 파악으로부터 완전히 독립적인 무언가를 언급하고 있다는 주장을 더는 할 수 없게 되는데, 이것은 아쉬워할 일이 아니다. 그러나 여전히 당신은 이렇게 묻고 싶을지도 모른다. 우리가

---

11 이 문제에 대한 라이헨바흐 본인의 해법은(같은 곳, 43쪽), 진리는 특유한unique 짝짓기라는 모리츠 슐리크의 진리 정의에 동조하면서 짝짓기의 일관성이 짝짓기를 옳게 만든다고 보는 것이다. 나는 이 해법이 불충분하다고 느끼는데, 그 이유는 3장과 4장에서 명확히 드러날 것이다.

'실재'라는 단어를 정신에 의해 틀지어진 것들을 가리키는 데 사용한다면, 우리가 파악하는 실재하는 것들이 우리의 정신에 의해 통제되지 않는다는 사실을 모종의 방식으로 보증하는, 인간의 정신적 실존과 별도로 있는 누메나 영역은 어떤 명칭으로 불러야 하는가? 나는 그 명칭이 철학 안에 없는 것이 최선이라고 생각한다! 현대 과학이 신을 가리키는 용어를 보유하지 않음으로써 대단한 성공 가도를 달리고 있다는 점을 생각해보라. 그렇다고 과학이 신의 존재를 부정한다는 뜻은 아니다. 나의 취지는, 우리가 의미 있게 언급할 수 없는 무언가를 가리키는 단어는 없는 편이 더 낫다는 것이다.

대응실재론적 직관들을 극복하기

다양한 생각들이 많은 이를 대응실재론 쪽으로 이끈다는 점은 물론 부정할 수 없다. 나는 대응실재론이 매력적인 이유들을 크게 세 가지로 나눠 제시하고 어느 유형의 이유도 불가항력적이지 않음을 논증하고자 한다. 그 이유들은 모두 다양한 형태의 선형상화의 오류다.

(1) 우리가 하는 경험적 진술이라면 어떤 진술이든지 진리 가능성을 갖췄다는truth-apt 점(진릿값을 가졌다는 점, 즉 참이거나 거짓이라는 점)을 사람들은 흔히 당연시한다. 진술이 세상의 상태와 대응하면 참이고, 그렇지 않으면 거짓이라면서 말이다. 그렇다면 우리가 취할 수 있는 유일한 입장은 대응실재론이라는 결론을 피할

수 없는 듯하다. 그러나 이런 식으로 생각한다는 것은 오직 확정된 의미meaning를 가진 명제들만 진리 가능성을 갖출 수 있다는 점을 망각하는 것이다. 무의미한 명제는 '틀린 명제조차도 아니다'. 명제에 확정된 의미를 부여하려면, 확정된 의미를 가진 개념들이 필요하다. 2.2절에서 논증할 테지만, 그런 개념들은 오로지 구체적인 인식 활동의 맥락 안에만 존재한다. 이 사정은 또한 정신에 의한 틀짓기가 고도로 이루어져 있음을 시사한다. 따라서 그런 개념들이 정신에 의해 틀지어져 있지 않은 세계 상태와 대응하는 명제를 만드는 데 어떻게 쓰일 수 있다는 것인지 이해하기 어렵다. 대응실재론자들의 통상적인 행태는, 충분히 확정된 의미를 지녔으며 정신에 의해 틀지어져 있는 것들(이를테면 반도체와 쿼크, 고양이와 매트)로 자신의 실재상을 채운 다음에 뒤돌아서 그것들은 정신으로부터 독립적이라고(정신에 의한 통제뿐 아니라 틀짓기로부터도 자유롭다고) 선언하는 것이다. 라스무스 윈터는 저서《지도가 세계가 될 때》(2020)에서 지도 제작map-making 및 지도 제작식 사고map-thinking의 역사와 철학을 멋지게 서술하면서 이 같은 행태의 위험성을 생생하고 유익하게 경고한다.

　　(2) 일부 대응실재론자들은 의미의 불확정성을 지칭reference의 도움으로 극복할 수 있다고 주장한다. 그들에 따르면, 몇몇 유형의 대상들, 이를테면 '자연종들natural kinds'은 정신으로부터 완전히 독립적이며,[12] 우리는 말하자면 형이상학적 손가락으로 그것들을 가리킴으로써 지칭한다. 그렇게 그 대상들을 지칭하여 붙잡고 나면, 그 대상들을 통해 나머지 세계를 서술할 수 있다. 이것은 지칭을 통해 정신에 의한 틀짓기를 피하려는 시도인데, 이 시도 역시

실패로 돌아간다. 나는 이를 2.3절에서 논증할 것이다. 무정형의 덩어리처럼 막연히 실재하는 놈을 지칭하기 위하여 우리가 실제로 하는 일은 무엇일까? 대응실재론자들은, 대상의 인식 가능한 속성들을 특정하는 방법은 정신에 의한 틀짓기에 의존할 수밖에 없으리라는 점을 인정하면서도, 단지 해당 개념 아래 포섭되는 대상들의 집합을 지목하는 것만으로 성취되는 순전히 외연적인 지칭이라는 이상을 옹호하는 경향이 있다. 하지만 이 행마는 질문을 대답 없이 뒤로 밀어놓는 것일 따름이다. 어떻게 특별한 대상 유형(예컨대 자연종)이 식별되는지 따져보면, 이런저런 속성들을 특정하는 작업이 필요하다는 점이 금세 명백히 드러난다.

　　(3) 대응실재론에 대한 확신을 심어줄 수 있는 다음과 같은 우회로도 있다. 과학은 진리인 이론을 우리에게 제공하고, 그 이론은 세계의 상태와 대응함을 우리는 안다. 그러므로 세계에 관한 진리가 있어야 한다. 바꿔 말해, 표준적인 과학적 실재론을 받아들인다는 것은, 우리는 표준적인 과학적 실재론의 일부(표준적인 과학적 실재론에 대한 비할렘-니닐루오토 정의의 처음 두 원칙)인 대응실재론을 받아들이는 것이라고 이 우회적인 논증은 말한다. 그러나 대응실재론을 명시적으로 옹호하지 않으면서 표준적인 과학적 실재론을 옹호할 수는 없을까? 2.4절에서 논하겠지만, 표준적인 과학적 실재론을 옹호하는 몇몇 주요 논증은 단지 과학에 대한 신앙에 기초하여 설득력을 발휘한다. 그 논증들은 결국 선형상화의 오류를 범할

---

12 자연종 개념에 대한 건설적 비판을 담은 섬세한 견해를 보려면 캐서린 켄딕이 편집한 논문집(Catherine Kendig 2016)을 참조하라.

따름이다. 왜냐하면 그것들은 현대 과학이 실재한다고 여기는 대상들로 '세계'를 채워놓고 논증을 펼치기 때문이다. 예컨대 정신으로부터 독립적으로 실재하는 것은 시공상의 물질(혹은 물질-에너지) 분포이며, 그 분포에서 사람들은 다양한 개념적 도식을 가지고 다양한 대상 유형들을 식별한다고 생각할 수도 있을 것이다. 그러나 일찍이 칸트는 이런 행마를 예견했다. 그랬기 때문에 그는《순수이성비판》에서 무엇보다도 먼저 공간과 시간이 인간의 인지적 틀이라는 점을 논했다. 칸트 이후의 지적 성과들은 우리가 공간과 시간을 다른 방식들로도 생각할 수 있음을 보여줌으로써 이 같은 칸트의 통찰을 더욱 강화했다.

'대응염'과 그 기원이 된 비유

과감히 말하자면, 내가 여기에서 전달하고자 하는 주요 메시지는 벌거벗은 임금님에 관한 잘 알려진 동화만큼 간단하다. 즉, 만일 '세상'의 상태가 정신에 의한 틀짓기로부터 완전히 자유롭다면, 우리는 '세상'의 상태를 생각할 수조차 없다는 것이다. 2.5절에서 추가로 논할 테지만, 만일 우리가 동일한 방식으로 접근하고 서술할 수 있는 두 항의 일치를 논하고 있다면, 대응은 더없이 간단 명료하고 유용한 개념이다. 이론과 실재의 대응은 실재가 개념화된 무언가일 때 유의미하다. 그러나 대응이 거창한 개념으로 부풀려져 우리의 세상 파악과 '세상 자체' 사이의 관계를 표현한다고 자부하면, 대응은 무의미해진다.

내가 보기에 여기에서 내가 비판하고 있는 개념들의 연결망은 철학자들 사이에 만연한 풍토병이라고 할 만한 것을 이룬다. 그 풍토병을 '대응염correspondentitis'이라고 부르자. 대응염은 대응 개념이 퉁퉁 부어오르는 염증이다(대응염을 가리키는 더 예절 바른 명칭은 '대응실재론'이다). 대응염이 발생하는 원인은 다음과 같다.[13] 이 염증은, 우리가 실제로 다룰 수 있는, 작업적으로 유효한 일치를 이론과 궁극적 실재 사이의 일치라는 관념에 은유적으로 투사함으로 인해 발생한다. 퍼트넘은 이 관념이 아무 소용이 없다고 지적한다.

> '대응'이 무엇인지에 대한 설명이 없다면, 진리란 '실재와의 대응'이라는 말은 틀린 것이 아니라 공허하다. 만일 그 '대응'이 우리가 우리의 진술들을 입증하는 방식들로부터 전적으로 독립적이라면… 그 '대응'은 불가사의한occult 놈이며, 우리가 그 '대응'을 파악한다는 것도 불가사의하다.(Putnam 1995, 10~11쪽, 강조는 원문)

퍼트넘은 윌리엄 제임스의 문장을 변형하여 다음과 같이 자신의 견해를 밝힌다. "무엇이 진리인지를 어떻게 파악할 수 있는지 우리가 말할 수 있어야 한다… 진리란 그런 것이어야 한다."

일상에서 우리가 실행하는 많은 표상 활동에서 추구되고 성취되는 대응은 실제로 완벽하게 유의미하다. 우리가 눈앞에 놓인

---

13 병의 원인을 알면 바라건대 치료법을 개발하고 재발을 막는 데 도움이 될 것이다.

대상을 그리면, 그 그림은 그 대상을 표상하고, 우리는 이 표상이 얼마나 잘 이루어지는지 검사할 수 있다. 즉, 대응하는 양편 모두에 직접 접근할 수 있고 양편을 쉽게 비교할 수 있다. 우리가 어떤 지역의 지도를 만들면, 그 지도는 우리가 그 지역을 탐사하여 발견한 다양한 기하학적 관계들을 표현한다. 어떤 데이터 집합을 표상하는 수학 공식을 세우면, 우리는 그 데이터를 가지고 있으므로 그 공식이 그 데이터를 정확히 표상하는지 검사할 수 있다. 어떤 증인이 법정에서 증언하고 있다면, 대다수 경우에 그는 자신이 거짓말하고 있는지 여부를 아주 잘 안다. 왜냐하면 그는 자신이 생각하는 바와 말하는 바 모두에 접근할 수 있기 때문이다. 그의 증언은 그의 생각을 참되게 표상하거나 거짓되게 표상한다.

문제는 이런 표상 행동들을 형이상학적 이론에 은유적으로 투사할 때 발생한다. 애당초 '외부'세상이라는 관념 자체가 은유다(외부라니, 무엇의 외부일까?). 이 관념은 이론이 표상하는 무언가가(설령 우리가 실제로 무언가를 표상함으로써 이론을 만든 것이 아니더라도) 있어야 한다는 상상에 의해 창조된다. '우리가 그림을 그렸으니, 이 그림은 무언가의 그림이어야 한다'라는 식으로 생각이 전개되는 듯하다. 은유적 대상을 정신적으로 창조하고 나면, 나머지 은유 구조는 쉽게 도출된다. 즉, 이론은 그 상상된 대상을 표상하고, 그 표상은 이론의 다양한 면모와 상상된 대상의 다양한 상상된 속성 사이에 성립하는 모종의 대응을 통해 이루어진다.

선형상화의 오류를 고수함으로써 대응실재론을 옹호하는 은유가 이 밖에도 많이 있다. 나는 그 모든 은유에서 멀리 떠나보자고 제안한다. 일부 은유는 선형상화된 앎의 대상이 모종의 방식으로 우리에게 은폐된 채로 존재한다고 간주한다. 이런 은유에서 우리는 어둠 속에서 더듬거리며 실재의 조각들을 찾아다니고, 운이 좋으면 몇몇 조각이 우리 손에 닿는다. 혹은 우리 앞에 베일(이를테면 지각의 베일)이 드리워 있어서, 우리는 베일 너머의 대상들을 직접 볼 수 없다. 혹은 미지의 대상들을 담은 상자가 우리 앞에 있다. 설령 이 은유가 전달하려는 메시지가 하드캐슬과 슬레이터의 (2014) 멋진 '상자 프로젝트'에서처럼 그 상자를 영영 열 수 없다는 것이라 하더라도, 유감스럽게도 이 은유는 상자 안에 잘 정의된 대상들이 있다는 생각을 강화할 것이며, 이 은유의 교훈은 회의주의와 인간의 인식적 한계에 관한 것이라고 오해되기 쉽다. 플라톤의 동굴 비유는 통상적으로 이와 동일한 유형의 은유로 이해되어 자연스럽게 이런 질문을 유발한다. 가련한 동굴 거주자들은 바깥으로 나와 선형상화된 실재를 볼 수 있을까?[14] 다른 유형의 은유는 선형상화된 앎의 대상들을 명시적으로 상정하지는 않지만 어쩔 수 없이 그것들의 존재를 암시한다. 우리에게 익숙한 시각적 은유들이 모두 이 범주에 든다. 관점주의perspectivsim의 주요 은유도 마찬가지다. 로널드 기어리의(2006, 4장) 관점주의는, 비록 앎은 항상 관점적이더라도, 다양한 관점에서 관찰되는 하나의 세계가 있다고 명확하게 주장한다. 실제로 무언가를 다양한 각도에서 관찰하는 상황의 은유는 공통으로 관찰되는 대상이 관점들로부터 독립적으로

14 진리에 관한 따옴표 제거 도식disquotation schema은 플라톤의 동굴 비유와 동일한 역할을 할 수 있다. 다음은 그 도식의 적용 사례다. '눈은 희다'는 (동굴 바깥에서) 눈이 흴 때 그리고 오직 그럴 때만 (동굴 안에서) 진리다.

잘 정의되어 있다는 것을 전제한다(5.3절에서 관점주의를 더 자세히 논할 것이다).

외부세상, 표상, 대응이라는 은유는 과학적 실천에 대한 이해를 가로막는 심각한 장애물의 구실을 한다. 상자와 동굴 등은 대개 은유로 간파되지만, 외부세상, 외부세상의 표상, 외부세상과의 대응은 일반적으로 은유로 여겨지지 않는다. 전문용어로 말하면, 후자들은 죽은daed 은유, 곧 우리의 말하기 방식에 확고히 뿌리내려서 직설적인 표현으로 오해되는 일이 다반사인 은유다.[15] 예컨대 조지 레이코프와 마크 존슨이(1980) 지적하듯이, 우리는 방안의 온도가 '올라가고' 오늘 기분이 '바닥이라고' 말한다. 마치 따뜻함과 기분에 어떤 수직적 면모가 내재하기라도 하는 것처럼 말이다. 은유를 곧이곧대로 받아들임으로써 심지어 윤리적인 해를 끼칠 수도 있다. 예컨대 '마약과의 전쟁'을 선포하고서 마치 진짜 전쟁을 벌이기라도 하듯이 행동에 나서는 사람들이 그러하다. 죽은 은유들은 고착된 견해를 강화하는, 고갈되지 않는 연료의 구실을 한다. 왜냐하면 그것들은 은유로 간파되지 않고 따라서 제거하기가 매우 어렵기 때문이다.

모든 은유를 버리는 것은 어쩌면 심리적으로 불가능할 것이다. 그렇다면 선형상화의 이미지에 맞서도록 의도적으로 선택한 대안적 은유를 제공하는 것이 유익할 터이다. 몇몇 은유가 이미 고안되었지만, 그것들은 성에 차지 않는다. 퍼트넘은 '과자 반죽 절단기

---

15 죽은 은유에 관해서는 Bowdle and Gentner(2005) 참조.

은유cookie-cutter metaphor'를(1981, 52쪽) 내놓았다. 이 은유가 지적하는 바는, 정신으로부터 독립적인 세계는 과자 반죽처럼 모양이 없다는 것, 알아볼 수 있는 개별 대상들로 선형상화되어 있지 않다는 것이다. 오직 인간이 특정한 모양으로 창조한 반죽 절단기를 모양 없는 반죽에 적용할 때만 명확한 대상들이 생겨난다. 그러나 이 은유는 약간 어폐가 있다. 왜냐하면 과자 반죽 덩어리는 잘 정의된 부피와 특정한 속성들을 지녔기 때문이다. 니닐루오토는(1999, 217쪽) 퍼트넘의 은유를 해설하는데, 그 해설에서 그는 '세상은 케이크와 같다'라고 함으로써 이 문제를 악화시킨다. 왜냐하면 케이크는 굽지 않은 반죽보다 더 많이 선형상화되어 있기(따라서 가소성이 더 적기) 때문이다. 과자 반죽 대신에 '누메나 잼noumenal jam'을 언급하는 은유는 더 양호하지만 여전히 제구실을 완전히 해내지 못한다.[16]

요컨대 이미 있는 게 아니라 우리가 손을 대야 형성되는 무언가의 이미지를 제공하는 대항 은유가 필요하다. 과포화 상태의 화학물질 용액이 우리가 손을 대는 순간에 갑자기 결정화하는 것을 상상해보라. 하지만 이런 현상을 경험해보지 못한 사람은 이 돌변을 상상하기 어렵다. 더 많은 공감을 일으킬 만한 것은 질문과 대답의 은유다. 대답은 질문이 제기되기 전에 미리 존재하지 않는다. 대답이 질문보다 나중에 존재하지 않는다면, 그 대답은 사전에 고려한 질문의 잔여일 터이다. 아직 제기되지 않은 질문에 대한 대

---

16 니닐루오토는(1999, 217쪽; 2014, 161쪽) 이 은유를 제시하면서 투오멜라(1985)를 언급한다.

답은 확실히 없다. 우리가 생각해본 적 없는 무언가에 관한 질문을 받으면 어떤 일이 벌어질까? 친구가 뜬금없이 묻는다고 해보자. 너 나 사랑해? 혹은 당신이 브라질에 처음 갔는데 누가 이렇게 묻는다고 해보자. 자보티카바jabuticaba 좋아해요?(자보티카바는 브라질 특산 과일 – 옮긴이) 대답은, 규명할 수 없는 나의 기존 정신상태에 틀림없이 기초하여, 하지만 새로운 질문에 의해 설정된 틀에 알맞게, 새로 형성된다. 과학 연구나 일상생활에서 우리는 질문자이고, 우리의 대화 상대는 자연이다. 우리는 원하는 대로 자유롭게 질문하지만 대답을 통제하지는 못한다. 그러나 질문은 가능한 대답들의 공간을 정의한다. 니닐루오토는(2014, 162~163쪽) 대응실재론적 색채를 더 짙게 띤 다음과 같은 문장으로 이 사정을 표현한다. "우리가 언어 L을 선택하고, 세상이 세상 버전 W_L에서 L-진술들이 갖는 진릿값을 '선택'한다."

동굴 은유를 고수하려는 사람들에게는, 그 은유를 더 겸손하고 현실적인 방향으로 변형하자고 제안하겠다. 내가 상상하는 상황은 이러하다. 우리가 플라톤의 동굴 바깥으로 나오는 것은 단지 또 다른 동굴로 들어가는 것일 따름이다. 우리가 들어가는 새 동굴은 더 널찍하거나 어떤 다른 면에서 더 나을 수도 있고, 그렇다면 우리는 옛 동굴에 남아 있는 이들을 연민할 수 있지만, 오직 상대적인 의미에서만 그러하다. 우리는 절대로 모든 동굴 바깥으로 나갈 수 없으며, 최후의 탈출을 이뤄내 햇빛이 환히 드리운 궁극의 실재에 도달하는 일은 영영 없을 것이다. 그러나 우리는 다른 동굴 안으로, 이어서 또 다른 동굴 안으로 계속 나아갈 수 있다. '바깥으로 내내 동굴들이 있다'('아래로 내내 거북들이 있는' 것처럼)! 그렇다면 우리는 무한 층의 동굴 시스템 안에서 영원히 떠돌아야 하는 운명일까? 전적으로 그렇지는 않다. 우리가 있는 동굴 바깥의 동굴은 이미 만들어진 상태로 우리가 들어오기를 기다리고 있지 않다. 오히려 우리가 안쪽 동굴에서 벗어나기를 실천하면서 바깥쪽 동굴을 낳는다. 우리는 이 동굴을 둘러싼 또 다른 동굴을 창조하지 않으면서 이 동굴을 벗어날 수 없다. 우리는 동굴을 만드는 마이더스 왕이다. 우리가 가는 모든 장소는 동굴의 내부로 바뀐다. (이쯤 되면 내가 플라톤의 비유를 변형하다 못해 해체한 것 같은데, 그래도 괜찮다.)

대응실재론을 배척한다면, 우리는 어떻게 진보할 수 있을까? 이 질문에 답하는 것이 이 책의 나머지 부분의 과제다. 당신이 전문적인 철학자가 아니라면, 혹은 대응실재론을 넘어설 필요성을 이미 확신하게 되었다면, 대응실재론 없이 실재를 생각하는 방법에 관한 나의 견해가 명확히 제시되는 3장으로 넘어가도 좋다. 여기 2장의 남은 부분은 대응실재론에 대한 나의 비판을 더 꼼꼼히 제시하는 과제에 바쳐질 것이다. 2.2~2.4절에서는 대응실재론의 배후에 놓인 주요 동기 세 가지를 비판적으로 살펴볼 것이다. 그런 다음에 2.5절에서는 실제로 표상이 실천될 때 대응이 어떻게 작동하는지 논할 것이다. 이 모든 내용은 실은 전문적인 독자들에게만 적합하지만, 각 절의 첫머리에 나오는 간결한 요약은 전반적인 생각을 더 친절하게 전달할 것이다.

2.2 대응실재론: 형이상학과 의미론 사이에서

일부 대응실재론자들은 자기네 입장을 과학적 실재론으로부터 분리함으로써 방어하곤 한다. 그들은 정신 독립적 실재를 실제로 벌어지는 인식 활동의 번잡스러움으로부터 멀리 떼어놓음으로써 그런 실재에 관한 진리의 개념을 보호하려 한다. 그러나 이 행마는 역효과를 낸다. 왜냐하면 실제 인식 활동이 없으면 의미가 없고, 의미가 없으면 참과 거짓도 없기 때문이다. 바꿔 말하면 이러하다. 의미론과 진리 사이의 관계에 주의를 기울이면, 대응실재론의 난점을 가장 선명하게 알 수 있다. 의미가 명확하지 않은 진술은 참이거나 거짓일 수 없는데, 의미는 오로지 우리의 개념화된 실천 안에만 존재한다. 이 사정이 특히 불가피해지는 것은, 어떻게 하면 우리가 진술을 충분히 확정하여 명확한 진릿값을 갖도록 만들 수 있는지를 고찰할 때다. 고매한 형이상학을 다루건 세속적인 일상의 대화를 다루건 상관없이, 우리가 사용하는 언어의 의미는 잘 규제된 수많은 활동에 의해서만 확정될 수 있다. 2.3절에서 나는 활동에 의지하지 않고도 지칭을 통해 의미를 확정할 수 있다고 논증하는 시도들을 검토할 것이다. 그런 시도가 통하지 않는다면, 대응실재론은, 우리가 생각하는 바와 하는 바가 없어도 우리의 진술들은 유의미하다는 것을 당연시하는 선형상화의 오류로 주저앉는다. 이런 방향의 생각은 분석철학자들이 '원자론적' 수학 이론들 안에서 생각하는 경향이 있는 것을 통해서도 강화된다. 그 이론들은 집합론과 부분론mereology인데, 이 두 이론은 변화 없이 결집하여 집단을 이룰 수 있는 선형상화된 요소들을 상정하는 것을 출발점으로 삼는다.

과학적 실재론 없는 대응실재론

적어도 일부 대응실재론자들은 과학적 실재론에 동의하지 않는다(Khlentzos 2021, 1절 참조). 앞 절에서 채택된 표준적인 과학적 실재론의 정의를 돌아보면, 그 부동의는 쉽게 떠오르는 선택지다. 표준적인 과학적 실재론에서 인식적 야심과 확신(2.1절에서 제시한 비할렘-니닐루오토 정의에서 원칙 3, 4, 5)을 빼면 기본적으로 대응실재론(원칙 1과 2)이 남는다. 과학이 정신 독립적 실재 세상에 관한 객관적 사실들을 알아낼 수 있는가와 상관없이, 대응실재론자는 그런 세상이 존재하고 그런 세상에 관한 객관적 사실들이 있다는 자신의 주장을 유지할 수 있다. 실제로 대응실재론적 앎의 이상을 과학적 실재론과 분리하면 그 이상과 그것의 문제들을 더 선명하게 볼 수 있다. (과학적 실재론은 2.4절에서 다시 논할 것이다.)

본격적인 논의에 앞서 용어에 관한 언급이 필요하다. **대응실재론**은 내가 이 책을 위해 만든 단어다. 내가 이 단어로 칭하고자 하는 입장과 매우 유사한 입장의 더 널리 알려진 명칭은 '형이상학적 실재론'이다. 나는 때때로, 특히 다른 사람들의 견해를 논할 때 이 명칭을 사용할 것이다. 팀 버튼은 '외재적 실재론external realism'을 형이상학적 실재론과 다소 같은 뜻으로 사용하면서 '독립 원리'와 '대응 원리'를 외재적 실재론의 세 기둥 중 둘로 꼽는다. 대응 원리에 따르면 "진리는 단어 혹은 생각 기호와 외부 사물 및 사물 집합 사이에 성립하는 모종의 대응과 관련이 있다"(Button 2013, 8쪽, 퍼트넘을 언급하면서).

형이상학적 실재론 혹은 대응실재론은 과학에 대한 신앙을 전혀 요구하지 않는다. 버튼은(2013, 10쪽) 외재적 실재론의 주요 원칙들 중 마지막 셋째 원칙으로 다음과 같은 '데카르트주의 원리'를 제시한다. "이상적인 이론조차도 근본적으로 틀릴 가능성이 있다." 이것은 퍼트넘이 지목한 형이상학적 실재론의 중요한 귀결이기도 하다. 그는 이 귀결이 문제점이라고 본다.

> 형이상학적 실재론의 가장 중요한 귀결은 진리를 근본적으로 비인식적인 사안으로 간주하는 것이다. 형이상학적 실재론에 따르면, 우리는 '통 속의 뇌들'일 가능성이 있고, 따라서 작업적 효용, 내적 아름다움과 우아함, '개연성', 단순성, '보수성 conservatism' 등의 측면에서 '이상적인' 이론도 틀릴 가능성이 있다.(Putnam 1977, 485쪽, 강조는 원문)

팀 모들린은 퍼트넘을 설득하여 형이상학적 실재론을 받아들이게 하려고 노력하는데, 그 노력에서도 똑같은 문제가 불거진다. 모들린의 정의에 따르면, 형이상학적 실재론이란 "적어도 언어의 중요한 일부는 명확한 진리 조건을 지녔기 때문에, 그 일부 언어로 진술된 이론은 작업적으로 이상적인 이론일지라도 거짓일 가능성이 있다는 주장"이다. 모들린의 논증에서 핵심적인 한 걸음은 인식론을 형이상학으로부터 분리하는 것이다. "작업적으로 이상적인 이론, 곧 우리가 판정할 수 있는 한에서 이상적인 이론도 실은 거짓일 가능성이 있다." 모들린의 견해에 따르면 "심지어 가장 약한 형태의 과학적 실재론마저도 부정하는 형이상학적 실재론자"가 있을 수 있다. 바로 근본적인 회의주의자가 그런 형이상학적 실재론자다(Maudlin

2015, 490쪽, 강조는 원문). 모들린 본인은 약한 오류가능주의적 형태의 과학적 실재론을 옹호하지만, 실제로 버튼이 말하는 외재적 실재론은 근본적 회의주의를 강하게 지지하거나 적어도 허용한다.

형이상학적 실재론의 이 같은 면모는 많은 과학적 실재론자가 추구하는 바의 정반대다. 모들린은 "우주 전체가 겨우 6천 년 전에, 정확히 그 시점에 성립했던 물리적 상태를 띠고서, 시작되었다"[17]고 상상해보라고 요청한다. 실제로 우주가 그렇게 어리더라도, 합리적인 사람들은 우주의 나이가 6천 년보다 훨씬 더 많다고 결론지을 것이라고 모들린은 주장한다. 왜냐하면 그 결론으로 귀착하는 '늙은 우주' 이론은 '어린 우주' 이론과 비교할 때 동등한 작업적 효용(작업적 효용이 무슨 뜻이건 간에)과 더 많은 우아함, 개연성, 단순성 등을 가질 터이기 때문이다. 따라서 '늙은 우주' 이론은 작업적으로 이상적인데도 거짓일 터이다(같은 곳, 491쪽). 이것은 실제로 벌어질 수 있는 일인데, 만약에 형이상학적 실재론을 부정한다면, 이런 일이 벌어질 가능성을 인정할 수 없을 것이다. 모들린의 이러한 이의 제기는 작업적으로 접근 불가능한 명제들의 진릿값이 존재한다는 완고한 주장에 기반을 둔다. 그가 드는 예는 어떤 인간 탐구자도 진리에 전혀 접근할 수 없는 상황이 벌어지도록 설계되어 있다. 그럼에도 우주는 어느 시점엔가 시작되었어야 하고, 따라서 우리가 알 수 있는지 여부와 상관없이 우주의 나이에 관한 진리가 있다는 것

---

17 이것은 참신한 생각이 아니다. 마틴 가드너가(2000) 언급했듯이, 영국 자연학자 필립 헨리 고스는 저서 《옴팔로스Omphalos》에서 정확히 이 생각을 진지한 과학 이론으로 제시했다. 때는 다윈의 《종의 기원》이 출판되기 2년 전인 1857년이었다.

이 모들린의 생각이다. 모들린은 우주가 6천 년 전에 창조되었는지 여부를 자신이 안다고 말하는 것이 아니다. 그는 우주가 6천 년 전에 창조되었든지 아니면 그렇지 않든지 둘 중 하나라고 말하고 있을 뿐이다. 그리고 형이상학적 실재론자에게는 이것이 핵심이다. 과학이 정답에 도달할 수 있느냐는 부차적인 사안이다. 이런 연유로 형이상학적 실재론은 과학적 실재론보다 옹호하기가 더 용이한 입장이다. 왜냐하면 형이상학적 실재론은 표준적인 과학적 실재론이 비할렘-니닐루오토 정의의 원칙 3~5를 받아들임으로써 초래하는 인식적 위험을 피하기 때문이다.

의미 불특정 문제

만일 형이상학적 실재론이 단지 '외부세상이 존재한다'는 것만 주장한다면, 형이상학적 실재론을 승인하더라도 별로 해롭지 않을 듯하며, 형이상학적 실재론을 강력히 옹호하더라도 그리 대수로운 일은 아닐 듯하다. 외부세상의 존재는 철학계와 신학계의 일각을 벗어난 곳에서 잘 살아가는 사람들이 한 번이라도 고민해볼 만한 문제가 아니다. 흥미로운 순간은, 형이상학적 실재론이 완전한 대응실재론으로 발전하여 외부세상에 관한 사실들을 표현하는 구체적 진술들이 있다고 주장할 때 도래한다. 그럴 때 형이상학적 실재론이 덧붙이는 주장은, 그 사실들은 모든 정신에 의한 틀짓기로부터 독립적이며, 그 진술들은 우리의 생각과 상관없이, 심지어 앎의 보유자인 우리가 존재하는지 여부와도 상관없이 참이거나 거짓이라는 것이다.

이 주장에 맞서 의심을 제기하는 가장 좋은 방법은 의미에 관한 질문을 던지는 것이다. 여기에서도 대응실재론적 본능은 진리를 '근본적으로 비인식적인 것'으로 간주하면서, 세상에 관한 임의의 주어진 진술은 진리 가능성을 갖췄다고(진릿값을 지녔다고) 완강히 주장한다. 우리가 그 진술의 진릿값을 알 수 있는지와 상관없이, 그 진술은 진릿값을 가졌다면서 말이다. 그리고 바로 이 주장이야말로 내가 정말로 반박하고자 하는 바다. 모든 진술이 진리 가능성을 갖췄다고 대뜸 전제해서는 안 된다. 텔러가(2017, 148쪽; 2021) 강조하듯이, 의미가 특정되지 않은 진술은 확정적인 진릿값을 갖지 않는다. 내가 횡설수설한다면, 당신은 내가 하는 말이 참이거나 거짓이라고 인정할 의무가 없다. 또한 형식을 갖추지 못한 질문에 대해서는 옳은 대답이 있을 수 없다. 이에 관한 퍼트넘의 말을 들어보자.

> 만약에 신이 '점은 정말로 존재합니까, 아니면 단지 극한입니까?'라는 질문에 대답하려 한다면, 신조차도 '모르겠습니다'라고 대답할 것이라고 나는 생각한다. 신이 그렇게 대답하는 것은 신의 전지全知에 한계가 있기 때문이 아니라, 질문들은 유한한 범위 안에서만 사리에 맞아 유의미하기 때문이다.(Putnam 1987, 19쪽)

따라서 내가 말하는 정신에 의한 틀짓기가 없는 상황에서도, 외부 세상 면모의 일부를 가리키는 단어들이 유의미하다는 점을 보여주는 것은 대응실재론자들이 떠맡아야 할 과제다. 단어들의 의미가 불특정하면, 바로 그렇게 불특정한 만큼 그 단어들을 포함한 진술들의 진릿값도 불확정적일 것이다. 이것은 우리가 어떤 진리관을 채택하건 상관없이 옳다. "데카르트가 우리에게 심어준 그릇된 믿음과 달리, 모든 철학의 토대는 인식론이 아니라 의미론이다"라는 마이클 더밋의(1981, 669쪽) 말은 옳다.

그런데 이것이 정말로 중요한 문제일까? 나는 그렇다고 믿는다. 다양한 유형의 상황에서 우리의 말은 충분히 유의미하지 않아서 진리 가능성이 없다.[18] 우선 단어의 의미를 충분히 확정하는 기능을 할 수 있는 인식 활동에 충분히 관여하지 않는 단어들이 있다. 그런 단어들은 유의미성이 부족하다. 루이스 캐럴의 〈자버워키Jabberwocky〉(《거울 나라의 앨리스》에 나오는 무의미한 시-옮긴이)는 의도적으로 그런 단어들로 이루어져 있다. 'All mimsy were the borogoves, and the mome raths outgrabe'(언뜻 영어처럼 보이지만 무의미한 철자 열이다-옮긴이)는 진리일까? 혹은 '신은 자비롭다'와 같은 심오하기 그지없는 진술들을 생각해보라. 이 진술이 진리인지 여부는 우리가 말하는 '자비롭다'의 의미가(또한 '신'의 의미가) 무엇인가에, 우리가 충분히 잘 만들어진 개념을 다루고 있는가에 전적으로 달려 있다. 평범한 인간의 삶에 속한 자비의 관념을 신의 행동을 이해하기 위해 사용하는 것은 한마디로 부적합하다. 신의 자비

---

18 1장에서 제시한 능동적 앎에 관한 나의 견해와 어울리게, 나의 의미 개념 역시 인식 활동과 결부되어 있다. 개념 혹은 단어(또는 진술 전체)는 정합적인 활동에 채용됨으로써 의미를 부여받는다(이때 그 활동은 용어들에 대한 명시적 정의를 포함할 수도 있고 그렇지 않을 수도 있다). 이 의미 개념을 비트겐슈타인의 발상인 '사용으로서의 의미'의 한 변형으로 정당하게 간주할 수 있을 것이다.

가 유의미하려면, 충분히 잘 확립된 활동들이 있고, 그 활동들을 하면서 우리가 신의 자비를 알아채고 신의 자비에 반응할 필요가 있다. 그런데 악의 문제를 비롯한 난감한 딜레마들을 보면, 최고의 신학자들도 그런 활동들이 어떻게 수행되어야 하는가에 대해서 합의하지 못한다(혹은 나 같은 무식한 비신자가 보기에는, 합의하지 못하는 듯하다). 신학의 사정이 정확히 어떠한지는 별개의 문제로 제쳐두자. 내가 보기에 다음과 같은 철학적 요점은 확고하다. 진술에 들어 있는 단어들이 충분히 유의미하지 않으면, 진술은 확정적인 진릿값을 갖지 못한다.

또한 어느 정도 진리일 수 있지만 완전히 진리도 아니고 완전히 거짓도 아닌 불명확한 진술들도 있다. '현대modern age는 20세기 이전에 시작되었다'라는 진술은, '현대'의 정의가 명확히 제시되어 있지 않은 한, 확정적으로 진리인 것도 아니고 확정적으로 진리가 아닌 것도 아니다. 니닐루오토가(1999, 65쪽) 또 다른 예로 드는 진술을 보자. '지금 비가 온다'의 진릿값은, 우리가 이슬비나 안개비 같은 애매한 경우들을 '비'로 간주할 것인가에 따라 달라진다. 오스틴은(1962, 142쪽) '프랑스는 육각형이다'라는 진술을 예로 든다(나는 이 진술을 프랑스어 수업에서 배운 것을 기억한다). "당신이 그렇게 진술하고 싶다면, 어느 정도까지는 그 진술이 옳다." 완벽하게 선명한 의미의 부재는 우리가 개념을 경험적 상황에 적용하기 위해서 개념이 불가피하게 띠어야 하는 특징일 가능성마저 있다. 텔러가(2017; 2020, 61쪽) 일깨우듯이 심지어 '엄밀한 과학들'에서도 마찬가지다. 예컨대 상대성이론과 양자이론이 뉴튼 이론 위에 덧쌓인 이래로 '질량'의 의미가 혼란스럽게 된 것을 생각해보라. 내가 동의하는 텔러의 전반적인 느낌에 따르면 "과학은 완벽하게 명확하면서precise 또한 완벽하게 정확한accurate 진술을 내놓지 않는다". 마크 윌슨의 (2006) 연구에서도 똑같은 교훈을 얻을 수 있다. 니닐루오토는(1999, 65쪽) "진술이 진리인 정도를 구간 내의 연속적인 값으로 나타내는 의미론들(예컨대 퍼지 논리)"에 관심을 기울인다. 그가 보기에 진리인 정도를 거론하는 것은 "유용하다. 왜냐하면 일상언어뿐 아니라 과학적 언어의 많은 용어는 의미론적으로 불명확하기 때문이다. 의미론적 불명확성은 인식적 불확실성과 구별되어야 한다. 따라서 진리인 정도는 인식적 개연성과 다르다". 나는 이 사안을 4장에서 상세히 다룰 것이다.

진술이 의미론적으로 형식을 잘 갖췄는지는 과학의 발전 수준에 따라 다르게 평가될 수 있다. 물리학자들은 '전자의 지름은 대략 10^{-13}미터다'와 같은 진술을 하곤 했지만, 양자역학이 등장한 이후 우리는 그런 진술이 영 무의미함을 배웠다. 더 분명한 예로 '확정적인 운동량 p와 확정적인 위치 x를 가진 입자' 같은 개념을 보라. 이 개념은 뉴튼 역학에서 지극히 평범하고 매우 유의미했지만 양자역학에서는 전혀 무의미하다. 그러나 만약에 하이젠베르크의 불확정성원리가 진리가 아닌 것으로 드러난다면, 위 문구는 다시 유의미한 것으로 밝혀질 터이다. 실생활에서 의미들은 불명확할 뿐 아니라 가변적이기도 하다. 이 사정은, 선형상화되고 고정된 세상에 관한 진리들을 우리가 마음에 품기도 하고 발설하기도 하는 진술로 표현할 수 있다고 말하고 싶은 대응실재론자를 몹시 곤혹스럽게 만든다. 단어의 의미는 단어가 사용될 때마다 성장하고 변화하며, 따라서 그 단어를 포함한 다양한 진술의 의미와 진릿값도 변화할 수 있다. 극단적인 경우에는 진술 검증 행동 자체가 진술의 의미를(따라서 진리 조건도) 변화시킬 수도 있다. 만일 진술에 대한 검증 절차가 진술에 포함된 용어의 작업적 정의를 새로 고안하는 일을 포함한다면, 검증은 진술의 의미를 변화시킨다. 이러한 일은 과학적 실천에서 자주 일어난다.

정신에 의해 틀지어지지 않은 유의미성의 후보들

대응실재론은 정신에 의해 틀지어지지 않은 사실을 표현할 수 있는 진술을 필요로 한다. 그런 진술이라고 할 만한 후보들, 방금 논한 의미 불특정 문제의 소지가 없는 후보들이 있을까? 이제껏 나는 그런 진술이라고 하기에 곤란한 예들을 들었지만, 대응실재론자들을 부당하게 대우하지 않으려면, 대응실재론을 두둔하는 최선의 예들, 곧 인간의 번잡스러운 인지 활동이 없더라도 진릿값이 확정되는 진술들을 찾아봐야 한다.

그럴싸한 생각 하나는, 제대로 과학적인 진술들, 이를테면 가장 형식화된 수학적 과학들에서 등장하는 진술들은 의미가 불특정할 위험이 없다는 것이다. 그러나 최고의 의미론적 명확성을 갖춘 순수수학에서도 우리는 몇몇 기본 개념 혹은 공리를 원초적인 것들로 간주할 수밖에 없다. 즉, 한 공리계 안에서 그 개념들 혹은 공리들이 서로를 정의하는 방식 외에 다른 방식으로 그것들의 의미를 특정하거나 통제할 길은 없음을 인정해야 한다. 기초적인 예를 들자. 유클리드 기하학에서 점은 단지 부정적으로만, 즉 부분들이

나 차원적 속성들이 없는 놈으로만 정의된다. 하지만 그렇게 정의된 점의 의미는 정확히 무엇일까?[19] 점은 다른 항목들과의 관계에서 추가로, 어쩌면 더 중요한 의미를 부여받는다. 예컨대 점은 선 두 개가 교차할 때 나타나는 무언가다. 하지만 이 의미 부여는 우리를 사용으로서의 의미의 영역 안으로 데려간다. 그 밖에 어떤 맥락들에서 우리가 '점'의 존재를 알아챌지는 미리 정해져 있지 않다. 경험 과학에서는 의미가 불특정한 경우가 더 흔하다. 이것은 수많은 신중한 과학자와 철학자가 특수상대성이론에 대한 아인슈타인의 초기 연구에서 얻은 중대한 교훈이다. 아인슈타인이 보여준 것은, 동시성의 의미를 특정하는 추가 규정이 없다면, 공간적 거리가 있는 두 사건이 '동시적'인가에 대해서는 진실이 없다는 것이었다. 그리고 아인슈타인이 특수상대성이론에서 제시한 작업적 절차에 의해 동시성의 의미가 특정된다면, 기준틀이 특정되어 있지 않을 경우, 원거리 동시성을 거론하는 진술들은 진리 가능성이 없다. 진술에 명확한 의미를 부여하는 방법이 다양하게 있으며, 그 방법들은 인식 행위자들에 의해 고안된다. 그런 인식적 노력이 없으면, 적절한 형이상학도 없다. 따라서 인식론과 형이상학은 깔끔하게 분리될 수 없다.

어떤 과학 이론에서 등장하느냐에 따라 의미가 바뀔 수 있는 개념들을 지나치게 중시하는 것은 어쩌면 형이상학적 실재론자에게 이롭지 않을 것이다. 앞서 언급한 모들린의 예는 다른 접근법을 채택한다. 모들린은 '우주 전체가 겨우 6천 년 전에, 정확히 그 시점

<hr>

19 이 문제를 숙고하게 해준 안승준에게 감사한다.

에 성립했던 물리적 상태를 띠고서, 시작되었다'라는 진술에서 언급되는 대상들과 현상들이 어떤 특수한 과학 이론에도 의지하지 않은 채로 잘 정의되어 있다고 전제해야 한다. 하지만 이 진술에 포함된 개념들은 인간의 개념화로부터 완전히 자유로울까? 그 개념들은 어디에서 의미를 얻을까? 이런 유형의 사례는 익숙한 단어들의 진정한 의미를 우리가 안다고 상상하도록 유도하지만, 곰곰이 따져보면 우리는 알지 못한다. 실제로 나는 '우주 전체'가 과연 무엇을 의미하는지 도통 모르겠다. 하지만 이 문제는 일단 제쳐두고, 더 예사롭고 문제될 소지가 없는 단어인 '시작되었다'를 따져보자. 나는 시작이 무엇을 의미하는지 안다고 **생각한다**. 왜냐하면 축구 경기의 시작이 무엇인지 알고, 심지어 한 지질시대 전체의 시작이 무엇인지도 알기 때문이다. 하지만 우주 전체의 '시작'은 과연 어떤 모습일까? 당신이라면 그 시작 장면을 영화에서 어떻게 연출하겠는가? 그러니까, 첫 순간에는 아무것도 없었고, 심지어 공간과 시간도 없었는데, 그다음에… 아니, 잠깐만. 시간도 없다면, '순간'도 없고, '그다음에'는 무의미하잖아! 혹시 우리는 창조의 순간 이전에 공간과 시간이 이미 있었고 신도 있었다고 전제하는 〈창세기〉의 대중적인 장면을 상상하고 있는 것이 아닐까? 모들린은(2015, 492쪽) 다음과 같이 말할 때 그런 식으로 생각하는 것이 틀림없다. "'어린 우주' 시나리오 속의 발화자와 '늙은 우주' 시나리오 속의 발화자가 말하는 '6백만 년 전에 별들이 있었다'의 의미는 동일하다. 그런데 그 의미를 고려하면, 완벽하게 합당한 이 믿음은 '어린 우주' 시나리오 속에서는 거짓이다." 그러나 어린 우주 빅뱅 이론가에게 '6백만 년 전'이라는 문구는 무의미하다. 설령 오랫동안 가만히 있다가 갑자기 무로부터 다량의 물질을 존재하게 만든 신의 관점을 허용하더라도 난점은 해소되지 않는다. 에너지보존은 문제 삼지 않더라도, 무로부터 무언가를 존재하게 만든다는 것은 무엇을 의미할까? 그런 만들기의 메커니즘은 무엇일까? 그런 만들기는 그야말로 단박에, 시간상에서 수학적인 점에 해당하는 한순간에 이루어질까, 아니면 점진적인데 다만 빠르게 이루어질까? 점진적으로 이루어진다면, 유한한 시간 동안 이루어지는 비존재에서 존재로의 이행 과정은 어떤 모습일까? 애당초 시간이란 무엇일까?[20] 이런 의문들이 좀처럼 가시지 않는다. 모들린의 '우직한 골수 형이상학적 실재론자의 고백'은 이런 충격적인 시인으로 마무리된다. "나는 '별', '년年', '전에' 같은 용어들에 대해서 말하자면 의도된, 충분히 명확한 해석이 있다고 여겨왔다… 그러나 그런 해석이 어떻게 확정되었는지에 대해서는 설명을 제시하려는 시도조차 해보지 않았다"(2015, 500쪽).

어쩌면 거창한 생각들을 버리고 형이상학적 실재론의 기반을 철저히 일상적인 삶의 영역에서 찾는 편이 더 나을까? 우주 창조는 비할 데 없이 기이한 사건이다. 모들린이 자신의 형이상학적 실재론을 옹호하기 위한 수단으로 그런 예를 든 것은 어쩌면 현명하지 못한 선택이었다. 그러니 시간의 시작이나 창조를 놓고 골치를

---

20 이 대목에서 베르그송까지 돌아보지는 않더라도 다시 한번 칸트를 주목할 필요가 있다. 칸트에 따르면, 시간은 누메나 실재의 요소가 아니다. 그리고 '시작'은 시간 개념 자체보다 더 객관적일 수 없을 것이다. 오늘날의 많은 우주론자와 형이상학자는 칸트의 《순수이성비판》에 나오는 첫 번째 이율배반이(Kant[1787] 1998, A426~429쪽) 주는 교훈을 도외시하는 듯하다. '시간의 시작' 같은 것에 관하여 묻기 시작하면, 우리는 우리 자신이 무슨 말을 하고 있는지 실은 모른다.

썩이는 대신에 불가해성 스펙트럼의 반대쪽 극단으로 시선을 돌려 '그 암탉이 30여 분 전에 저 알을 낳았다' 같은 일상적 진술의 확정적 유의미성에 안심하고 의지하기로 하자. 오래된 좋은 예인 '눈雪은 희다'를 생각해보자. 이 예에는 심오한 형이상학적 이슈가 없는 듯한데, 정말 그럴까? 의미의 문제는 여기에도 있다. 비록 형태는 다를지라도 말이다. 왜냐하면 일상의 개념들은 '인간 뱀의 흔적trail of the human serpent'을 너무나 선명하게 지녔기 때문이다. '눈'이 정신에 의한 틀짓기 없이 객관적으로 존재해서, 우리 인간이 무슨 생각을 하건 말건, 주어진 임의의 사물은 눈이거나 눈이 아니거나 둘 중 하나일까? '눈'은 진눈깨비도 포함할까(또 진눈깨비는 우박과 어떻게 다를까)? '눈'은 정말 추운 날 야외에서 호흡할 때 생기는 미세한 얼음 결정들도 포함할까? 눈은 지상에 발 디딘 인간의 삶과 활동을 맥락으로 삼아 그 안에서 정의되는 개념이다. 이 얘기는 니닐루오토가 '비'의 경계 사례들을 들며 펼치는 논의와 유사하지만 논점이 불명확성에 국한되지 않고 더 광범위하다. 내가 강조하고자 하는 바는 의미를 부여하는 인식 활동이 우리의 목표, 역량, 견해를 토대로 한 인간적 사업이라는 것이다.

이 정도면 유의미하고 진리 가능성을 갖췄으며 정신에 의해 틀지어지지 않은 진술의 합당한 후보들을 모두 살펴보았다고 나는 생각한다. 결국 요점은 2.1절에서 밝힌 바와 같이, 정신에 의해 틀지어져 있지 않으면서 표현 가능한 사실은 어떤 유형으로도 없다는 것이다. 결론적으로 만일 대응실재론자들이 진리가 '근본적으로 비인식적'이기를 바란다면, 그들이 견지하고자 하는 진술들은 몹시 부실하게 정의되어 진리 가능성이 없을 것이다. 이를 부인한다면,

대응실재론은 유의미한 진술들이 모든 인간적 생각 및 행동과 동떨어져 존재한다고 대뜸 전제한다는 점에서 선형상화의 오류를 범하는 또 하나의 방식에 불과할 가능성이 있다.

집합론적 직관과 부분론적 직관을 극복하기

철학적 사고의 흔한 습관 두 가지가 우리를 선형상화의 오류로 이끄는데, 수학에서는 그 습관들이 집합론과 부분론으로 정식화되어 있다. 이 이론들은, 무리 지어 집합을 이루거나 합쳐져 더 큰 전체를 이룰 수 있으며 그 과정에서 어떤 변화도 겪지 않는 불변의 요소들이 있다는 생각을 형식을 갖춰 표현한다. 물론 우리는 어떤 전제든 원하는 대로 상정하고 그로부터 수학 이론을 구성할 수 있지만, 문제는 그 수학 이론이 실재에 당연히 적용된다고 간주할 때 발생한다. 아이러니하게도, 그런 식으로 우리의 사고방식을 근본적인 실재상에 투사하는 행동은 실재가 완전히 정신 독립적이라고 완강히 주장하는 사람들에 의해 이루어지는 경우가 많다! 집합론과 부분론은 실재의 **일부** 측면들에 멋지게 적용될 가능성이 있지만, 이는 상황의존적 사안이다. 그 두 이론을 무턱대고 적용하는 것은 선형상화된 대상들이 실재해야 한다고 주장하는 것이며 따라서 섣불리 대응실재론을 채택하는 것이다.

집합론적 사고가 철학적 직관을 얼마나 강하게 지배하는지 보여주는 예로 '내재적 실재론internal realism'을 옹호하던 시절의 퍼트넘이 형이상학적 실재론에 맞서 제기한 반론들에서도 집합론적 사고가 중요하게 등장한다는 점을 들 수 있다. 비록 그의 목적은 "스스로 자신의 정체를 규정하는 대상들self-identifying objects"(Putnam 1981, 51~54쪽)로 이루어진 '이미 만들어져 있는 세상'이라는 관념을 비판하는 것이었지만, 그럼에도 그는 불변하는 '대상들 x, y, z'로 이루어진 '세상'의 도식을 동원하여 내재적 실재론을 추상적으로 설명한 다음에 그 세상에 얼마나 많은 대상이 있는가에 대한 판단이 다양할 수 있다고 — 카르납주의자에 따르면 세 개, 개체들의 부분론적 합을 실재하는 대상으로 간주하는 폴란드 논리학자에 따르면 일곱 개라고 — 말한다(Putnam 1987, 18~19쪽. Niiniluoto 1999, 212쪽의 비판 참조). 혹시 그런 집합론적 출발점을 귀류법으로 반박하는 것이 퍼트넘의 의도였다면, 그를 비판하는 사람의 다수와 옹호하는 사람의 다수는 공히 그 의도를 파악하지 못한 셈이다. 형이상학적 실재론자는 x, y, z는 실재하고 나머지는 규약convention의 문제라는 입장으로 후퇴함으로써 이런 예를 쉽게 처리할 수 있다. 마찬가지로 퍼트넘 자신의 설정도 요소들의 선형상화에 의존한다. 이처럼 형이상학적 실재론에 기초하여 형이상학적 실재론과 싸우는 것은 지기로 작정한 것과 다름없다. 애당초 이런 담론에 휘말리지 않는 것이 최선이다. 내가 보기에 이것은 퍼트넘이 형이상학적 실재론에 맞서 펼치는 '모형 이론적model-theoretic' 반론들의 근본적 문제다.[21]

마찬가지로 부분론은 부분들이 어떤 변화도 겪지 않고 어떤 '접착제'의 도움도 없이 마법처럼 결집하여(그리고 서로 들러붙어) 전체를 이룬다고 본다는 점에서 온갖 선형상화의 기틀을 이룬다. 이

---

21 퍼트넘의 모형 이론적 반론들에 대한 간명한 해설은 Button(2013), 2장 참조.

런 전체 역시 수학에서 쉽게 생각할 수 있는데, 이를 퍼트넘이(1977, 489~490쪽) 고안한 어떤 예가 보여준다. 역시 형이상학적 실재론에 맞서 반론을 펼치는 과정에서 제시된 그 예에서 퍼트넘은 '세상이 직선이라고 치자'라고 제안한 다음에, 이제 세상의 부분들이 점들인지 아니면 선분들인지 따져보자고 한다. 화학과 물리학에서 원자론 (물리적 영역을 다루는 부분론)은 영원한 아이디어인 것처럼 군림해왔다. 그러나 차머스가(2009) 보여주었듯이 화학자들이 원자라는 관념을 작업화하는 방법을 터득할 때까지 원자론은 성과 없는 형이상학적 교설이었다. 또한 화학과 물리학이 자연에서 모든 사물의 불변하는 성분들인 원자들 혹은 기본입자들을 발견했는가 하면, 실은 그렇지 않다. 3.5절에서 추가로 상세히 논하겠지만, 현대 핵물리학과 고에너지 물리학에 따르면, 기본입자들은 그런 불변하는 벽돌들이 아니다. 물리적 세상이 부분론적인지 여부는 경험적 사안이다. 이 문제에 대하여 선입견을 품는 것은 선형상화의 오류에 아주 심하게 빠지는 것이다.

2.3 지칭이 대응실재론을 구원할 수 있을까?

이 절에서 나는 순수 외연적 지칭 개념에 의지하여 정신에 의한 틀짓기의 불가피성을 회피하려는 시도를 비판할 것이다. 그 지칭 개념에 따르면, 우리 언어에서 최소한 일부 용어들은 실재의 선형상화된 요소들을 정신으로부터 완전히 독립적인 방식으로 신뢰할 만하게 지칭할 수 있다. 비록 그 용어들의 온전한 의미는 우리의 개념화에 의존하더라도 말이다. 이 개념의 취지는 "외연의 차이로 포착될 수 없는 구별은 명확하지도 않고 철학적으로 중요하지도 않다는 일반적인 교설", 곧 외연주의extensionalism와 맥이 통한다.[22] 외연주의에 따르면, 한 용어가 지칭하는 대상들의 집합에 무엇이 속하는지 우리가 정확히 진술할 수 있다면, 우리는 그 용어의 의미의 핵심을 포착한 것이다. 외연적으로 지칭하는 용어들은 이론-세상 대응의 가능성을 창출하는 객관적 닻의 구실을 할 것이다. 그러나 내가 보기에 순수 외연적 지칭은 실현될 수 없다. 왜냐하면 내포(용어와 관련된 질들 혹은 속성들의 집합)의 관여 없이 지칭을 이뤄내는 현실적인 방법이, 적어도 일반 용어generic term에 대해서는 없기 때문이다. 외연주의적 지칭 개념의 바탕에도 선형상화의 오류가 깔려 있다. 그 오류는 우리가 가리키고 호명하고 무리지을 수 있는 잘 정의된 대상들이 존재한다고 전제한다. 그 대상들을 가리키고 호명하고 무리짓는 과정에서 우리는 그것들을 어떤 의미에서도 성립시키지 않는다면서 말이다.

정신에 의한 틀짓기 없는 지칭?

선형상화된 대상들이 존재한다는 통상적인 실재론적 확신의 핵심에 놓여 있는 생각은, 우리가 그 대상들을 정신에 의해 틀지

---

22 Floyd and Shieh(2001, 9장), 콰인의 '〈확고한 외연주의자의 고백Confessions of a Confirmed Extensionalist〉' 앞에 붙인 요약.

어지지 않은 방식으로 신뢰할 만하게 지칭할 수 있다는 것이다. 용어의 온전한 의미 대신에 지칭을 거론하면 대응실재론을 옹호하기가 더 쉬워진다. 이 경우에 실재론자는 용어의 의미가 온갖 방식으로 불확정적이고 요동하는 것을 허용하면서도 용어가 가리키는 고정된 객관적 사물이 있다고 주장할 수 있다. 실재론자에 따르면, 어떤 대상이 가리켜지고 있는지 우리가 말할 수만 있다면, 우리가 어떻게 그 대상을 가리키고 있는지는 중요하지 않다. 이것은 퍼트넘이 표준적인 과학적 실재론을 옹호하던 시절에 구상했던 의미 이론의 핵심이다(그 이론에 대한 통찰력 있는 비판적 해설은 Hacking 1983, 6장 참조). 용어의 '전형stereotype'(통상적으로 인정되는 특징들)은 다양하고 요동하더라도 지칭은 변함없이 고정되어 있을 수 있다고 그 이론은 말한다. 표준적인 과학적 실재론자 대다수의 주장에 따르면, 우리의 최선의 과학 이론들조차 모종의 방식으로 전혀 틀릴 수 있지만, 그렇다 하더라도 좋은 이론은 실재하는 무언가에 '도달한다'. 왜냐하면 그 이론에서 등장하는 핵심 용어들은 실재하는 사물들을 지칭하기 때문이다. 그리고 우리 주위의 사물들에 관한 좋은, 탄탄한 일상적 서술도 마찬가지다.

대다수 대응실재론자에 따르면, 지칭은 우리 언어(혹은 이론) 안의 용어들과 실재하는 대상들을 어떤 정신에 의한 틀짓기도 관여함 없이 연결한다. 예컨대 '물은 H_2O다'와 '금은 원자번호가 79인 화학원소다' 같은 기초적인 과학적 명제를 생각해보자. 이런 명제는 우리의 기초적인 용어에 실재하는 대상을 과학적으로 승인된 의미론적 닻으로서 제공하는 듯하다. 그리고 그 닻은 외연적이기 때문에 정신에 의한 틀짓기에서 벗어나 있다고 여겨진다. 그렇다면 '금'은 단지 원자번호가 79인 원자들로 이루어진 모든 집합을 가리킬 뿐이고, '물'은 H$_2$O 분자들로 이루어진 모든 집합을 가리킬 따름이다.

그러나 어떻게 우리의 단어가 '저 바깥에 있는' 사물에, 그 자체로는 언어적 항목이 아닌 사물에 묶여 고정될 수 있을까? 이 대목에서 인과적 지칭 이론이 등장한다. 그 이론은 지칭이 실제로 어떻게 이루어지는지 말해준다고 자부한다. 그 이론에 따르면, 누군가가 호명될 대상과 인과적으로 상호작용하면서 그 대상에 딱지를 붙인다(이를 일컬어 '명명dubbing' 사건, 또는 '세례christening' 사건, 또는 '지칭 고정reference-fixing' 사건이라고 한다). 이어서 다른 사람들이 그 용어를 동일한 방식으로 사용하는 법을 배운다('지칭 차용reference-borrowing'). 그리하여 "그 이름 사용의 바탕에는 애당초 그 대상이 그 이름으로 명명된 순간까지 거슬러 올라가는 인과 사슬의 고리들이 놓여 있다"(명확한 설명은 Michaelson and Reimer 2019, 2.2절 참조). 원조 명명 행동은 "단어와 세상 사이의 간극을—실재론자에 따르면, 어떤 개념화의 관여도 없이—메우는 역할을 한다"(같은 곳, 3절, '들어가는 말'). "무엇을 지칭하는 이름이든지 적절한 방식으로 그 무엇과 연결되어 있으며, 그 방식은 발화자들이 그 이름을 정체를 서술하는 내용과 연결할 것을 전혀 요구하지 않는다"(같은 곳, 2.2절).

인과적-외연적 지칭 의미론은 대응염에 맞서 처방할 만한 모든 약에 대한 강력한 저항성을 창출한다. 따라서 내가 1장에서 제시하기 시작한 긍정적 생각을 효과적으로 전개할 수 있기 위해서 먼저 그 의미론을 배척할 필요가 있다. 나는 정신에 의한 틀짓기 없는 지칭은 환상이라고 주장하고자 한다. 단어에 의미를 부여할 때 실제로 일어나는 일을 더 세심히 따져보면 그 주장이 옳음을 깨달을 수 있을 것이다. 의미와 관련된 실천들에 주의를 기울여야 한다. 왜냐하면 우리는 우리 자신이 실제로 어떻게 살고 탐구하는지를 도외시하고 무언가 다른 것을 상상함으로써 그릇된 생각에 빠지기 때문이다. "명명을 추상적으로 거론하지 말고, 글립토돈glyptodon(멸종한 아메리카 포유동물-옮긴이)이나, 칼로릭, 전자, 중간자가 명명된 사건을 거론하자. 각각의 사건에 관하여 이야기할 참된 스토리가 있다… 그 사건들에 관한 진리들은 언제든지 철학적 허구를 능가한다"(Hacking 1983, 91쪽).

가리킬 무언가가 있다는 것

심지어 단 하나의 개인이나 개별 대상에 이름을 붙일 때도 지칭은 사람들이 상상할 법한 것처럼 정신에 의한 틀짓기로부터 자유롭지 않다. 해킹의 뜻을 계승하여, 이름을 부여할 때 실제로 어떤 일이 벌어지는지 살펴보자. 명명과 관련한 가장 근본적인 실천은 지명指名, ostension 곧 가리키며 이름 붙이기다. 앞서 언급했듯이, 실재론적 직관에 따르면, 선형상화된 사물들이 자연에 존재하며, 따라서 우리가 할 일은 그것들을 가리키며 이름을 붙이는 것이 전부다. 그러나 나의 소중한 친구가 '저것 좀 봐!'라고 외칠 때, 빈번히 나는 그가 대체 무엇을 가리키고 있는지 알아채지 못한다. 혹은 친구는 나에게 조상의 영혼이 환생하는 것에 관하여 가르치려 하는데(또는 콰인의 '가바가이gavagai' 아이디어를 제대로 내면화하여 토끼의 한 부분을 가리키고 있는데), 나는 그가 토끼를 가리키고 있다고 생각한다(콰인은 낯선 언어의 단어들이 띤 의미를 절대로 확실히 알 수 없음을 보여주기 위하여 어떤 낯선 언어의 사용자가 토끼를 가리키며 '가바가이!'라고 외치는 경우를 예로 든다-옮긴이). 확실히 나는 타인들이 객관적으로 실재하지 않는다고 여기는 것들을 가리킬 수 있다. 또 나는 내가 무언가라고 개념화할 수 있는 것들만 가리킬 수 있다. 의미는 '머릿속에 있지 않다'라는 퍼트넘의 말을 변주해도 된다면, 가리키기는 손가락에 있지 않다, 라고 나는 말하겠다. 사리에 맞는 가리키기가 이루어지려면, 가리키는 자와 그 손짓을 수용하는 자 둘 다가 가리켜지는 것을 뚜렷이 구별되는 대상으로 알아채야 한다. 이것은 사소한 과정이 아니며, 사람들이 이것을 사소한 과정으로 상상하는 것은 오로지 선형상화를 상정하기 때문이다.

솔 크립키에게로 거슬러 올라가는 전형적인 철학적 생각과 반대로, 우리가 가리키며 이름을 댈 수 있는 개인이나 사물이 우리 앞에 놓여 있는 시점時點은 지칭 업무에서 가장 중요하고 어려운 부분이 이미 이루어진 다음이다. **명명** 행동 자체는 의례儀禮적인 의미만 띤다고 해도 심한 과언이 아니다. 단어-대상 연결은 오직 우리가 대상을 단어 없이 지목할 수 있을 때만 간단명료하게 이루어질 수 있다. 황제펭귄은 자신의 배우자인 개체를 아주 잘 안다. 충분히 잘 알아서, 우리가 보기에 다 똑같은 황제펭귄 수천 마리가 있는 광활한 얼음 평원에서 그이를 가려낼 수 있다. 그 중요한 개체에 ('힐러리' 같은 이름이 적힌) 언어적 딱지를 붙이는 일은 지칭의 핵심이(또한 우리가 아는 한에서는, 펭귄이 하는 행동을 하기 위해 필수적인 한 걸음이) 아니다.[23] 우리는 **명명함으로써** '세상을 붙잡지' 않는다. 우리가 무언가를 붙잡을 수 있으려면, 우리가 붙잡을 그것이 기존에 개넘화되어 있지 않은 세상으로부터 모종의 방식으로 이미 준비되어 있어야 한다. 어린 아동의 대상 일관성 인지에 관한 장 피아제의 ([1937] 1954) 연구가 오래전에 우리에게 일깨웠듯이, 시공時空 안에서 잘 정의된 대상을 식별해내는 것부터가 이미 대단한 성취다.[24] 그 식별을 위해서는 분절성과 영속성이 전제되어야 하고, 이 질들을 충분히 잘 보유한 무언가가 우리의 지각 흐름 안에서 지목되어야 한다.

이처럼 고유명사를 통한 지칭을 정신에 의한 틀짓기 없이 확보하기가 어렵다면, 다른 용어들을 통한 지칭을 그렇게 확보하는 것은 단적으로 불가능하다. 그런데 그 '다른' 용어들은 대상들의 유형이나 속성을 가리키는 용어를 비롯해서 우리가 살면서 사용하는 개념의 대다수를 아우른다. 과학 이론과 관찰에서 우리가 사용하는 용어의 절대다수가 그런 용어들이다. 고유명사는 관찰 천문학, 행동학, 일부 지구과학을 비롯한 소수의 과학 분야에서만 중요한 역할을 한다. 유형 용어kind-term의 지칭 고정 사건이 어떻게 일어날 수 있을지 따져보자. 누군가가 금을 움켜쥐고 '금'이라고 발음하는 원초적 상호작용이 그 사건에 관여할까? 이런 식으로 지칭 고정이 이루어지려면, 우리가 애당초 금과 마주쳤을 때 금을 (아직 '금'으로 이름 붙여지지는 않았지만) 뚜렷이 구별되는 무언가로 알아볼 줄 알아야

23 친숙함에 의한 앎Knowledge-by-acquaintance은 인식론에서 노골적으로 무시당해 온 끝에 되돌아와 복수로 우리의 토대를 침식하고 있다.

24 비록 피아제는 다른 방면에서 온갖 오류를 범했지만, 이 일깨움은 여전히 유효하다. 더 최신화된 견해는 Gómez(2004) 참조.

한다. 또한 우리가 다시 그 금과 마주쳤을 때 그 금을 동일한 금으로 알아볼 줄도 알아야 하고, 금의 다른 사례들을 동일한 유형의 금으로 알아볼 줄도 알아야 한다. 이는 황제펭귄이 배우자를 알아볼 때와 마찬가지다. 하지만 지금 우리는 한 개체의 다양한 상황에서의, 또한 시간상에서의 동일성을 알아볼 것만 요구하는 것이 아니라 상이한 개체들의 동일성을 알아볼 것도 요구하고 있기 때문에, 이 경우에 지칭 고정은 더 어려운 과제다. 금을 가리키면서 금의 원자번호가 79냐고 유의미하게 묻고 싶다면, 다른 것들과 뚜렷이 구별되는 '무언가'가 앞에 놓여 있음을 먼저 알아야 한다. 이를 알지 못한다면, 그 무언가를 무엇이라고 불러야 하는가, 라는 질문이 떠오르지조차 않을 것이다.

요약하자. 지명에 관한 상식적 견해는 선형상화된 대상들과 대상 유형들이 이미 존재한다고, 저 바깥에 놓여 있으면서 가리켜지기를 기다린다고 전제한다. 이 전제는 당연히 실제 상황과 일치할 때가 많다. 왜냐하면 대개 우리는 이미 성공적으로 개념화된 대상을 가리키기 때문이다. 그러나 선형상화는 그 대상이 애당초 어떻게 개념화되는지 설명해주는 근본적인 지칭 이론의 토대가 되기에 충분하지 않다. 이 대목에서 콰인의 '존재론적 상대성 (원리)'을 (1969, 48쪽) 상기하면 유익할 성싶다. "한 좌표계를 바탕으로 삼은 상대적 지칭이 아니라면, 지칭은 무의미하다."

지칭의 바탕에 깔린 뜻

실제로 일어나는 지칭 고정 과정들을 좀 더 살펴보자. 고틀로프 프레게의([1892] 1948) 고전적인 구별인 '뜻sense(독일어 Sinn)'과 '지시체reference(독일어 Bedeutung)'의 구별을 돌이켜보라. 프레게의 기본적인 생각은 우리가 용어의 뜻을 이해함으로써 우리의 주의를 지칭되는 대상에 고정한다는 것, 바꿔 말해 용어의 내포가 우리를 외연(지시체)으로 이끈다는 것이었다. 퍼트넘은 이렇게 요약한다. "지시체는 뜻을 통해 주어지고, 뜻은 진리 조건을 통해서가 아니라 검증 절차verification-procedures를 통해 주어진다"(Putnam 1980b, 479쪽, 강조는 원문). 요컨대 퍼트넘의 의미meaning '벡터'의 차원들은 상호 독립적이지 않다. 구체적으로, 우리는 지시체에 도달하기 위해 전형을 사용한다. 다시 '금'을 예로 들자. 금의 개별화와 재인지(다시 알아보기)는 오직 서술적인 방식으로만—금의 다양한 관찰 가능한 속성들, 예컨대 색깔, 밀도, 연성延性, 전기전도성, 산화에 대한 저항성을 통해서만—이루어질 수 있다.

하지만 어떤 식으로든 곧장 외연에 도달할 수는 없을까? 내가 지금 벗어나려고 하는 크립키풍風의 견해에 따르면, 뜻을 통해 지시체에 도달하는 것은 통상적인 실천일지 몰라도 필수적이지 않다. 중요한 것은 옳은 지칭(지시체) 고정이지, 옳은 지칭 고정을 우리가 어떻게 해내는가, 하는 것이 아니다. 프레게의 잊기 어려운 예들이며 금성을 가리키는 이름들인 '개밥바라기evening star'와 '샛별morning star'은 오해를 유발할 위험이 매우 높다. (이 같은 직관적이며 오해의 위험이 높은 예를 선택한 것은 내가 보기에 프레게의 천재성의 중요한 부분이다! 그러나 우리는 그 천재성에 저항해야 한다.) 금성은 거대한 바윗덩어리라고 할 수 있는데, 개별 바윗덩어리에 고유명사를 붙이는 것은 과학에서 매우 이례적이다. 심지어 고유명사의 경우에도 내포를 완전히 외면하기는 어렵다. '금성' 같은 것조차도 개념화되지 않은, 누메나 영역에 속한 항목이 아니다. 행성으로서의 금성은 이미 개념화된 항목이다. 심지어 바윗덩어리로서의 금성도 마찬가지다. 시공상의 궤적을 지닌, 점과 유사한 것으로서의 금성도 마찬가지다. 거듭되는 말이지만, 우리가 거론할 수 있는 것이라면 무엇이든지 정신에 의해 틀지어져 있다.

고유명사가 아닌 용어의 경우에 대해서 말하면, '금'이라는 용어가 모든 금의 사례를 뭉뚱그려 가리킨다고 주장함으로써 외연주의를 고수하려는 시도는 부질없다. 이 시도가 성공하려면, 내포적 속성들에 의지하지 않으면서 금을 (물리적으로는 아니더라도 정신적으로) 뭉뚱그리는 방법을 말할 수 있어야 한다. 그러나 내포에 관한 서술 없이 유사성과 영속성을 알아본다는 것은 터무니없다. 앞서 언급했듯이, 원자번호가 79라는 것과 같은 본질적 속성들에 의지하는 것은 이 경우에 도움이 되지 않는다. 왜냐하면 그런 속성들도 내포적이기 때문이다. 물리적 속성을 합성을 통해 이해함으로써 외연화할 수 있다는 생각도 해볼 만하다. '물은 H_2O다'는 합성을 통해 이해하기에 적합하고, '원자번호가 79다'도 같은 방식으로, '양성자 79개를 보유하고 있다'로 이해할 수 있을 터이다. 그러나 이 해법은 문제를 미뤄놓는 것에 불과하다. 나는 당신에게 용어 'H_2O'가 무엇을 가리키냐고 묻는다. 당신이 대답하기를, 그 용어의 지시체는 간단히 수소 원자 두 개와 산소 원자 한 개로 이루어진 분자라고 한다. 나는 '수소 원자'가 무엇을 가리키냐고 묻는다. 당연히 양성자 한 개와 전자 한 개로 이루어진 합성물을 가리킨다. 하지만 '양성자' 와 '전자'는 또 무엇을 가리킬까? 결국 우리는 기본입자 같은 바닥 층의 대상을 지명해야 하고, 그때 우리는 **서술**에 의지해야 한다. 그 서술이 상당히 현상적이건(기본입자의 정지질량과 전하량을 특정하건), 아니면 양자장이론의 담론에서처럼 매우 이론적이건 간에 말이다.

고도로 이론적인 용어의 경우에는, 순수한 외연적 지칭이 성 공적으로 이루어질 가망이 더욱 희박하다. 이론적 용어는 실제로 무언가를 지칭하지만, 이론적 의미들을 더 작업적인 방식으로 해석 하는 복잡한 추론 과정이 없으면 그렇게 지칭할 수 없으며, 이 추론 과정은 정확히 내포의 영역에 속한다. 잠깐 금의 예로 돌아가자. 우 리가 '금은 원자번호가 79인 화학원소다' 같은 정의들을 사용하고 자 한다면 '화학원소'와 '원자번호'(또 '79')의 지칭을 고정하는 방법 을 생각해내야 하는데, 이것은 사소한 일이 아니다. 이론적 용어에 대해서도 인과적 지칭 이론을 어떻게든 고수하려는 시도들이 이루 어졌다. 주목할 만한 최근 시도는 칼 호퍼와 제노베바 마르티에 의 해 이루어졌다. 이들은 '인과-역사적 causal-historical' 지칭 이론을 옹 호한다. 이들의 지적에 따르면, 용어가 애당초 어떻게 도입되었는 지("모범적인 사례들을 지명하는 일종의 세례를 통해 도입되었는지, 아니면 서 술을 통해 도입되었는지")는 중요하지 않다. 중요한 것은 "지칭 역량이 전달되고 향후 그 용어를 사용하는 사람들의 계열 내내 유지되는 것, 그리하여 나중에 이론들이 바뀌더라도… 그 용어의 사용자들은 여전히 동일한 것을 거론하게 되는 것"(Hoefer and Martí 2020, 13쪽)이 다. 호퍼와 마르티가 보기에 원인의 역할을 하는 것은 용어의 도입이 아니라 이 같은 지칭 전달이다. "인과관계는 지칭 전달과 관련이 있다. 즉, 향후 용어 사용들에서 지칭이 인과적 지칭 차용reference-borrowing 사슬의 존재에 의존하는 것과 관련이 있다"(같은 곳, 15쪽). 그런데 지칭 차용은 실제로 어떻게 이루어질까? 호퍼와 마르티가 옳게 지적하는 바에 따르면, '이름 부여하기'는 단 한 번의 행동이 아니라 명실상부한 과정이며, 지칭 전달을 위해서는 '확립된 지칭 실천'이 필요하다(같은 곳, 16~17쪽). 내가 보기에 이것은 전적으로 옳은 견해다. 그리고 나는 이것을 실용주의적 행마로 이해한다. 그런데 호퍼와 마르티가 이야기하는 지칭 실천은 불가피하게 내포적 측면을 포함할 것이며 따라서 그들이 상상하는 순수한 외연적 지칭을 실현하지 못한다.

　　　　일찍이 카일 스탠퍼드와 필립 키처의 인과적 지칭 이론도 이와 유사한 상황에 도달했다. 물론 이들이 말하는 인과관계는 지칭 전달에 관한 것이라기보다 대상 성립시키기constitution에 관한 것이지만 말이다. 스탠퍼드와 키처는 지칭 상황의 복잡성을 인정한다. 그 복잡성은 서술적 요소의 불가피한 개입도 포함한다. 다른 유사한 견해들과 마찬가지로 스탠퍼드와 키처의 견해는 결국 과학에 대한 신앙을 토대로 삼는다. 그들은 '용어 도입자들은 어둠 속에서 더듬는다'고 옳게 지적한다. 즉, "그들은 어떤 속성들이 규칙적으로 짝을 이루는 것을 보고, 그 속성들 중 하나의 부분적 원인이면서 또한 다른 하나의 부분적 원인이기도 한 모종의 기반 속성(혹은 '내적 구조')이 있다고 추측한다"(Kitcher 2000, 114쪽)고 말이다. 정말로 그런 기반 속성이 있다면, 세상의 인과 구조는 안정적일 터이다. 그러나 스탠퍼드와 키처의 소망 섞인 견해는 실제로 지칭이 어떻게 전달되는지에 대해서 아무 말도 하지 않는다. 유사한 이야기를 스타티스 프실로스의(1999, 12장) '인과 서술적causal-descriptive' 지칭 이론에 대해서도 할 수 있다. 비록 호퍼와 마르티는 그 이론을 자기네 이론과 대비하지만 말이다. 프실로스의 이론에서 '인과적'이라는 표현은 있으나 마나 한 것처럼 보인다. 대상의 본질을 이룬다는 핵심적인 인과적 속성들은 지칭 고정에서 별다른 역할을 하지 않는 듯하다. 요약하자면, 이제껏 살펴본 모든 시도에서 '인과적'이란 무엇인지가 불분명해지고, 순수한 외연적 지칭이라는 목표는 달성되지 않는다. 왜냐하면 통시적 외연 보존 과정의 매 단계에서 서술이 필요하기 때문이다.

지칭의 가소성

지칭 의미론referential semantics에 대한 실재론적 확신의 많은 부분은 우리가 지칭을 고정할 수 있다는 전제에 의지한다. 이 전제의 가장 극단적인 버전은 크립키에 의해 널리 알려진 '고정 지시어rigid designator' 개념이다. 고정 지시어는 "해당 대상이 존재하는 모든 가능 세계(이 책의 어법에 맞는 번역어는 '가능 세상'이지만, 굳어진 전문용어이므로 '가능 세계'로 번역한다-옮긴이)에서 그 동일한 대상을 가리키며 절대로 다른 것을 가리키지 않는다"(LaPorte 2018의 첫 문장). 가능 세계 담론에 휘말리고 싶지 않은 실재론자들도 이 세상에 실재하는 무언가를 지칭하는 용어는 어떤 상황에서도 항상 그 동일한 무언가를 지칭해야 한다고 주장하고 싶을 것이다. 그렇기 때문에 핵심 용어들의 지칭이 바뀌는 듯한 근본적인 과학적 변화의 가능성은 대응실재론자들을 몹시 당혹스럽게 만든다. 또한 그들에게 맞서는 반실재론자들은 어디를 공격해야 하는지 안다. 그리하여 래리 라우단의(1981) 반실재론적 '비관적 귀납pessimistic induction' 논증은 성공적인 이론 속 용어들의 지칭이 불변하는지에 초점을 맞췄고, 쿤은 비정합성incommensurability을 서로 엇갈리는 분류 체계에 근원한 것으로 해석하려 했다(Kuhn [1974] 1977, 309~318쪽; Kuhn [1989] 2000, 76~86쪽).

우리의 일상언어에서나 과학 이론에서나 용어들의 의미는 실제로 변화하며, 그 변화는 내포가 바뀌는 것과 외연이 바뀌는 것을 둘 다 포함하는 복잡한 반복적 과정을 통해 일어난다. 이것은 우리가 과학사에서 일상다반사로 목격하는 바다. 다른 글에서 나는 이 같은 의미의 진화를 '산acid'과 '원소element' 같은 기초적인 화학 용어를 예로 들어 논한 바 있다(Chang 2016a; 2017a). 심지어 기초 물리학에도 그런 사례들이 있다. 만약에 '전자'가 무엇을 지칭하는지가 간단명료하다면, 띠어도어 아라바지스는(2006) 온전히 전자의 지칭에 할애된 역사책을 쓸 필요가 없었을 터이다. 현재의 물리학 쪽으로 시선을 돌리면, 더 혼란스러운 광경이 펼쳐진다. 양자장 이론에 관한 다음과 같은 (고작 〈스탠퍼드 철학 백과사전〉에서 따온) 친절한 진술에서 등장하는 '전자'라는 용어는 과연 무엇을 가리킬까? "전자의 자체 에너지self-energy도, 전자기장의 진공요동도 무한대인 듯했다." 이 진술 속의 '전자'는 필립 레나르트나 조지프 존 톰슨, 헨드릭 로런츠가 '전자'라는 용어로 지칭했던 바로 그것을(혹은 톰슨이 '미립자corpuscle'라고 불렀던 것을) 지칭할까?

심지어 우리가 임의로 정의하는 개념의 지칭조차도 경험적 상황의존성을 띤다. 왜냐하면 그 개념을 포함한 다양한 문구가 완전히 유의미한지 여부는 상황의존적 사안일 수 있기 때문이다. 예컨대 '지구의 중심'이 무엇을 의미하는지는 지구가 평평한지 아니면 공 모양인지에 따라 달라진다. 지구가 평평한 원반이라면, '지구의 중심에 있는 나라'의 외연은, 중국어가 알려주는 바로는, 명확히 '중국中國'이다. 그러나 지구는 공 모양이라는 것이 밝혀졌으므로, '지구의 중심에 있는 나라'는 가능한 외연이 없는 무의미한 문구가 되었다. 지구를 비롯한 천체들의 절대속도에 관한 질문들은 상대성이론이 등장하면서 무의미해졌다. 더 미묘한 예를 들면, 강체剛體 개념도 마찬가지다(Staley 2008, 278~291쪽). 양자역학이 등장한 이후, 정확한 위치 값 그리고 운동량 값을 가진 입자를 거론하는 것은 문법에 어긋나게 되었다. 우리는 가능한 한 고정된 의미를 유지하려 애쓸 수도 있고, 지식의 진보에 따라, 경험적 탐구와 사용이 요구하는 바에 따라 의미가 진화하는 것을 허용할 수도 있다. 언어 사용자들은 늘 이 선택의 기로에 선다. 사람들의 규약은 영구적이지 않으므로, 심지어 정의도 변화한다. 에릭 큐리얼이(근간) 지적하듯이, 실제 과학에서 고정 지시어는 없다. 심지어 도량형에서도 그러하다. 예컨대 현재 우리는 미터법의 심층적 개혁을 목격하고 있다. 그 개혁이 완료되면, 킬로그램은 더는 '킬로그램원기'를 기준으로 정의되지 않을 것이며, 따라서 정밀하게 제작되어 강박적인 보호 아래 파리에 보관 중인 그 백금 합금 덩어리의 질량은 정의상 정확히 1킬로그램이 아니게 될 것이다(Quinn 2011, 17장). 이와 유사하게 미터원기도 이미 오래전에 미터를 정의하는 지위를 상실했다. 굳이 가능 세계들을 거론해야 한다면, 인간 탐구자들은 다양한 가능 세계들에서 다양한 의미론적 결정들을 내린다고 인정하는 것이 적절할 터이다.

이런 의미의 요동에도 불구하고 크립키의 고정 지시어 개념을 옹호하려 애쓸 수도 있을 것이다. 크립키에(1980, 75쪽) 따르면, "우리는 특정한 길이를 고정적으로 지칭하기 위해 '1미터'라는 용어를 사용한다". 비록 "우리가 지칭하는 길이가 얼마인지는 그 길이의 우연적 속성에 의해 확정되더라도 말이다". 그러나 나는 '특정한 길이' 같은 것이 저 바깥에 존재하면서 지칭되기를 기다린다는 생각이 기괴하다고 느낀다. 또한 그 지칭이 실제로 어떻게 이루어져야 하는지 모르겠다. 파리에 있는 미터원기 같은 것을 사용하여 '1미터'를 정의하는 사람도 "그가 말하는 '미터'의 의미를 제공하기 위해서가 아니라 지칭을 고정하기 위해서 그 정의를 사용하는 것"(Kripke 1980, 55쪽, 강조는 원문)이라고 크립키는 주장하는데, 나는 이 주장을 도무지 이해할 수 없다. 보아하니 크립키 본인도 이 대목에서 불편함을 느꼈지만, 그는 기꺼이 그 불편함을 도외시했다. "길이의 단위와 같은 추상적인 것에 대해서는 지칭 개념이 불명확할 수도 있다. 그러나 현재 논의에서는 그 개념이 명확하다고 간주하자"(같은 곳). 왜 그렇다고 간주해야 할까?

설령 우리가 선형상화를 받아들인다 하더라도, 정신에 의해 틀지어지지 않은 대상들이 '저 바깥에' 존재한다는 전제에 기대어 의미론에 대한 숙고를 회피해서는 안 된다. 의미론은 실천에 관한 것이다. 우리는 어떻게 단어에 의미를 부여하고 단어를 소통과 행동을 위한 효과적 수단으로 사용할까? 형이상학에서는 선형상화를 싸잡아 다루더라도, 의미론을 논할 때는 그렇게 하지 말기로 하자. 또한 무엇보다도 이것이 중요한데, 의미론에서의 선형상화가 형이상학에서의 선형상화를 구원할 수 있다고 상상하지 말자. 이 대목에서 알프레드 타르스키의 의미론에 대한 니닐루오토의 해설이 중요한 교훈을 준다. 사람들은 언어와 메타언어의 연결에 관한 타르스키의 담론에 많은 주의를 기울여왔지만, 언어와 세상이 어떻게 연결되는가, 라는 또 다른 질문도 있다. 니닐루오토의 도해에서(1999, 56쪽) 지칭 관계는 언어(영어 또는 핀란드어) 속의 단어에서 세상 속의 선형상화된 대상으로 향하는 화살표로 표시되고, 그 대상은 그림으로 표현된다. 니닐루오토의(같은 곳, 58쪽) 지적에 따르면, "타르스키는 그런 언어-세상 관계가 어떻게 맺어지는지 전혀 설명하지 않았다". 대신에 "타르스키의 진리에 대한 모형 이론적 설명은 대상언어가 해석되어 있음을 전제한다. 그러나 대상언어는 다양한 지칭 고정 방법들과 양립 가능하다"(저 전제를 출발점으로 삼으면, 우리는 선결문제 요구의 오류를 거듭 범하면서 메타언어와 메타메타언어를 넘어서 메타가 무한정 누적되는 지경에 이를 수 있다).

2.4 과학에 대한 신앙

이 장의 주제는 대응실재론 비판이지만, 이 절에서 나는 표준적인 과학적 실재론을 간략하게 다룰 것이다. 이는 다음 두 문장으로 요약되는 추론을 거쳐 대응실재론에 도달하는 통상적인 우회로를 제거하는 데 보탬이 되기 위해서다. 과학은 정신으로부터 독립적인 실재에 관한 진리인 이야기를 실제로 제공한다. 따라서 과학이 이야기할 진리가 있어야 한다. 나는 표준적인 과학적 실재론을 옹호하는 논증 두 개를 검토하고 그 논증들이 그 자체로는 약하지만 현대 과학에 대한 강력하고 만연한 신앙에 의해 보강된다는 점을 보여주고자 한다. 그 신앙은 우리 시대의 과학주의scientism가 일으키는 증상이다. 첫째, 내가 '보존적 실재론'이라고 불렀던 것이 있다. 즉, 과학 이론들의 요소들 가운데 영속하는 것들은 실재에 관한 모종의 진리를 구현함이 틀림없다는 견해가 있다. 과학을 신앙하는 이들은, 과학자들이 어떤 이론을 고수해왔다면 그것은 그 이론이 진리이기 때문이어야 한다고 믿으면서 보존적 실재론을 옹호한다. 이 생각에서 선결문제 요구의 오류를 어렵지 않게 간파할 수 있다. 둘째, '성공에 기초한 논증'이 있다. 즉, 과학 이론들의 대단한 경험적 성공을 설명할 길은 과학 이론들이 실제로 진리라고 간주하는 것밖에 없다는 견해가 있다. 이 논증은 잘 알려진 문제들을 지녔지만, 익숙한 지식의 사례들을 다양하게 끌어들이는 덕분에 설득력 있게 느껴진다. 그런 지식과 관련해서는 과학이 기초적인 진리를 보유해야 한다고 우리는 느낀다.

대답을 출발점으로 삼기의 문제

대응실재론(표준적인 과학적 실재론의 원칙 1과 2)에 대한 비판을 이어가기 위하여 이제 대응실재론을 옹호하는 통상적인 암묵적 논증 하나를 살펴보고자 한다. 표준적인 과학적 실재론의 원칙들은 완전히 상호 독립적이지 않다. 원칙 3은 '정신으로부터 독립적인 실재에 관한 지식을 획득하는 것이 가능하다'는 것이다. 이 원칙에 동의한다면, 정신 독립적 실재가 있다는 것(원칙 1)에는 더 확실히 동의하는 것이다. (나는 '정신으로부터 독립적임'이라는, 지칭이 불분명한 문구를 사용하고 싶지 않지만, 전형적인 실재론의 입장들을 설명할 때는 이 문구를 사용할 수밖에 없다.) 또한 지식이 진리의 보유를 뜻하는 정도만큼, 우리가 지식을 가질 수 있다는 주장은 정신 독립적 실재에 관한 (우리가 가질 수 있는) 진리가 있음을 전제한다. 물론 엄밀히 따지면 이 전제는 진리가 대응이어야 한다는 것(원칙 2)을 함축하지 않지만, 적어도 대다수 실재론자는 함축한다고 여길 것이다. 그렇다면 원칙 3에 대한 수용은 대응실재론(원칙 1과 2)에 대한 수용을 함축한다.

　　실제로 많은 사람이 원칙 3(실재에 관한 지식을 보유하는 것이 가능함)을 수용한다. 그 이유는 인류 역사에서 다양하게 제시되었다. 신의 말씀, 또는 천재의 직접 직관, 또는 평범한 이성의 능력이 정신 독립적 실재에 관한 지식을 우리에게 제공한다고 여겨졌다. 많은 이는 그런 추정된 지식의 원천들에 대한 신앙을 잃었지만, 다른 한편에서 지난 몇 세기 동안 과학에 대한 신앙이 (비록 현재 우리가 목격하고 있는 듯한 쇠퇴도 종종 겪었지만) 성장했다. 과학이 정신 독립적 실재에 관한 지식을 우리에게 제공할 수 있다는 것, 그리고 우리가 그런 지식에 도달하는 최선의 길은 과학이라는 것은 오늘날 교육을 받은 사람들의 상식으로 여겨진다. 이런 연유로 현재 인기 있는 실재론 버전은 **과학적 실재론**이다. 과학적 실재론의 대표적 옹호자인 스타티스 프실로스의(1999, 70쪽) 말을 들어보자. 그는 과장으로 유명한 사람이 아니다. "세상에 관하여 무엇을 믿어야 합당한지 판단하기 위해서라면 최선의 [과학] 이론들을 보아야지, 달리 무엇을 보아야 하겠는가? 우리가 보유한 최선의 과학이 우리의 존재론적 책무ontological commitments를 일러주는 최선의 길잡이가 아니라면, 그 무엇도 그런 길잡이가 아니다.”

따라서 내가 대응실재론을 반박하려 한다면, 나는 과학에 대한 신앙을 고스란히 용인할 수 없다. 자존감 높은 과학적 실재론자 대다수는 내가 그들의 태도에 '신앙faith'이라는 표현을 붙이는 것에 반발할 성싶다. 그들은 과학의 입증 가능한 성취들로부터 다음과 같은 결론으로 나아가는 구체적 논증들을 제시한다. 즉, 과학이 우리에게 정신 독립적 세상에 관한 지식을 제공할 수 있도록 과학을 잘 대접해야 한다는 결론으로 말이다. 나는 잠시 후 그 논증들을 다룰 텐데, 우선은 표준적인 과학적 실재론을 옹호하는 논증들에 직관적 연료를 공급하는, 당연시되는 배후 전제들에 초점을 맞추고자 한다. 직관적 확신의 원천을 다루지 않으면, 논증들의 세부에 대한 비판을 아무리 많이 쌓아도 이렇다 할 설득력을 발휘하지 못할 것이다. 파울 파이어아벤트의(1975, 25쪽) 말마따나, “사람들을 움직이지 못하는 논증이 무슨 소용이 있는가?”

중세 유럽의 학자들은, 성경 해석의 세부 사항에 관해서는 논란이 있을 수 있지만 성경은 기본적으로 옳다는 전제를 당연한 출발점으로 삼았다. 그 전제를 출발점으로 삼지 않는다는 것은 그들에게 가능성의 영역 바깥의 일이었다. 이와 유사한 방식으로 오늘날에는 대다수 과학자와 과학철학자, 기타 많은 사람이 과학에 대한 신앙을 공유한 듯하다. 그 신앙의 바탕에 깔린 생각의 특징을 더 잘 파악하기 위해, 과학에서 유래한 지식의 전형적 사례 하나를 살펴보자. 즉, 지구가 태양 주위를 도는 것이지, 태양이 지구 주위를 도는 것이 아니라는 지식을 살펴보자. 대다수 사람은 실제로 코페르니쿠스 등을 위 결론으로 이끈 과학적 논증들을 모른다.[25] 또한 그들의 확신은 그들 자신의 직접 경험에 기반을 두었을 리 없다. 왜냐하면 (우주인을 포함한) 인간의 직접 지각으로는 지구가 태양 주위를 돈다는 것을 확인할 수 없기 때문이다. (이 사정은 우주인들이 지구가 공 모양이라는 것을 볼 수 있고 충분히 오래 주의를 기울이면 지구가 자전하는 것도 볼 수 있다는 사정과 다르다.) 우리가 태양계의 모양에 관하여 그런 엉성한 확신을 가진 것은 오로지 멋진 (크기 비율이 실제와 다른) 태양계 그림들을 보며 성장했기 때문이다. 더구나 대다수 사람은, 현대 과학이 절대적인 정지 및 운동의 개념을 폐기하고 무엇이 무엇 주위를 도느냐는 순박한 질문을 무의미하게 만들었다는 사실을 고려하지 않는다. 첨단 과학이 우리에게 해주는 최선의 말은, 만일 당신이 지구가 멈춰 있다고 간주하면, 당신의 물리학의 나머지 부분이 쓸데없이 엄청나게 복잡해진다는 것이다. 아무튼 지동설을 옹호하는 논증들의 장단점은 이토록 많은 사람이 지구가 태양 주위를 돈다고 확신하는 이유가 아니다. 이는 대다수 독실한 기독교인이 신을 믿는 것은 미묘한 신학 논쟁들을 훤히 알기 때문이 아닌 것과 마찬가지다. 우리 모두가 학교에서 배운 바를 과학자들은 매우 확실한 근거를 갖추고 믿었으리라는 절대적 확신은 대다수 사람에게 (교설 주입까지는 아니더라도) 신앙의 영역에 속한 사안이다.

우리가 현재 보유한 실재상은 기본적으로 옳다는 전제는 심

---

25 행성 천문학planetary astronomy의 역사를 실재론 문제와 관련지어 진지하게 논하는 문헌으로 Kuhn(1957) 그리고 Wray(2018, 1장) 참조.

리적 설득력을 발휘하는데, 이제 그 이유를 알 수 있다. 우리 자신의 실재상에 대한 믿음을 유보하라는 요청을 받는다면, 우리는 달리 무엇에 의지하여 생각할 수 있을까? 어쩌면 우리가 실천에서 취할 수 있는 유일하게 합당한 태도는 미리엄 솔로몬이(2001, 3장) 말하는 '휘그주의적 실재론whig realism'인지도 모른다. 어쩌면 이 태도는 정상적인 인식적 삶의 한 부분일 것이다. 보편적인 회의주의나 불가지론은 가장 잘 훈련된 사상가들이나 부응할 수 있는 벅찬 요구다. 그러나 나는 그런 훈련이야말로, 즉 우리가 현재 생각할 때 의지하는 도구들에 대한 맹목적 신앙을 피하면서 생각하기야말로 철학의 임무라고 믿는다. 우리가 현재 선호하는 개념들 외에 다른 개념들도 가능함을 인정하기는 과학적 혁신의 필수 성분이며, 내가 1.5절에서 '제약 없는 탐구'를 논하면서 실천하려 한 것처럼 이 논점을 강조하는 것은 과학철학의 중요한 임무다.

그러나 많은 사람의 본능은 이런 훈련된 경고에 반발하면서, 우리의 현재 우주상은 기본적으로 옳다는 노골적 주장으로 회귀한다. 비교적 품위를 갖춘 주장은, 우리가 이론-세상 대응을 이뤄낼 수 있고 몇몇 최적의 사례에서는 이미 이뤄냈다는 것이다. 그러나 그 대응을 원리에 따라 이뤄내는 길을 아무도 발견하지 못했음을 고려할 때, 과연 어떻게 그 대응이 가능할까? 우리가 대답으로 흔히 듣는 주장은, 우리는 이런저런 것들이 객관적으로 진리임을 단적으로 안다는 것이다. 하지만 이 행마는 논증이 아니라 도발이다. 상대는 극도로 명백한 앎의 항목을 들이대면서, 감히 이것을 부인하겠냐고 우리에게 묻는다. 우리가 부인하면, 당신네는 진지할 리 없다는 비난, 제정신이 아니거나 일부러 어깃장을 놓거나 고집을 부린다는 비난 등이 쏟아진다. 이런 전략은 어쩌면 최소한, 버클리의 관념론/비유물론을 반박하기 위해 돌멩이를 걸어차며 "나는 이렇게 반박하오"라고 말했다는 존슨 박사의 전설까지 거슬러 올라간다 (이 전설을 전하는 문헌으로 Boswell 1935, 1권, 471쪽 참조). 현대 철학 전통에서 이 행마의 고전적 사례는 모어가(1939) 양손을 앞으로 들어 올림으로써 외부 사물의 존재를 '증명한' 것이다. 같은 방식으로 내세워지는 과학적 사례도 풍부하게 있다. DNA는 이중나선이다, 물은 H_2O다, 밀물과 썰물은 달 때문에 생긴다, 석유는 살아 있는 유기체들의 잔재에서 유래한다. 이런 것들을 어떻게 의심할 수 있어? 하지만 거듭 말하건대 이런 식의 논증은 왜 우리가 그런 명제들을 그토록 확신하는가, 그 확신은 정당한가, 하는 질문에 대답하지 못한다. 나는 과거 연구의 많은 부분을(예컨대 Chang 2012a), 그런 과학적 진리들의 확립이 길고 어려운 과정이며 그 결과는 전혀 단순하거나 자명하지 않음을 보여주는 일에 할애했다.

　　과학에 대한 신앙은 선형상화의 오류와 밀접한 관련이 있지만, 양자가 동일한 것은 아니며, 실제로 과학에 대한 신앙은 선형상화보다 더 엉성하다. 많은 사람은 자신이 현재 품은 세상상世上像을 받아들이면서 그것이 궁극적 실재의 실상이라고 선언하거나 최소한 그것을 기준으로 삼아 미래 이론들을 평가해야 한다고 간주한다. 이것은 정신적 습관이며, 본인의 세상상이 악령들과 천사들로 채워져 있건, 멈춰 있는 (둥글거나 평평한) 지구를 포함하건, 원자들과 분자들을 포함하건, 양자장들과 가상입자들을 포함하건 상관없이, 이 습관을 떨쳐내는 것은 매우 어려운 일인 듯하다. 우리는 모두 놀랄 만큼 상세하며 당연시되는 존재론적 세상상을 머릿속에 품고 살아간다. 우리가 모두 동일한 그림을 공유한 것은 전혀 아니지만, 우리는 모두 각자가 품은 그림을 매우 확신하는 듯하다. 당신이 현대 과학 신자信者라면, 당신의 세상상은 당신이 생각하기에 현대 과학 이론들이 말해주는 모든 것이다. 과학에 대한 신앙으로 충만한 우리는 세상 안에 실재하는 것들은 양자장들과 시공의 굴곡, 그리고 어쩌면 암흑물질과 초끈들(혹은 과학의 최근 발전에 관심을 기울인 적 없는 이들에게는 여전히 레고 블록 같은 양성자들과 중성자들, 전자들)이라고 믿는다. 또한 우주는 실제로 140억 년 전에 빅뱅으로 시작되었다는 것, 별들은 실제로 거대한 기체 공이며 핵융합으로 에너지를 얻는다는 것 등을 우리는 믿는다. 그러면서 우리는 그런 그림과 대응하는 이론이 진리인 이론이라고 말한다.

이렇게 되면 과학적 실재론을 옹호하는 논증 전체가 순환적으로 되고 선결문제 요구의 오류를 범하게 된다. 먼저 우리는 세상이 최신 과학 이론들에 의해 서술되는 대로일 수밖에 없다고 판단한다. 이어서 당연히 우리는 우리의 과학 이론들이 세상 그 자체와 아주 잘 대응한다는 결론을 내린다! 이를 배경으로 삼으면, 이론-세상 대응을 발견하는 것은 완벽하게 실행 가능한 일로 보인다. 이와 관련하여, 일부 사람들이 (2.1절에서 논한) 라이헨바흐의 짝짓기 문제에 대처하는 방식에 대한 바스 반 프라센의 논평을 보자.

자연스럽게 끌리는 대처법은… 간단히 평행하는 어휘를 부여하고 승리를 선언하는 것이다. 예컨대 '민코프스키 공간 안의 한 점은 실재하는 혹은 물리적인 시공 점 하나와 대응하며, 후자는 세상의 콤팩트하고 볼록하며 크기가 0인 부분이다'라고 말할 수 있을 것이다. 이에 라이헨바흐가 받아치기를, 이 어법은 오직 짝짓기 문제가 해결된 다음에만 유의미하다고 한다면, 그는 전적으로 옳을 터이다. 이것은 해법일 수 없다! 왜냐하면 이 '해법'은 세상을 정확히 우리가 기하학에서 사용하는 용어들로 서술되는… 구조로 간주하는 것을 출발점으로 삼기 때문이다. 요컨대 이 대처법은 우리가 세상을 수학적으로 표상할 수 있다는 것을 당연시한다.(van Fraassen 2008, 137쪽, 강조는 원문)

반 프라센은 표준적인 과학적 실재론을 옹호하는 다양한 논증들을 떠받치는 강력한 직관의 원천을 (당연히 비판적으로) 지목하고 있다. 우리는 최선의 과학 이론들이 제공하는 옳은 세상상을 우리가 가지고 있다고 전제하고서, 그 최선의 이론들이 그 세상상과 옳게 대응함을 발견한다. 이 행마는 그야말로 뻔뻔스럽고 총괄적이기 때문에 그 정체를 알아채기가 어려울 수 있다. 선입견을 품은 사람은 똑같은 선입견을 발언하고 있을 따름인 타인이 쓴 '뉴스'를 읽고 자신의 선입견이 입증되었다고 여기곤 하는데, 이는 위 행마와 그리 다르지 않다. 이것은 악순환이며, 자존감을 지닌 철학자라면 누구라도 이 행마를 명시적으로 실행하지 않을 것이다. 그러나 많은 실재론적 논증의 바탕에 바로 이 순환적 직관이 깔려 있다. 이 순환적 직관은 그 논증들이 보유해야 마땅한 정도보다 훨씬 더 큰 직관적 힘으로 그 논증들을 떠받친다.

　나는 실재론적 논증들의 실제 추론 단계들을 그것들을 떠받치는 직관으로부터 분리할 수 있음을 보여주고 싶다. 이는 그 추론 단계들을 그것들의 실제 가치를 기준으로 더 명확하게 평가할 수 있기 위해서다. 그러면 실재론적 논증들은 바탕에 깔린 순환적 직관을 치장하는 정교한 행마로서의 기능을 더는 하지 못하게 될 것이다. '과학이 정신 독립적 실재에 관한 진리를 최소한 근사적으로 획득하거나 획득할 수 있음을 보여주기'라는 어려운 인식론적 과제를 실제로 수행하기 위해 과학적 실재론자들이 채택하는 주요 접근법은 두 가지다. 나는 이제부터 그 두 가지 논증을 간략하게 검토하면서, 과학에 대한 신앙에 기대지 않으면 그 논증들이 얼마나 허약한지 보여줄 것이다. 나는 이 검토가 과학적 실재론 논쟁에 뚜렷이 기여하기를 바란다. 비록 과학적 실재론에 관한 방대한 문헌을 여기에서 포괄적으로 다루는 것을 바랄 수는 없지만 말이다.

보존주의

내가 다루고자 하는 첫 번째 실재론적 논증 노선은 역사에 근거를 둔 회의주의에 대한 대응으로서 주로 방어적이다. 그런 회의주의적 논증의 핵심을 간결하게 진술하는 메리 헤세의(1977, 271쪽, 강조는 원문) 말을 들어보자. "과학이 자연스럽게 발전하는 가운데 우리의 **모든** 이론적 용어들이 플로지스톤과 마찬가지로 사망할 가능성이 있다. 혁명가들은 이 가능성을 강조한다." 과학자들이 진리로 여기는 바가 심하게 요동해온 것을 고려하면, 그들이 현재 우리에게 말하는 바가 진리라고 철석같이 믿을 이유가 있겠는가? 이 유서 깊은 논증은 쿤의 과학혁명에 관한 논의에서 큰 힘을 얻는다. 오늘날 '과학사에 기초한 비관적 (메타) 귀납'이라고 불리는 라우단의 논증은 쿤의 논의를 계승한다.[26] 이런 회의주의적 논증에 맞선 실재론적 반격을 나는 과거에 (약간 깎아내리면서) '보존적 실재론preservative realism'(Chang 2003)이라고 불렀는데, 이 반격의 출발점은 모든 것이 유동하지는 않음을 지적하는 것이다. 만일 과학이 진보하는 와중에 다른 곳에서는 엄청난 변화가 일어나더라도 일부 이론적 요소들은 보존됨을 보여줄 수 있다면, 실재론은 과학의 변화라는 사실로부터 직접 타격을 당하지 않을 수 있고, 안정적인 믿음들은 진리일 가망성을 실질적으로 보유할 터이다. 반면에 과학이 영속적인 믿음들을 제공하지 못한다면, 진리인 영속적인 믿음들은 더더욱 제공하지 못할 것이다. 또한 과학이 진리인 믿음들을 당분간 제공하지만 그것들이 곧 사라진다면, 그것들은 별로 위안이 되지 않을 것이다. 따라서 상당한 정도의 보존은 옹호할 만한 과학적 실재론의 한 면모여야 한다고 말할 수 있을 것이다.

표준적인 실재론자들은 순수한 방어에서 한 걸음 더 나아가 보존되는 것은 실재론적 믿음을 받을 자격이 있음을 논증하려 한다. '선택적 실재론selective realism'의 주장에 따르면, 과학 이론의 어떤 부분들은(그리고 오직 그 부분들만) 실재론적 믿음을 받을 자격이 있다.[27] 예컨대 키처는(1993, 149쪽) 이론 내부의 (부질없는) '추정적

---

26 K. Brad Wray는(2018, 5장) 이 노선의 다양한 논증들에 대한 훌륭한 요약과 분석을 제공한다.

27 Peter Vickers는(2017) 선택적 실재론을 둘러싼 논쟁을 통찰력 있고 이해하기 쉽게 요약한다. '부분적 실재론partial realism'이라는 용어를 사용하면서 마찬가지로 유용한 비판적 조망을 제공하는 문헌으로 Dean Peters(2012) 참조.

설정presuppositional posit’과 ‘작동하는 설정working posit’을 구분하고, 이 구분의 취지를 밝히기 위해, 한 진술이 진리로 간주되기 위해서는 성공적인 실천에서 그 진술이 ‘결정적 역할’을 해야 한다는 직관을 제시한다(2012, 112쪽). 이것은 멋진 생각이지만, 이론의 부분들을 이런 식으로 분류하는 일을 실제로 수행하기는 어렵다. 그리하여 ‘보존’은 흔히 ‘작동함working-ness’(성공에 기여함)을 대신하는 표현으로 사용된다. 한 예로 프실로스는 비관적 귀납에 맞서 분리 정복 행마를 채택하는데, 그가 의도하는 바는 “과거 이론들의 성공은 오늘날 우리가 보기에 근본적으로 틀린 이론적 주장들에 의존하지 않았음을 보여주기”, 혹은 긍정적으로는 “과거 이론들의 성공을 산출한 이론적 법칙들과 메커니즘들은 우리의 현재 과학적 이미지 안에 보존되어 있음”을(Psillos 1999, 108쪽) 보여주기다. 하지만 이를 어떻게 보여줄 수 있을까? 심지어 최고의 과학철학자들과 과학사학자들이 현재의 관점에서 마음껏 돌이켜보더라도, 이론의 어떤 부분들이 성공에 기여했는지 보여주기라는 반총체주의적anti-holist 과제를 수행하기는 매우 어렵다.

그리하여 표준적인 과학적 실재론자들은 실천에서 다시금 과학에 대한 신앙에 의지하는 경향이 있다. 즉, 과학자들이 자기네 이론에서 정말로 성공에 기여한 부분들만 보존하는 법을 아무튼 알아낸 것이 틀림없다고 굳게 믿는 경향이 있다. 신앙을 가지면 삶이 더 쉬워진다. 그러면, 과학 이론에서 보존되는 측면들이 성공을 산출하는 측면들이라고 대뜸 간주할 수 있다. 그러나 실제로 과학의 주요 발전들을 더 자세히 살펴보면, 이론적 요소들이 보존된 것은 그것들이 경험적 성공을 산출한다는 점이 증명되었기 때문이 아니라 그것들의 편리성, 또는 미적 취향, 단순한 습관, 집단적 사고 때문인 경우가 많음을 알게 된다. 예컨대 코페르니쿠스는 프톨레마이오스의 천문학에서 천체의 운동은 등속원운동들로 이루어져야 한다는 생각을 보존했다. 생물학적 진화에서도 한 특징의 생존은 그 특징이 적합함에 실제로 기여했다는 증거가 아닐 수도 있다. 주지하다시피 이것은 스티븐 제이 굴드와 리처드 르원틴이 건축에서의 장식용 '스팬드럴spandrel'에 빗대어 예증한 바다. 반대로, 실제로 성공을 산출하는 데 쓰인 이론적 요소들을 후대 과학자들이 거부하는 경우도 많다. 열에 관한 칼로릭 이론을 놓고 프실로스와 벌인 논쟁에서(Chang 2003) 나는 칼로릭의 본성에 관한 핵심 추정들이 칼로릭 이론의 다양한 경험적 성공에 실제로 기여했음을 논증했다. 더 최근에는 다른 많은 사례가 역사적으로 충분히 상세하게 다뤄졌다(Vickers, 3222쪽. 그리고 이 문헌에 수록된 Lyons 2016b를 비롯한 참고문헌 참조). 이런 문제적인 사례들은 오직 우리가 과학에 대한 신앙을 품을 때만 외면될 수 있다. 그 신앙이 없는 사람들은 무엇이 알곡이고 무엇이 쭉정이인지에 관한 과학자들의 판단을 신뢰하는 것은 명백히 위험하다고 느낀다.

보존으로부터 실제 진리를 추론하는 적극적 시도는 특히 구조적 실재론자들 사이에서 인기가 높다. 예컨대 인식적 구조적 실재론을 옹호하기 위해 존 워럴이(1989) 처음으로 내놓은 논증을 생각해보라. 앙리 푸앵카레에게서 영감을 받은 워럴의 지적에 따르면, 심각한 과학적 변화의 와중에도 일부 이론적 요소들은 보존되었으며 그것들은 대개 수학적으로 표현되는 구조적 요소인 경향이 있다. 푸앵카레에 따르면, 영속하는 최선의 이론들은 질문과 비판을 벗어난 지위에 놓이며 정의상 진리로 취급되는 '규약들 conventions'이 된다. 한 이론이 규약의 지위로 '격상'하더라도 그 이론이 경험적 진리가 되는 것은 아님을 푸앵카레는 명확히 알고 있었지만, 다른 한편으로 그는 보존이 진리와 연결될 가능성을 암시하기도 했다.

> 이 등식들은 관계들을 표현한다. 그리고 만일 이 등식들이 앞으로도 변함없이 진리라면, 이는 그 관계들이 실재성을 유지하기 때문이다. 이 등식들은 이것과 저것 사이에 이런저런 관계가 있음을 과거에 우리에게 가르쳤던 것처럼 지금도 가르친다. 다만, 과거에 우리가 운동이라고 불렀던 것을 지금 우리는 전류라고 부르는데, 이 명칭들은 자연이 감춰 영원히 우리 눈에 띄지 않게 하려는 실제 대상들을 대신하여 우리가 사용하는 이미지들의 이름일 따름이다. 우리가 도달할 수 있는 유일한 실재는… 그 실제 대상들 사이의 참된 관계다.(워럴이 Worall 1989, 118쪽에서 인용한 푸앵카레의 말)

이 같은 푸앵카레의 실재론적 성향에서 워럴은 그 나름대로 인식적 구조적 실재론 교설을 읽어낸다. 이 해석에서 보존은 대응-진리의 대용물의 역할을 하게 된다.[28]

---

28 캐서린 브레이딩과 엘리스 크럴에(2017) 따르면, 구조적 실재론을 옹호하는 푸앵카레 본인의 논증들은 딱히 보존(혹은 연속성)을 기반으로 삼는다기보다는 실재의 일반적이며 대상적인 요소들일 수 있는 것에 관한 신칸트주의적 견해들을 기반으로 삼는다.

이 해석이 어떻게 정당화될까? 프실로스가(1999, 152쪽) 지적하듯이, 이것은 전혀 터무니없고, 여기에서는 보존에서 진리로 나아가는 추론을 옹호하는 논증을 발견할 수 없다.

워럴에게 필요한 것은 수학적 등식들이 보존되었다는 사실에서 이 보존이 세상의 구조에 관하여 무언가 말해준다는 결론으로 나아가는 논증, 특히 보존된 수학적 등식들이 다른 면에서는 아직 알려지지 않은(혹은 더 나쁜 경우에는, 영영 알려질 수 없는) 물리적 대상들 사이의 실제 관계를 표상한다는 결론으로 나아가는 논증이다. 나는 워럴의(또한 푸앵카레의) 글에서 그런 논증을 발견하지 못했다.

그럼에도 워럴의 입장은 많은 이에게 합당하고 설득력 있게 느껴진다. 왜냐하면 현재의 과학에 대한 우리의 신앙이 규약화된 구조적 이론들을 강력하게 지지하고, 현재의 과학은 이론물리학이 주도하는 21세기의 복음福音에서 과학적 지식의 이상으로 떠받들어지기 때문이다. 이 사정은 미묘한 방식으로 형성된다. 즉, 보존에서 진리로 나아가는 논증 자체는 과학에 대한 신앙에 의존하지 않지만, 그 논증의 허약함(또는 공허함)이 과학에 대한 신앙 때문에 관용된다. 굳세고 건강한 회의주의적 감각을 갖춘 워럴 같은 사람이 어떻게 이런 형편없는 논증을 수용하게 되었는가, 하는 것은 나를 늘 어리둥절하게 만드는 수수께끼다.

성공에 기초한 논증

반 프라센이(1980, 39쪽) 과학적 실재론을 옹호하는 '궁극의 논증'이라고 부르는 것은, 이론의 경험적 성공은 이론의 진리성에 의해 잘 설명된다는 생각을 기초로 삼는다. 과학의 성공을 출발점으로 삼아 과학적 실재론을 옹호하는 이 논증, 줄여서 '성공에 기초한 논증'은 통상적으로 '최선의 설명을 향한 추론inference to the best explanation, IBE'의 한 사례로 간주된다. 이 논증의 감성적 뼈대는 이러하다. 과학 이론들이 정신 독립적 실재에 관한 진리에 진짜로 도달한다는 것이 사실이 아니라면, 그것들이 이토록 성공적이라는 사실을 어떻게 설명할 수 있겠는가? 이 논증의 두 버전을 구별할 필요가 있다. (1)과학 전체의 성공은 과학 일반이 대응-진리의 발견에 도움이 되는 면모(과학의 방법, 사회적 제도, 과학자들의 인식적 덕목들 등)를 지녔다는 점을 함축한다고 논증할 수 있다. 예컨대 퍼트넘이(1975b, 73쪽) 제시한 고전적인 논증은 이런 일반적인 수준에서 작동한다. (2)개별 이론의 수준에서는, 매우 성공적인 특정 이론은 실제로 진리여야 한다고 논증할 수 있다. 스마트의(J. J. C. Smart 1963, 39쪽) '우주적 우연의 일치cosmic coincidence' 논증은 필시 이 같은 개별 이론 수준의 논증으로 간주되어야 할 것이다.[29]

그런데 당신이 성공에 기초한 논증을 순전히 추상적으로 살

---

[29] 나는 이 노선의 다양한 논증들을 열거하거나 이제껏 이루어진 온갖 개선을 긍정적으로 평가하는 일에 시간을 들이고 싶지 않다. 이 일을 원하는 독자는 프실로스의(1999, 4장) 전문가다운 요약, 개선, 방어 참조.

펴보면, 그 논증이 방금 언급한 두 수준 중 어느 쪽에서나 믿기 어려울 정도로 허약하다는 점을 깨달을 것이다. 내가 '믿기 어려울 정도로'라고 말하는 것은 불필요한 도발을 위해서가 아니라 지구상에서 가장 엄밀한 사상가들 가운데 그토록 많은 수가 이 논증에 만족할 수 있다는 점을 정말로 믿기 어렵기 때문이다. 내가 생각해낼 수 있는 유일한 설명은 심리학적인 설명이다. 즉, 그 사상가들에게 그 논증이 지닌 모든 문제는 생각의 노선 전체를 거부하게 만드는 심각한 장애라기보다 다리미질로 없앨 주름으로 느껴지는 것이 틀림없다. 성공에 기초한 논증의 주요 문제를 열거하면 아래와 같다.

(1) 우리가 보유한 가장 좋은 과학 이론들조차도 과연 얼마나 성공적인지 실은 의심스럽다.

(2) '성공'이 무엇을 의미하는지에 대한 명확한 합의가 없다. (많은 호응을 받는 생각 하나는 신선한 예측들이 성공을 가늠하는 최선의 척도라는 것인데, 이에 관해서도 합의는 이루어지지 않았다.)

(3) 성공이 어느 정도여야(또 얼마나 지속해야) 설명될 필요성이 발생할까? 그 필요성 판정의 기준으로 삼을 성공의 문턱이 불명확하다.

(4) 성공적인 이론 하나를 보유했을 때 우리는 똑같이 성공적일 만한 모든 가능한 대안 이론을 의식하지 못한다.

(5) 성공에 기초한 논증에서 우리가 의지하는 설명에 관한 철학적 이론이 무엇인지 불분명하다. 통상적인 설명 이론들(연역-법칙 D-N 모형, 인과적 설명, 의도적 설명 등)은 그런 철학적 이론으로 적합하지 않다.

(6) 이론을 경험적으로 적용하거나 검증하려면 수많은 추가 가설을 채택해야 하기 때문에, 이론의 성공과 대응-진리 사이에는 아주 느슨한 논리적 연관성만 성립한다.[30]

　　성공에 기초한 논증의 개별 형태들을 상세히 다루는 대신에 여기에서 나는 어떻게 그 논증이 과학에 대한 신앙에 의해 보강되는지 보여주는 일에 초점을 맞추고자 한다. 우선 과학 전체의 수준에서는, 성공에 대한 반 프라센의(1980, 40쪽) 대안적인 '다윈주의적' 설명에 표준적인 실재론자들이 어떻게 대응할지 생각해보자. 그 설명에 따르면, 과학이 성공적인 이론들로 가득 차 있는 것은 과학자들이 많은 이론을 만들어내고 오직 성공적인 이론들만 보존하는 경향이 있기 때문이다. 이것은 충분히 잘 이해된 메커니즘(즉, 과학자들이 이론을 선택하는 방식)에 기초를 둔 그럴싸한 설명이다. 그리고 우리가 성공에 대한 반 프라센의 설명과 표준적인 실재론의 설명을 비교 평가하려 하면, 우리는 후자가 대체 무엇인지조차 불분명함을 깨닫게 될 것이다. 다시 한번 묻자. 왜 과학은 성공적인 이론을 생산하는 경향이 있을까? 과학자들이 진리인 이론을 생산하는 경향이 있어서 과학 이론이 성공적인 경향이 있는 것이라면, 우리는 더 난감한 새로운 문제에 직면한 셈이다. 왜 과학은 진리인 이론을 생산하는 경향이 있을까? 실제로 그런 경향이 있나? 과학 이론이 정말로 진리인지 판정할 직접적인 방법이 없는 상황에서 우리가 어떻게

---

30 이 문제들에 관한 추가 논의는 Chang(2012a, 227~233쪽), 더 권위 있는 논의는 Lyons(2003; 2016a), Wray(2018), Stanford(2018) 그리고 Rowbottom(2019) 참조.

그런 경향이 있다고 말할 수 있을까? (만약에 그런 방법이 있다면, 우리는 과학적 실재론에 관한 논쟁에 아예 휘말리지 않았을 터이다.) 여기에서 우리가 또렷이 마주하는 것은, 아무튼 현대 과학은 진리인 이론들을 생산한다는, 표준적인 과학적 실재론자들 사이에 만연한 선입견이며, 그 선입견은 단지 과학에 대한 신앙일 따름이다.

개별 이론의 수준에서는 성공에 기초한 논증이 설득력을 발휘할 가망이 더 높다. 그러나 이 수준에서도 그 논증에 대한 옹호가 그럴싸하게 보이는 것은 오로지 과학에 대한 신앙이 뒷받침해주는 덕분이다. 표준적인 과학적 실재론자들은 현재 충분히 성공적인 과학 이론들이 기본적으로 진리라는 믿음을 이미 품고서 토론장에 들어선다. 그리고 그들은 과학에 대한 신앙에 기반을 둔 직관적 사례들을 들이댄다. 우리는 모두 다음과 같은 생각에 동의할 것을 권고받는다. 세상은 전자와 양성자를 비롯한 낱낱의 입자들로 이루어졌음을 우리는 확실히 안다. 아, 물리학과 화학의 원자 이론은 얼마나 성공적인가! 마찬가지로, 뉴튼의 이론이 그토록 성공적이었던 것은 명백히 중력이라는 놈이 실제로 있기 때문이다. 또 만일 DNA가 실제로 분자유전학이 서술하는 대로 기능하는 이중나선 분자가 아니라면, 현대의 유전자 조작의 온갖 경이로운 성공들을 어떻게 설명할 텐가? 이런 사례들의 기능은 다원주의적 상상을 마비시키는 것이다. 이 사례들에서 현실의 이론만큼 성공적인 대안 이론을 상상하는 것은 우리 대다수에게 단적으로 불가능하고, 우리는 신자들에게 지적인 집단 괴롭힘을 당하면서, 현대 과학은 기본적으로 진리를 말한다는 것에, 왜냐하면 다른 대안은 있을 수 없기 때문이라는 것에 동의하라고 강요당한다.

다원주의는 성공에 기초한 논증을 완전히 탈선시킬 수 있다. 만일 서로 충돌하는 다수의 이론이 있고 그 모두가 비슷한 정도로 경험적으로 성공적이라면, 어느 한 이론의 성공을 그 이론의 독점적 진리성이 낳는 결과로 설명할 생각이 전혀 들지 않을 것이다. 오히려 우리는 전혀 다른 무언가를 설명하려 애쓸 것이다. 즉, 서로 경쟁하는 다수의 이론이 어떻게 모두 그렇게 성공적일 수 있는가에 대한 설명을 모색할 것이다. 상상의 실패는 묵직한 철학적 질문에 대한 판단을 떠받치기에 알맞은 토대가 아니다. 다행히 과학사와 현재의 과학에 관한 더 나은 지식이 이 대목에서 도움이 될 수 있다. 방금 열거한 직관적으로 설득력을 발휘하는 사례들을 다시 살펴보자. 19세기 원자 화학이 분할할 수 없는 원자의 개념에 기초하여 누린 성공은 그 개념의 독점적 진리성에 의해 설명되지 않는다. 전혀 다른 방향의 성공들이 원자 구조에 대한 탐구에서 나왔으며, 그 결과로 원자의 어원(a-tom = '자를 수 없음')은 농담거리로 전락했다. 뉴튼이 제시한 중력이론의 성공은 그 이론이 친숙하게 적용되는 영역들에서는 여전히 부인할 수 없지만, 우리는 엄청나게 성공적인 또 다른 이론 곧 일반상대성이론을 이미 한 세기 전부터 알고 있다. 이 이론은 뉴튼이 상상한 대로의 중력이 실재한다는 것을 부정한다. 또 DNA 분자의 이중나선 구조가 여전히 타당한 것은 맞지만, 유전정보의 흐름에 관한 원래의 '중심 교리central dogma'는 현재 후성유전을 더 중시하는 설명들과 진지하게 경쟁하는 중이다. 주류 과학은 언제나 기본적으로 유일무이한 진리인 이야기를 내놓는다는 신앙을 제거하고 시작할 수 있다면, 논쟁들은 훨씬 더 흥미롭고 유익할 수 있을 것이다.

2.5 실제 재현들

이로써 나는 능동적 지식관을 향하여 더 긍정적인 고찰에 착수할 준비를 갖췄다. 대응은 능동적 지식에서 실제로 중요한 역할을 한다. 대응은 이론과 세상 사이에 성립하는 관계로서가 아니라 현실적인 재현representation(이 단어의 통상적인 번역어 '표상'과 '재현' 가운데 이 절의 논의에 더 어울리는 것은 '재현'임 – 옮긴이) 실천의 내부에서 발생하는 관계로 간주되는 것이 최선이다. 칸트의 어법으로 표현하면, 실천에서 유의미한 대응은 양쪽 다 페노메나 영역에 속한 두 항목을 연결한다. 그런 대응은 페노메나 영역의 항목과 누메나 영역의 항목을 연결하지 않는다. 현실적인 재현 활동에서 우리는 한 항목이 다른 항목을 대리한다고 간주한다(또는 그 대리를 위해 새로운 항목을 창조한다). 재현되는 항목이 어떤 유형이고 재현하는 항목이 어떤 유형인지에 따라, 또 재현의 목적이 무엇이냐에 따라, 재현의 유형은 다양하다. 재현 관계를 맺는 항목들은 물질적 대상들일 수도 있고, 데이터/정보, 사건/과정, 관념/기호/관계일 수도 있다. 우리가 실제 재현에서 무엇을 하는가에 대한 숙고는 은유들을 더 생산적으로 다루는 데에도 도움이 되어야 한다. 그러면 은유들은 실제 실천을 더 정확히 반영할 수 있을 것이다.

실천에서의 대응

지금까지 나는 우리의 단어나 개념이 정신에 의해 틀지어지지 않은 실재 부분과 어떻게 대응하는지 알아낼 수 있다는 생각에 맞서, 또는 애당초 그런 대응을 유의미하게 생각할 수 있다는 생각에 맞서 의심을 제기했다. 이제 나는 과학과 일상에서의 실제 실천들을 고찰하면서, 실천에서 작동하는 더없이 간단명료한 대응 개념이 있음을 지적하고자 한다. 비트겐슈타인의 말마따나 "'실재와 합치함agreement'이라는 말이 사용될 때, 그 말은 메타논리적 표현으로서가 아니라 계산의 일부로서, 일상언어의 일부로서 사용된다".[31] 비트겐슈타인의 뜻을 계승하여, 대응 문제를 인식론의 **작업적** operational 문제로서 다루기로 하자.

우리가 실제로 작업에서 고려할 수 있는 유의미한 대응은 칸트의 페노메나 세계에 속한 두 항목 사이의 대응이지, 우리의 생각과 누메나 세계의 부분 사이의 대응이 아니다(애당초 우리는 누메나 세계에 '부분'이 있다는 말조차 할 수 없다). 누메나 세계와의 대응이라고 내세워지는 많은 중요한 사례에서 실제로 성립하는 것은 '모조ersatz'(가짜fake) 대응이며, 그런 대응에서는 단지 재현의 표적이 누메나 실재의 어떤 부분인 것처럼 보일 따름이다. 그러나 우리는 그 사례들을 가짜 누메나 대응의 사례들로서가 아니라 **진짜** 페노메나 대응의 사례들로서 복권시킬 수 있다. 예컨대 공-막대 분자 모형이 '저 바깥에' 실재하는 분자를 재현하는 것처럼 보일 수도 있을 것이다(그림2.1 참조). 그러나 이 모형의 역할은 어떤 누메나의 재현이 아니다. 이 모형을 통해 우리가 실제로 하는 일은 원자가가 4인 탄소(즉,

---

31 출판되지 않은 원고에(Wittgenstein MS113, 49v, 1931) 들어 있는 이 인용문을 알려준 파스칼 잠비토에게 감사한다. Zambito(2019, 118쪽)에서 재인용.

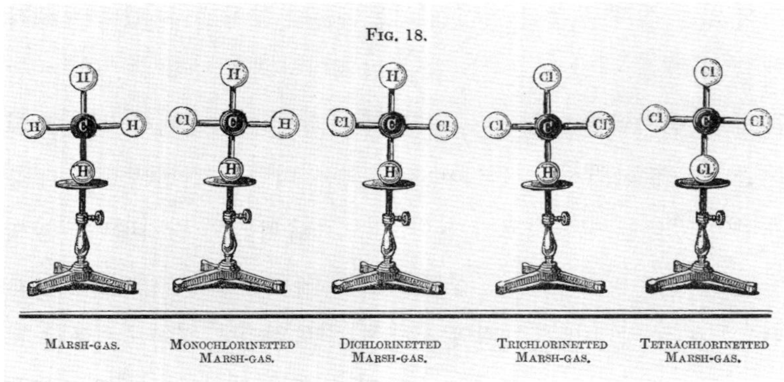

그림 2.1. 아우구스트 호프만의 공—막대 분자 모형(1865), 425쪽. Cambridge University Library 제공.

다른 원자나 기radical 4개와 결합할 역량을 지녔다고 간주되는 탄소 원자) 같
은 이론적 항목을 묘사하는 것이다. 이때 원자가가 4인 탄소는 실재
하지만 전적으로 정신에 의해 틀지어져 있다. 따라서 이런 모형들
은 아무 문제 없는 재현 활동의 사례들로 간주될 수 있다.[32] 그러나
이 모형이 누메나 실재를 재현한다고 주장한다면 우리는 곧바로 다
시 선형상화의 오류에 빠지게 된다. 이 경우에 우리가 하는 행동은
먼저 원자가가 4인 탄소가 실재Reality라고 정당화 없이 선언한 다음
에, 따라서 탄소의 원자가가 4임을 충실히 재현하는 모형이라면 어
떤 것이든지 실재와 대응한다고 할 수 있다고 주장하는 것이다. 이
런 행마가 선결문제 요구의 오류라는 점은 이미 2.4절에서 과학에
대한 신앙이 선형상화의 오류를 뒷받침해준다는 점을 논할 때 지적

---

32 내가 보기에 이 같은 나의 견해는 이 분자 모형이 허구지만 규칙에 기초를 둔
다는 애덤 툰의(2012, 4장) 설명과 양립 가능하다.

한 바다.

　　나의 취지는 대응 개념을 통째로 버리자는 것이 아니다. 오히려 우리의 재현 활동들에서 실제로 벌어지는 일을 더 잘 이해함으로써 지금 여기에서, 우리가 실제로 사는 이 세상에서 유의미한 대응이 어떻게 성립하는지 따져봐야 한다는 것이다. 반 프라센의(2008, 7쪽) 구호를 빌려 말하면, "재현들은 재현 활동에서 생산된다". 내가 보기에 이 구호는 해킹이 '재현representation' 대신에 '재현하기representing'를 거론함으로써 재현을 개입하기와 다를 바 없는(물론 잘 알려져 있듯이 그는 재현하기 활동과 개입하기 활동을 대비하지만) 실천적 활동으로 간주하는 것과 맥이 통한다. 반 프라센은 이렇게 설명을 이어간다. "A가 B를 재현하는지 여부, 재현되는 항목인 B를 C로 재현하는지 여부는 주로, 때로는 오로지, A가 사용되는 방식에 달려 있다… 무언가가 무언가를 이러저러하게 재현하기 위해 사용되거나 만들어졌다는 의미, 또는 그렇게 재현한다고 간주된다는 의미를 제외한 다른 의미의 재현은 없다." 그리고 그는 재현의 사용은 목적을 품은 행동의 맥락 안에서 이해되어야 한다는 점을 매우 분명히 한다. "'사용'과 그 비슷한 말들이 의도적 활동을 전제한다는 점을 중심으로 그 말들을 이해하지 않는다면, 재현이란 무엇인가에 관한 우리의 수수께끼들은 해소되지 않는다"(van Fraassen 2008, 23쪽, 강조는 원문. 또한 249쪽). 기어리가(2004, 743쪽) 도식화한 대로, 올바른 재현하기 형식은 "S는 목적 P를 품고 W를 재현하기 위해 X를 사용한다"이다. 재현하기를 이루는 인식 활동들을 고찰하고자 할 때 나는 낸시 너세시언(2008), 메리 모건과 마거릿 모리슨(1999), 낸시 카트라잇(2019)을 비롯한 여러 철학자의 선구적 연구를 길잡이로 삼는다. 이 위대한 철학자들의 정신을 계승하여 이렇게 묻자. 우리가 무언가를 재현할 때 하는 일은 과연 무엇일까?

아주 일반적으로 말하면, 재현하기란 어떤 항목의 특정한 특징들을 표현하는 새로운 항목을 창조하기(또는 기존의 항목을 지목하기)다. 마우리띠오 수아레쓰가(2016, 453쪽) 지적하듯이, 이는 R. I. G. 휴스가 강조한 재현에서의 '가리키기denotation' 관계와 유사하다. 재현하기 활동은 오로지 재현될 대상이 이미 명확히 인지되어 있을 때만 사리에 맞는다. 구호로 표현하자면 이러하다. 우리는 이미 제시되어 있는presented 것만 재현한다represent.[33] 지금 거론되는 '항목'은 형식적 시스템을 포함해서 어떤 유형이라도 될 수 있다. 재현자의 의도는 재현하는 대상('원천source'[34])을 재현되는 대상('표적target')의 대리물로 삼는 것이다. 재현되는 대상의 특정한 특징들과 재현하는 대상의 특정한 특징들 사이의 연결이야말로 재현에서의 진짜 대응 관계다.

거듭 말하지만 재현은 목적을 품은 활동이며 특정 목표의 성취를 촉진하기 위해 수행된다. 재현은 재현되는 대상의 핵심 특징들을 강조하고 다른 특징들을 억누름으로써 우리가 그 대상을 이해하는 데 도움을 줄 가능성이 있다. 또 수아레쓰가(2004) 재현에 대한 추론적 이해에서 강조하듯이, 재현은 계산이나 추론에 도움을 줄

---

33 캐서린 브레이딩과 일레인 랜드리는(2006) 구조주의를 논하면서 '제시와 재현presentation and representation'이라는 화두를 사용한다. 이 논문을 알려준 밥 보스에게 감사한다.

34 나는 이 용어가 오해를 일으킨다고 늘 생각해왔다. 어쩌면 '대표representative'가 더 나은 용어일 것이다.

수도 있다. 또한 그래프와 도해diagram에서 보듯이, 재현은 우리가 정보를 소통하는 데 도움이 될 수도 있다. 또한 재현은 우리에게 영감을 주어 새로운 아이디어와 가설을 생산하거나 기존의 이론적 생각을 더 광범위하게 적용하도록 이끌 수도 있다. 또 우리가 길을 찾기 위해 지도를 사용할 때처럼, 재현을 더 실용적으로 사용하는 경우들도 있다(van Fraassen 2008에서 지도 사용을 논하는 3장 참조). 재현의 기능은 다양하며, 재현에 관한 좋은 일반 이론은 재현의 중요한 기능들 대다수를 수용할 수 있어야 한다.[35]

무엇이 무엇을, 무엇을 위하여 재현하는가?

또한 재현되는 항목의 유형에 따라, 그리고 그 항목을 재현하기 위해 우리가 사용하는 항목의 유형에 따라 다양한 유형의 재현이 존재한다. 이 다양성은 재현을 전문적으로 연구하는 철학자들에게는 놀랍지 않을 수도 있겠지만, '세상'을 재현하는 수학화된 이론들에 관한 논의에 몰두하는 이들에게는 새로운 사정일 것이다. 물질적 대상, 데이터, 생각, 사람을 비롯해서 거의 모든 유형의 항목이 재현의 표적과 원천이 될 수 있다. 크리스 소여의(1991, 450쪽) 말마따나, "사례들의 다양성이 암시하는 바를 볼 때, 창의력과 의지가

---

35 로만 프릭과 제임스 응우옌의(2020, xii쪽) 최신 연구는 재현의 기능들을 고찰하는 접근법에서 멀어지는 쪽으로 방향을 잡는다. 그들은 모형이 다양한 기능을 갖는 것을 허용하면서 재현 자체를 (모형이 가진) 한 기능으로 간주한다.

충분하다면, 어떤 것이라도 동원하여 거의 모든 것을 재현할 수 있으며, 우리가 재현을 사용하는 방식도 거의 같은 수준으로 다양하다". 모든 가능성을 논하려 하는 대신에 나는 이제부터 과학과 일상에서 특히 중요한 원천-표적 쌍 몇 개를 간략히 언급하고자 한다. 재현 관계의 엄청난 다양성을 깨달으면, 재현하기란 '세상의' 물질적 '요소들'을 이론적 구조들로 재현하기라는 고정 관념에서 벗어나는 데 도움이 될 것이다.

때때로 우리는 물질적 대상을 수학적 구조를 통해 재현하며, 이 재현은 '외부세상'이 이론에 의해 재현된다는 은유의 가장 명확한 기원이다. 그러나 때때로 우리는 물질적 대상을 조각상이나 물리적 모형과 같은 다른 물질적 대상을 통해 재현한다. 재현의 수단(원천)으로서의 물리적 모형과 수학적 모형 사이 어딘가에 그림과 사진이 있다. 재현의 표적은 물리적 대상이 아니라 데이터 집합이나 관찰된 사실일 때가 많다. 가장 간단한 예로 데이터 점들의 집합을 재현하는 그래프를 들 수 있다. 조금 더 복잡한 예로는 지도, 그리고 부분론적 데이터, 지질학적 데이터, 기타 유형의 데이터를 보여주는 '맵map'이 있다. 이것들에 못지않게 중요한 예는 생각을 표현하는 재현이다. 등식은 과학적 개념들 사이의 관계를 재현하고, 도식화된 인간 아이콘은 젠더 관념을(그리고 화장실 사용에서 남녀의 분리를) 재현한다. 신호등은 멈춤 및 진행 명령을(또는 당신의 현재 행동의 반대를 준비하라는 명령을) 재현한다. 재현의 표적으로서의 생각은 수학적 구조도 포함하며, 수학적 구조는 때때로 물리적 모형에 의해 재현되지만(대수식을 기하학적 모양으로 재현하는 해석기하학에서처럼) 다른 수학적 구조에 의해 재현될 때가 더 많다. 전 세계의 국회와 지방의회에서 의원들은 다른 사람들을 재현(대표)한다. 이 대표자들은 또한 판에 박힌 듯이 특정한 가치, 이데올로기, 이해 관심을 재현한다고 공언한다. 측정에 관한 재현 이론에서 측정 척도들은 측정 작업들 사이에 성립하는 관계들을 재현한다. 사건들의 계열은 이야기나 연극에 의해 재현될 수 있다. 멜로디는 악보에 의해 재현될 수 있다. 현대 미술에서는 아무튼 재현이 이루어지고 있는지가 때로는 불분명하다. 또 삶의 수많은 영역에서 기호를 통한 재현이 이루어진다. 이 재현에서 기호는 외견상 표적과 유사하지 않은데도 표적을 대신한다. 그리하여 어떻게 의미가 기호에 붙박이는가, 라는 질문이 여기에서도 발생한다.

간단히 말해서 우리가 얼마나 강한 의지로 시도하느냐에 따라서, 또 그 시도가 우리의 목적에 얼마나 효과적으로 종사하느냐에 따라서, 거의 어떤 유형의 사물이든지 사용해서 어떤 유형의 사물이라도 재현할 수 있다. 그런데 엄청나게 다양한 이 실천들 가운데 어떤 것도 '세상'(또는 '세상'의 작은 구획)을 재현의 표적으로 삼지 않는다. 실제 재현들에서 표적은 원천과 마찬가지로 접근 가능한 사물이다. 예컨대 (앞서 그림2.1이 보여준 공-막대 분자 모형에서) 검은 크로케 공에 박힌 막대 4개는 탄소의 원자가가 4임을, 즉 탄소 원자는 다른 원자(나 원자 집단) 4개와 결합할 수 있다는 우리의 이론적 생각을 재현한다. 이 모형에서 우리가 묘사하는 것은 이론적인 탄소 원자 개념이지, 사물자체가 아니다. 이 공-막대 모형을 창안한 아우구스트 호프만은 자신의 모형이 무엇을 재현해야 하는지 정확히 알았다. 왜냐하면 그와 그의 동료들은 그 모형이 재현해야 할 이론을 만든 당사자였기 때문이다. 이 사례에서 대응은 쉽게 성립하고 강화된다.

왜냐하면 모형과 표적이 둘 다 인간에 의해 만들어졌기 때문이다. 세상 그 자체는 대응하는 양편 중 어느 쪽에도 등장하지 않는다.

현실적인 재현과 일부 사람들이 막연하고 무책임하게 열망하는 재현을 구별할 필요가 있다. 어떤 항목을 상상하면서 우리의 이론이 그 항목을 완벽하게 재현한다고 말하기는 재현 행동이라고 하기에 부족하다. 진짜 재현은 입증 가능하며 공허하지 않은 대응을 필요로 한다. 그리고 거듭 말하지만 우리는 선형상화의 오류를 피해야 한다. 그 오류는 우리를 부추겨 공-막대 분자 그림이 실재라고 상상하면서 우리의 이론이 실재를 아주 잘 재현한다고 판단하며 만족하도록 유도하지만 말이다. 명백히 누메나 실재의 영역이 아니라 페노메나 실재의 영역 안에서 이루어지는 우리의 현실적인 재현 활동들에 초점을 맞추면, 우리는 그 활동들에서 실천적으로 유의미하고 유용한 대응 개념도 발견하게 된다. 예컨대 우리가 '여기에 물이 있다'라고 말하는 상황과 '여기에 H_2O 분자들이 있다'라고 말하는 상황 사이의 진짜 대응은 '물은 H_2O다'와 이 문장이 표현하는 바를 말없이 보여주는 어떤 신비로운 외부세상 사실 사이의 대응이 아니다. 진짜 대응 관계의 양편을 이루는 대상들, 작업들, 묘사들, 사실들은 모두 페노메나 영역 안에, 우리가 사는 세상 안에—우리가 들어 옮기고 쌓는 목제 의자들과 책상들이 있는 바로 이 세상 안에 존재한다.

세상 바깥이 아니라 안에서 일어나는 재현의 진보

2.1절에서 나는 우리가 알 수 있는 세상과 '저 바깥에' 존재하는 궁극의 실재를 갈라놓는 생각을 표현하는 다양한 은유들을 경계하라고 조언했다. 나는 그런 은유들이 심각한 오해를 유발한다는 점을 논증했다. 방금 간략히 살펴본 실제 재현과 실제 대응을 숙고하면 세상-재현 및 세상-대응을 거론하는 은유들을 극복하는 데 도움이 될 것이다. 대응 여부가 실제로 판정될 수 있는 현실적인 재현을 실천할 때는 은유를 끌어들일 필요가 없으며, 우리가 실제로 무엇을 하는지 간단히 말할 수 있다. 과학적 실천과 기타 실천들을 논할 때 외부세상 은유를 회피하기가 그리 어렵지 않아야 마땅하다. 그리고 우리는 그런 실제 재현 사례들에서 유래한 직관들을, 실은 재현도 없고 검증할 대응도 없는 영역들에 전이하는 부당한 행동을 조심스럽게 멈춰야 한다.

굳이 은유를 사용해야 한다면, 알아채지 못하는 채로 은유에 지배당하는 노예로서가 아니라 의식적으로 은유를 지배하는 주인으로서 그렇게 하자. 구체적인 논점을 표현하기 위해 은유를 사용하고, 은유적인 그림의 모든 면모를 곧이곧대로 받아들이지 말자. 아래 인용문의 은유는 실제 재현을 숙고하는 데 도움이 될 수 있다. 이 은유는 우리의 지식이 진보한다는 말의 의미를 전달하면서도 '세상'에 속하지 않은 무언가로 세상을 재현한다는 생각을 회피한다. 이 은유의 출처는 알베르트 아인슈타인과 레오폴트 인펠트가 쓴, 물리학의 역사를 다루는 대중적인 책이다(1938, 159쪽).

새 이론을 창조하는 것은 낡은 헛간을 허물고 그 자리에 고층빌딩을 세우는 것과 다르다고 말할 수 있다. 새 이론의 창조는 오히려 산에 오르는 것과 유사하다. 우리는 더 넓은 광경을 새롭게 마주하고, 우리의 출발점과 그 주변의 풍부한 환경 사이에 예기치 못한 연결들이 있음을 발견한다. 그러나 우리의 출발점은 여전히 존재하고, 우리는 그 출발점을 볼 수 있다. 비록 그 출발점은 더 작게 보이고, 우리가 다사다난한 등산길에 난관들을 돌파함으로써 얻은 너른 시야의 미미한 일부일 따름이지만 말이다.

플라톤의 동굴 은유 같은 것과 비교할 때, 이 등산 은유는 결정적인 단박 탈출, 계몽, **열반**의 이미지 대신에 점진적 진보의 이미지를 제공한다는 점에서 더 현실적이다. 등산길에서 우리가 도달하는 관점 각각이 새로운 광경을 드러내고, 그 덕분에 우리는 과거 광경들을 더 깊게 이해하게 된다(앞서 나는 한 동굴에서 더 큰 동굴로 옮겨가기를 반복하는 것을 은유적으로 언급했는데, 이 등산 은유는 그 은유와 상당히 유사하면서 더 현실적이다). 그리고 우리는 아인슈타인 본인도 다른 여러 곳에서 표현하는 열망에 맞서, 지금 우리가 유일무이한 꼭대기에 도달하려 애쓰는 중이며 거기에 도달하면 **모든** 것을 보게 되리라는 생각의 유혹에 넘어가지 말아야 한다. 그리 멀지 않은 어딘가에 더 높은 봉우리를 가진 다른 산이 있을 것이며, 우리는 우리 자신이 도달한 작은 봉우리를 세상의 꼭대기로 간주하는 편협함에 저항해야 한다. 하지만 가장 높은 산이, 지식의 에베레스트산이 어딘가에는 있지 않을까? 에베레스트산은 물론 존재한다. 그러나 비행기를 타고 히말

라야산맥 위로 날아가는 사람들은 에베레스트 정상이 가장 높은 장소가 아니라는 점을 너무나 잘 안다. 가장 높은 장소에 도달하기 위해 로켓을 타고 더 높이, 더 높이 올라가자… 지구를 벗어나 우리가 깨닫는 바는, 우주에는 '가장 높은 장소' 따위가 없다는 것이다. 우리 여로의 어딘가에서 '높은 장소'라는 관념은 지구에서 멀리 떨어진 장소라는 관념으로 바뀐다. '가장 높은 장소'를 생각한다는 것 자체가 애석하게도 몹시 좁은 시각이라는 점이, 그 생각 자체가 지구 거주자의 편협함이 낳은 산물이라는 점이 드러난다.

우리 자신이 선 자리에서 사물들을 보는 것 말고 다른 선택지는 없음을 겸허히 인정하자. 그 자리가 현재 우리가 갇혀 있는 동굴이건, 자랑스럽게 발 디딘 봉우리건 간에 말이다. 모순적인 '어디도 아닌 곳에서의 관점view-from-nowhere'을 추구하는 것은 부질없다. 실용적인 태도를 취하여, 우리가 우리의 관점에서 보는 그림을 '실재'로 간주하자. 이것은 완벽하게 정상적인 행동이다. 그리고 우리의 과거 견해를 우리의 진리의 근삿값으로, 심지어 착각으로 보는 것도 완벽하게 정상적이다. 하지만 진보가 직선으로, 곧 단일한 방향으로 이루어진다는 섣부른 생각에 빠지지 말자. 봉우리 1에서 본 광경이 봉우리 2에서 본 광경에 의해 격하되더라도, 봉우리 3에서 본 광경은 봉우리 2에서 본 광경보다 봉우리 1에서 본 광경을 더 많이 두둔할 가능성이 있다. 이런 갈지자 행보가 과학의 발전 과정에서 실제로 일어난다. 뉴튼을 계승한 물리학자들은 우주가 닫혀 있고 공 모양이라는 고대의 믿음을 조롱했다. 그러나 일반상대성이론이 등장한 후인 지금 평가하면, 추정된 우주의 모양 두 개 중 어느 쪽이 더 많이 틀렸을까? 우주는 유한하고 공 모양이라는 추정일까, 아니면 무한하고 '평평하다'는 추정일까? 쿤의([1962] 1970, 206~207쪽) 논평에 따르면, "몇몇 중요한 측면에서… 아인슈타인의 일반상대성이론과 아리스토텔레스의 이론 사이의 거리는 이 양자 각각과 뉴튼의 이론 사이의 거리보다 더 가깝다". 회피해야 할 핵심적인 실수는 편협할 수밖에 없는 우리 자신의 실재 버전을 절대적 실재로 신격화하는 것, 우리가 현재 보유한 최선의 그림을 신의 눈으로 본 세상의 광경으로 간주하는 것이다. 다른 개념적 기틀에 대한 우리의 평가는 우리 자신의 개념적 기틀에 기초하여 이루어질 수밖에 없다. 그 평가는 우리 자신의 개념적 기틀 안에서 표현되고 정당화될 수 있다. 궁극적으로 우리는 모종의 동굴 안에서 우리의 진리들과 실재들을 발견할 수밖에 없다.

3장

실재

REALITY

3.1 개관

'실재'를 보는 실용주의적 관점

나는 1장에서 지식의 본성을 숙고하는 것으로 이 책의 논의
를 시작하여 나의 능동적 지식 개념을 명확히 제시하고 능동적 지
식의 내부에서 명제적 지식이 어떻게 기능하는지 살펴보았다. 2장
에서는 능동적 지식 개념을 막힘없이 발전시키려면 대응실재론을
제쳐놓아야 한다는 점을 논증했다. 이제 다시 긍정적 논의로 복귀
하여 다음과 같은 질문을 긴급하게 제기할 필요가 있다. 지식은 무
엇에 관한 것일까? 우리는 무엇에 관한 지식을 가지고 있을까? 경
험적 지식과 관련해서는, 우리가 실재에 관하여 안다(혹은 알려고 애
써야 한다)는 것이 전통적인 직관이다. 우리는 사실들을 알고자 애
쓰며, 사실이란 실재의 상태다. 우리가 논하는 지식이 명제적 지식
이라면, 이 정도면 대답으로 충분할 법하다. 그러나 능동적 지식의
대상은 무엇일까? 이 질문 앞에서도 우리는 경험적 지식은 실재에

관한 지식이라는 생각으로 복귀한다. 왜냐하면 능동적 지식과 관련한 관건은 실재를 생산적으로 다루는 능력이기 때문이다. 이 막연한 생각들을 더 정확하게 표현할 필요가 있다. 또한 그러면서도, 실재는 완전히 정신 독립적이라는 생각으로 다시 퇴보하지 말아야 한다. 이 모든 논제를 명확히 다루기 위하여 나는 **작업적 실재관**(실재에 관한 작업적 견해)을 제안하고자 한다.

일상적인 영어에서 '실재'에 해당하는 'reality'는 단지 'real'에서 파생한 명사일 따름이다. 실천적인 상황에서 우리가 말하기를, 무언가가 ('존재한다existing' 혹은 '실제로 그러하다actual'라는 의미로) 'real'하다고 할 때 그 말은 무슨 뜻일까? 실재에 관한 철학적 논의는 사람들이 실생활에서 무엇이 'real'한지 판단하는 구체적인 방법들과 연결되어야 한다. 형이상학과 과학철학에서의 실재론을 다루는 토론에서 실재를 판별하는 구체적 기준이 제시되는 경우는 드물다. 오히려 모들린 등이(2.2절 참조) 주창하는 식의 형이상학적 실재론은 형이상학적 진리/실재와 과학적이거나 일상적인 탐구의 작업적 절차 사이의 내재적 연관성을 명시적으로 제거한다. '실험적 실재론experimental realism'에 관한 해킹의 논의는 다음과 같은 그의 구호에서 보듯이 신선한 예외다. "어떤 것들을 집어서 흩뿌릴spray 수 있다면, 그것들은 실재한다"(1983, 23쪽). 해킹이 보기에 "실재는 표상(재현)에 기생한다." 더 나은 표현으로 바꾸면, '실재 개념'은 '표상 실천'에서 유래한다(같은 곳, 136쪽). 실재의 구체적이며 작업적인 의미를 감지하려면 1.6절에서 설명한 실용주의 정신을 계승하여 우리의 실천들에 마땅한 관심을 기울여야 한다. 또한 나는 아래 인용문에서 오스틴이([1957] 1979, 181~182쪽) 옹호하는 일상언어 철학의 정신도 어느 정도 계승한다.

> 우리가 공유한 어휘는 수많은 세대의 사람들이 지을 가치
> 가 있다고 여긴 모든 구별과 맺을 가치가 있다고 여긴 모든
> 연결을 구현하고 있다. 그 모든 구별과 연결은 당신이나 내
> 가─가장 선호되는 대안적인 방법대로─안락의자에 앉아
> 오후를 보내며 생각해낼 법한 어떤 구별 및 연결보다 더 건
> 전할sound 개연성이 확실히 높다.

언어적 실천과 과학적 실천은 철학을 이끄는 오류 불가능한 길잡
이가 아닌 것이 틀림없다. 그러나 그 실천들은 검토할 가치가 있는
그럴싸한 통찰들의 원천이다. 그 실천들은 인식론에서 어떤 출발
점에 못지않게 좋은 출발점이며 형이상학적 함의들도 명확히 지
녔다.

일상에서 우리는 무엇이 실재하는가에 대한 판단을 다반사
로 내린다. 일부 사물들을 실재하는 것들로 취급하고 다른 사물들
을 실재하지 않는 것들로 취급하기는 우리가 살아가는 방식에서
아주 중요한 부분이다. 과학자들도 똑같은 판단을 한다. 비록 그들
은 자신의 판단을 표현할 때 '실재'라는 전문용어를 사용하는 일
이 드물고 통계적 유의성 등을 거론하는 편을 선호할 수도 있겠지
만 말이다. 구체적 실천의 내부에 있을 때, 그 실천이 어떤 유형이
건 상관없이, 우리는 무엇이 실재하고 무엇이 그렇지 않은지 판단
하는 방법을 아주 잘 안다. 그리하여 우리는 '유령은 실재하지 않
는다', '네스호의 괴물은 실재하지 않는다', '플라세보 효과는 실

재한다', '반물질은 실재하며, 암흑물질도 아마도 실재한다', '오랫동안 박테리아 세포 내부에 실재하는 소기관으로 여겨진 메소솜 mesosome은 알고 보니 전자현미경 관찰을 위해 세포를 화학적으로 고정하는 과정에서 생성되는 인공물이었다'[1] 같은 판결에 도달한다. 때때로 실천에서 과학자들은 (예컨대 최면술mesmerism이나 소빙하기Little Ice Age가) '실재하는가, 실재하지 않는가'라는 질문에 확실히 대답하지 못하지만, 어떻게 대답에 도달해야 하는지 알며, 그러면서도 자신의 대답이 오류일 수 있음을 인정한다. 이 모든 상황에서, 실재함이 무엇을 의미하는지가 혼란스럽다고 느끼는 사람은 없는 듯하다.[2] 비록 구체적인 질문에 대한 대답과 관련해서는 의견의 불일치가 있더라도 말이다.

---

1 메소솜 에피소드를 훌륭하게 서술하는 문헌으로 Rasmussen(1993) 참조.

2 이 대목에서 일상언어의 애매함을 해소하는 작업이 반드시 필요하다. 영어 'real'은 '실재함'뿐 아니라 '진짜임genuine'('가짜임'이나 '모방임'의 반대), '현실적임actual'('허구적임'의 반대), '모범적임exemplary'(예컨대 '모범적인 신사'에서)을 의미할 수도 있는데, 이 의미들은 현재 논의에서 나의 직접적인 관심사가 아니다(또한 'real'이 지닌 이 모든 의미가 모든 언어에서 동일한 단어로 번역되는 것도 아니다). 사람들은 'real'이 지닌 이 다양한 의미들을 혼동하지 말아야 한다는 점을 안다. 이를테면 이 '루이뷔통' 핸드백은 'real'하지 않지만 'real'하다고 모순 없이 말할 수 있다. 즉, 이 '루이뷔통' 핸드백은 '진짜(진품)'가 아니지만 '실재한다'고 말이다. 해리 포터는 'real'한(실재하는) 허구적 인물인 반면, 패리 호터Parry Hotter는 'real'하지 않다(실재하지 않는다). 그러나 나는 'real'한(현실적인) 인물을 데리고 점심을 먹으러 가는 것처럼 해리 포터를 데리고 점심을 먹으러 가는 것을 시도할 생각이 없다. (이 같은 다양한 의미들을 명확히 구별할 것을 조언해준 제임스 타르탈리아에게 감사한다.)

작업적 정합성과 실재함의 의미

나는 다음과 같은 정의를 **실재(실재함)에 관한 정합 이론** coherence theory of reality(real-ness)의 핵심으로서 제안한다. 무언가의 존재와 속성들에 유의미하게 의존함으로써 수행할 수 있는 작업적으로 정합적인 활동들이 있다면, 그 무언가는 그런 활동들이 있는 만큼 실재한다. 활동에서 '작업적 정합성'은 목표 지향적 조율을 의미한다는 점을 상기하라. 작업적 정합성의 관건은 사리에 맞게 하기다(1.1절, 1.4절 참조). 그리고 활동이 무언가에 '의존한다'고 할 때의 의존은 형이상학적으로 필연적인 의존을 뜻하는 것이 아니라 현실적인 사용과 필요를 뜻한다. 내가 보기에 이 같은 실재(실재함)의 정의는 실재라는 단어의 잘 확립된 많은 일상적 과학적 용례와 조화를 이룰 뿐더러, 경험주의 및 실용주의 맥락 안에서 실재론이 무엇을 의미해야 마땅한지를 명확히 밝히는 데 기여하는 매우 유용한 철학적 역할을 할 수 있다. '플라세보 효과는 실재한다' 같은 말을 할 때 우리는 주어로 호명된 사물이 어떤 과정 안에서 작동한다operative 는 우리의 판단을 표현하는 것이다. 그 사물의 존재는 중요한 차이를 산출한다. 양전자positron는 실재한다고 물리학자가 말할 때, 또는 개와 고양이는 실재한다고 우리가 말할 때, 그 말이 의미하는 바는, 양전자, 개, 고양이를 가지고 의미와 효과가 있는 일들을 할 수 있다는 것이다. 즉, 그 말의 의미는 이를테면 양전자를 사용하여 PET(양전자 방출 단층촬영)를 할 수 있다는 것, 또는 개와 고양이를 데리고 반려동물용품 상점에 갈 수 있다는 것이다.

이 대목에서 이를 유념해야 하는데, 내가 지금 취하는 행마는 '실재함'이라는 단어의 의미 자체를 건드린다는 점에서 의미론적이다.[3] 내가 제안하는 바는, 작업적 정합성은 형이상학적 실재성의 표지標識, indication로서 무언가가 실재함을 보여주는 증거의 역할을 한다는 것에 그치지 않는다. 오히려 나의 제안은 무언가가 실재한다는 말의 의미meaning에 관한 것이다. 나는 '실재함'이 작업적 의미 외에 다른 의미는 가지고 있지 않다고 주장하고 싶다. (내가 제안하고 있는 것은 실재함의 인식적 기준이 아니라 본질적constitutive 기준이다.) 대략적인 비유로 설명하면 이러하다. "너에게 두통이 있는지 너는 어떻게 아니?"라는 당신의 질문에 내가 "당연히 내 머리가 아픈지 보면 알지"라고 대답한다고 해보자. 이때 나의 대답은 내 머리의 아픔이 두통의 증상이라는 의미가 아니다. 내 머리의 아픔이 곧 두통이다. 그것이 두통이라는 단어가 의미하는 바다. '두통'이라고 불리는 어떤 플라톤적인 사물이 있고 내 머리의 아픔은 단지 그 사물의 증상 혹은 발현인 것이 아니다. 이 예에서와 마찬가지로 내가 제안하는 바는, 우리가 '실재함'이라는 용어를 사용할 때 전달하고자 하는 의미는 '정합적 활동을 지원할 역량을 지녔음'이라는 것이다. 이 제안이 옳다면, 무언가가 실재하기 때문에 정합적 활동을 지원할 수 있다는 말은 오해를 유발한다. 이런 유형의 인과적 담론은 우리의 생각에 불투명하고 거추장스러운 형이상학적 층을 추가로 끼워넣을 따름이다.[4]

---

3 혼란을 방지하기 위해 덧붙이는데, 이 행마는 '의미론적 실재론semantic realism'과 전혀 다르다. 의미론적 실재론의 핵심은 진술에 대한 이해를 진술의 실재론적 진리 조건에 대한 앎으로 환원하는 것이다.

나의 제안이 '실재'의 의미를 너무 심하게 왜곡하거나 망가뜨린다고 우려하는 사람이 많을 것이다. 이는 정당한 우려이며 향후 토론에서 갑론을박할 수 있는 사안이다. 하지만 무엇보다도 먼저 나는 나의 제안이 어떤 성격의 제안인지 명확히 밝히고 싶다. 내가 여기에서 제안하는 '실재함'의 정의가 그 단어의 현재 용례들을 모두 포괄한다고 주장하는 것은 아니다. 오히려 내가 주장하는 바는, 우리가 말하는 '실재함'이라는 단어의 의미는 '정합적인 활동을 지원할 역량을 지녔음'이어야 마땅하다는 것이다. 왜냐하면 내가 보기에 이 의미는 생산적 담론을 촉진할뿐더러 현재 다양한 실천에 내장된 '실재함'의 용례들 전체의 충분한 부분에 상당히 충실하기 때문이다. 요컨대 내가 하려는 일은 카르납이 말하는 명시화explication 프로젝트라고, 혹은 '개념 공학conceptual engineering'[5]이라고 할 수 있다. 유념해야 할 것은 우리가 사용하는 용어의 의미에 관한 선택권이 어느 정도 우리 자신에게 있다는 점이다. 예컨대 우리는 '두통'이라는 관찰 불가능한 질병 항목을 상정하고 머리 아픔

---

4 이 대목에서 나는 심지어 해킹의 '존재자 실재론entity realism'과도 결별한다. 데이비드 레스닉이(1994) 지적하듯이, 해킹의 논증은 경험적 성공을 설명하기 위해 실재성을 끌어들인다는 점에서 해킹 본인의 의도와 정반대로 성공에 기초한 실재론적 논증으로 주저앉는다(2.4절 참조). 해킹이 고려하는 것은 예측의 성공이 아니라 개입의 성공이지만, 이 점은 여기에서 그리 중요하지 않다. 그러나 해킹의 입장을 절제된 인식적 주장으로 간주하면, 그 입장은 덜 문제적이게 된다. "이론화가 아니라 공학engineering이야말로 대상들의 과학적 실재성을 보여주는 가장 좋은 증명이다"라고 해킹이(1983, 274쪽) 말할 때, 우리는 '증명'을 단지 '우리가 (그 실재성을) 어떻게 아는가'라는 뜻으로 받아들여야 한다.

5 개념 공학의 기치를 내건 모범적인 연구를 보려면 Haslanger(2000), Brun(2016), Cappelen(2018)과 Dutilh Novaes(2020) 참조.

을 그 질병의 유일한 증상으로 간주하기로 결정할 수도 있다. 그러나 우리는 그 결정이 생산적인 행마일지 따져볼 필요가 있다. 이런 유형의 의미론적 제안에 대한 평가는 실용주의적으로 그 제안의 성과에 따라 이루어져야 한다. 왜냐하면 그보다 상위의 법정이란 존재하지 않기 때문이다.

또한 당연히 우리는, 무언가가 실재하는지를 우리가 어떻게 알까, 라는 별도의 질문도 다뤄야 한다. 내가 말하는 '실재함'의 의미에 따르면, 무언가의 존재와 속성들에 의존하는 작업적으로 정합적인 활동들을 어떻게 수행할지 우리가 (몸소) 알면 우리는 그 무언가가 실재함을 직접 아는 것이다. 타인들이 그런 활동들을 수행할 수 있음을 우리가 안다면, 우리는 그 무언가가 실재함을 간접적으로 아는 것이다. 만일 누군가가 그 무언가에 의존하여 정합적인 활동들을 수행할 수 있는데 우리는 이를 모른다면, 그 무언가는 실재하지만 우리는 그 무언가가 실재함을 모르는 것이다.

이 같은 인식 조건을 실재의 정의와 구별하면, 나의 제안들이 외적 실재의 존재를 우리의 주관적 앎에 종속시킨다는 우려가 가라앉아야 마땅하다. 확실히 단언하는데, 예컨대 숲속에서 나무 한 그루가 쓰러지는 소리를 듣는 사람이 아무도 없더라도, 그 나무는 실제로 쓰러진다. 여기에서 반사실적인 것들counterfactuals과 양상들modalities을 둘러싼 불필요하게 박식한 토론에 빠져드는 것은 피하기로 하자. '그 나무가 쓰러지는 소리를 듣는 사람이 아무도 없었더라도, 그 나무는 당연히 쓰러졌어'라고 사람들이 말할 때 그 말이 의미하는 바는, 누구라도 현장에 있었다면 그 소리를 들었을 터라는 것, 그 나무가 쓰러지는 자리에 운 나쁘게 누구라도 있었다면 그 나무에 깔렸을 터라는 것, 우리가 지금 거기에 가면 그 나무가 쓰러져 있는 것을 볼 수 있다는 것 등이다. 당신은 그 나무가 '실제로 쓰러짐'을 말하면서 무언가 더 기발한 다른 의미를 염두에 둘 수도 있겠지만, 그 경우에 당신이 무엇을 주장하든지 그 주장하는 바는 **자명한** 사실이 아니다. 무언가가 실재하느냐는, 그 무언가가 촉진할 수 있는 정합적 활동들이 있느냐에 달려 있지, 현재 우리의 인간 공동체가 그런 활동들을 실제로 수행할 능력과 의지가 있느냐에 달려 있지 않다. 따라서 아무도 모르지만 실재하는 무언가가 있을 수 있다. 무언가에 대한 앎의 부재는 그 무언가를 존재하지 않게 만들지 않는다.

그럼에도 예상하건대 많은 이는 실재함이 우리가 생각하거나 행하는 바에 **어떤 식으로든** 의존한다는 생각에 거리낌을 느낄 것이다. 내가 보기에 이 염려는 완곡하게 표현하더라도 과장이다. 예컨대 내가 형이상학적 실재론을 옹호하는 **접근 불가능성 논증** inaccessibility argument이라고 부르고자 하는 것을 살펴보자. 접근 불가능성 논증은 2.1절에서 논한 '과거에 기초한 논증'을 포함한다. 접근 불가능성 논증은 탐구자들이 접근할 수 없지만 의심의 여지 없이 실재하는 듯한 것들을 지목한다. 그런 것들이 있다면, 인간의 인지나 활동에 연루될 수 없지만 그럼에도 실재하는 것들이 있는 것이다, 라고 이 논증은 결론짓는다. 공룡들은 확실히 실재했으며, 6600만 년 전에 지구와 충돌하여 공룡을 멸종시킨 소행성 혹은 혜성도 확실히 실재했다. 그러나 당시에는 인간이 없었고, 따라서 공룡들이나 그 소행성이 관련된, 누군가가 수행할 수 있는 활동들이 없었다. 그렇다면 나는 이것들(공룡들과 그 소행성)의 실재성을 부정해야 하지 않을까?

이 반론에 대응하여 나는 이 접근 불가능한 것들에 대한 앎이 (현재의) 우리에게 전혀 없는 것은 아니라는 점을 우선 지적하고자 한다. 그 소행성의 과거 존재와 속성들에 의존하여 우리가 수행하는 정합적인 현재 활동들이 있다. 이를테면 지층들 속에서 그 소행성의 흔적을 찾아내기가 그런 활동이다. 머나먼 과거에 지구와 충돌하여 대량멸종을 일으킨 그 소행성이 관련된 정합적인 설명 활동을 할 때, 또는 공룡 화석이 관련된 정합적인 관찰 및 분류 활동을 할 때, 우리는 그 소행성과 공룡들의 실재성을 알기 시작한다. 이런 것들이 실재함을 과학자들은 안다, 라는 말이 사리에 맞을 길이 달리 있겠는가? 또 공룡들이 있었다고 우리가 철석같이 확신하는 이유가 달리 있겠는가?

다른 유형의 접근 불가능성들에 대해서도 마찬가지다. 예컨대 우주의 까마득한 변방에 있어 우리가 영영 도달하지 못할 대상들, 또는 우리가 절대로 직접 볼 수 없는(물론 현재 천문학자들은 블랙홀을 둘러싼 '강착 원반accretion disc'의 이미지들을 분주히 제작하고 있긴 하지만)[6] 블랙홀들에 대해서도 같은 얘기를 할 수 있다. 직접 개입을 실재성에 대한 앎의 기준으로 삼는 해킹의 견해는 실용주의자들이 보기에도 너무 엄격하다. 그 기준에 따라서 그는 천체들의 실재성이 심각하게 불확실함을 어쩔 수 없이 인정하는데, 그럴 필요가 없다(Hacking 1989; 관련 논쟁은 Shaper 1993 참조). 무언가를 정합적 활

동에 끌어들이기 위해서 우리가 꼭 그 무언가와 동일한 시간-공간적 위치에 있어야 하는 것은 아니다. 심지어 내가 그리 멀리 떨어지지 않은 평범한 대상을 그저 바라보고 있을 때도, 당신은 꼬치꼬치 따지며 나와 그 대상의 상호작용이 간접적이라고 말할 수 있다. 그 대상에서 반사한 후 내 눈에 도달하여 복잡한 신경 신호를 유발하는 광자들이 그 상호작용에 끼어든다면서 말이다. 더 나아가 당신은 실제로 내 정신에 전달되는 정보는 과거에 존재했던 대상에 관한 것이라고 지적할 수 있을 것이다. 왜냐하면 그 대상에서 반사한 광자가 내 눈에 도달하기까지 어느 정도 시간이 걸리기 때문이다. 그러나 이런 지적들은 철학적으로 중요한 귀결로 이어지지 않는다. 나는 거리를 걸으며 보는 가까운 과거의 고양이에게 실제로 '가닿을' 수 없다. 확실히 그러하다. 하지만 그래서 어쨌다는 말인가? 그리고 이것은 다름 아니라 먼 과거 공룡들의 접근 불가능성의 매우 완화된 버전이다. 나는 타임머신을 타고 그 공룡들에게 가닿을 수 없다. 그러나 그 고양이는 관찰 가능한 흔적들을 나에게 주었고, 그 공룡들도 마찬가지다. 나는 형이상학적 실재론자와 마찬가지로 그 고양이와 그 공룡들이 모두 실재한다고 판단한다. 여기에서 우리의 승부는 가려지지 않았다.

진보주의적 구성주의

이와 관련된 또 다른 우려는 실재하는 것들에 관한 나의 입장이 구성주의적 색채를 띤다는 것이다. 실재라는 형이상학적 개념을 실용주의적 이해에 기초를 둔 작업적 정합성과 연결하는 것이 이상하게 느껴질 수도 있을 것이다. 그렇게 하면 실재가 정신 독립성을 빼앗기지 않을까? 나는 2.1절에서 정신 독립성의 의미를 두 가지로 명확히 구분했는데, 이 대목에서 그 작업을 요긴하게 상기해야 한다. 나는 실재가 정신에 의해 틀지어져 있지만 정신에 의해 통제되지 않는다고 본다. 아닌 게 아니라, 정신의 통제에 종속되지 않음은 실재의 중요한 특징이다. 앞선 저서에서 나는 다음과 같이 말하기까지 했다. "우리 자신의 의지에 종속되지 않는 모든 것을 외적 실재로 간주하자고 나는 제안한다"(Chang 2012a, 220쪽, 번역서 464쪽). 이 제안은 일상언어에서 '실재'의 의미와도 들어맞는다. 내가 소장한 신뢰할 만한 〈콜린스 영어사전〉(4판, 1998)이 첫 번째로 제시하는 'reality(실재)'의 정의는 "누군가가 바라는 대로가 아니라 사물들이 이러저러하거나 이러저러하게 보이는 대로의 상태"다. 나는 다음 명제를 새로운 실재론적 상식으로 삼자고 제안한다. 모든 존재자는 정신에 의해 틀지어져 있지만, 그중 작은 일부만 정신에 의해 통제된다.

실재하는 대상들은 적어도 일부 측면에서 정신에 의해 통제되지 않는다. 그것들은 우리의 소망을 따르지 않는다. 그것들이 우리의 마음에 들게 행동할 때도, 그것들은 우리의 마음에 들기 위해서 그렇게 행동하는 것이 아니다. 심지어 우리가 순전히 규약적인 방식으로 정의하는 대상조차도 우리가 바라는 대로 통제할 수 없다. 별자리를 생각해보라. 우리가 특정한 별들의 집단을 상상으로 연결하여 '오리온'이나 '북두칠성'으로 정의하고 나면, 우리는 100만 년 뒤 그 별들 각각의 위치가 바뀌었을 때 그 집단의 모양이 어떠해야 하는지 명령할 수 없다. 요컨대 오리온자리는 명백히 정신에 의해 틀지어진 대상이지만 정신에 의해 통제되지 않는다. 형이상학적 실재론의 직감과 달리, 실재성의 핵심은 완벽한 정신 독립성이 아니다.

나의 실용주의적 실재관에 내재하는 구성주의는 경험주의적 앎을 추구하는 이들이 우려해야 할 만한 문제가 전혀 아니다. 이는 경험주의자들이 반 프라센의 **구성적 경험주의**를 우려할 필요가 없는 것과 마찬가지다(인식론적 구성주의를 긍정적으로 논하는 문헌으로 Boon 2015 참조). 새 개념을 창조하는 것만으로 실재를 창조할 수 있는 것은 아니다. 그러나 개념의 존재는 우리가 거론하거나 생각할 수 있는, 특정할 수 있는 대상이 있기 위한 전제 조건이다. 우리는 원하는 대로 개념을 만들 수 있지만, 그 개념이 지목하는 대상이 실재한다는 것이 밝혀질지 여부는 우리에게 달려 있지 않다. 우리가 창조한 새 개념이 가리키는 대상을 가지고 우리가 정합적인 활동에 종사할 수 있다면, 발명 과정이 성공적으로 이루어진 것이다. 이 과정은 '발견'이라기보다 '발명'이라고 불릴 자격이 있다. 그러나 이 과정의 성공은 우리의 통제 아래 있지 않으며, 이는 기술을 발명할 때와 마찬가지다. 굴리엘모 마르코니는 그저 자기 마음에 드는 임의의 방식으로 무선 전신 기술을 고안하지 않았다. 그의 작업들의 정합성은 위대한 성취였는데, 이는 바로 그 성취가 보장되어 있지 않았기 때문이다.

또한 나는 이를 강조하고자 하는데, 나의 견해에 들어 있는 구성주의가 어떤 것이건 간에 그 구성주의는 실재에 관한 우리 앎의 진보를 방해하지 않는다. 정반대로, 5장에서 상세히 논하겠지만, 실용주의적 실재 개념은 지식의 성장을 북돋기에 안성맞춤이다. 왜냐하면 그 개념은 인식의 진보가 띨 수 있는 다양한 형태들을 설명하는 데 도움이 되기 때문이다. 때때로 우리는 새로운 무언가를 상상하고 그 무언가에 기초한 정합적 활동들을 성공적으로 만들어냄으로써 그 무언가가 실재함을 알게 될 수 있다. 또 그 활동들의 정합성을 향상함으로써 우리의 앎을 개선할 수 있다. 더 나아가 다른 영역들에서 그 항목에 기초하여 수행할 수 있는 정합적 활동을 고안해봄으로써 그 영역들에서도 그 항목이 실재하는지 알아볼 수 있다. 또 이미 익숙한 영역에서 수행할 수 있는 다른 활동들을 추가로 고안함으로써 우리 앎의 증가를 시도할 수 있다. 일반적으로 우리의 앎은 우리가 더 많은 정합적 활동들에 종사할 수 있게 되고 정합성이 더 높은 활동들에 종사할 수 있게 됨에 따라 성장한다. 실재에 대한 우리의 배움이 실제 실천에서 어떻게 일어나는지에 관해서는 아직 할 얘기가 아주 많이 남아 있는데, 본격적인 논의는 3.2절과 3.3절에서 펼쳐질 것이다.

순수한 정신적 활동이 다루는 실재가 있을 수 있을까?

나의 논의를 이어가기에 앞서 간략히 살펴볼 가치가 있는 별개의 사안이 하나 있다. 나의 작업적 정합성 개념은 순수한 정신적 활동의 영역을 포함해서 삶의 어떤 영역에라도 적용되는 듯하다. 그렇다면, 상상된 혹은 허구적 대상이 작업적으로 정합적인 정신적 활동을 지원할 수 있다면, 그런 대상에도 실재성을 부여해야 할까? 이와 유사한 질문이 수학에서 상정되는 형식적 대상들과 관련해서도 제기될 만하다. 허수에 의존하여 많은 정합적인 수학적 활동을 할 수 있으므로, 허수는 실재할까? 내가 보기에 이런 질문들에 대한 올바른 대답은 모두 '그렇다'이다. 언뜻 터무니없다고 느끼는 독자도 있겠지만, 더 면밀히 숙고하면 그 느낌은 해소될 것이다.

그 느낌을 바로잡는 방법으로 즉각 떠오르는 것 하나는 실재의 다양한 유형을 구분하는 것일 텐데, 이 방법은 존 뒤프레가 (1993, 36쪽) 한때 '문란한promiscuous 실재론'이라고 부르며 옹호했던 다원주의적인 형이상학적 태도와 맥이 통한다. 문란한 실재론에 따르면, 동일한 영역에 속한 대상들을 타당하게 나누는 분류법이 여러 가지일 수 있다. 이 생각을 더 확장할 수 있다. 무언가를 물질적인 혹은 물리적인 것으로 취급하는 정합적 활동을 그 무언가가 촉진할 수 있다면, 곧바로 우리는 그 무언가가 물질적 혹은 물리적 실재성을 보유했다고 말할 수 있다. 예컨대 −1의 제곱근은 물질적 대상이 아니며 어떤 정합적 활동에서도 물리적 역할을 하지 않지만, 정합성이 매우 높은 많은 수학적 활동에 결정적으로 기여한다는 의미에서 형식적 실재성을 보유한다. 마찬가지로 엑스칼리버는 허구적 영역 안에서 실재하는 대상이다.

그러나 이 모든 다양한 영역에서 공통으로 성립하는 사정이 하나 있다. 즉, 어떤 영역에서든지 우리가 고안하는 활동이 정합적인지 여부는 우리에게 달려 있지 않다. 순수한 정신적 활동의 영역에서도 마찬가지다. '사각형 원'의 관념은 말로는 제시될 수 있지만 종이 위에 구현될 수 없으며 시각적 상상으로도 구현될 수 없다. 마찬가지로, 당신은 주어진 수열의 극한을 알아내려 노력할 수 있지만, 만일 그 수열이 발산한다면, 당신의 노력은 정합적인 활동이 아니다. 이런 의미에서, 직관적인 실재 개념의 바탕에 깔린 정신에 의한 통제의 부재는 정신적 활동들에도 적용된다. 미리 정해진 확실한 결과의 부재도 마찬가지다. 이 부재는 경험적 영역의 근본적 특징이다. 내가 말하는 실용주의 정신(1.6절 참조)에 따르면, 우리가 살면서 하는 모든 활동은 경험적이며, 실재하는 것들을 다룬다.

실재를 거론하지 않는 방법

지금까지 나는, 한 항목이 실재한다는 것이 무슨 뜻이냐, 하는 문제를(실재함으로서의 '실재'를) 논했다. 이제 나는 또 다른 의미의 '실재'를 다루고자 하는데, 형이상학적 담론에서 더 통상적으로 거론되는 이 '실재'는 '저 바깥에' 존재하는 무언가, '세상' 등으로 불린다. 나는 이 실재 개념도 최대한 겸허하고 구체적인 방식으로 취급하자고 제안한다. **실재들**realities이란 간단히 실재하는 것들을 뜻한다고 하자. 이 어법에서 '실재'는 가산명사이며 (영어에서) 앞에 관사가 붙지 않은 '실재'는 (실재함을 뜻하는 '실재'와 달리) 문법에 어긋난다. 성가시게도 영어에서 형용사 'real'의 명사형인 '실재reality'는 이처럼 의미가 이중적이지만, 내가 제안하는 '실재'의 두 의미('실재함'과 '실재하는 무언가')는 쉽게 조화를 이룬다. 형용사에서 파생한 다른 영어 명사들 중 일부도 동일한 이중성을 나타낸다. 예컨대 'absurdity'는 터무니없음을 의미할 수도 있고 터무니없는 무언가를 의미할 수도 있다. 참새 한 마리는 '한 실재a reality'다, 라는 말은 약간 어색하지만, 이 어법에 익숙해지기 어렵다고 느낀다면, '한 실재'라는 표현이 등장할 때마다 그 표현을 '실재하는 것 하나'로 해독하면 된다. 〈콜린스 영어사전〉(4판, 1998)이 제시하는 '실재'의 정의는 아래와 같다.

> 1 누군가가 바라는 대로가 아니라 사물들이 이러저러하거나 이러저러하게 보이는 대로의 상태. 2 실재하는 무언가. 3 실재함이라는 상태. 4 [철학] a) 인간의 알아챔으로부터 독립적으로 존재하는 바. b) 인간의 알아챔으로부터 독립적인 대로의 사실들의 총체.

내가 지금 '실재'의 주요 의미로 꼽는 것은 정의 2와 3이다. 나는 이 정의들에 기초하여 다른 정의들을 이해할 것을 제안한다.

그런데 심오한 형이상학자들에게는 이 모든 논의가 상당히 실망스러울지도 모르겠다. 실제로 내가 여기에서 펼치는 생각은 많은 철학자가 즐겨 논하는 실재—곧 '세상'(또는 '외부세상'), 혹은 유일무이한 실재the reality, 혹은 첫 철자를 대문자로 쓴 'Reality'(실재)—곧 존재 전체totality of existence와 그리 잘 어울리지 않는다.[7] 나는 이런 의미의 실재가 관여하는 정합적 활동들을 도무지 생각해내기 어렵다. 이런 거창한 실재 개념은 형이상학적이거나 종교적

7 C. I. 루이스는(1929, 7장) 유사한 목적을 위해 이런 식으로 'Reality'와 'reality'를 구분한 바 있다.

인, 또는 신비주의적인 담론에서만 등장하는데, 나는 어떻게 하면 사리에 맞게 그런 담론에 참여할 수 있을지 모르겠으며 공식적인 저술을 통해 그런 담론에 뛰어들 생각이 없다. 만약에 내가 '외부세상은 실재할까?' 같은 질문에 별생각 없이 손을 댄다면, 아마도 나는 그 토끼 굴에서 영영 빠져나오지 못할 것이다. 나는 만물을 포괄하는 실재를 생각하지 않는 편이 옳다고 생각한다. 왜냐하면 그런 실재는 구체적인 작업적 효용이 없는, 너무나 오만한 구성물이기 때문이다. 마르쿠스 가브리엘은([2013] 2015, 12쪽) 다음과 같이 장난스럽지만 의미심장하게 주장한다. "오직 세상 안에서 발견되는 것만 존재한다… 세상은 원리적으로 존재할 수 없다. 왜냐하면 세상은 세상 안에서 발견되지 않기 때문이다." 대다수 철학자에게는 어쩌면 니컬러스 레셔의(1980, 345쪽) 지적이 더 와닿을 것이다. 그 지적에 따르면, '유일무이한 세상', '유일무이한 우주', '진리인 사실들' 등의 용어는 단지 빈칸이요 공허한 통합 장치다. 이 용어들이 가리키는 것은 "본래적으로 비어 있어서 그 안에 무엇이라도 집어넣을 수 있는 통"이다.

작업적 정합성에 기초를 둔 나의 실재함 개념에 따르면, '세상'이 실재한다는 주장을 사리에 맞게 이해하기가 매우 어렵다. 전체로서의 '외부세상'을 가지고 우리가 할 수 있는 바가 아무것도 없다. 심지어 온 실재, 또는 실재들 전체에 관하여 우리가 유의미하고 유용하게 말할 수 있을지조차 모르겠다. 영어권 철학자들은 흔히 온 세상을 이야기할 때 통상적으로 'world'라는 단어를 쓰는데, 이 단어의 의미를 곱씹어볼 필요가 있고, 한국어로 번역을 시도해보면 여러 의미를 가려내는 데 도움이 된다. 첫째, 'world'는 '세계'라는 뜻이 있다. '세계 챔피언world champion'이나 '세계보건기구 World Health Organization' 같은 문구 속의 '세계'가 무슨 뜻인지 나는 이해한다. 그 '세계'는 모든 국가들의 집합, 또는 기타 모든 인간 공동체들의 집합이다. 또한 'world'는 우리의 행성(지구)을 의미할 수도 있을 것이다. 예컨대 '지구 기후 지도climate map of the world'에서처럼 말이다. 세 번째로 영어권 철학자들은 'world'라고 말하면서 '우주'와 더 유사한 무언가를 염두에 두는 버릇이 있다(하지만 일상적인 맥락에서 영어 'world'를 한국어 '우주'로 번역할 사람은 거의 없을 것이다). 곰곰이 따져보면, 영어권 철학자들이 'world'를 거론하면서 염두에 두는 것이 무엇인지가 실은 불분명하다. 그것이 무엇인지 간단명료하게 밝힐 수 있다고 생각한다면, 이 질문에 답해보라. 신은 'world' 안에 있을까? 심지어 우주론자들이 우주에 관한 이론을 세울 때도, 그들은 그저 '존재하는 모든 것'을 다루는 게 아니라 우주의 특정 측면들만 매우 특수한 방식으로 개념화하여 다룬다. 예컨대 '우주 전체'의 양자 파동함수를 'Ψ'로 표기하는 것과 같은 행마를 통해 우리가 성취할 수 있는 사리에 맞는 목표가 과연 있을지 나는 모르겠다.

우주 규모의 웅장한 실재 개념을 아예 언급하지 않기는 어렵지만, 그 언급을 피하려 애써야 한다고 나는 생각한다. 과거에 출판한 저술에서 나는 '능동적 실재주의active realism' 교설을 제시하면서 그 교설을 "실재로부터 배우는 바를 극대화하겠다는 결심"으로 정의했다. 그때 '실재'란 우리가 그 안에서 사는, 정신 독립적인 무언가였으며, 그 무언가는 우리가 그것을 마음대로 이러저러하게 다루려 할 때 거기에 저항할 수 있었다(Chang 2012a, 220쪽, 번역서 463~464쪽). 돌이켜보면 이 정의는 실수였다. 2장에서 논했듯이, 이런 의미의 실재는 칸트의 사물자체와 유사하며, 우리는 그 사물자체에 관하여 아무 말도 하지 말아야 한다. 우리가 그런 실재에 관하여 뭐라도 표현 가능한 것을 배울 수 있다는 생각은 사리에 맞지 않는다. 굿먼이(1978, 4쪽) 공들여 강조했듯이, 우리가 실제로 다룰 수 있는 것은 '세상'의 '버전들versions'뿐이다.

> 우리는 한 버전을 서술되지 않은, 묘사되지 않은, 지각되지 않은 세상과 비교하여 검증할 수 없다… 모든 옳은 버전이 서술하는 바를 '세상'으로 간주하면서, 어떤 버전들이 옳은지 판정하는 작업을 '세상에 관하여 배우기'라고 말할 수는 있겠지만, 우리가 세상에 관하여 배울 수 있는 모든 것은 세상의 옳은 버전들 안에 들어 있다. 그런 버전들을 결여한, 바탕에 깔린 세상을 사랑하는 사람들에게 그 세상을 허용하지 않을 필요까지는 없지만, 어쩌면 그 세상은 잃어도 그만인 세상일 것이다.

그리고 굿먼의 언급 방식조차도 오른 다음에 내차야 할 사다리에 불과하다. '세상의 버전들'이라는 문구는 세상이 있다는 기대를 불가피하게 유발한다. '세상'이 있고, 우리가 그 세상의 버전들을 만든다는 생각을 말이다. 따라서 굿먼은 명백히 존재하는 '바탕에 깔린 세상'의 실재성을 부정하고 있다는 반론이 제기될 만하다. 이 문제는 내가 2.1절에서 관점주의를 다루면서 언급한 문제와 동일하다.

실용주의적 형이상학

나는 지금 내가 제안하는 실재관에 기초하여 사미 필스트룀이(2009) 말하는 **실용주의적 형이상학**pragmatist metaphysics을 위한 터 닦기를 실행하는 중이다. 어떤 유형의 추론과 담론이든지 할 수 있으려면, 명확한 속성들을 지녔으며 식별 및 추적이 가능한 것들을 일단 생각해야 한다. 그리고 이 생각하기야말로 내가 이해하는 형이상학의 임무다. 실증주의와 마찬가지로 실용주의도 형이상학을 아예 회피하거나 어떻게든 해체하여 비형이상학적인 무언가로 만들어야 한다고 사람들은 통상적으로 생각하지만, 그것은 실용주의가 취할 수 있는 가장 생산적인 태도가 아니다. 나는 정합적 활동들을 지원할 **좋은 존재론들**을 세우는 일을 실용주의적 형이상학으로 간주한다. 과학과 기타 삶의 경험적 영역들에서 직면하는 만만치 않은 존재론적 과제는 실재하는 것들(실재들)을 특정하는 개념들을 창조하는 일이다. 5장에서 추가로 논하겠지만, 모종의 특수한 상황에 처하여 허구주의적 태도나 도구주의적 태도를 취할 이유가 특별히 있는 경우가 아니라면, 실재론자는 이 일을 하기를 열망해야 마땅하다. 다뤄야 할 실재들을 지목하는 일은 어떤 탐구 과정에서든지 결정적인 부분이며, 개념 만들기는 관념들을 생각해내기에 불과하지 않다. 실재하는 것을 특정하기 위해 만든 개념의 용법은 물질적 사회적 여건의 정합적 배열과 관련이 있어야 한다. 이 같은 개념 창조 과제는 회피될 수 없으며 잘 수행될 필요가 있다. 우리는 간단히 신으로부터, 또는 플라톤의 이데아 세계에 직관적으로 접근함으로써 개념들을 건네받지 않으며, 우리의 천성적 본능은 우리가 필요로 하는 좋은 개념들을 우리에게 제공하기에 충분하지 않다. 성공적인 개념 세우기는, 정신의 통제에 종속되지 않지만 우리의 이해와 개입을 허용하는 것들 곧 실재들을 조형造形하는 '공학engineering' 과정이다.

　　우리의 작업들을 잘 도와주는 존재론을 보유하는 것은 어떤 유형의 인지 활동에서든지 결정적으로 중요하다. 여러 해 전에 나는 소속 회사의 '존재론 책임자Chief Ontologist'라는 직함이 자랑스럽게 찍힌 명함을 내미는 컴퓨터과학자를 만난 적이 있다. 그의 분야에서 '존재론'은 잘 확립된 전문 개념인데, 나는 어떤 연구 분야에서나 그러해야 한다고 본다. 유전체학genomics이나 단백질체학proteomics 같은 '데이터 중심' 과학들에서 사람들은 옳은 '생生존재론bio-ontology'을 개발할 필요를 느끼며 존재론의 중요성을 새롭게 깨달았다. 사비나 레오넬리는(2016, 26쪽 등) 그런 생존재론을 논한다. 존재론이 없으면, 어떤 말도 이해할 수 있게 할 수 없고, 어떤 유형의 분석도 할 수 없으며, 구체적이고 직접적인 방식으로 자연을 다룰 수도 없다. 따라서 해킹의 견해에서 근본적으로 옳은 부분을 하나 더 지목할 수 있다. 즉, 대상에 관한 실재론은 대상에 관한 진술의 진리성에 관한 실재론에 선행한다. 우리가 언급하고 생각하는 대상들이 실재하지 않는다면, 그것에 관한 우리의 진술이 진리라는 주장은 사리에 맞지 않을 터이다. 진리를 거론하려면 반드시 존재론에 공을 들여야 한다.

　　나는 지금 자연주의적 형이상학을 개별 사안에서 온건하게 실천하는 것을 옹호하는 중이다. 경험으로부터 동떨어진 추상적 숙고에 기초하여 '세상은 어떠한가'에 관한 웅장한 견해를 제시하고 있는 것이 아니라, 잘 확립된 실천들로부터 우리의 존재론적 지식이 발생하는 것을 허용하고 있다. 이런 점에서 나는 낸시 카트라잇의 연구를(1999; 2019) 계승하는 중이다. 나의 입장은, 형이상학을 공인된 과학 이론들의 명제적 내용에 맞추려 애쓰는 통상적인 '자연주의'보다 훨씬 더 개방적이다. 그런 자연주의를 채택하는 대신에, 어떻게 우리가 실재하는 것들에 의존하여 작업적으로 정합적인 활동을 다양하게 창조할 수 있는지 살펴봄으로써, 실재하는 것들에 관하여 (그것들이 실재한다는 사실 자체도) 배워야 한다. 과학자들은 나날이 늘어나는 정합적 활동을 지원하는 더 나은 새 개념들을 만들어내는 일에 진지하게 몰두한다. 역시나 '구원은 일work을 통해' 이루어지며, 형이상학자들은 과학적인 일에 관심을 기울여야 하고 과학자들의 독창성과 지속적인 노력을 온전히 존중해야 한다. 하지만 자연주의적 형이상학의 실행이 철학적 판단이나 책임에 대한 포기를 의미해서는 안 된다. 과학자들이 항상 최고의 수준으로 일을 잘하는 것은 아니다. 이론과학자들은 실재의 본성에 관하여 보증되지 않은 주장을 종종 내놓으며, 그런 주장은 특히 실험과학자 동료들의 의심을 받는다. 또한 과학계 전체가 무비판적인 집단사고에 빠져 더 정합적인 대안들의 발생을 가로막을 수도 있다(예컨대 분자유전학의 '중심 교리'가 후성유전학적 대물림에 관한 숙고를 방해했던 것, 또는 뉴튼의 절대공간과 절대시간이 무비판적으로 수용되었던 것을 생각해보라). 철학자들은 현재의 과학 이론들에 등장하는 대상들의 실재성에 관하여 결정적인 질문을 제기할 수 있고 제기해야 마땅하다.

이로써 실재함과 실재들에 관한 실용주의적 견해를 명확히 제시했으므로, 다음 장에서 나는 실재에 관하여 진리인(참인) 진술을 한다는 것이 무슨 의미인지 논할 것이다. (당신이 이 책의 표면층만 읽고 있다면, 여기에서 곧장 4장으로 넘어가도 좋다.) 이 장의 나머지 부분에서 나는 실용주의적 형이상학 실천의 여러 측면을 더 자세히 살펴보면서, 실천에 기초하여 실재들을 세우는 작업의 몇몇 핵심 단계를 간략히 서술하고자 한다. 3.2절에서는 우리의 활동 속에서 정신에 의한 틀짓기가 어떻게 이루어지는지, 그리고 개념의 발전이 어떤 과정을 거치는지가 추가로 논의될 것이다. 3.3절에서는 정신에 의해 틀지어진 대상들이 실재들로 입증되는 과정을 논할 것이다. 이를 통해 개념, 재료material, 경험, 목표가 어떻게 서로 완전히 얽혀 발전하는지가 몇 가지 예를 통해 상세히 밝혀질 것이다. 내가 제안하는 유형의 실용주의적 형이상학은 자연스럽게 존재론적 다원주의로 이어질 것인데, 3.4절은 이를 보여줄 것이다. 다원주의는 이 책에서 내가 옹호하는 지식관의 핵심 면모다. 마지막으로 3.5절은 물리적 합성composition에 기초한 통상적인 환원주의적 존재론에 이의를 제기할 것이다. 그런 존재론은 실용주의적이며 다원주의적인 형이상학에 맞선 저항의 강력한 원천이다.

3.2 정신에 의한 틀짓기가 작동하는 방식

지금까지 나는 실재란 정신에 의해 틀지어졌지만 통제되지는 않는 무언가라는 생각을 상당히 추상적으로 제시했다. 이제 그 생각을 더 구체적이고 상세하게 밝히려 한다. 첫걸음은 정신에 의한 틀짓기가 이루어지는 실제 과정을 더 세심히 숙고하는 것이다. 실재들은 우리가 무엇을 하는지에 적합하게 틀지어지며, 우리는 우리의 인식 활동에서 실제로 어떻게 개념들이 창조되고 사용되는지 이해할 필요가 있다. 정신에 의한 틀짓기는 특정 유형의 활동을 수행하는 데 필수적이기 때문에 채택되는 존재론적 원리들을 출발점으로 삼는다. 우리의 삶 속 실재들의 가장 근본적인 특징 중 몇몇은 우리의 행동을 위한 개념적 전제조건으로서 발생한다. 이 대목에서 나는 정신이 선험적 원리들을 제공하고 그 원리들이 경험을 틀짓는다는 칸트의 근본적 통찰을 계승하고 있다. 하지만 정신에 의한 틀짓기는 더 의식적이고 의도적인 개념 설계의 면모도 띤다. 우리는 다양한 구체적 목적을 위해 새 개념을 도입하고 기존 개념을 발전시키며 그것이 다른 기존 개념들과 조화를 이루도록 조율한다. 클레어런스 어빙 루이스, 마이클 프리드먼, 사미 필스트룀 등이 칸트의 통찰을 수정하여 제안했듯이, 우리는 어떤 선험적 원리들을 채택할지 선택할 수 있다. 이 같은 자유의 요소는 과학에서 개념의 발전 과정을 살펴보면 명백히 드러난다. 나는 '온도' 개념과 '산acid' 개념이 점진적으로 발전하고 정착하는 과정을 통해 이를 예증할 것이다.

정신에 의한 틀짓기와 선험적 요소

이제 정신에 의한 틀짓기가 무엇을 의미하는지 더 정확히 이야기할 때다. 나는 '정신'이란 무엇인지에 대해서는 철저히 개방적인 태도를 취하여 니닐루오토처럼(2014, 160쪽) "시각, 관점, 관행, 담론, 언어적 또는 개념적 기틀, 과학적 패러다임, 언어 놀이language-game, 삶꼴form of life, 전통, 사고방식"을 정신으로 간주하고자 한다. 나의 논의를 위해 중요한 일반적 논점은 우리가 실재들을 틀짓기 위해 개념들을 사용한다는 것이다. 그렇다면 '틀짓기'란 과연 무엇일까? 일상적인 영어에서 '틀짓다'를 뜻하는 'frame'은 다양한 의미를 지녔는데, 내가 의도하는 의미는 "명확한 형태로 표현하다; 조형하다 또는 명확히 하다"(〈구글 사전〉의 정의 2)에 가깝다. 이 의미는 명사 'frame(틀)'의 의미인 "시스템이나 개념, 텍스트를 떠받치는, 혹은 이것들의 바탕에 깔린 기본 구조"(정의 3)와도 맥이 통한다.

하지만 만일 대상이 형태를 이미 잘 갖춘 채로 존재하고 틀은 마치 회화의 틀처럼 대상을 둘러쌀 뿐이라면, 틀짓기라는 이미지는 도리어 대응실재론의 견해를 두둔하지 않을까? 당연히 이 이미지는 내가 '틀짓기'라는 용어를 사용하면서 의도하는 바가 아니다. 도움이 안 되는 직관들을 떨쳐내기 위하여 어원으로 거슬러 올라가자.[8] 고대 영어Old English에서 framian은 '유용하다to be useful'를 의미했다. 그후 이 단어는 진화하여 중세 영어에서 '사용을 위해 준비하다to make ready for use'를 의미하게 되었는데, 바로 이 의미가 실용주의자들을 안심시킨다! '준비하다'의 중요한 예는 '건축에 쓰기 위해 목재를 준비하다'였다. 이 예는 건물의 목재 틀을 연상시

---

8 해당 어원은 매우 복잡하다. 내가 여기에서 제시하는 설명은 한 갈래에 불과하며, 옥스퍼드 랭귀지스Oxford Languages 출판사가 제공하는 온라인 〈구글 영어사전〉에 실린 논의를 요약한 것이다.

켰고, 따라서 무언가의 기본 구조를 연상시켰다. 그 후에 회화를 둘러싸는 단단한 구조물을 은유적으로 frame이라고 부르게 된 것이다! 우리의 논의를 위해서는 어쩌면 집의 뼈대framework(기틀)를 떠올리는 편이 더 유용할 성싶다. 집의 뼈대는 집을 둘러싸지 않는다. 오히려 집의 뼈대는 집의 필수 부분이다. 뼈대가 없으면 집은 서 있지 못한다.

정신에 의한 틀짓기란 존재자를 정신이 다룰 수 있는 형태로 특정하기다. 내가 말하는 정신에 의한 틀짓기는 샘 페이지가 말하는 '개별화에서의 정신 독립성'(2006, 327쪽)에 대한 부정을 함축한다. 샘 페이지에 따르면 "자연적인 세상이 개별화의 측면에서 우리로부터 독립적이라 함은 그 세상이 개별 사물들과 그것들의 유형들로 나뉘어 있으며, 이것들은 우리가 어디에 선을 긋는지로부터 완전히 독립적인 경계를 지녔다는 것이다". 페이지의 용어를 사용하자면, 모든 존재자는 개별화의 측면에서 정신 의존적이라고 나는 말하고 싶다. 근거 없는 형이상학적 주장처럼 들릴지도 모르겠지만, 내 말은 단지 생산적인 동어반복이며, 이 동어반복은 우리의 생각을 특정한 방향으로 이끌기 위해 고안되었다. 요컨대 정신에 의해 개별화되지 않은 것은 '존재자entity'라고 부르지 말아야 한다.

그런데 실재들이 정신에 의해 통제되지 않는다면, 정신이 실재들을 '틀짓는다'는 것은 정확히 무슨 뜻일까? 칸트는 경험적인 앎의 선험적 차원을 알아챔으로써 우리에게 더없이 생산적인 도약의 발판을 제공한다. 내가 보기에 이것은 여전히 모든 철학을 통틀어 가장 위대한 가르침 중 하나다. 그리고 칸트의 통찰이 얼마나 중요한지를 온전히 깨달으려면 그린과(1974) 필스트룀이(2003; 2009) 제안한 방향으로 발전한 칸트주의를 계승하여 행동의 맥락 안에서 선험적 요소가 어떻게 작동하는지 고찰해야 한다고 나는 생각한다. 인간의 모든 지각, 생각, 소통은 특정한 선험적 개념들과 원리들을 경계로 삼아 그 안에서 이루어진다. 우리는 그 선험적 원리들 및 개념들에 기초하여 지각하고 생각하고 말하고 행동한다. 그 원리들은 가장 근본적인 수준에서 정신에 의한 실재의 틀짓기를 인도한다. 우리가 칸트와 결별해야 하는 지점은 그가 선험적 판단의, 반론의 여지가 없는 확실성apodictic certainty을 강력하게 주장하는 대목이다. 오히려 정신에 의한 틀짓기는 잠재적 실재들을 특정한 방식으로 다루자는 제안이다. 우리는 우선 특정 유형의 실재를 상정한 다음에 그런 실재의 개념이 정합적인 경험을 틀지을 수 있는지 살펴본다. 선험적 요소란 정신이 경험에 부과하는 바다. 그 요소의 타당성은 보증되어 있지 않으며 작업적으로 정합적인 활동을 통해 비로소 획득된다. 그러나 정신에 의한 틀짓기가 마구잡이 추측인 것은 아니다. 우리의 출발점은 인류가 대체로 긍정적으로 적응하며 거쳐 온 진화 경로에 의해 강하게 제약된다. 우리는 특정한 방식으로 생각하는 성향을 지녔으며, 그 성향은 우리의 몸과도 관련이 있다. 왜냐하면 우리는 신체화된 정신을 지녔기 때문이다.

선험적 요소가 절대적이며 영원한 확실성을 띠지 않음을 인정하는 것은, 임의의 주어진 실천 시스템 안에서 주어진 발전 단계에 선험적 판단과 후험적 판단이 매우 다른 역할을 한다는 점을 묵살하는 것을 의미하지 않는다. 이와 관련하여, 콰인의 앎에 관한 원리적 총체주의는 흔히 도움이 되지 않는 쪽으로 해석되어왔다. 우리가 인정해야 할 것은, 어떤 주어진 상황에서든지 일부 명제들은 검증해야 할 경험적 가설로 취급되는 반면 다른 명제들은 당연시되고 반증으로부터 보호받는다는 점이다. 후자의 명제들은 정신의 틀짓기에서 역할을 한다. 그 명제들은 우리가 사용하고 탐구하고자 하는 대상을 개념화하고 식별할 수 있게 해주는 원리들이다. 이 원리들은 변경할 수 없게 고정되어 있지도 않고 평범한 경험적 가설들처럼 간단히 버릴 수도 없다. 데이비드 스텀프는(2015) 이런 원리들을 (선험적 원리가 아니라) '성립시키는constitutive' 원리라고 칭했는데, 이 명칭은 아주 큰 도움이 된다. 스텀프는 성립시키는 원리들을 알아챈 다양한 철학자를 조망하면서 유익한 정보를 제공한다.

활동에 기초한 존재론

정신에 의한 틀짓기의 첫 단계는 평범한 삶에서 우리가 해야 하는 정신적-신체적 활동들에서 유래한다. 앞선 저술에서(Chang 2008; 2009a) 나는 일련의 특정한 **존재론적 원리**(혹은 형이상학적 원리)을 특정한 인식 활동을 수행하기 위한 필요조건으로 인정해야 한다고 제안했다. 그 원리들은 우리가 실재를 틀지을 때 따르는 가장 근본적인 원리들이며, 흔히 명시적인 동의 없이, 심지어 명확한 언급조차 없이, 그저 특정 활동을 수행하겠다는 우리의 결정을 통해 선험적으로 채택된다. 우리가 이 원리들의 채택을 명확히 밝힌다면, 우리는 이렇게 말할 터이다. '만일 우리가 특정 유형의 활동을 하고자 한다면, 우리는 몇몇 특정한 형이상학적 원리를 진리로 상정해야 한다.' 이것은 준準칸트적인 초월적 논증transcendental argument, 곧 조건적인 혹은 상황의존적인 초월적 논증이다. 이 논증은 우리가 수행하는 활동의 필수 전제조건들을 제시한다.

예컨대 우리가 귀납적 예측을 하고자 한다면, 동일한 조건에서 동일한 결과가 나오리라는 점을 당연시해야 한다. 이를 '한결같은 귀결uniform consequence의 원리'라고 부르자.[9] 이 원리를 독자적으로 떼어놓고 정당화하려는 노력은 부질없다. 그렇기 때문에 귀납의 문제가 풀리지 않는 것이다. 흄이 그랬던 것처럼 귀납을 '관습custom'이라고 부르는 것은 옳다. 하지만 이 호칭은 관련 상황의 가장 중요한 면모를 놓친다. 과거 경험에 기초하여 다음번에 벌어질 일을 예측하는 삶꼴에 우리가 참여하면, 한결같은 귀결의 원리가 선험적 원리로 된다. 우리는 이 원리를 부정할 수 있지만, 그러면서 귀납적 예측을 시도하는 것은 사리에 맞지 않는다. 이 상황에서 느껴지는 필연성의 바탕에 깔린 것은, 무언가를 포기하기가 불가능하다는, 실용적-해석적 불가능성이다.[10] 어떤 존재론적 원리를 필요로 하는 활동을 우리가 하면서 그 원리를 부정하면, 이해할 수 없다는unintelligibility 느낌이 발생할 것이다. 여기에서 중요한 것이 바로

---

9 나는 존 노턴이(2021) 말하는 '실질material' 귀납에서도 한결같은 귀결의 원리의 국소적 버전이 작동한다고 주장하고자 한다. 설령 우리가 확률적 예측을 하고 있더라도, 우리가 하는 일은 한결같은 귀결의 원리를 사건들의 집합들에 적용하는 것이다. 결정론은 모든 개별 사례 각각을 예측하겠다는 결심이다.

10 내가 보기에 실용적 불가능성은 다른 불가능성들의 기반이며, 다른 불가능성들은 실용적 불가능성의 비유적 확장이다. 그러므로 실용적 불가능성을 분석하여 더 근본적인 불가능성에 도달하려는 노력은 부질없을 것이다. 이로써 나의 필연성 개념과 가능성 개념의 윤곽을 제시한 셈인데, 이 개념들을 완성해가는 과정에서 나의 논의가 로베르토 토레티의(1990, 5장) 생각과 연결되기를 바란다.

내가 1.4절에서 작업적 정합성의 해석적 차원과 관련하여 논한 실용적인 사리 파악, 우리 목표의 달성을 위해 고안된 일을 하기다.

　　잘 정의된 활동 유형 각각에는 그 활동을 수행 가능하고 이해할 수 있게 만드는 존재론적 원리가 하나씩 결부되어 있다. 표 3.1은 활동 유형과 존재론적 원리로 이루어진 중요한 쌍 몇 개를 보여준다. 이제부터 각각의 쌍을 아주 간략하게 설명하겠다. 왜 (다른 일과 대비되는) 어떤 일이 일어났는지 우리가 설명하고자 한다면, 관찰된 차이가 있을 때는 그 배후에 이유가 있다고 간주해야 한다. 이를 충분한 이유의 원리principle of sufficient reason의 약한 버전이라고 할 수 있을 것이다. 서사敍事 활동은 시간이 흘러도 정체성을 유지하면서 변화들을 수용하는 주체가 이야기 속에 있을 것을 요구한다. 역설적이게도, 지속하는 무언가를 상정하지 않으면 어떤 변화도 서술할 수 없다. 우리가 일련의 대상들을 순서대로 정렬하고자 한다면, 그 순서의 기반이 되는 관계가 추이적transitive이라고 간주해야 한다. 자발적인 행동을 하기가 사리에 맞으려면, 우리의 의지가 우리 몸의 특정 부분들을 특정한 방식으로 움직이도록 지휘한다고 간주해야 한다. 우리 자신의 행동을 통해 세계에 개입하기는 우리가 행동을 하면 하지 않을 때와 다른 일이 벌어진다는 전제를 필요로 한다. 타인의 의도와 감정을 이해하는 활동을 하는 사람은 타인도 자신처럼 의도와 감정을 지녔다고 전제해야 한다. 한 대상이나 속성을 다른 것들과 뚜렷이 구별되는 대상이나 속성으로 지목하는 활동은 라이프니츠의 구별 불가능자 동일성 원리와 유사한 존재론적 원리에 의존한다.[11] (구별 불가능자 동일성 원리는 라이프니츠 등이 그 원리를 미심쩍게 사용한 다양한 사례들과 별개로 취급될 수 있다.) 대상의 물리

표3.1. 활동－원리 쌍들의 부분적인 목록

활동 유형	존재론적 원리
귀납적 예측	한결같은 귀결
(대비對比하는) 설명	충분한 이유
서사	존속
(선형) 정렬	추이성
자발적 행동	행위자성agency
개입	인과
공감	타인의 정신
개별화(개별자 지목)	구별 불가능자 동일성
과잉결정을 통한 검증	단일한 값
단언	무모순

적 속성과 관련해서는 내가 '단일한 값의 원리'라고 부르는 것이 있다. 이 원리에 따르면, 주어진 상황에서 대상의 물리적 속성은 여러 값을 가질 수 없다(예컨대 어떤 막대의 길이가 2미터이면서 또한 3미터일 수는 없다). 이 원리는 '과잉결정을 통한 검증testing-by-overdetermination' 활동을 위한 전제조건이다. 이 활동에서 우리는 한 양의 값을 서로 다른 두 가지 방법으로(이를테면 예측과 관찰로) 결정한다. 만일 두 가지 결정 방법으로 얻은 값들이 일치하면, 그 방법들의 토대가 신뢰를 얻는다.[12] 심지어 논리적인 무모순의 원리도 명제를 단언하는 활

---

11 이를 귀띔해주었으며 존재론적 원리들에 대한 나의 생각이 발전하는 과정에서 많은 영감과 상세한 토론의 기회들을 제공한 로베르토 토레티에게 감사한다. 그는 이 맥락에서 '존재론적'이라는 용어를 사용하는 것은 부적절하다고 조언했다.

동과 연관된 존재론적 원리라고 할 수 있다. 우리가 방금 단언한 바를 부정하기를 꺼리지 않는다면, 무언가를 단언하는 활동은 사리에 맞지 않을 터이다. 이 같은 활동 유형과 존재론적 원리의 일대일 짝 짓기가 너무 깔끔하고 인위적이라고 느껴질지도 모르겠지만, 존재론적 원리와 활동 유형이 부분적으로 서로를 성립시킨다고 여기는 것은 일리가 있다. 그리고 이런 일대일 대응은 가장 기본적인 활동 유형들에만 적용된다. 구체적이고 복잡한 활동은 여러 원리를 필요로 할 것이다.

우리의 기본적인 형이상학적 견해들이 우리가 세계를 상대하는 방식으로부터 나온다는 점은 만족스러운 사정이다. 존재론의 가장 근본적인 부분은 우리가 수동적으로 관찰하는 바로부터 추출되지 않는다. 오히려 그 부분은 우리의 정합적 활동들의 필수 성분으로서 발생하고 확립된다. 특정 유형의 활동을 수행하려는 우리의 성향이 우리가 사는 세계의 기본적인 존재론적 모양을 빚기 시작한다. 베르그송의 말마따나 "우리가 지각하는 물체들은 말하자면 우리의 지각이 자연이라는 직물로부터 잘라낸 것들이며, 그것들을 잘라내는 가위는, 어떤 의미에서, **행동**이 따를 선을 따라 움직인다"(Bergson [1907] 1911, 12쪽, 강조는 원문).

12 단일한 값의 원리에 대한 더 면밀한 해설은 Chang(2004, 90~91쪽; 2008; 2009a) 참조.

후속 틀짓기에서의 자유

정신에 의한 틀짓기의 다음 단계는 우리가 다양한 구체적 활동에서 사용하기 위해 특수한 개념들을 의식적으로 창조하거나 개발할 때 진행된다. 우선 이제껏 거론한 활동 유형들에 관해서 말하면, 그 활동들을 거부한다는 것은 그야말로 통상적인 인간의 삶꼴에서 이탈한다는 것을 의미할 터이다. 하지만 덜 근본적인 수준에서 할 수 있는 중요한 개념적-실용적 선택들도 있으며, 그런 선택에서는 정신에 의한 틀짓기 과정에 내재하는 자유가 훨씬 더 잘 드러난다. 특히 과학의 장기적 발전을 살펴보면, 개념의 창조 및 개발에서 많은 자유가 행사되는 것을 목격할 수 있다.

내가 보기에 칸트는 중대한 오류를 범했다. 즉, 그는 그릇되게도 보편주의를 신봉했다(Niiniluoto 2014, 160쪽 참조). 유감스럽게도 칸트는 당대에 신뢰를 받은 유클리드 기하학과 뉴튼 역학 등의 지식 시스템들을 보편적으로 또 필연적으로 타당한 것들로 간주하는 함정에 빠졌다. 이제 역사적 거리를 두고 돌아보면 확연히 드러나듯이, 뉴튼에 매혹된 18세기 유럽에서 칸트가 활동했다는 점이 그의 상상을 강하게 제약했던 것이 틀림없다. 새로운 과학적 생각에 반대하는 철학의 가련함 앞에서 필립 프랭크가 한탄한 대로, 심오한 형이상학적 진리로 행세하는 것이 실은 시대에 뒤처진 과학 이론의 '석화石化된' 잔재에 불과한 경우가 많다(Frank 1949, 207~215쪽). 과학이 발전함에 따라 형이상학적 원리는 변화할 수 있고 실제로 변화한다. 19세기 중반의 윌리엄 휴얼부터 우리 시대의 마이클 프리드먼까지 아우르는 신칸트주의 전통은 이를 인정한다.

이 대목에서 나에게 영감을 주는 주요 인물은 루이스다. 선험성에 대한 그의 실용주의적인 생각은 1929년에 출판되었으며 지금은 잊힌 걸작《정신과 세계 질서Mind and the World-Order》에서 체계적으로 제시되었다. 루이스는 언젠가 이렇게 선언했다고 한다. "나는《순수이성비판》의 어떤 문장에도 동의하지 않는 칸트주의자다"(Beck 1968, 273쪽에서 재인용). 루이스의 칸트에 대한 비동의의 핵심은 선험적 종합판단의 존재에 대한 부정이다. 루이스는 앎에서 선험적 요소들이 매우 중요하다는 점을 강조했지만, 그 요소들은 항상 분석적이라고 주장했다. "선험적 원리는 경험의 내용 자체를 한정하거나 구획하는 실질적 진리가 아니라 본성상 정의의 성격을 띤다. 즉, 분석적이다"(Lewis 1929, 231쪽, 강조는 원문). 루이스가 보기에 모든 선험적 원리는 우리가 선택하여 제작하고 사용하는 개념들의 본성으로부터 도출된다.

> 선험성 일반의 패러다임은 정의다. 경험에 앞서 알 수 있는 가장 간단하며 가장 명백한 진리의 사례는 명시화하는explicative 명제, 그리고 정의로부터 순전히 논리적 분석을 통해 도출할 수 있는 귀결이며, 이는 예나 지금이나 분명하다. 이 사례들은 필연적 진리, 곧 모든 가능한 상황에서 진리다. 왜냐하면 정의는 입법의 성격을 띠기 때문이다.(같은 곳, 239~240쪽)

그러므로 "선험적 원리의 필연성은 곧 그 원리의 입법 행동으로서의 성격이다. 선험적 원리는 다른 무언가가 정신에 부과한 제약을 표현하는 것이 아니라 정신에 의해 부과된 제약을 표현한다"(같은 곳, 197쪽). 다음과 같은 생각들이 루이스의 '개념적 실용주의'의 핵심을 이룬다. 즉, 정의에 의해 진리인 선험적 진술이 있으며, 그런 진술은 '개념적 시스템'에 내재한다. 그리고 개념적 시스템은 우리에 의해 구성되며 '도구적인 혹은 실용적인' 이유에서 채택된다(같은 곳, x쪽). 우리는 개념적 시스템을 자유롭게 선택하지만, 우리가 한 개념적 시스템을 선택하고 나면, 선험적 원리는 그 시스템 안에서 분석적으로 진리다. 나는 과학적 존재론을 다루는 안잔 차크라바르티의 (2017) 최신 연구에서 루이스의 유산을 본다. 그 연구는 존재론에 관한 실재론과 인식론에서의 의지주의voluntarism를 결합한다.

루이스는 자신의 견해가 옳음을 보여주는 주요 사례로 아인슈타인의 특수상대성이론에서 '원격 동시성distant simultaneity'의 정의를 논한다. 아인슈타인은 광속 불변의 원리에 기초하여 서로 멀리 떨어져서 일어나는 두 사건의 동시성을 정의했다. 장소 A와 B에서 두 사건이 일어나고 관찰자는 A와 B 사이 중간 지점인 M에 있다면, 각 사건이 일어나는 때와 장소에서 방출된 빛 신호가 M에 동시에 도달할 경우, 두 사건은 동시적이다(국소적 동시성은 아무런 문제 없이 유의미하고 결정 가능하다고 간주된다). 그런데 빛의 속력은 어느 방향으로나 항상 동일하다는 전제는 어떤 지위를 가질까? 아인슈타인 본인은 이렇게 설명한다. "빛이 경로 A→M을 주파하는 데 걸리는 시간과 경로 B→M을 주파하는 데 걸리는 시간이 같다는 것은 실은 빛의 물리적 본성에 관한 추정supposition도 아니고 가설hypothesis도 아니다. 오히려 그것은 내가 동시성의 정의에 도달하기 위해 나 자신의 자유의지로 할 수 있는 약정stipulation이다."[13] 아래에서 루이스가(1929, 256쪽) 설명하듯이 이런 약정은 탐구의 대상을 특정할 때 반드시 필요하다.

우리가 먼저 선험적 약정을 통해 명확한 기준들을 제시해놓지 않으면, 우리는 법칙을 발견하여 대답할 질문들을 애당초 제기할 수조차 없다. 그런 명확한 기준들 곧 개념들은 언어적 정의들도 아니고 한낱 분류법들도 아니다. 그것들이 지칭하는 모든 대상에게 특정한 행동을 지시하는 법칙이다. 그런 명확한 법칙들은 선험적이다. 오로지 이런 방식으로만 우리는 탐구에 착수하여 추가 법칙들을 탐색할 수 있다.

요컨대 아인슈타인은 뉴튼과 근본적으로 다른 방식으로 동시성을 틀지었다. 그 틀짓기 방식은 전례가 없다시피 할 정도로 독특했다. 아인슈타인적인 동시성이, 또는 뉴튼적인 동시성이, 또는 어떤 다른 동시성이 자연에 내재한다는 주장은 전혀 사리에 맞지 않는다. 오히려 아인슈타인은 동시성, 시간 자체, 그리고 공간을 빛과(그리고 빛의 변함없는 속력과) 밀접하게 관련지어 한꺼번에 틀짓는 방법을 우리에게 보여주었다. 그렇게 틀지어져 아인슈타인이 제시한 선험적 규칙들을 따르는 실재들이 당시에 있었느냐 하는 것은 상황의존적 사안이었다. 관련 개념들이 지원하는 작업적으로 정합적인 활동들이 있었다면, 이 질문에 긍정으로 답해야 했다(정신에 의한 틀짓기에 대한 이 같은 실용적 유효화validation는 3.3절의 주제다).

13 Lewis(1929, 256쪽)에서 재인용. 원래 출처는 Einstein(1961, 23쪽), 강조는 아인슈타인의 원문.

정신의 틀짓기는 개념들을 단번에 최종적으로 확정하는 입법 행동이 아니다. 이 사실은 과학사를 살펴보면 명백히 드러난다. 과학 탐구의 놀라운 면모 하나는, 어떤 진보적 사업이라도 그러하듯이, 대상들을 틀짓기 위해 사용하는 개념들이 끊임없이 새로 도입되고 다듬어지고 갱신된다는 점이다. 개념들은 변화하고 진화하며, 진화의 경로들은 흔히 발산한다. 그리하여 서로 경쟁하는 틀짓기(굿먼의[1978] 널리 알려진 용어로는 '세계 만들기worldmaking') 시스템들이 발생하고, 과학자들은 그것들 중 하나를 선택한다. 루이스가 지적하듯이, "선험적 요소가 인류의 역사나 개인의 발달사 내내 불변하고 절대적일 것이라는 보장은 없다". 프리드먼은 혁명적인 변화의 와중에도 숨은 연속성이 있음을 강조하고, 성립시키는 원리들의 수준에서 연속성과 진보를 감지하지만(Friedman 2001, 특히 66쪽), 루이스는 인식 행위자에게 훨씬 더 큰 자유가 있다고 본다. "선험적인 것이 정신에 의해 만들어진다면, 정신은 그것을 바꿀 수도 있다", "선험적인 것을 결정하는 일은 어떤 의미에서 자유로운 선택 및 의도적인 행동과 유사하다"(Lewis 1929, 233~234쪽).

과학적 개념의 진화: 두 가지 사례

정신에 의한 틀짓기에 관하여 더 많은 통찰을 얻기 위해 과학사에서 등장하는 구체적 사례들을 자세히 살펴보자. 수많은 사례를 발견할 수 있지만, 나는 앞선 저술에서 어느 정도 상세히 다룬 두 가지 사례를 고찰하려 한다(기타 사례들은 Chang 2016a 참조). 첫째 사례는 온도다(Chang 2004). 온도는 대상이라기보다 속성에 가깝지만, 내가 정신에 의한 대상의 틀짓기를 논할 때 말하는 '대상'은 넓은 의미의 대상이다.[14] 논의의 첫걸음으로 온도에 관한 기본적인 존재론적 원리들을 살펴보자. 뜨거움과 차가움이라는 막연한 관념으로부터 정량적인 온도 개념을 만들어내기 위해서 과학자들은 맨 먼저 온도가 실재하는 물리량이며 따라서 단일한 값의 원리를 따른다고 간주했다. (단일한 값의 원리와 연결된) 과잉결정을 통한 검증 활동은 특히 온도계들의 비교 가능성comparability을 검사하는 방식으로 이루어졌다. 주어진 온도계를 같은 상황에 놓으면 항상 같은 온도 값이 나올까? 다양한 온도계들을 같은 상황에 놓으면 같은 온도 값이 나올까? 마찬가지로 추이성의 원리도 온도 개념에 적용되어, 대상들을 온도순으로 정렬할 수 있다고 간주되었다. 이로써 온도는 서열 척도ordinal scale로 측정되는 양이 되었다. 이런 사연은 측정의 역사에서 아주 흔하게 등장한다. 즉, 우리는 정량화된 속성이 자연에 존재한다고 제안한 다음에 그 양을 얻는 방법들을 발견하려 노력한다. 측정 가능한 양의 개념을 만들어내는 과정에서 단일한 값의 원리와 추이성의 원리를 통한 틀짓기가 이루어지지 않는 경우를 상상하기는 어렵다.

14 내가 말하는 '대상object' 혹은 '존재자entity'는 우리가 생각하고 토론할 수 있는 주제이면서 명사로 지칭할 수 있는 임의의 것이다. 대상은 물질적 사물이 아닐 수도 있다. 대상은 사건이나 과정일 수 있으며 심지어 추상적이거나 사회적이거나 제도적인 것일 수도 있다. ('대상'을 이런 뜻으로 사용하는 어법이 통상적인 직관과 꽤 충돌하는 것은 사실이지만, 우리의 논의를 위해 이 충돌을 감수할 필요가 있다.)

온도를 그 자체로 측정 가능한 양으로서 개념화하는 단계 너머의 중요한 단계는 온도 개념을 다른 개념들과 관련지어 풍부하게 만들고 다듬는 것이었다. 18세기 후반에 사람들이 내디딘 중요한 한 걸음은 온도와 열을 구별하고 이 양자의 관계를 명확히 한 것이었다. 열 개념은 비율 척도ratio scale로 측정되는(0 값, 덧셈 연산, 곱셈 연산이 물리적으로 유의미한) 양으로서 별도로 정립되어 있었다. 열도 오랫동안 칼로릭이라는 물질적 실체와 관련지어졌지만, 이 관련성은 점차 사라졌다. 온도와 열의 연결은 주로 비열specific heat을 통해 이루어졌다. 비열의 정의는, 물질의 온도를 단위량만큼 올리는 데 필요한 열의 양이었다. 이 연결의 도움으로 온도는 구간 척도interval scale로 측정되는 양이 되었다. 구간 척도로 측정되는 양에서는 두 값의 차이가 물리적으로 유의미하다. 즉, 주어진 물체의 비열이 일정하다면, 그 물체의 온도를 같은 구간만큼(이를테면 10도에서 20도로, 또는 40도에서 50도로) 올리는 데 드는 열의 양이 같다. 그다음 주요 걸음은 새로운 열역학 이론과 통계역학 이론을 통해 온도와 열을 속도, 운동에너지, 역학적 일 등의 역학적 개념들과 연결한 것이었다. 온도는 한편으로 열역학에서 말하는 '절대온도'로서 새로운 의미를 획득하고 더 나중에는 엔트로피와도 연결되었으며(Chang 2004, 4장, Chang and Yi 2005 참조), 다른 한편으로 분자들의 평균 운동에너지에 비례하는 무언가로서 새로운 의미를 획득했다. 이 발전들 각각은, 정의의 성격을 띠었으며 해당 맥락 안에서 선험적이라고 간주되는 명제의 형태로 정착되었고, 그럼으로써 '온도'를 틀짓는 방식을 심층적으로 변화시켰다.

내가 논하고 싶은 또 다른 사례는 화학에서 말하는 '산acid'

개념이다(Chang 2016a, 그리고 이 문헌 속 참고문헌 참조). 물질 용어 substance term로서의 '산'은 온도 같은 속성 용어와는 전혀 다른 유형의 대상을 가리킨다. 이런 물질 용어를 고안하고 발전시킬 때 우리는 전형적으로 물질과 관련된 존재론적 원리들을 통해, 이를테면 존속의 원리, 인과의 원리, 구별 불가능자 동일성의 원리를 통해 틀 짓기에 착수한다. 산 개념의 역사에서 가장 이른 시기에 화학자들의 중대한 행마는 '산'을 독자적으로 존속하는 사물로 간주한 것이었다. 그들은 산성을 다양한 물질이 일시적으로 나타내는 속성으로 취급하지 않았다. 그렇다면 산은 어떤 유형의 사물일까? '산'이라는 용어가 모종의 식별 가능한 물질 집합을 가리키도록 만들려면 어떻게 해야 할까? 현장 화학자들이 보기에 자명한 방법은 산의 전형적 속성들과 행동들을 선별하여 산을 정의하는 특징들로 삼는 것이었다. 그 특징들은 예컨대 신맛, 부식성(특히 대다수 금속을 부식시키는 성질), 다양한 시약(리트머스, 제비꽃즙, 강황 추출액 등)의 색깔을 바꾸는 능력이다. 이와 거의 대등하게 중요한 것은 산과 알칼리가 서로를 중화하여 양쪽 모두가 전형적 속성들을 상실한다는 사실이었다. 이런 방법들을 통한 지칭 고정은 불가피하게 내포에 의존했다. 나는 이를 2.3절에서 논한 바 있다.

　이렇게 속성 집합을 통해 산을 정의하는 방법이 충분히 정착한 뒤에, 산성의 '본질essence'을 알아내기 위하여 많은 노력이 이루어졌다. 그 노력들의 전제는 산의 근본적 특징이 하나 있고 그 특징 때문에 산의 다른 모든 속성들이 발생한다는 것이었다. 이 과정은 산이 거친 정신에 의한 틀짓기의 중요한 추가 층이었다. 바꿔 말해 산성을 그렇게 본질주의적인 방식으로 취급하는 것은 필연적이지 않았지만, 화학자들은 그렇게 취급하는 쪽을 선택했다. 그들은, 산성의 본질이 있을까, 라고 묻는 대신에, 산성의 본질은 무엇일까, 라고 묻는 쪽을 선택했다. 가장 잘 알려진 노력은 어쩌면 라봐지에의 노력일 것이다. 그는 산소가 산성의 '요소principle'라고 생각했다(그리고 '산 생산자'를 뜻하는 그리스어 어근들을 가지고 '산소oxygen'라는 용어를 고안했다). 하지만 다른 산성의 요소들도 다양하게 제안되었다. 이 모든 초기 시도들은 실패로 돌아갔고, 수소 이온을 내주는 능력에 의해 산이 정의된다는 생각이 먼저 스반테 아레니우스에 의해, 이어서 브뢴스테드와 로리에 의해 제기된 19세기 후반과 20세기 초반에야 성공이 이루어졌다. 그리고 이 같은 발전된 이론적 개념이 마련된 뒤에야 비로소 신뢰할 만한 산성의 정량화가 수소이온농도(pH) 개념과 유리 전극을 이용한 수소이온농도 측정기에 의지하여 시작되었다(Ruthenberg and Chang 2020). 하지만 이와 거의 동시에 길버트 뉴튼 루이스의 연구를 통해 전자쌍 받개로서의 산 개념이 도입되었다. 이 개념은 브뢴스테드-로리 산 개념을 포괄하는 더 넓은 이론적 범주로 간주될 수 있었다. 비록 이 개념은 pH 측정과 명확히 연결되지 않았지만 말이다.

'산'을 틀짓는 과정이 가변적이고 불확정적인 경로를 거쳤다는 점을 유념하라. 이 점은 내가 방금 제시한 매우 간략한 서술만 봐도 이미 명백하다. 이 사례는, 모종의 잘 정의된 사물이 저 바깥에 있고 우리의 개념은 단지 그 사물을 가리키거나 '붙잡을' 수 있을 따름이라는 대응실재론의 생각이 얼마나 허술한지 여실히 예증한다. 방금 언급한 변화들을 통해 '산' 개념의 내포뿐 아니라 외연도 중대하게 변화했다. 위에서 거론한 산 개념 각각이 모종의 실재하는 대상을 틀지었다고 할 만하다. 그러나 그 다양한 개념들이 틀지은 다양한 대상들은 동일한 사물이 전혀 아니다. 그리고 어떤 개념이 최선인지 판정하기는 어렵다. 어쩌면 초기의 생각 중 일부를 현대 화학의 맥락 안에서 충분히 안전하게 폐기할 수 있겠지만, 브뢴스테드-로리 개념과 루이스 개념 중 하나를 선택하기는 매우 어렵다. 루이스 개념은 이론적으로 대단히 정교하지만 기본적으로 측정 불가능하다. 산성에 관한 실험 활동의 대다수는 브뢴스테드-로리 개념에 기초하여 수행된다. 그 개념은 아무런 이론적 결함도 없다. 실천에서, 현대 화학은 이 개념들을 둘 다 유지하고 있다. 정신에 의해 틀지어지지 않은 '산' 따위는 없으며, 우리는 우리 자신이 다루고자 하는, 정신에 의해 틀지어진 '산'을 선택할 수 있고 선택해야 한다.

3.3   실재성을 성취하기

우리는 원하는 대로 자유롭게 개념들을 만들어낼 수 있지만, 그 개념들은 정합적인 활동들을 지원함으로써 실용적으로 유효화될validated 필요가 있다. 그럴 때만 우리는 정신에 의해 틀지어진 실재들을 보유하게 된다. 그렇게 실재성을 성취하려면, 서로 밀접하게 연결되고 조율된 경험, 행동, 개념의 역동적 협업이 필요하다. 나는 계속해서 온도와 산을 예로 들어 그 유효화 과정을 보여주고자 한다. 이런 방식으로 성취되는 실재성은 통상적인 실재성 개념들과 비교할 때 그 성격이 충격적일 정도로 딴판이다. 내가 보기에 실재성(실재함)은 정도 차이가 있으며 또한 어떤 영역을 염두에 두고 논하느냐에 따라 다르게 판정된다. 우리가 새로운 개념을 창조했는데 그 개념이 정합적 활동들을 지원할 수 있음이 밝혀지면, 우리는 새로운 실재를 획득하게 된다. 그리고 우리가 기존 실재에 의존하여 새로운 정합적 활동들을 한다면, 우리는 그 실재를 예전보다 더 많이 실재하게 만드는 것이다. 실재성은 잘 설계된 개념들과 활동들을 통해 성취되는 결실이다. 하지만 삶에서 무릇 성취가 그러하듯이, 실재성을 성취하려는 우리의 노력이 성공할지 여부는 궁극적으로 우리의 통제 바깥에 놓여 있다.

개념을 실용적으로 유효화하기

어떻게 정신이 실재들을 틀짓는지 고찰했으므로, 이제 정신이 통제할 수 없는 실재의 측면들로 시선을 돌리자. 정신에 의해 통제되지 않는 실재들에 관한 우리 지식의 궁극적 원천이자 시금석은 경험이다. 정신에 의해 통제되지 않는 실재들과의 만남 일반을 뭉뚱그려 부르는 이름이 바로 ‘경험’이라고 해도 과언이 아니다. 우리는 경험을 통해 실재들과 (은유적으로, 또 말 그대로) ‘접촉’한다. 이 문장들은 경험주의적 관점을 표현하는 동어반복들이다. 경험의 대상들이 선험적 요소들의 구현이라는 점은 명백하지만, 그 대상들은 작업적으로 정합적인 활동들을 지원하는 한에서 실재들이다. 그리하여 나는 다음과 같은 나의 철학적 구호로 회귀한다. 실재들은 정신에 의해 틀지어져 있지만 정신에 의해 통제되지는 않는다.

이제 이런 질문이 제기된다. 우리가 자유롭게 틀지은 실재들이 경험에 의해 유효화되어, 우리가 제안한 대상들이 실재들이라는(또는 실재들이 아니라는) 점이 밝혀지는 일이 어떻게 벌어질 수 있을까? '자유롭게'는 '아무렇게나'를 뜻하지 않는다. 금세 떠오르는 예 하나가 이를 보여줄 것이다. 에른스트 마흐는([1889] 2013) 고전역학의 토대를 개혁하려 애쓰는 과정에서 전통적인 뉴튼적 힘 개념을 제거했다. 그는 그 개념이 너무 형이상학적이라고 여겼다. 그러나 이 조치로 인해 뉴튼의 제2법칙($F = ma$)도 제거되었고, 더불어 질량을 F/a로, 곧 대상에 가해지는 힘의 세기를 대상의 운동에서 발생하는 가속도로 나눈 값으로 정의하는 자명한 정의 방식도 제거되었다. 이 구멍을 메우기 위해 마흐는 다음과 같은 새로운 질량 정의를 내놓았다. 두 대상의 상호작용이 허용된 상태에서 그 대상들이 상호작용의 결과로 가속을 겪는다면, 그것들의 질량의 비율은 발생하는 가속도들(의 크기들)의 비율의 역수다. 공식으로 표기하면 $m_1/m_2 = a_2/a_1$이다. 여기까지는 그저 정의의 정식화일 따름이다. 그러나 시스템 안에 세 개의 대상이 있다고 해보자. 그러면 $m_1/m_3 = a_3/a_1$ 그리고 $m_2/m_3 = a_3/a_2$가 성립할 터이다. 이 경우에 만일 질량이 단일한 값의 원리를(3.2절 참조) 따른다면, 가속도 값들이 제약될 수밖에 없다. 가장 간단한 경우로, 대상 1과 대상 2가 동일한 크기의 가속도를 서로에게 일으키고, 대상 1과 대상 3도 마찬가지라고 해보자. 그렇다면 마흐의 정의에 따라서, 대상 1과 대상 2는 질량이 같고, 대상 1과 대상 3도 그러하다. 따라서 대상 2와 대상 3은 질량이 같아야 하고, 이는 이 대상들이 서로에게 동일한 가속도를 일으켜야 함을 함축한다. 그런데 이 귀결이 실험에 의해 입증될까? 마흐 본인이 지적하듯이 '제3의 질량과 같은 두 질량이 서로 같아야 할 논리적 필연성은 전혀 없다'(같은 곳, 219쪽, 강조는 원문). 만일 실험에서 a_2와 a_3가 다르게 나오면, 우리는 어떻게 해야 할까? 그런 상황에서 우리는 작업적으로 정합적인 물리학을 거의 할 수 없을 것이며 따라서 마흐의 정의를 실행 불가능한 것으로 판정하여 폐기할 수밖에 없을 것이다. 이처럼 마흐의 정의는 물리적 상황들에서 가속도들이 어떠할지에 관한 가설을 실제로 담고 있다. 정의들과 루이스가 말하는 선험적 원리들은 한낱 동어반복이 아니다. 그것들이 적절한지 여부는 실험에서 어떤 결과가 나오는지에 달려 있다.

정합성을 향상하기

개념의 실용적 유효화가 성공적일 경우, 그 유효화는 작업적 정합성을 향상하고 또 향상하는 반복적 과정이다. 이를 예증하기 위해서 앞 절에서 든 두 가지 예를 계속 고찰하겠다. 앞서 온도 개념을 논하면서 나는 온도가 단일한 값을 가진다는 전제 때문에 온도계들의 비교 가능성이 필요해졌다고 언급했다. 온도계들의 비교 가능성을 보증하는 것이 얼마나 중대한 난제였는지를 우리 현대인은 상상하기 어렵지만, 실제로 거의 250년 동안 온도계들은 확실한 비교 가능성 없이 제작되었다. 이 상황은 19세기 중반에 빅토르 르뇨의 고된 기념비적 연구를 통해 비로소 바뀌었다. 르뇨의 연구로 밝혀진 바는, 오직 내부를 공기(또는 다른 몇 가지 기체 중 하나)로 채운 온도계들만 충분히 비교 가능하다는 것이었다. 유리관 속에 수은을 넣은, 인기 있는 온도계들은 비교 가능성 검사를 통과하지 못했고,

(알코올을 비롯한) 다른 액체들로 내부를 채운 온도계들은 그 검사의 결과가 더 나빴다. 바꿔 말하면, 온도 측정은 몇몇 특정한 유형의 온도 측정용 유체를 사용할 때만 정합적 활동이었다.

온도계에 기초한 온도 개념을 사람들이 느끼는 뜨거움과 차가움의 정량화된 버전으로 인정하게 만드는 것도 어려운 과제였다. 온도계가 가리키는 수치는 질적인 지각과 어긋날 때가 많았고, 그런 불일치를 납득하려면 그럴싸한 설명이 필요했다. 예컨대 온도가 그리 낮지 않은데도 춥게 느껴지는 것은 바람이 싸늘하기 때문이다. 온도계에 따르면 주변 온도가 높은데도 나는 추위를 느낀다. 따라서 나는 열이 있는 것이 틀림없다(나는 이 의심이 옳음을 온도계로 확인한다). 이 밖에도 다양한 설명이 가능할 것이다. 이런 난제들이 해결되자, 온도계에 기초한 온도 개념은 원예, 주조酒造, 임상 의학, 실험 화학 및 물리학을 비롯한 삶의 다양한 분야에서 이루어지는 온갖 활동의 작업적 정합성을 향상할 수 있었다. 왜냐하면 온도계 덕분에 온도에 대한 판단의 정확성과 신뢰성이 높아졌기 때문이다. 그리하여 온도는 하나의 양으로서 확고한 실재가 되었다.

온도 개념이 열 개념과 관련 맺으며 발전한 과정에서는 다른 유형의 패턴과 난제를 볼 수 있다. 비열은 처음에 '열용량heat capacity'(칼로릭을 보유할 역량)이라는 막연한 물질적 개념으로서 등장했다. 그때 온도는 칼로릭 밀도를 의미했다. 칼로릭에 기초한 온도 개념은 결국 살아남지 못했지만, 더 현상학적인 비열 개념은 투입한 열과 온도 증가 사이의 비율로서 굳건히 살아남아, 온도가 각각 다른 다양한 물질들을 혼합하여 얻은 혼합물의 온도를 예측하고 측정하기를 비롯한 일련의 매우 정합적인 열량 측정 활동들을 지원했다. 그러나 중대한 외견상의 부정합성이 불거졌다. 즉, 많은 상황에서 열을 추가로 투입하거나 빼내도 물체의 온도는 전혀 변화하지 않았다. 그렇다면 그 물체의 비열은 무한대일까? 실제로 무한대라는 결론을 피하기 위해 잠열latent heat이라는 개념이 고안되었다. 즉, 물체에 열을 투입하는데도 온도가 상승하지 않는다면, 그것은 그 열이 잠재적(감각할 수 없는) 형태로 변환되기 때문이라고 간주하자는 제안이 나왔다. 이 제안은 충분히 일리가 있었다. 왜냐하면 열을 투입받는 물체에서 관찰되는 변화—가장 뚜렷하게는 융해와 기화—가 잠열 때문에 일어난다는 설명도 가능했기 때문이다. 역방향의 상태 변화들(응고와 액화)에서는 잠열이 다시 감각할 수 있는 형태의 열로 변환되면서 방출되어 역시 온도 변화가 일어나지 않는다는 설명이 적절히 제시되었다. 그리하여 잠열은 실재하는 것으로 간주되었고, 열물리학에서 이루어지는 온갖 활동의 정합성은 유지되고 향상되었다.

　　이토록 다양하고 인상적인 정합적 활동들이 온도에 의존했으므로, 정량화된 속성으로서 온도의 실재성은 매우 명백해졌다. 오늘날 온도의 실재성은 과학, 산업, 의학의 거의 모든 분야에서 드러나며, 자연 안의 모든 과정이 온도의 영향을 받는 것으로 보인다. 거듭 강조하는데, 온도 개념은 여러 세기에 걸쳐 끊임없이 성장하고 변화했으며, 그 성장과 변화는 개념들의 복잡한 연결망이 성장하는 동안 그 연결망 안에서 일어났다. 이로부터 나오는 또 하나의 귀결은, 온도 개념이 지칭하는 실재가 복잡하고 가변적이라는 것이다. 이를 보여주는 극단적인 사례 하나는, 현대의 열역학적 온도 개념이 음의 절대온도를 허용한다는 사실이다. 만약에 열을 흡수할 때

엔트로피가 감소하는(더 질서정연하게 되는) 물리적 시스템이 있다면, 음의 절대온도는 실재한다. 그러나 열에 관한 운동 이론 아래에서 음의 절대온도는 명백히 불가능하다. 그 이론에 따르면 절대온도는 분자들의 평균 운동에너지에 비례하는데, 후자는 음의 값을 가질 수 없으니까 말이다.

다음으로 산의 사례를 살펴보면, 몇 가지 다른 문제들이 두드러진다. 과학자들이 상정한 물질적 대상이 실재로서 성공적으로 정착한 실적은 측정 가능한 양이 그렇게 정착한 실적과 비교할 때 기복이 더 심하다. 과학계에서 상정되어 한동안 인기를 누린 많은 물질적 대상이 결국 실재하지 않는 것으로 간주되었다. 갈레노스의 네 가지 체액, 칼로릭과 플로지스톤, 에테르, 그리고 비관적 귀납을 뒷받침하는 라우단의 목록에 등재된 기타 많은 항목이 그러하다. 산의 경우에도, 산이라는 놈이 과연 실재하는가, 라는 질문이 산이 거친 역사의 다양한 시점에서 제기될 만했다. 한동안 산은 속성들의 집합으로 정의되었는데, 그 단계에서는 그 모든 속성이 모든 산에서 나타나는지가 불분명했다. 리처드 보이드의(1999) 어법으로 표현하면, 그 속성 집합은 항상성을 띨까? 산의 모든 핵심 속성들이 항상 함께 나타날까? 그렇지 않다면, 산 개념에 기초한 분류부터 예측까지 온갖 활동이 정합성을 상실할 터이다. 예컨대 '탄산carbonic acid'(현대 기호로는 CO_2, 더 정확히는 CO_2와 물의 결합인 H_2CO_3)은 신맛이 없지만 리트머스 시약을 붉은색으로 변화시켰다. 이렇게 일부 속성이 나타나지 않는 사례들을 고려하면, '산'의 실재성은 불확실했다.

다음으로 사람들이 산의 본질을 탐색하던 단계에서는 다양한 유형의 활동이 관심의 초점에 놓였다. 만일 (산소 같은) 산성의

'요소'가 정말로 있다면, 그 요소를 다른 물질들에 적용하여 그것들을 산으로 변환하는 것이 가능해야 했다. 때로는 그런 변환이 예상대로 이루어졌다. 즉, 많은 연소 생성물은 적어도 물에 녹였을 때 산성을 띤다는 것이 밝혀졌다. 예컨대 유기물질이 연소할 때 생성되는 이산화탄소(CO_2)는 물과 만나면 탄산을 형성했다. 그러나 모든 연소 생성물이 산성인 것은 아니었다. 산이 산소를 함유하고 있다면 이뤄져야 할 또 다른 일은 알려진 산에서 산소를 추출하는 작업이었는데, 이 작업도 때로는 불가능하다는 것이 밝혀졌다. 잘 알려진 사례로 염산(당시 용어로 muriatic acid, 현대 용어로 hydorchloric acid, HCl)에서는 산소를 추출할 수 없었다. 따라서 산소를 적용하여 산을 생산하는 활동과 산에서 산소를 추출하는 활동은 정합성이 불완전하다고 여겨졌다. 결국 화학자들은 라봐지에의 산에 관한 산소 이론뿐 아니라 물질들에 산성을 부여하는 본질적 요소가 있다는 일반적인 생각까지 폐기했다. 이것은 우리의 개념이 실재를 지칭하는 것으로 밝혀지지 않을 수 있음을 보여주는 좋은 예다. 대조적으로 산성을 성향으로 보는 접근법은 훨씬 더 잘 통했다. 브뢴스테드-로리 산 개념에 따르면, 산은 수소 이온을 내줄 수 있는 물질인데, 이 개념에 기초하여 pH를 정의하고 측정하기부터 중화반응을 수소 이온(H^+)과 수산화 이온(OH^-)이 만나 물을 형성하는 것으로 이해하기까지 아우르는 온갖 정합적 활동들을 수행할 수 있다. 그러므로 우리는 브뢴스테드-로리 산이 실재한다고 자신 있게 말할 수 있다.

실재성의 특징

대상들이 틀지어진다는 것과 그것들의 실재성이 성취된다는 것이 구체적으로 무슨 의미인지 전달하는 일은 이 정도로 마무리하고, 이제 정합적 활동들을 확립함으로써 성취되는 실재성의 일반적 특징을 더 면밀히 고찰하고자 한다. 가장 먼저 지적할 점은, 실재성은 관찰 가능성이나 기타 유형의 직접적 접근 가능성과 단순히 연결되지 않으며, 심지어 실재성에 대한 우리의 지식도 그러하다는 것이다. 관찰 가능한 항목의 실재성을 판정하기 위해 거치는 과정과 관찰 불가능한 항목의 실재성을 판정하기 위해 거치는 과정은 근본적으로 다르지 않다. 잠깐 온도의 사례로 돌아가자. 과학자들은 켈빈의 절대온도처럼 이론적이며 직접 관찰과 동떨어진 것의 실재성을 충분히 설득력 있게 확립할 수 있었다. 켈빈의 절대온도는 이상적인 카르노 기관에 관한 열역학 이론을 통해 정의되는데, 그 기관을 근사적으로라도 제작해낸 사람은 여태 아무도 없다. 더 전문적이고 이론적이며 관찰 불가능한 항목들, 예컨대 쿼크와 암흑물질에 대해서도 절대온도에 적용된 것과 같은 방식의 실재성 확립이 이루어질 수 있다.

다음으로 유념할 것은 실재성(실재함)에 정도 차이가 있다는 점이다. 나는 앞서 논한 사례들을 통해 이를 명확히 하려 했다. 언뜻 보면 터무니없게 느껴지겠지만, 바라건대 면밀히 숙고하면 그 느낌이 해소될 것이다. 우선 일상언어에서 우리가 실재함의 정도를 거론하는 경우가 흔히 있다는 점을 지적할 만하다. 예컨대 우리는 이런 문장을 쉽게 이해한다. '비록 최근에 언론의 관심은 덜하지만, 런

던에서 테러가 발생할 위험은 여전히 **매우 실재합니다**very real.' 만일 어떤 대상이 작업적으로 정합적인 활동들을 더 많이 지원한다면, 그 대상은 더 높은 정도로 실재한다고 간주되어야 마땅하다. 더 나아가 작업적 정합성 자체에도 정도 차이가 있으므로, 만일 어떤 대상이 지원하는 활동 각각의 작업적 정합성이 더 높다면, 그 대상은 더 높은 정도로 실재한다. 이때 정도 차이가 있는 것은 실재함 그 자체이지, 실재함에 관한 우리의 앎이 아니라는 점을 유념하라. 하지만 오늘날의 형이상학을 학습한 이들의 귀에는 '실재성의 정도'라는 표현이 (철학 전통에서 때때로 받아들여진 개념인데도) 여전히 몹시 기이하게 들릴 것이다. 실재함은 존재함과 똑같지 않은가? 그리고 존재함은 정도 차이 없이, 완전히 존재하든지, 아니면 완전히 부재하든지, 둘 중 하나가 아닌가? 무언가가 약간만 실재할 수 있을까? 바꿔 말해, 부분적으로 존재할 수 있을까? 그러므로 실재성의 정도를 수용할 길을 모색하는 것이 적절해 보인다.

존재함이 양자택일의 사안으로 보이는 것은 단지 우리가 의미와 경계가 명확한 극단적 사례들을 생각하는 것에 익숙하기 때문이다. 허술하게 정의된 어떤 대상이 존재하거나 부재하거나 둘 중 하나라고 주장할 근거는 없다. '이 사람 안에 도덕적 사악함이 있을까?'라는 질문을 생각해보라. 심지어 과학에서도 존재함은 양자택일의 사안이 아닐 수 있다. 광선光線은 존재할까? 굴절되거나 반사된 빛이 거치는 곧은 경로를 우리가 추적할 수 있다는 의미에서, 광선은 존재한다. 그러나 빛의 경로에 직선 모양의 물체가 놓여 있음을 보여줄 수 없다는 의미에서, 또한 광선은 존재하지 않는다. 네스호의 괴물처럼 구체적이고 친숙한 사례들에서도 존재함은 양자택일의 사안이 아닐 수 있다. 그 호수에 사람들이 묘사해온 괴물과 꽤 비슷하지만 똑같지는 않은 생물이 있다면 어떨까? 혹은 사람들이 보고해온 바와 확실히 유사한 시각적 현상이 있지만 그 배후에 물질적 실체가 없다면 어떨까? 만일 그 괴물을 닮은 생물이 있거나 그 괴물처럼 보이는 시각적 현상이 있다면, 그 괴물이 관여된 충분히 정합적인 활동들이 있을 것이므로, 우리는 그 괴물이 어느 정도 실재한다고 말해야 마땅하다.

대상들의 실재성은 정도 차이가 있는 사안일 뿐 아니라 어떤 영역을 고려하느냐에 따라 달라지는 사안이기도 하다. 여기에서 '영역domain'은 시간-공간적 구역일 수도 있지만, 내가 이 용어로 지칭하고자 하는 것은 더 일반적으로, 활동의 정합성에 영향을 미치는 모든 유형의 조건이다. 이 용어를 사용함으로써 내가 지적하려는 것은 실재성이 갖는, 상당히 일반적인 유형의 맥락 의존성 context-dependence이다. 실재하는 대상은 모든 곳에서 실재하는 것이 아니라 그 대상에게 적절한 영역 안에서만 실재한다. 뉴튼적인 점 입자는 뉴튼적인 활동들이 정합적인 상황(몇 가지 예만 들면, '로켓 과학', 태양계 천체역학, 흔들이의 운동)에서 충분히 실재한다. 슈뢰딩거 방정식에 의해 정의되는 양자 파동함수는, 원자 속의 전자들을 다룰 때는 실재하지만, 원자핵 속의 양성자들과 중성자들을 다룰 때는 그만큼 실재하지 않는다. 구식 광선들은 기하광학이 유효한 상황에서는 매우 실재하지만, 이중슬릿 실험을 할 때는 실재하지 않는다고 단언할 수 있다. 별자리는 전통적인 위치 천문학positional astronomy에서는 실재하지만 현대 우주론에서는 그렇지 않다. 화학 원소 각각에 유일무이하게 할당되는 고정된 수로서의 원자량은 주기율표를 작성할 때는 실재하지만 핵물리학에서는 그렇지 않다.

　　　하지만 이런 반문이 나올 수도 있을 것이다. 어떻게 주어진 하나의 대상이 한 영역에서는 실재하고 다른 영역에서는 실재하지 않을 수 있단 말인가? 광선을 프리즘으로 굴절시켜 금속 표면에 비춘다고 해보자. 금속 표면에 도달한 광선은 광전자 효과에 의해 전자가 방출되도록 만들 것이다. 실재성에 관한 나의 생각을 고수한다면, 나는 다음과 같은 우스꽝스러운 견해에 도달할 수밖에 없는 듯하다. 즉, 프리즘을 통과하는 것은 광선인데, 그 광선이 금속 표면을 때릴 때는 희한하게도 광자들로 바뀐다고 해야 하는 듯하다. 이런 이상한 견해를 배척하고, 진짜로 모든 곳에서 실재하는 놈(즉 광선이 아니라 광자들)을 거론하는 통일된 설명을 마련해야 하지 않을까? 하지만 이 지적은 주관적인 자기만족에 기반을 둔다. 당신이 이렇게 지적한다면, 당신은 당신 자신이 실재를 참되게 그린 그림을 가지고 있고 그 그림에 등장하는 것은 광선이 아니라 광자들이라고 생각하는 것이다. 그러나 당신이 말하는 '광자'란 정확히 무엇인가? 광자는 $h\nu$만큼의 에너지 꾸러미이며, 이때 ν는 빛의 진동수, h는 플랑크상수라고 당신은 아마 생각할 것이다. 하지만 양자장이론이나 심지어 초끈이론이 빛을 무엇이라고 하는지도 고려해야 하지 않을까? 아니, 미래에 완성되고 수용될 '만물의 이론'이 빛을 무엇이라고 하건 간에 그것까지 고려해야 하지 않을까? 요컨대 우리는 물리학이 완성될 때까지 광자들에 관하여 아무것도 단언할 수 없다. 그러나 우리가 실제로 실천에서 어떻게 하는지 둘러보자. 미래에 우리의 '최종 이론'이 무슨 말을 하건 간에, 우리는 광선, 광자, 전자기파가 관여된 정합적 실천들을 많이 가지고 있다. 하지만 이 세 가지 항목이 모두 실재할 수 있을까? 존재론적 다원주의와 직결된 이 질문이 다음 절의 주제다.

3.4 존재론적 다원주의

이 장에서 지금까지 펼친 논의에 담긴 메시지는 명확하며 다음 문장으로 요약된다. 실재들의 본성을 진지하게 숙고하고자 한다면, 과학자와 기타 탐구자들이 정합적 활동을 촉진하는 개념을 만들어내려 할 때 어떤 일이 벌어지는지 유심히 살펴보아야 한다. 그렇게 하면 한 가지 중요한 것을 알게 되는데, 그것은 어디에나 있는 다원성이다. 즉, 다양한 존재론들이 다양한 정합적 활동 집합들을 지원한다. 과학 안에서도 그러하고, 심지어 과학의 특수한 분야 안에서도 그러하다. 이 같은 다원주의적 교훈은, 우주가 보유한 사물들을 옳게 등재한 목록이 단 하나만 있다고 보는 뿌리 깊은 형이상학적 세상상을 반박한다. 이런 일원주의적 존재론을 설득력 있게 정당화할 길은 없다. 과학의 실제 성과에 기초한 정당화도, 일반적인 철학적 고찰에 기초한 정당화도 불가능하다. 형태를 잘 갖춘 실재들이 그냥 '세계 안에' 있다는 생각, 곧 선형상화의 오류를(2장 참조) 떨쳐내면, 다원주의적 존재론을 받아들이기가 쉬워진다. 실재들은 정신에 의해 틀지어져 있다. 그리고 실재들의 집합 하나가 아니라 여럿이, 주어진 하나의 과학 분야 안에서 작동할 수 있다는 생각을 허용하는 것은 터무니없지 않다. 5.4절에서 추가로 논하겠지만, 나는 존재론적 다원주의를 옹호한다. 다수의 존재론이 제각각 정합적 인식 활동들을 촉진할 수 있다면, 그 존재론들을 모두 장려하는 것이 이롭다.

존재론적 다원주의와 그것의 전통적 원천들

작업적 정합성이 실재성을 판정하는 좋은 기준임을 인정하면, 다양한 존재론들을 수용하는 것을 피하기 어려울 것이다. 인식적 다원주의에 실재에 관한 정합 이론을 덧붙이면, 온건하고 실용적인 유형의 존재론적 다원주의에 도달하게 된다. 과거에 처음으로 다원주의를 천명할 때 나는 나의 다원주의를 명시적으로 인식적epistemic 다원주의로 한정했다. 왜냐하면 경험이 형이상학에 관하여 우리에게 가르쳐주는 바가 그리 많지 않다고 보았기 때문이다(Chang 2012a, 5장). 그러나 세월이 흐르면서 나는, 특정한 활동들의 성공이 존재론에 관하여 믿음직한 단서들을 제공한다는 카트라잇의 견해가 지닌 힘을 점차 깨닫게 되었다. 이제 여기에서 나는 카트라잇의 통찰을 내 나름의 방식으로 수용하여 다음을 인정한다. 즉, 우리가 말하는 실재들이란 작업적으로 정합적인 활동들을 촉진하는 것들을 의미한다. 카트라잇은(1999) 성공적인 국소적 실천들의 다양성을 근거로 삼아, 알록달록하고 비균질적인 세계를 보여주는 단 하나의 세상상과, 우리 자신의 정교한 모형화 실천들과 유사하게 작동하는 자연을 보여주는 단 하나의 **자연상**을 채택한다(Cartwright 2019). 내가 채택하는 것은 (저마다 '얼룩덜룩할' 수도 있고 그렇지 않을 수도 있는) 다수의 존재론들이다. 이 같은 나의 행마는, 안네마리 몰이

(2002) 의학 실천에서 발생하는 다수의 존재론들의 겹침과 상호작용을 지목하는 것과 유사하며, 차크라바르티가(2017, 190쪽) 말하는 '포장packaging에 관한 다원주의' 및 '행동에 관한 다원주의'와도 유사하다.[15]

나의 실재관은 엄격하지만 또한 관대하다(혹은 듀프레의 도발적인 표현을 빌리면, '문란하다'). 작업적 정합성이라는 기준은 많은 것을 실재의 후보군에서 배제하지만 또한 매우 다양한 것들을 수용한다. '실재함'의 작업적 의미라고 할 만한 것이 달리 없으므로, 그리고 우리가 실재 개념을 멀리할 필요는 없음을 인정하므로, 나는 우리가 형이상학적 용기를 내어, 실재들의 시스템이, 심지어 동일한 영역이라고 할 만한 것의 내부에서도, 하나가 아니라 다양할 수 있음을 인정해야 한다고 제안한다. 이 같은 나의 생각은, 존재론을 경험적 탐구를 통해서 가장 잘 접근할 수 있는 연구 분야로 취급하는 자연주의 전통 안에 있다. 정합적 활동에서 불가결한 역할을 하는 대상이라면 무엇이든지 실재하는 것으로 간주한다면, 온갖 대상이 실재할 가능성이, 그것도 모두 동시에 실재할 가능성이 열린다. 이 가능성의 현실화 여부는 상황의존적 사안이긴 하지만, 우리가 과학적 노력들의 역사에서 목격하는 바는, 매우 상이한 존재론들이 다양한 과학적 실천들의 성공을 실제로 지원해왔다는 점이다. 내가 3.5절에서 내놓을 제안대로 존재론적 환원주의라는 전제를 떨쳐내면, 존재론적 다원주의는 특히 첨예한 논제가 된다.

존재론적 다원주의를 기꺼이 받아들이고 발전시키기 위한

15 몰의 연구를 나에게 알려준 헬렌 스콧-포즈먼드와 브루크 홈즈에게 감사한다.

논의의 첫걸음으로 나는 저명하고 냉철한 몇몇 현대 철학자가 존재론적 다원주의를 옹호한다는 점을 지적하고 싶다(유익한 조망은 Stump 2020 참조). 아주 잘 알려져 있듯이, 루돌프 카르납은, 제각각 고유한 근본적 존재론과 연결된 개념적 기틀들 가운데 하나를 우리가 선택할 수 있다고 주장했다.

> 어떤 분야건 전문적인 탐구 분야에 종사하는 사람들에게 그들이 유용하다고 느끼는 표현 형식이라면 어떤 형식이든지 사용할 자유를 허락하자. 그 분야에서 이루어지는 연구의 결과로, 유용한 기능이 없는 형식들은 조만간 제거될 것이다. 신중하게 주장하고, 비판적으로 주장을 검사하되, 언어적 형식들을 허용할 때는 관대하게 굴자.(Carnap 1950, 40쪽, 강조는 원문)

앞서 2.3절에서 간략히 언급한 콰인의 '존재론적 상대성' 교설은 다원주의적 함의들을 가질 수밖에 없다. 콰인이 완벽하게 선취한 퍼트넘의 '순열 논증permutation argument'도 쉽게 다원주의적인 취지로 해석할 수 있다. 퍼트넘은 존재론적 다원성을 줄곧 명시적으로 옹호했으며, 심지어 '내재적 실재론'을 버린 뒤에도 그러했다. 2.2절에서 형이상학적 실재론을 옹호하는 모들린의 논증을 논한 바 있는데, 그런 모들린에게(2015) 주는 응답에서 퍼트넘은(2015b, 503쪽) 자신이 형이상학적 실재론자라고 인정하면서도, 존재론적 다원성을 수용하는 것에 기초한 '세련된 형이상학적 실재론'을 제안한다. "때로는 동일한 상황이, 액면가로 보면 잘 알려진 콰인적인 의미에서 양립 불가능한 '존재론들'과 결부된 서술들을 허용한다"(같은 곳, 506쪽).

동시대의 저자 중에서는 니닐루오토가(2014, 160쪽) '개념적 다원주의 원리'를 제안하는 것으로 유명하다. 이 원리는 "모든 탐구는 모종의 개념적 기틀을 바탕으로 삼은 상대적 탐구"임을 인정한다. 이 원리와 오류 가능성에 대한 퍼스적인 인정에 기초하여 그가 도달하는 종착점은 '비판적 실재론'이다. 니닐루오토의 비판적 실재론은 형이상학적 실재론을 수정하여 실천에서 더 잘 작동하게 만든다.[16] 키처는(2012, xxii~xxiii쪽) 온건한 유형의 존재론적 다원주의를 "인식론과 형이상학에서의 실용주의적 개혁"의 첫 번째 주요 특징으로서 제안한다. "우리로부터 독립적인 것이라면 무엇이든지 다양한 방식으로 개념화될 수 있다." 이 말은 형이상학적 실재론자들이 듣기에도 딱히 문제될 것 없게 느껴지겠지만, 이어지는 말을 더 들어봐야 한다. "어떤 의미에서는 단 하나의 세계가 있다. 그 세계는 우리 경험의, 아직 분화되지 않은 원천이다. 다른 의미에서는 많은 세계들이 있다. 그 세계들은 다양하게 명료화된 총체들이며, 대상들을 분류하는 모든 가능한 경계선 긋기 방식들을 반영한다."

동등 기회 실험적 실재론

대안적인 존재론들을 원리 수준에서 다루는 논의는 이처럼

---

16 니닐루오토의 견해에 따르면, 칸트는 다원주의를 인정하지 않았기 때문에 사물자체에 대한 앎은 불가능하다는 회의주의에 빠졌다. 이 견해는 다원주의가 사물자체에 대한 앎을 허용한다는 것을 함축하는데, 이 지점에서 나는 니닐루오토와 갈라선다.

풍부하게 이루어져왔으므로, 나는 어떻게 실천에서 다수의 존재론이 발생하는가, 라는 주제에 더 집중하고자 한다. 존재론을 위해 실천을 들여다본다는 점에서 나는 이미 해킹의 실험적 경험론에서 영감을 얻은 셈인데, 이제부터의 논의에서도 해킹은 나의 영감의 출처다. 해킹의 입장에 맞선 뻔한 반론이 하나 있는데, 그 반론은 실은 다원주의를 위한 축복이라는 점이 드러날 것이다. 그 반론은 이러하다. 우리가 우리의 실험을 오해해서, 모종의 존재하지 않는 대상이 그 실험에 관여한다는 착각에 빠질 수도 있지 않을까? 실제로 이런 일이 꽤 빈번히 일어나는 듯하다. 과학사를 살펴보면, 오늘날 우리가 실재하지 않는다고 여기는 대상을 사용한다고 믿었던 실험자가 매우 성공적으로 실천에 개입한 사례가 수두룩하게 발견된다. 따라서 과학사에 기초한 비관적 귀납은 표준적인 과학적 실재론에 치명적인 것과 똑같이 해킹의 실험적 실재론에도 치명적인 듯하다.

　　구체적인 사례들을 들어 문제를 생생히 검토하기로 하자. 윌리엄 허셜은 1800년에 가시광선 스펙트럼의 빨간색 끝 너머 어둠 속에 놓은 온도계가 상당한 가열 효과를 감지한다는 사실을 깨달음으로써 적외선을 발견했다(Herschel 2002, 61~64쪽; Chang and Leonelli 2005 참조). 허셜은 자신이 프리즘을 사용하여 햇빛 다발 속의 빛 광선들과 칼로릭 광선들을 분리하고 후자들을 온도계에 쪼이는 데 성공했다고 생각했다. 이 사례가 해킹이 말하는 '집어서 흩뿌리기'에 해당하지 않는다면, 과연 어떤 사례가 거기에 해당할지 나는 모르겠다. 그런데 오늘날 우리는 칼로릭이 실재하지 않음을 안다. 따라서 이런 사례는 결국 해킹의 실험적 실재론을 반박하고 실재에 관한 나의 정합 이론도 반박하는 것이 아닐까? 그렇다면 반대 진영은 어떠했는지 살펴보자. 허셜과 동시대인 중에는 칼로릭 이론에 반대하는 이들도 있었고, 그중 한 명은 열에 관한 운동 이론의 개척자인데도 간과되었다는 찬사를 흔히 듣는 럼퍼드 백작이었다. 럼퍼드는 열이란 분자들의 진동이라고 여겼으며, 마찰로 얼마나 많은 열이 발생할 수 있는지를 실험으로 보여주기까지 했다. 그런데 럼퍼드의 선견지명을 찬양하는 이들의 대다수가 모르는 바이지만, 럼퍼드도 '냉각frigorific' 복사의 존재를 상정했다. 냉각 복사란 차가운 물체가 방출하는 저低주파수 파동인데, 이 파동은 멀리 떨어진 상대적으로 뜨거운 물체를 냉각하는 효과를 낸다. 럼퍼드는 금속 거울들과 원뿔들을 사용하여 냉각 광선들을 반사하고 집중하는 실험들을 성공적으로 고안했다(Chang 2002 참조).

유사한 사례로 악명 높은 플로지스톤의 경우를 보자(Chang 2012a, 1장, 특히 53~54쪽, 번역서 145~148쪽). 플로지스톤 이론은 유서 깊은 제련 기술의 핵심 면모 하나를 사리에 맞게 이해할 수 있게 해주었다. 즉, 전통적인 제련 기술은 금속회calx(오늘날의 용어로는 금속 산화물)를 금속으로 변환하는데, 이 변환은 숯 같은 가연성(즉, 플로지스톤을 풍부하게 함유한) 물질로부터 플로지스톤을 뽑아냄으로써 이루어진다고 플로지스톤 이론은 설명해주었다. 심지어 칸트도 한 물질에 플로지스톤을 넣어주었다가 다시 빼냄으로써 그 물질을 다른 물질로 변환했다가 원래의 물질로 재변환하는 게오르크 에른스트 슈탈의 실험실 작업을 대단히 높게 평가했다(Kant [1787] 1998, 108~109쪽). 슈탈과 유사하게 조지프 프리스틀리도 플로지스톤을 성공적으로 조작할 수 있다고 주장했다. (제임스 와트의 사업 파트너) 매슈 볼튼은 1782년에 (유명한 도자기 생산업자) 조사이아 웨지우드에게 편지를 써서 흥분된 어투로 이렇게 전했다.

> 우리는 오랫동안 플로지스톤에 대해서 떠들었지만 무엇에
> 대해서 떠드는지도 몰랐습니다. 그러나 이제 프리스틀리 박
> 사가 그 사안에 빛을 비췄습니다. 우리는 그 원소를 한 그릇
> 에서 다른 그릇으로 부을 수 있고 금속회를 금속으로 환원하
> 려면 그 원소가 얼마나 많이 필요한지 정확하게 말할 수 있
> 습니다.(볼튼의 편지에서. Musgrave 1976, 200쪽에서 재인용)

1770년대에 프리스틀리는, 닫힌 공간 안에서 금속회(녹)를 금속으로 되돌림으로써 공기를 '탈플로지스톤화'하는 시도를 통하여 산소를 생산했다. 그 공간 안의 공기가 자신의 플로지스톤을 금속회에 내줌으로써 금속회의 금속성을 회복시킨 것이었다. 이 과정이 작동하는 듯했고, 프리스틀리는 '탈플로지스톤 공기'를 얻었다. 이 새로운 기체는 연소를 유난히 잘 지원했다. 왜냐하면 이 기체는 가연성 물질에 풍부하게 들어 있는 플로지스톤을 되찾기를 열망하기 때문이었다. 더 나아가 프리스틀리는 그가 순수한 플로지스톤이라고 여긴 가연성 공기(훗날의 명칭은 수소) 속에서 금속회를 가열함으로써 금속회를 금속으로 환원할 수 있으리라고 예측했다. 이 환원 실험은 멋지게 성공했다. 이런 참신한 예측들까지 포함한 프리스틀리의 성공들이 의미하는 바는 그와 그의 동시대인들이 플로지스톤의 실재성을 인정해야 했다는 점이 아닐까?

이런 사례들은 지나간 옛날의 잔재에 불과하지 않다. 한 예로 현대 화학에서 말하는 오비탈orbital(궤도함수 또는 궤도상태)을 생

각해보라. 현대 화학에서 많은 이론적 설명뿐 아니라 무수한 실험적 개입이 오비탈이라는 일반 개념에 의존하고 따라서 다양한 유형의 원자 오비탈과 분자 오비탈의 개수 및 모양에 관한 상세한 지식에 의존한다. 더 나아가 전자들이 오비탈들을 차례로 채운다는 생각은 왜 주기율표가 이러이러한 모습을 띠었는지를 제한적이지만 매우 유의미한 정도로 대단히 멋지게 설명해준다(Scerri 2007 참조). 그러나 개별 전자들로 채워진 오비탈은, 우리가 양자역학을 곧이곧대로 받아들인다면, 실재하지 않는다. 왜냐하면 모든 전자는 동일하며, 주어진 원자나 분자 내부의 다양한 오비탈을 전자들이 채운다고 말할 수는 없기 때문이다(Ogilvie 1990 참조). 그러나 오비탈을 채용하는 성공적인 화학적 실천들을 근거로 오비탈에 실재성을 부여하는 것은 내가 보기에 사리에 맞는다. 그리고 틀림없이 아주 많은 화학자가 이 생각에 동의할 것이다.

이 모든 사례가 보여주는 바는, 정합적인 실험 활동은 실험자 본인이 조작하고 있다고 스스로 여기는 대상의 실재성을 보증하지 못한다는 점이라고 보는 독자도 어쩌면 있을 것이다. 그런 독자는 이렇게 일침을 가할 법하다. 당신은 자신이 집어서 흩뿌리는 것이 무엇인지 잘 알지도 못하면서 그것을 흩뿌리고 있는 것일 수 있어! 그렇다면 실재론을 구원하려는 해킹의 시도는 완전히 물거품이 되고 우리는 제자리로 돌아가는 것일까? 내가 보기에 생산적인 길은 칼로릭과 플로지스톤 같은 대상들이 그것들의 고유한 영역 안에서 실재한다고 인정하는 것이다. 이 노선은, 현재 우리가 존재하지 않는다고 여기는 대상이 관여하는 활동을 표적으로 골라 거기에서 오류를 찾아내는 전략보다 훨씬 더 정당하다고 할 만하다. 이 오류 찾기 전략은 어떤 원칙에 의한 것도 아니며, 성공한다 해도 그것이 유지된다는 보장도 없다. 왜냐하면 어떤 첨단 이론이 옳은가에 관한 과학자들의 합의는 끊임없이 달라지기 때문이다. 이것은 내가 2.4절에서 비판한 과학에 대한 신앙이 근거 없는 자기만족을 불러오는 또 하나의 경우다. 현재 가장 인기 있는 이론들이 궁극적 실재에 관한 진리를 말해준다고 전제하지 않는다면, 칼로릭과 플로지스톤 같은 것들이 실재하지 않는다는 것을 우리가 어떻게 알까?[17]

내가 제안하는 바는 일종의 진보적 기회 균등 실재론liberal equal-opportunity realism이다. 정합적 활동을 떠받치는 모든 대상에 실재성을, 그 대상의 고유한 영역 안에서 그 떠받침의 정도만큼 허용하자. 이 대목에서 해킹이 제시한 논증의 또 다른 부분을 상기하는 것이 유익하다. 실천적 개입에서의 성공은 관찰 불가능한 실재에 대한 지식의 토대로서 충분히 확고할 수 없다는 회의주의적 반론을 제기하는 비판자 앞에서, 해킹은 다음과 같은 반문으로 정확히 급소를 찌르는 반격을 펼친다. 아무튼 무언가가 실재한다는 생각을 당신은 왜 하십니까? 이미 1.6절에서 살짝 언급한 논증에서 해킹은 심지어 일상 속의 평범한 물건들도 오로지 그것들을 다루는 우리의 능력 덕분에 실재하는 것들로 여겨진다고 지적한다. 이 능력은 우리의 평범한 보기 활동의 본질적인 부분인 시각-근육운동 협응을

---

17 과학사에 기초한 비관적 귀납을 곧이곧대로 귀납으로 받아들일 때도 동일한 문제가 불거진다. 라우단의 악명 높은 목록에 등재된 항목들이 아무것도 지칭하지 않음을 우리가 안다면, 우리는 실재의 모양에 관하여 무언가 아는 것이며, 따라서 결국 실재론자들이 승리한 셈이다. 프실로스가(1999, 102쪽) 지적하는 대로, 비관적 '귀납'은 오직 귀류 논증으로 간주될 때만 타당하다.

포함한다.[18] 그렇다면 플로지스톤이 정합적으로 사용되는 영역 안에서 플로지스톤은, 우리의 일상에서 탁자와 의자가 실재하는 것과 (거의) 동등하게 실재한다는 점을 인정하지 않을 이유가 있겠는가? 성공에 기초한 논증을 굳게 믿는 표준적인 과학적 실재론자들에게는 이런 말을 건네고자 한다. 성공할 가당이 있어 보이는 이론적 구상이라면 어떤 구상이든지 진지하게 받아들여 거기에 포함된 지칭 대상들에 잠정적이며 취소 가능한 실재성을 허용함으로써 모든 탐구자를 열린 태도로 관대하게 대하자. 실재함이란 무엇인지 판단하고자 할 때 정말로 오직 성공만을 우리를 이끌 유일하게 신뢰할 만한 길잡이로 삼는다면, 그렇게 해야 마땅하다.

다원성과 더불어 살기

하지만 여전히 표준적인 과학적 실재론자들은 내가 방금 채택한 자유주의적 노선에 선뜻 만족하지 않을 성싶다. 칼로릭과 플로지스톤이 둘 다 실재한다고 간주하는 것은 동일한 영역 안에서, 이를테면 연소를 다루는 과학 안에서, 사뭇 상이한 두 가지 이야기를 한꺼번에 받아들이는 것을 함축하지 않느냐고, 그들은 전적으로 옳게 지적할 것이다. 그러므로 존재론적 다원주의는 결국 모순으로

---

18 리처드 헬드의(1965) 고전적 실험들은 새끼 고양이에게서 스스로 근육을 움직여 돌아다니는 활동을 박탈하면, 시각이 정상적으로 발달하지 못한다는 사실을 보여주는 듯하다. 훗날의 언급을 보려면 Bermejo, Hüg and Di Paolo(2020) 참조.

귀착하지 않을까? 그리하여 과학 지식 전체의 설득력과 권위가 파괴되지 않을까? 이제부터 논증하겠지만, 이것은 과장된 공포이며, 다원주의적 상황은 실제로 손에 잡히는 혜택들을 제공한다. 존재론적 다원성은 우리의 인식적 삶에서 드러나는 상황의존적 사실이다. 실제로 흔히 우리는 다양한 상황에서 다양한 유형의 대상을 상정하고 채용하여 정합적 활동을 수행할 수 있다. 주어진 하나의 영역 안에서도 쉽게 서로의 언어로 번역되지 않는 다수의 정합성 기여적coherence-conductive 존재론들이 있는 상황이 흔히 벌어진다. 예컨대 파동과 입자, 플로지스톤과 산소, 칼로릭 유체와 분자의 운동 에너지, 오비탈들에 제각각 얌전히 들어앉은 전자들과 서로 구별되지 않는 전자들로 이루어진 '가스gas'가 공존하는 상황이 말이다. 나의 실재 개념을 받아들인다면, 외견상 양립할 수 없는 대상 집합들이 실재할 가능성을 열어둬야 마땅하다. 따지고 보면 이것은 과학의 성공에 기초한 실재론적 논증의 정신을 충실히 견지하는 표준적인 과학적 실재론자의 입장이기도 할 것이다. 단, 서로 경쟁하는 존재론들 각각에 기초하여 거둔 성공들이 서로 동등하다면 말이다.

앞서 나는 지난 몇 세기에 걸친 물리과학들의 역사에서 끌어낸 다원성의 사례 몇 가지를 언급했다. 나는 이렇게 예측하는데, 다양한 과학들과 기타 삶의 많은 분야들을 더 깊이 있고 폭넓게 살펴보면 거의 모든 활동과 생각의 영역에서 매우 다양한 존재론들이 공존한다는 사실이 드러날 것이다. 예컨대 우리의 법적 사고는 주로 개인 및 개인의 행동을 중심으로 이루어지지만, 또한 단체도 법인 곧 법적 인격체로 간주된다. 우리 대다수는 인간의 행동을 생각할 때 자유의지와 도덕적 책임을 고려하지만, 또한 정신은 뇌에서 일어나는 분자적 전기적 활동들의 표현일 따름이라는 것에 동의한다. 아서 에딩턴의(1928, 1~5쪽) 유명한 말마따나, "모든 대상 각각의 복제본들이 있다". 의자에 앉아 이 문장을 쓸 때, 에딩턴은 '두 가지 책상' 앞에 있었다. 첫째 책상은 친숙한 물체, 둘째 책상은 '과학적 책상'이었다. 후자는 '거의 다 빈 공간'이며, 그 빈 공간에서 '무수한 전하들이 엄청난 속력으로 이리저리 돌아다닌다'. 당신이라면 찬찬히 숙고한 끝에 에딩턴의 두 가지 책상 중 하나의 실재성을 부정하겠는가? 다시 물리학을 살펴보면, 현재 우리는 휘어진 시공을 거론하는 존재론과 양자장들을 거론하는 존재론을 말하자면 중첩된 상태로 가지고 있으며, 이 존재론들이 그리는 그림의 어딘가에 암흑물질과 암흑에너지도 숨어 있다.

이와 관련하여 또 한 번 루이스의 말을 경청할 필요가 있다. 이번에는 지식의 진보와 개념의 변화에 관한 말이다.

망원경과 현미경의 발명으로 인해 생겨난 것과 같은 새로운 경험의 영역들은 오랜 세월에 걸쳐 실제로 우리 범주들의 변화를 가져왔다. 오래된 경험 유형들에 대한 더 예리한 혹은 적절한 분석도 같은 변화를 가져올 가능성이 있다. 루돌프 피르호에 의해 이루어진 질병의 재정의를 생각해보라. 기존에 실재한다고 여겨진 것 — 예컨대 질병단위들disease entities — 이 실재하지 않는다고 여겨지게 되고, 기존에 실재하지 않는다고 여겨진 것 — 예컨대 휘어진 공간 — 이 실재로 받아들여질 수도 있다. 그러나 이런 변화가 일어나더라도, 진리는 불변하며, 새 진리와 옛 진리는 모순되지 않는다. 범주들과 개념들이 변화한다는 것은 말 그대로 변화한다는 것이 아니다. 범주들과 개념들은 단지 포기되고 새로운 것들로 대체될 따름이다.(Lewis 1929, 268쪽, 강조는 원문)

이 대목에서 루이스는 다원주의적 결론을 명시적으로 도출하지 않지만 그 결론을 향해 결정적인 두 걸음을 내딛는다. 첫째, 그는 개념적 변화가 계속되고 그와 더불어 존재론적 변화가 일어날 것을 예상하면서도, 옛 진리는 '불변한다'고 말한다. 발전의 단계 각각에서 우리가 살고 배울 때 의지하는 개념적 도식에서 중대한 역할을 하는 대상들에 실재성을 부여하는 것은 루이스가 보기에 자연스럽고 옳다. 발전의 최종 지점이나 목적지는 없다. 바꿔 말해, 우리가 실재한다고 여기는 그 어떤 것도 절대적으로 또 독점적으로 또 영원히 실재한다고 간주해서는 안 된다. 또한 무언가가 지금 실재한다면, 미래에 새 경험들을 반드시 다뤄야 하는 상황이 닥쳤을 때 다른 개념적 도식이 필요하다는 이유만으로 그 무언가의 실재성을 부정해서는 안 된다. 그 무언가의 현재 실재성이 크면 클수록, 이 부정의 부당성도 크다.

둘째, '새 진리'와 '옛 진리'가 모순되지 않는다고 봄으로써 루이스는 말하자면 다원주의를 위한 논리적 숨구멍을 튼다. 상이한 존재론들이 서로 직접 모순되는 것은 필연적이지 않으며 실제로 흔한 일도 아니다. 다시 한번 산소와 플로지스톤의 사례를 생각해보라. 라봐지에의 산소 기반 화학이 플로지스톤의 부재를 증명했다고 사람들은 흔히 생각하지만, 이것은 너무 성급한 판단이다. 어떤 그럴싸한 '플로지스톤'의 정의와 '산소'의 정의를 채택하더라도

'플로지스톤은 실재한다'로부터 '산소는 실재하지 않는다'를 논리적으로 도출할 수 없으며, 역방향의 도출도 마찬가지다. 요컨대 플로지스톤과 산소가 둘 다 실재한다는 명제는 직접적인 논리적 모순이 아니며, 실제로 화학혁명이 일어나는 와중에 일부 화학자들은, 연소 반응에서 반응물과 생성물의 무게를 추적할 때는 산소를 사용하고 (오늘날 우리가 해석하자면) 에너지 관계를 설명할 때는 플로지스톤을 사용하는 방식으로 양쪽의 실재성을 모두 긍정하는 정합적인 혼성 화학 시스템들을 만들어냈다(Chang 2012a, 32쪽, 번역서 101~103쪽, 그리고 이 문헌의 참고문헌 참조). 플로지스톤주의 화학 시스템과 산소주의 화학 시스템이 상호 모순되는 진술들을 일부 포함했던 것은 사실이다(예컨대 한 시스템 안에는 '물은 원소다'라는 진술이 있었고, 다른 시스템 안에는 '물은 화합물이다'라는 진술이 있었다). 그러나 그런 문장들 속에서 등장하는 '원소'의 의미와 '화합물'의 의미를 충분히 해부하면, 의미론적 비정합성incommensurability에 의해 어떤 직접적 모순도 방지됨을 알게 된다(Chang 2012a, 208~212쪽, 번역서 438~446쪽; 또한 Goodman 1978, 110쪽 참조). 나는 이 주제를 4.5절에서 추가로 다룰 것이다.

3.5 조립하기

대응실재론이 능동적 지식관을 방해할 수 있는 것과 마찬가지로, 특정 유형의 환원주의도 이 장에서 옹호하는 실용주의적이며 다원주의적인 형이상학을 방해할 수 있다. 나는 그 존재론적 환원주의 유형을 **레고주의**Legoism라고 부르고자 하는데, 레고주의는 마치 레고 블록들로 작품을 만들듯이 어떤 대상이든지 불변하는 단위들을 단순히 조립함으로써 만들어낼 수 있다고 여긴다. 레고 주의는 2.2절에서 논한 부분론적이며 집합론적인 철학적 사고 습관과 밀접하게 연결되어 있다. 레고주의 형이상학은 불변하는 블록들을 물질의 기초로서 상정함으로써 선형상화의 오류를 부추기기 때문에 실용주의적 형이상학에 적대적인 풍토를 조성한다. 또한 불변하는 기초 블록들의 집합이 원리적으로는 여럿일 수 있겠지만, 기초 블록들이 정신에 의해 틀지어져 있지 않다는 상상이 끼어들면, 기초 블록들의 집합이 여럿이라는 생각은 유지되기 어려워진다. 사람들은 과학이 레고주의를 두둔한다고 여기곤 하지만, 현대물리학을 주의깊게 살펴보면, 물리적 결합은 레고와 유사한 조립이 아니라는 점이 드러난다. 우리의 일상적 경험에서 레고주의적 직관들이 유래하는 것도 아니다. 오히려 그 직관들은 정신의 레고주의적 분석 습관에 의해 주입된다.

레고주의에 반대함

　　존재론에 관한 명시적 논의를 마치기에 앞서, 실용주의적 형이상학의 수용을 강력하게 가로막는 뿌리 깊은 형이상학적 교설 하나를 반드시 다뤄야 한다. 엄숙하지 않고 경쾌한 용어를 선택할 요량으로 나는 그 교설을 '레고주의'라고 부르고자 한다. 왜냐하면 그 교설은 세상 만물이 마치 레고 블록들 같은 불변하는 단위들로 구성되어 있다고 상상하기 때문이다. 레고주의에 따르면, 어떤 것이든지 불변하는 부분들을 단순히 조립함으로써 만들 수 있고 깔끔하게 그 부분들로 분해할 수 있다. 이 견해는 우리의 철학적 과학적 상식의 확고한 일부인 것처럼 보인다.

레고주의는 정확히 어떤 방식으로 실용주의적 형이상학을 방해할까? 양자 사이의 논리적 관계는 엄밀하지 않지만 직관적 대립은 강력하다. 레고주의 형이상학과 실용주의적 형이상학이 직접 모순되는 것은 아니지만, 전자는 후자에 적대적인 풍토를 조성한다. 왜냐하면 흔히 레고주의는 선형상화의 오류를 일으키는 탁월하게 강력한 요인이기 때문이다. 일반적으로 레고주의자들은 자기네 분석에서 등장하는 불변하는 근본 단위들이 정신에 의해 틀지어져 있지 않은 실재의 부분들이라고 여긴다. 물론 엄밀히 따지면 레고주의 자체는 이 견해를 요구하지 않지만 말이다. 원리적으로는 합성에 관한 레고주의적 사고와 근본 단위들의 집합을 여럿 허용하는 다원주의를 결합하는 것이 가능할 테지만, 이 가능성은 대개 배제된다. 더 높은 혹은 더 복잡한 존재 층에서 타당한 다른 존재론은 예외 없이 근본 블록들의 존재론으로 환원될 수 있다고 여겨진다.

요컨대 일반적인 레고주의 버전에 따르면, 어떤 것이든지 결국 단 하나뿐인 근본 블록들의 집합으로 분해될 수 있고, 그 집합을 가지고 어떤 것이든지 깔끔하게 만들어낼 수 있다. 폴 오펜하임과 힐러리 퍼트넘은 환원주의를 다루는 고전적인 공저 논문에서(1958, 9쪽) 존재론적 합성의 위계라고 할 만한 것을 제시했는데, 다음과 같은 그 위계는 누구나 받아들이는 바로 느껴질 만하다. (1)기본입자들, (2)원자들, (3)분자들, (4)세포들, (5)(다세포) 생물들, (6)사회적 집단들. 듀프레는 '마이크로환원주의microreductionism'의 정곡을 찌르는 비판을 제시했다. 그의 정의에 따르면, 마이크로환원주의 란 "한 현상 영역에 속한 현상들 및 그 속성들을 성립시키는 요소들을 살펴보기만 하면 그 현상 영역에 대한 궁극의 과학적 이해를 얻을 수 있다는 견해"(Dupré 1993, 88쪽)다. 처음에 나는 듀프레에게서 유래한 핵심적인 반론 노선을 따랐다. 그 노선은 이런 문장으로 요약된다. 설령 우리가 존재론적 마이크로환원을 받아들이더라도, 인식적 마이크로환원이 귀결되는 것은 아니다. 그러나 이제 나는 존재론적 환원주의를 충분히 깐깐하게 비판하는 일도 중요하다고 생각한다. 합성은 레고주의적이라는 견해에, 물질적 전체는 부분들을 모아놓은 것일 뿐이라는 견해에 선뜻 동의하지 말아야 한다. 자연의 기본 블록들이 어떤 개념화로부터도 독립적으로 '저 바깥에' 있다는 생각에 동의하고 나면, 모든 대상은 당연히 그 블록들의 부분론적 합이라는 주장에 동조하기 십상이다.

현대물리학 대 레고주의 형이상학

현대물리학이 레고주의를 뒷받침한다는 통념이 있지만, 실상은 그렇지 않다. 이는 제임스 래디먼, 돈 로스, 데이비드 스퍼렛이 시대에 뒤처진 과학적 상식의 영향을 강하게 받은 선험적 형이상학에 맞서 반론을 펴면서 매우 강력하게 강조하는 바다(Ladyman and Ross 2007, 1장). 나는 그들이 제시하는 비판의 이 측면에 동의하면서, 레고주의의 한계를 보여주기 위해서라면 현재의 첨단 물리학을 언급할 필요조차 없다는 말을 덧붙이고자 한다. 물리과학들의 오랜 역사에서 실제로 실천된 물리적 합성들과 분해들을 주의깊게 살펴보면, 부분들이 전체의 다가 아님을 알게 된다. '부분들'은 전체가 물리적으로 또는 개념적으로 부서진 뒤에 수습된 잔재일 따름이다. 사회적 상황들을 생각해보면 이를 쉽게 알 수 있다. 사회가 완전히 파괴된다면, 남은 개인들은 잘 작동하는 사회 안에서 당신이 알아보는 개인들과 동일할까? 물리적인 물체가 파괴될 때 벌어지는 상황도 이와 매우 유사하다고 나는 주장하려 한다. 화학과 물리학에서 성공적으로 실천되는 분석과 종합을 주의깊게 살펴보면, 그 실천들이 레고주의적인 방식으로 이루어지지 않음을 알게 된다.

레고주의는 내가 화학과 관련하여 **합성주의**compositionism라고 불러온 것과 밀접한 관련이 있다. 후자는 "화학물질은 화학반응 내내 존속하는 안정적인 단위들로 이루어졌다는 생각"으로 정의된다(Chang 2017e, 218쪽; 또한 Chang 2011b; 2012a, 1장). 레고주의는 일반화된 합성주의, 화학 너머로까지 확장된 합성주의다. 일반화된 합성주의를 '원자론atomism'이라고 부를 수도 있겠지만, 나는 이 용어를 선택하지 않았다. 왜냐하면 현대 과학에서 말하는 '원자'는 부서지고 변화할 수 있어서 딱히 '원자론적이지' 않기 때문이다! 레고주의적 사고는 18세기와 19세기를 거치며 득세했다. 레고주의는 잘 정착된 형이상학적 대안들을, 특히 신新아리스토텔레스주의적 질료형상론hylomorphism을 밀어내고 그 자리를 차지해야 했다. 질료형상론은 구체적인 물질을 질료에 형상이 부과된 결과로 간주한다. 현대 초기early modern period에 과학자들은 대상을 그 성립(시키는) 부분들로 분해해보기 시작했지만, 분해라고 주장되는 과정들이 분석되는 물질을 변화시킬 수도 있다는 우려가 제기되었다. 예컨대 대상에 강한 열을 가하면 대상이 분해된다는 것이 통념이었지만, 로버트 보일(Debus 1967 참고) 등은 '불 분석fire-analysis'의 타당성을 의문시했다. 불을 들이대면 대상의 본성 자체가 바뀌거나 최소한 불-입자들이 대상에 들러붙는 일 없이 대상이 그 성립 부분들로 분해되기만 한다는 것을 어떻게 확신할 수 있나? 다른 분석 방법들에 대해서도 유사한 의혹이 제기되었다. 예컨대 산酸을 적용하여 물질을 녹이는 방법이 의문시되었다.

이 모든 것은 존중할 만한 과학이 형성되기 이전의 역사에서 벌어진 일일 따름이라고 말할 수도 있을 것이다. 그렇다면 20세기로 시선을 돌려 현대 실험물리학에서 실천되어온 '원자 부수기atom-smashing'를 살펴보자. 원자 파괴는 레고와 유사한 분해였던 적이 단 한 번도 없다. 원자핵이 부서질 때는 거의 항상 에너지가 보태지거나 줄어든다. 질량과 에너지의 상호 변환을 고려하면, 이 같은 에너지의 증감은 분해 과정에서 물질의 양이 보존되지 않음을 의미한다. 레고와 유사한 설명이 근사적으로 진리라는 주장은 부질없다. 핵폭탄을 중요하지 않은 세부 사항으로 제쳐둘 수밖에 없는 이론을 '근사적인 진리'로 간주할 수는 없을 테니까 말이다. 질량 에너지 등가성($E= mc^2$)의 증거로서 가장 자주 지목되는 것이, 투입한 재료들의 질량 총합이 생성물들의 질량 총합과 정확히 일치하지 않는 입자 충돌 실험들이다(Fernflores 2012, 특히 4절). 특히 유명한 것은 존 코크로프트와 어니스트 월튼이 1932년에 수행한 실험이다. 이들은 리튬 원자핵과 양성자를 충돌시켜 헬륨 원자핵(알파 입자) 2개를 얻었다. 측정해보니, 반응물들의 질량 총합은

1.0072 + 7.0104 = 8.0176amu[19]인 반면, 생성물들의 질량 총합은 8.0022에 불과했다. 이 불일치는 0.0154amu가 '사라졌다는 것', 즉 다른 에너지 형태들로 변환되었다는 것을 의미했다. 이로써 한 세기 넘게 지배력을 행사해온 라봐지에의 질량 보존 원리가 물리학적 화학적 실천에서 뒤엎어졌다. 원소주기율표를 들여다보면 쉽게 알 수 있듯이, 원자들의 질량은 그것들을 성립시키는 양성자들과 중성자들(그리고 전자들)의 결합 전 질량 총합과 약간 다르다. 이 같은 질량 차이는 수십 년 전부터 이론의 여지가 없는 사실로 여겨져왔지만, 이런 사실의 기초적인 형이상학적 함의는 철학적 환원주의자들의 감성에 도달하지 못했다. 우리가 여전히 질량을 물질의 양을 알려주는 주요 지표로 간주한다면, 기본입자 충돌이나 핵반응에서 물질의 양은 보존되지 않는 것이 명백하다. 이 사정은 에너지 보존 원리를 위반하지는 않지만, 고정된 질량의 기본입자들을 단순히 조립하면 원자가 만들어진다는 단순 소박한 생각을 무너뜨린다. 원자핵은 양성자들과 중성자들의 부분론적 합이 아니다. 원자핵은 양성자들과 중성자들이 레고주의적인 방식으로 단순 조립된 결과가 아니다.

고에너지 물리학 실험들은 기본입자들이 불변하는 블록들로서 물질을 구성한다는 단순 소박한 견해를 두둔하지 않는다. 입자가속기 안에서 양성자 두 개가 서로 충돌하면, 온갖 다른 입자들이 창조된다.[20] 따라서 우리는 그 입자들이 양성자 속에(또는 양성자 두 개가 어떤 식으로든 이룬 전체 속에) 이미 들어 있었다고 말해야 할까? 또 쌍생성 및 쌍소멸 현상을 근거로 우리는 광자 쌍이 전자와 양전

---

19 1amu(원자질량단위)는 바닥상태에 있는 탄소-12 질량의 1/12이다.

자로 구성되어 있다는 결론을, 또는 전자와 양전자가 광자 쌍으로 구성되어 있다는 결론을 내려야 할까?[21] 광자가 원자에 흡수되면, 광자는 없어지면서 원자의 에너지 준위를 높인다. 따라서 광자는 불변하는 단위가 아니며, 존속하는 단위조차 아니다. 이것들은 몇몇 생생한 사례에 불과하다. 일반적으로 이른바 '기본' 입자 물리학에서는, 전체가 파괴될 때 나오는 조각들이 반드시 전체 안에 미리 존재하는 것은 아니다. 이 깨달음은 제프리 추를 기본입자들에 관한 '부트스트래핑bootstrapping' 견해로 이끌었다. 이 견해에 따르면, 기본입자들은 서로의 성립 요소다.[22] 이 견해는 쿼크와 표준모형이 등장하면서 주변부로 밀려났지만, 그럼에도 이 견해를 다시 숙고할 가치가 있을 수도 있다. 이처럼 물리적 부분론에 대한 현대 초기의 의심이 맹렬한 기세로 돌아오고 있다. 거듭 말하지만, 나는 지금 매우 기초적인 실험적 사실들을 언급하고 있을 따름이다. 양자 중첩과 얽힘, 또는 동일 입자의 구별 불가능성, 또는 가상입자와 진공 요동, 또는 쿼크 구속quark confinement이 제기하는 난해한 존재론적 질

20 양성자 충돌에 관한 기초적인 사실들과 생각들을 친절하게 설명해주는 'International Physics Masterclasses'의 해당 섹션(https://atlas.physicsmasterclasses.org/en/zpath_protoncollisions.htm) 참조.

21 양전자-전자 쌍소멸은 오늘날 우리에게 친숙한 기술의 영역에서도 PET(양전자 방출 단층촬영)의 기초로 활용된다. PET를 위해서는 양전자를 방출하는 방사성 원자들을 인체에 주입해야 한다. 이처럼 양전자-전자 쌍소멸은 우리가 세계를 생각할 때 무시해도 되는 현상이 아니다. PET에 관한 생생한 역사적 철학적 서술은 Shang(2021) 참조.

22 부트스트래핑의 형이상학과 S-매트릭스 이론에 관한 추가 서술은 McKenzie (2011) 참조.

문들은 아예 건드리지조차 않고 있다. 이 모든 주제는 전체 그림을 훨씬 더 복잡하게 변화시킬 수밖에 없으며, 그 변화의 방향은 필시 반反레고주의적일 것이다.

철학은 어떻게 레고주의에 저항해야 할까

이 대목에서 일부 철학자는 이렇게 말할지도 모른다. "하지만 이 과학적 실험들이 외견상 보여주는 바는 제대로 된 형이상학적 그림일 수 없다. 불변하는 기초 블록들이 있어야 하고, 모든 것은 결국 그 블록들로 이루어져야 한다." 물론 과학 지식을 아무리 많이 들이대더라도 형이상학적 실재가 레고와 유사하지 않음을 증명할 수는 없다. 다만, 레고주의는 물리적 실재를 생각하는 방법으로서 보편적으로 생산적이지는 않다고 나는 생각한다. 과학적 상황을 세심히 살펴보면, 레고주의는 궁극적 마이크로 실재 층에서가 아니라 흥미로운 중간층에서, 곧 분자들과 이온들의 영역에서 가장 성공적이었음을 알게 된다(Chang 2017c 참조). 이 사정은 물질의 궁극적 구조에 관한 형이상학적 레고주의에 힘을 실어주지 않는 것이 분명하다.

그럼에도 사람들은 실재가 레고와 유사한 것이 틀림없다는 직관을 실제로 얻는데, 과연 어디에서 얻는 것일까? 물리과학에서의 성공적인 실천들이 레고주의를 두둔하지 않는다면, 레고주의를 옹호하는 만연한 직관들은 대체 어디에서 오는 것일까? 합성주의적 직관들이 우리의 일상생활에 뿌리를 두었을 가능성이 있다. 로

310

버트 노스콧의 진지한 농담에 따르면, 우리는 레고주의적 직관들을 품을 수밖에 없다. 왜냐하면 우리는 모두 레고를 가지고 놀면서 컸기 때문이다. 장난감 레고 자체는 20세기의 발명품이니 현대 초기 과학에서 합성주의가 등장한 원인일 수 없다. 하지만 어쩌면 우리 일상생활의 많은 부분이 레고 놀이와 유사할 수도 있지 않을까? 우리는 접시를 깨부순 다음에 접착제로 이어붙일 수 있고, 벽돌들로 집을 지을 수 있으며, 시계를 분해한 다음에 다시 조립할 수 있다. 하지만 이 일상적인 합성 실천들은 실은 레고와 유사한 방식으로 이루어지지 않는다. 일상 속의 평범한 물건들은 일반적으로 서로 달라붙지 않는다. 벽돌로 집을 지으려면 회반죽이 필요하며, 물체들을 접착하려면 접착제가 필요하다. 접착제의 작동 방식은 레고와 영 딴판이다(그리고 실은 대단히 신비롭다!). 따라서 우리가 물체들을 접착할 때(또는 연결핀을 박아 결합할 때, 죔쇠로 조여 결합할 때, 끈으로 묶어 결합할 때) 하는 경험은, 우리가 레고주의적 직관들을 품은 이유를 설명해주지 못한다. 생물학에서도 다세포 유기체는 세포들을 모아놓은 무더기에 불과하지 않다. 세포 간 매트릭스intercellular matrix가 세포들의 결속을 돕는다.[23] 사회적 공동체도, 개인들이 상호 연결을 통해 변화하지 않으면 건설될 수 없다. 애당초 그 변화가 그 연결을 가능케 한다. 처음 출시되었을 때 '자동 연결 블록'으로 광고된 레고가 이토록 엄청난 상업적 문화적 성공을 거둔 것은 바로 레고가 갖춘 특징들의 조합(강성, 탄성, 마찰의 기발한 조합)이 대단히 영리하고 독특했기 때문이다. 레고 블록들은 다른 것의 도움이 전혀 없어도

---

23 세포 간 매트릭스를 가르쳐준 매트 메이즐리시에게 감사한다.

서로 달라붙는다![24] 자연이나 인간의 삶에서 레고처럼 행동하는 것은 거의 없다.[25] 바로 이것이 레고의 성공 비결이다. 우리가 사는 세상은 레고랜드가 아니다.

내가 보기에 우리가 공유한 레고주의적 직관들은 실천적 경험에서 나오는 것이 아니라 내가 앞서 3.2절에서 논한 유형의 준準칸트적인 개념적 필요에서 나온다. 레그주의적 직관들은, 우리가 레고주의적 분석을 수행하기로 마음먹을 때, 즉 어떻게 결합되건 간에 고유의 정체성 혹은 본성에 변함이 없는 부분들의 부분론적 합으로 대상을 이해하는 활동을 수행하기로 작정할 때, 필요해진다.[26] 바꿔 말해, 우리가 레고주의적 분석을 수행하기로 작정한다면, 레고주의 존재론을 채택하지 않는 것은 당연히 사리에 맞지 않는다. 그 존재론을 채택하지 않으면, 우리의 활동이 부정합적이고 어리석게 될 테니까 말이다. 그리고 우리가 일상다반사로 레고주의적 분석을 수행한다면, 우리 정신에 레고주의적 습관이 밸 만하다. 실제로 우리는 몇몇 일상적 활동에서 그런 분석을 자주 수행한다. 아주 좋은 예로 단순한 개수 세기를 들 수 있다. 어쩌면 가장 근본적으로, 우리가 어릴 적에 배우는 표준적인 산수의 굳건한 토대

24 레고 제작사가 들려주는 레고의 역사는 www.lego.com/en-us/aboutus/lego-group/the-lego-group-history (2021년 9월 13일에 최종 접속) 참조.

25 그레첸 시글러는 드문 예외로 벨크로를 꼽는다.

26 환원주의를 옹호하는 과학자들과 철학자들은 흔히 다음과 같은 두 가지 생각을 레고주의적 분석의 전제로 덧붙이는데, 사실 이것들은 레고주의적 분석 자체를 위해 필수적이지 않다. (1)더 분해할 수 없는 근본적인 부분들이 있다는 생각, (2)근본적인 부분들 혹은 단위들의 가짓수가 적다는 생각.

가 바로 레고주의적 직관들이다. 이론적인 과학에서도 우리는 예컨대 다양한 보존 법칙들을 적용할 때 레고주의적 분석을 수행한다. 그러나 그렇다고 우리가 항상 레고주의적 분석을 수행해야 하는 것은 아니다. 우리가 관심을 기울이는 대상들의 구성 요소라고 할 수 있는, 신뢰할 만하게 존속하는 단위들을 발견할 수 없는 상황에서 레고주의적 분석을 수행하는 것은 부질없다. 그런 단위들이 있느냐 없느냐는 경험적 문제요 상황의존적 사안이며, 오직 실용적인 방식으로만, 즉 물리적 조립 및 분해 작업을 실제로 고안하고 시도함으로써만 밝혀질 수 있다.

존재론적 환원주의를 옹호하는 만연한 직관들의 주요 원천은 성공적인 과학적 실천이 아니라 레고주의적 분석에 대한 우리의 편애다. 레고주의적 분석의 시도가 경험적 성공을 거의 가져다주지 못하는 상황에서 레고주의적 직관을 우리의 길잡이로 삼는 것은 어리석다. 부분론과 집합론은 실재의 일부 측면들에 멋지게 적용될 가능성이 있지만, 과연 그러한가는 상황의존적인 사안이다. 이 도식들이 무릇 실재들에 적용된다고 대뜸 전제해서는 안 된다. 어떤 개념적 도식이든지 모종의 이로운 결과를 생산함으로써 자신의 가치를 증명해야 한다는 것이 나의 실용주의적 견해다. 현대 화학과 물리학의 발견들에 기초하여 판단하면, 부분론적 부분-전체 관계는 실제 물리적 결합을 이해하기 위한 기틀로서 부적합한 듯하다. 물리적 융합과 해체가 부분론에서 합당하다거나 심지어 불가피하다고 여겨지는 공리들을(예컨대 추이성 공리를) 위반할 수도 있다. 그럴 경우, 가장 합당한 결론은, 물리적 합성은 표준적인 부분론에서 말하는 부분-전체 관계와 들어맞지 않는다는 것일 터이다. 그리고 레고주의가 화학과 물리학에서 통하지 않는다면, 다른 과학들에서 통할 개연성은 낮다. 이로써 원대한 마이크로환원주의 전략의 토대가 무너진다. 준칸트적인 조건적 필요성이 사이비칸트적인 형이상학적 선입견으로 전락하지 않도록 주의해야 한다.

레고주의에 관한 이 같은 생각들은 자연주의적 형이상학을 어떻게 해야 할지에 관한 통찰도 제공한다. 자연주의란 단지 과학자들이 자기들끼리 도달한 형이상학적 합의라면 무슨 합의든지 따르는 것, 혹은 당대의 가장 좋은 과학 이론들이 함축하는 형이상학적 그림이라면 무슨 그림이든지 승인하는 것을 의미해서는 안 된다. 과학의 발전사는 불안정성과 상황의존성을 풍부하게 보여준다. '과학의 판결'을 맹목적으로 따르는 것은 과학자들의 선입견을 보증된 탐구 결과로 착각할 위험을 자초하는 것이다. 오히려 자연주의는 잘 확립된 과학적 실천에서 나오는, 공들여 얻은 통찰을 채택하되 오직 철저한 철학적 분석을 거친 다음에만 채택할 의무를 우리에게 부과해야 마땅하다. 화학과 물리학에서 실제로 이루어지는 실천들을 주의깊게 살펴보면, 레고주의에 대한 명백한 과학적 보증은 이제껏 단 한 번도 없었음을 알게 된다. 19세기 구조 화학 structural chemistry은 과학사에서 레고주의가 모든 미래 과학을 위한 원리로서 굳건히 확립된 기점이 아니라 단발의 섬광이었던 것으로 보인다.

4장

진리

TRUTH

4.1 개관

왜 진리 개념이 고민거리일까?

당신이 전문 철학자가 아니라면, 심지어 전문 철학자라 하더라도, 대체 왜 진리에 관한 이론을 고민거리로 삼아야 할까? 현실적인 사람들은 무엇이 진리이고 무엇이 그렇지 않은지 판별하는 방법을 자신이 아주 잘 안다고, 철학 논문 따위는 필요치 않다고 느낄지도 모른다. 그러나 진리는 그렇게 간단명료한 사안이 아니며, 이 사안과 관련하여 당신이 느낄지도 모르는 자기만족은 이 디스토피아적인 21세기 벽두에 이미 사라졌어야 마땅하다. 지금 지구 곳곳의 많은 사회는 진리를 둘러싼 매우 기초적인 몇몇 문제에 관하여 합의에 도달할 능력을 완전히 상실했다. 우리 모두가 사실에 관해서 합의할 수 있고 의견과 가치에 관해서 정중히 토론할 수 있다는 자유주의적 신념은 상대가 제시하는 사실을 받아들이지 않는 사람들로 인해 심각한 위기에 처했다.

의미심장한 징후로, 미국에서 결정적인 선거가 치러진 2020년에 〈뉴욕 타임스〉가 자사를 홍보하기 위해 내놓은 광고 문구를 보라. "삶은 진리를 필요로 한다. 진리는 필수다. 〈뉴욕 타임스〉 – 지금 구독하세요."[1] 그런데 이 신문이 진리를 말해준다는 주장을 우리는 어떻게 평가해야 할까? 〈뉴욕 타임스〉가 고의로 거짓말을 지면에 싣지는 않는다고 신뢰하기는 전혀 어렵지 않다. 그러나 정직함만으로는 불충분하다. 왜냐하면 사람들이 그릇된 정보를 더할 나위 없이 진심으로 전달하는 경우가 숱하게 발생하기 때문이다. 〈뉴욕 타임스〉는 그릇된 정보를 걸러내기 위해 엄격한 절차를 거친다고 장담하더라도 충분하지 않다. 그 절차가 잘 작동하는지 알려면, 그 절차가 걸러내는 정보들이 거짓이고 통과시키는 정보들이 진리라는 것을 먼저 알아야 한다. 따라서 우리는 다시 원점으로 돌아온다. 과학이 우리에게 진리를 말해준다는 것을 누구나 신뢰해야 한다고 말하려 할 때도 우리는 똑같은 유형의 난관에 처한다.

그러므로 진리란 무엇이고 어떻게 우리가 진리를 알 수 있는가에 관하여 더 면밀한 숙고가 긴급하게 필요하다. 안타깝게도 20세기 후반에 시작된 가장 사려 깊은 첨단 인문학 연구 중 일부는 전통적인 진리, 사실, 객관성, 합리성 개념에 파괴적인 의심의 빛을 비추면서 어떤 대안도 제시하지 못하는 역효과를 내왔다. '탈진리post-truth' 현상에 관한 사려 깊은 토론의 물꼬를 트려는 시도

---

1 이 문구는 잠재적 구독자를 향한 동영상 광고의 말미에 등장했다. www.nytimes.com/subscription/truth/truth-is-essential (2020년 10월 17일에 최종 접속)

들이(예컨대 Sismondo 2017; McIntyre 2018) 있기는 하지만, 이 주제에 관한 철학적 사고는 진리를 궁극적으로 접근 불가능한 실재와의 대응으로 여기는 비非작업적인 생각의(2장 참조) 고착으로 인해 방해받는 경향이 있다. 정당화할 수 없는 주장을 제기하거나 실제 실천과 동떨어진 이상을 내세우지 않으면서 진리를 효과적으로 방어하기 위하여 진리 개념 자체를 면밀히 재검토할 필요가 있다.

이 과제를 염두에 두면, 현재 가장 엄밀한 철학자들 사이에서 두드러지게 나타나는 경향이 진리에 관한 **축소주의**deflationism라는 점이 특히 실망스럽게 다가온다. 축소주의는 진리를 최대한 공허한 개념으로 만들어서 진리의 본성에 관한 성가신 질문들을 회피하려 한다. 축소주의자들은 단어 '진리임true'의 기능을 단순한 단언으로 간주한다. 대니엘 스톨자와 닉 담냐노비치는(2014) 이 주제를 다루는 공동 논문의 서두에서 이렇게 밝힌다. "축소주의 진리 이론에 따르면, 어떤 진술이 진리라고 단언하기는 그 진술 자체를 단언하기일 따름이다." '명제 P는 진리다'라고 진술하기는 P라고 단언하기와 다름없다. 이 맥락 안에서 타르스키의 따옴표 제거 도식disquotation schema의 단순 소박한 버전이 끊임없이 되읊어진다.[2] '눈이 희다'는 눈이 흴 때 그리고 그럴 때만 진리다. 이것이 '진리임'이 가진 의미의 전부다, 라고 축소주의자들은 주장한다. 혹은 폴 호리치는(1998a, 103~104쪽) 이렇게 설명한다. "내가 보기에 축소주

---

2 그렉 레이가(2018, 699쪽) 지적하듯이, 이런 되읊기에서, 모든 'T-문장들'이 진리인 것은 아니라는 사실과 타르스키 본인은 거짓말쟁이 역설을 붙들고 씨름했다는 점은 언급되지 않는다.

의의 기본 주장은 '명제 p는 p일 때 그리고 그럴 때만 진리다'라는 등가 도식이 개념적으로 근본적이라는 것이다."[3]

축소주의 자체는 나무랄 데가 없다. 그러나 구체적인 상황에서 특정한 명제가 진리라는 것이 무엇을 의미하는지 알고자 하는 사람에게 축소주의는 유용한 교설이 아니다.[4] 특히 경험적 영역에서는 진리 개념의 기능을 단순한 단언으로 한정하지 않는 것이 결정적으로 중요하다. 프라이스가(2003) 주장하듯이, 진리 개념의 핵심 기능 하나는 의견 불일치의 해소를 목표로 한 논쟁으로 사람들을 이끄는 것이다. "이 진술이 정말로 진리야?"라고 내가 당신에게 묻는다면, 나는 그 진술을 뒷받침하는 충분히 좋은 근거가 있는지 알려달라고 요구하는 것일 개연성이 매우 높다. "대기 중의 이산화탄소가 증가하면 지구의 평균 온도가 상승한다는 것이 진리야?"라고 누가 묻는다면, 내가 생각하기에 그 질문자는 아마도 "이산화탄소는 적외선을 아주 잘 흡수해서 열이 적외선 형태로 지구에서 우주로 빠져나가는 것을 막으니까 틀림없이 그렇지" 같은 대답을, 또는 "대기 중 이산화탄소의 증가와 지구 평균 온도 사이에 최소한 상관성이 있다는 것은 명확해 보여" 같은 대답을 기대

---

3 호리치는 다음과 같이 설명을 이어간다. "이 설명에 담긴 나의 취지는, 우리가 그 도식의 사례들을 뒷받침 논증 없이 받아들인다는 것, 더 구체적으로 말하면, '임의의 x에 대하여, x는 진리다 = x는 이러저러하다' 형태의 환원적 전제에 근거를 두지 않고 그것들을 받아들인다는 것이다. 이런 환원적 전제는 진리에 대한 전통적인('팽창적인inflationary') 설명의 특징이다."

4 이렇게 판단할 때 나는 진리에 대한 다양한 축소주의적 설명에 맞선 셰릴 미삭의(2007b) 실용주의적 비판을 대체로 계승한다. 그러나 나는 미삭이 옹호하는 퍼스의 진리관을 계승하는 것은 꺼린다.

할 것이다. 이런 식으로 대답하는 대신에 우리가 질문자의 요구에 축소주의적인 방식으로 반응하여 단순히 "대기 중의 이산화탄소가 증가하면 지구의 평균 온도가 상승해"라는 진술을 재차 단언한다면, 우리는 질문의 취지를 놓치는 셈일 것이다. 경험적 영역에서 우리는 단지 단언, 자기일관성, 논리적 추론의 문제인 진리가 아니라 경험으로 배우고 검증하는 진리를 추구한다.

"진리의 본성을 탐색하는 철학자들은 실망할 수밖에 없다… 왜냐하면 그들은 존재하지 않는 것을 탐색하고 있기 때문이다"(Stoljar and Damnjanovic, 2014)라는 축소주의자들의 견해는 일리가 있다. 그러나 내가 보기에 축소주의자들은 '팽창주의'의 문제가 어디에 있는지를 그릇되게 진단한다. 진리에 실질적인 의미가 하나도 없는 것이 아니다. 오히려 진리의 의미가 여럿이기 때문에 축소주의적 진리 개념보다 더 실질적이면서 보편적인 진리 개념을 발견하려는 노력들이 실패로 돌아가는 것이다.[5] 내가 보기에 축소주의보다 더 생산적인 것은 마이클 린치와 니콜라이 피더슨이 옹호하는 '진리 다원주의'다. "다양한 담론 영역에서 진리를 성립시키는 다양한 속성들(대응, 초강력 단언 가능성superassertibility, 정합성 등)이 있다."[6] 과거에 나는 (Chang 2012a, 4.3.1절에서) 같은 주제를 다루는 문헌이 이미 상당히 많음을 모르는 채로 내 나름의 진리 다원주의를 시도했는데, 이제 4.2절에서 그 다원주의 버전보다 더 숙

---

[5] 케빈 샤프의(2013) 주장에 따르면, 심지어 축소주의적 진리 개념도 두 가지로 구분해야만 모순을 피할 수 있다.

[6] Pedersen and Lynch(2018, 546쪽); 추가 논의는 Lynch(2009) 참조.

고된 버전을 제시할 것이다.

일차 진리와 이차 진리

진리의 다양한 의미와 기능을 숙고하려 할 때 유익한 첫 걸음은 내가 **일차 진리**primary truth라고 부르는 것과 **이차 진리**secondary truth라고 부르는 것의 구분이다. 만일 어떤 진리인 명제의 진리성이 다른 명제들의 진리성에서 도출된다면, 그 명제는 이차적인 의미에서 진리다(또는 이차 진리성을 지녔다, 또는 이차 진리다, 라고 말할 수도 있다). 만일 어떤 진리인 명제의 진리성이 다른 명제들의 진리성에서 도출되지 않는다면, 그 명제는 일차적인 의미에서 진리다(또는 일차 진리성을 지녔다, 또는 일차 진리다).[7] '도출된다'라는 표현은 느슨한 어법이며 그 의미는 정초定礎, grounding와 맞닿아 있다. 정초란 무엇인지 심층적으로 논하는 대신에 나는 더 실질적인 방향을 선택하여, 한 명제의 진리성이 다른 명제들의 진리성에 의존하는 구체적인 방식들을 따져보고자 한다. 이차 진리가 성립하는 가장 간단명료한 방식은 아마도 유한 집합 안에서 열거적 귀납enumerative induction일 것이다. '나의 모든 고양이는 검다'는 '나의 고양이 각각이 예외 없이 검다'가 진리인 덕분에 진리다. 비슷

7 나의 어법이 띤 다의성은 의도된 것이며, 나는 이 다의성이 편리하며 충분히 무해하다고 생각한다. '진리truth'는 진리임이라는 질과 진리인 명제(혹은 진술)를 둘 다 의미한다. 이는 '실재reality'가 실재함이라는 질과 실재하는 항목을 둘 다 의미하는 것과 마찬가지다.

한 정도로 간단명료한 것은 진리인 다른 명제들로부터의 연역적 귀결에 의한 정초일 것이다. 일차 진리를 주춧돌로 삼아 이차 진리를 정초하는 다른 다양한 방식들은 나중에 다루겠다.

처음부터 두 가지를 세심히 구별할 필요가 있는데, 그것들은 진리의 성립constitution과 믿음의 정당화justification다. 내가 집중해서 다루려는 주제는 특정한 진리를 진리로 만드는 것이 무엇이냐, 라는 질문이지, 무엇이 진리이고 무엇이 진리가 아닌지를 우리가 어떻게 알 수 있느냐에 관한 인식적 조건이 아니다. 정당화의 의미가 무언가를 믿을 합당한 이유를 발견하기라면, 정당화의 노선은 진리 성립의 노선을 따를 수도 있고 그렇지 않을 수도 있다. 당신은 나의 모든 고양이는 검다고 믿으면서, 왜냐하면 늘 신뢰할 만한 증인인 스튜어트가 당신에게 나의 모든 고양이는 검다고 말해주었기 때문이라고 밝힘으로써 그 믿음을 정당화할 수 있다. 그러나 명제 '나의 모든 고양이는 검다'의 진리성은 스튜어트가 신뢰할 만한 증인인 것에(또는 당신의 와이파이가 충분히 잘 작동해서 당신이 스튜어트의 말을 명확히 들을 수 있는 것에) 의존하지 않는다. 그런데 때때로 정당화의 노선은 진리 성립의 노선을 따른다. 예컨대 당신이 나의 고양이 각각을 찾아내 예외 없이 검은색임을 확인함으로써 당신의 믿음을 정당화한다면, 이 경우에 정당화의 노선은 진리 성립의 노선을 따른다.

우리의 현재 논의를 이어가기 위해 정당화는 제쳐놓기로 하자. 진리의 성립은 악순환이나 무한 역진에 빠지지 않는다. 일차 진리와 이차 진리의 구분은 명확히 위계적이며, 우리가 명심해야 할 것은, 일차 진리의 성립은 이차 진리의 성립과 근본적으로 다르다는 점이다. 그러나 비트겐슈타인이 《확실성에 관하여》에서 시사하듯이, 이것은 까다로운 문제다. "시작beginning을 발견하기가 정말 어렵다. 아니, 이 표현이 더 나은데, 시작에서 시작하기가 어렵다. 그리고 더 거슬러 올라가려 하지 않기가."[8] 4.2절에서 일차 진리와 이차 진리의 상호작용을 좀 더 규명하겠지만, 지금까지 내가 내놓은 설명만으로도 본론으로 돌아가기에 충분하다고 나는 생각한다. 그러니 이제 내가 이 장에서 제시하고자 하는 주요 생각으로 넘어가자.

작업적-정합성에-의한-진리

나는 과학을 포함할 뿐 아니라 일상생활의 많은 부분도 포함한 **경험적 영역**에 적합한 비축소주의적 진리 이론을 개발하고 싶다. 경험적 영역에서 우리는 (3장에서 정의한) 실재들을 발견한다. 그것들은 우리가 바라는 대로 행동하지 않는 것들, 정신에 의해 틀 지어져 있지만 정신에 의해 통제되지 않는 것들이다. 경험적 영역에서 우리는 경험을 통해 사실들을 배운다. 이 환경은 논리와 수학이 지배하는 통상적인 의미의 선험적 영역과 유형이 다르다. 그런 선험적 영역에서 진리는 정신이 채택한 전제들에서 나오는 결론일

---

8 독일어 원문은 이러하다. "Es ist so schwer, den *Anfang* zu finden. Oder besser: Es ist schwer, am Anfang anzufangen. Und nicht versuchen, weiter zurückzugehen"(Wittgenstein 1969, 62쪽, §471, 강조는 원문).

따름이다. 경험적 영역은 허구적 영역과도 다르다. 허구적 영역에서 진리는 우리가 원하는 대로 상상될 수 있다. 도덕적 진리나 종교적 진리가 경험적 영역에 속하는가는 논란이 많은 질문이며, 나는 여기에서 이 질문에 답하려 하지 않을 것이다. 그러나 나는 경험적이라고 간주할 만한 영역이라면 어떤 영역에든지 유용하게 적용할 수 있는 진리관을 제시하고 싶다.

핵심 과제는 경험적 영역들에서 무엇이 일차 진리를 성립시키는지 이해하는 것이며, 내가 제안하는 바는 이러하다. 어떤 진술의 내용에 의존하여 수행할 수 있는 작업적으로 정합적인 활동들이 있는 만큼 그 진술은 진리다. 명제란 진술의 내용이라고 간주하면, 표현을 이렇게 바꿀 수 있다. 어떤 명제에 의존하여 수행할 수 있는 작업적으로 정합적인 활동들이 있는 만큼 그 명제는 진리다.[9] 이렇게 제안된 진리를 **작업적–정합성에–의한–진리**truth-by-operational-coherence라고 부르자. '작업적 정합성'이라는 개념은 1.1절과 1.4절에서 처음 제시되었고 3장에서 실재성의 특징을 규정할 때 이미 사용되었다. 서둘러 덧붙이는데, 나는 작업적–정합성에–의한–진리를 존재하는 진리의 유일한 유형으로 제시하려는 것이 전혀 아니다. 4.2절에서 상세히 설명하겠지만, 나는 진리에 관한 다원주의를 옹호한다. 다양한 진리 개념이 있고, 그 개념들이 다양한 영역과 맥락에서 다양한 용도로 쓰인다. 하지만 경험적 영역에서 일차 진리를 성립시키는 것은 작업적–정합성에–의한–진리라는 것, 따라서 과학철학에

---

9 진술은 진릿값을 보유하지 못한다는 생각을 나는 배척한다. 이 생각은 평범한 언어에 지나친 폭력을 가하는 것과 다름없기 때문이다.

서 우리가 중점적으로 다뤄야 할 것은 작업적-정합성에-의한-진리라는 것만큼은 제안하고 싶다.

　본격적인 논의의 첫걸음으로, 활동의 속성인 작업적 정합성이 명제 혹은 진술의 속성인 진리임과 어떻게 관련되는지 더 면밀히 따져보자. 실마리로 삼을 직관들을 얻기 위해서, 다른 진리인 진술들의 주춧돌 구실을 할 수 있을 만큼 확실하다고 여겨지는 경험적 진술들을 새삼 살펴보면서 왜 우리가 그것들을 진리로 간주하는지 자문해보자.

> '땅바닥은 굳건하다.'
> '여기 손이 있다.'(G. E. 모어)
> '내가 방에 들어설 때 보는 사람들은 정말로 거기에 있다.'
> '내일 아침에 내가 깨어날 때, 지구는 여전히 여기에 있을 것이다.'

왜 우리는 이런 명제들을 의문의 여지가 없는 진리로 간주할까? 이런 명제들이 더 근본적이거나 더 확실한 다른 명제들에 의해 정당화되기 때문은 아니다. 이 대목에서, 시작보다 더 거슬러 올라가려는 시도를 만류하는 비트겐슈타인의 경고를 되새길 필요가 있다. 같은 경고를 나의 어법으로 표현하면 이러하다. 위 명제들을 이차 진리로 오해하지 말아야 한다. 그것들은 일차 진리다. 바꿔 말해, 이 명제들의 진리성을 떠받치는 주춧돌은 이 명제들 자체에서(더 정확히 말하면, 이 명제들의 기능에서) 발견되어야 한다. 내가 제안하는 바는 이 명제들이 작업적-정합성에-의한-진리라는 것, 바

뭐 말해 우리가 일상다반사로 수행하는 수많은 활동이 이 명제들에 의존한다는 의미에서 진리라는 것이다.

땅바닥은 굳건하다는 명제를 생각해보자. 우리가 지상에서 살면서 하는 거의 모든 활동은 이 명제를 토대로서 전제한다. 물론 희한한 사건들이 실제로 일어나 우리가 전제한 토대를 뒤흔들기도 한다. 예컨대 갑자기 싱크홀이 발생한다. 나는 1989년 10월에 샌프란시스코 근처 팰로앨토에서 강력한 지진을(그리고 잇따른 크고 작은 여진들을) 경험한 것을 기억한다. (당시 철학 전공으로 대학원 생활의 첫발을 내딛던 나는 진동이 시작될 때 공교롭게도 어느 세미나에 참석 중이었다. 그러니 나의 철학하기 활동이 그 경험을 완전히 떨쳐내는 날은 영영 오지 않을 것이다.) 그 후 잠시 동안 삶의 모든 측면이 달랐다. 땅바닥이 고정되어 있다고 전제하고 걸어 다닐 수조차 없었다. 이 기이한 경험은 얼마 후 마감되었지만, 사흘이 멀다 하고 강력한 지진이 계속 발생했다면 사정이 달랐을 것이다. 그러나 해당 진술에의 의존이 효과적인 삶의 방식을 지원하는 동안에는, 우리는 그 진술을 계속 진리로 간주한다. 그도 그럴 것이, 땅바닥은 굳건하다는 생각을 전제로 한 활동들이 작업적으로 정합적인 때와 장소에서 우리가 땅바닥은 굳건하다는 것을 진리라고 말해서는 안 될 이유가 있겠는가(물론 우주 안에서 지구가 엄청나게 빨리 운동하고 있다는 것도 진리지만)?

과학에서도, 토대를 이루는 명제들이 보유한 진리의 유형은 작업적-정합성에-의한-진리다. 직접 경험 관찰들을 의심할 이유를 철학적 회의주의자들이 풍부하게 보여주었는데도, 왜 우리는 그 관찰들을 대개 진리로 간주해야 할까? 왜냐하면 우리 자신과 타인들의 진심 어린 관찰 보고를 곧이곧대로(특수하고 이례적인 보고에 대해서는 의심을 남겨놓고) 받아들이는 것에 기초하여 우리가 작업적으로 정합적인 활동들을 아주 많이 수행할 수 있기 때문이다. 이 얘기는 더 이론적인 성격의 기초 명제들에도 적용된다. 예컨대 빛의 속력은 광원이나 관찰자의 운동과 상관없이 모든 방향으로 일정하다는 명제, 혹은 모든 유전정보는 DNA 분자 안에 들어 있다는 명제에 적용된다. 이 이론적인 기초 명제들은 흔히 공리로, 즉 법령에 의한 진리로 간주되지만, 이 공리들이 지원하는 활동들이 작업적으로 정합적이지 않다면, 이 공리들을 계속 고수하는 것은 부질없을 터이다. 선험적 요소는(심지어 논리학의 공리도) 결국 그것이 떠받치는 추론 활동들의 작업적 정합성에 의해서만 실용적으로 정당화될 수 있다고 듀이와 클레어런스 루이스가 주장했는데(1.6절, 3.2절 참조), 바로 이것이 그 주장에 담긴 정신이다. 확실히 경험과학의 영역에서는 이론적 명제들이 단순히 법령에 의해 진리로 고수될 수 없다. 물론 몇몇 핵심적인 경험적 명제는 (임레 러커토시의 과학철학에서 말하는 연구 프로그램의 '하드 코어hard core'에 위치한 명제들처럼) 교조적으로 취급되지만, 이것은 일시적이고 잠정적인 상황에 불과해야 마땅하다. 우리는 채택된 전제들에 기초하여 정합적 인식 활동을 고안하려 애쓰면서 그 고안이 얼마나 잘 이루어지는지 살펴본다.

4.6절에서 추가로 설명하겠지만, 작업적-정합성에-의한-진리는, 우리 믿음의 실천적 귀결에 관심을 기울인다는 점에서뿐 아니라 우리의 생각을 완전히 경험에 정박한다는 점에서, 올곧게 실용주의적인 개념이다. 실용주의적 진리 이론에 맞서 늘 제기되는 비판과 관련하여 당장, 일단 간략하게 강조해야 할 점이 있다.

단언컨대 내가 지금 제시하는 정의는 '두언가를 믿는 것이 나에게 편리하다면, 그 무언가는 진리다'라는 의미가 아니다. 정합적 활동을 고안하기는 어려우며, 우리가 투입하는 가정들이 적절할 때만 정합적 활동이 성공적으로 고안될 것이다. 경험적 진술들은 바로 이런 식으로 경험의 검증을 거쳐야 한다. 작업적 정합성에는 자연에 의한 제약이 내재하며, 그렇기 때문에 작업적-정합성에-의한-진리는 정신 독립성을 띤다. 여기에서 정신 독립성은 정신에 의한 통제의 부재를 의미한다. 많은 실재론자는 자기네가 옹호하는 대응 진리 개념의 가치가 이 정신 독립성에 있다고 옳게 판단한다. 기초적인 실용주의적 직관에 따르면, 일차 진리는 우리가 거기에 의지하여 살 수 있는 무언가다. 사람들은 종교적 진리에 의지하여 살기도 하지만, 통상적인 종교관에서 말하는 종교적 진리와 달리 경험적 일차 진리는 경험에 의해 검증된다. 이 진리는 우리 경험의 확장이나 우리 상황의 변화에 발맞춰 거정될 수 있다. 정합적 활동들을 기준으로 진리를 판별한다는 생각은 내가 1장에서 제시한 능동적 앎의 개념과 정확히 맥이 통한다.

경험적 일차 진리를 작업적-정합성에-의한-진리로 이해하면, 경험적 이차 진리는 어떻게 이해해야 할까? 이 대목에서 우리는 대응 진리 개념을, 더 현실적인 형태로, 내가 2.5절에서 제안한 노선에 따라 복권시키는 자연스러운 방식에 도달한다. 경험적 이차 진리에 가장 적합한 실질적인 진리 이론은 대응 이론이라는 것에는 논란의 여지가 없으리라고 나는 생각한다. 경험적 영역에서 이차 진리가 어떻게 일차 진리로부터 성립하는지 탐구하는 작업은 반드시 필요하다. 이는 앞서 언급한 연역과 열거적 귀납을 넘어서는 가능성들을 모색하는 작업이지만, 해결할 수 있는 과제이며, 수긍할 만한 방식으로 그 해결을 시도할 수 있다. 대응에-의한-진리를 이차 진리로 간주하면, 우리의 이론이 대응에-의한-진리를 보유하기 위해 대응해야 할 '초월적transcendent' 실재를 상상할 필요가 없다.

거듭 강조하는데, 진리 자체의 성립과 진리에 대한 앎의 정당화를 혼동하지 말아야 한다. 진리인 명제에 의존한 활동들의 작업적 정합성은 단지 그 명제의 진리성의 귀결이나 징후가 아니다. 오히려 작업적 정합성이 그 진리성을 성립시킨다constitute. 듀이의([1907] 1977, 68~69쪽) 말마따나 "어떤 생각의 효과적인 작동과 그 생각의 진리성은 동일하다. 이 작동은 진리성의 원인도 아니고 증거도 아니며 본성이다". 3장에서 실재 개념을 제시할 때와 마찬가지로, 여기에서 내가 진리와 관련하여 취하는 행마는 의미론적이다. 즉, 나는 우리가 진리를 유용한 개념으로 만들고자 한다면 '진리'라는 단어를 어떤 의미로 사용해야 마땅한지 제안하고 있다.

진리 절대주의에 반대함

작업적-정합성에-의한-진리는 진리 개념이 경험적 영역들에서 해주기를 우리가 바라는 모든 주요 기능을 해내기에 충분할 만큼 건실하다. 더구나 그 개념은 절대적 개념이 아니면서도 그 기능들을 해낸다. 예컨대 우리는 뉴튼 역학이 그 고유한 영역에서 여전히 전적으로 진리(작업적-정합성에-의한-진리)라고 말해야 한다. 뉴튼 역학은 거짓이며 단지 몇몇 상황에서 근사적으로만 옳은 경험적 예측들을 내놓는다는 것을 우리가 이제 안다는 고집스러운 주장은 짜증스럽고 까탈스러울 뿐 아니라 실제로 지혜롭지 못하다. 우리가 그렇게 주장한다면, 현재 우리가 보유한 일반상대성이론과 양자역학 등의 모든 이론에 대해서도 똑같은 기준으로 트집을 잡아야 마땅할 테고, 따라서 '진리임true'은 결국 현실에서는 절대로 사용할 수 없는 말이 될 것이다. 우리의 지적인 삶에서 결정적인 역할을 하는 진리 개념을 정말로 그렇게 무력화해야 할까? 이는 어떤 이가 예외 없고 완벽하게 좋지 않으면 '그이는 좋은 사람이야' 같은 말을 절대로 하지 말아야 한다고 고집하는 것과 유사하다. 그이는 '근사적으로 좋은' 사람이라거나 '좋은 쪽에 가까운' 사람이라고 말해야 할까? 그렇지 않다. 그이는 좋은 사람이다, 라는 말의 상식적인 뜻을 고수하는 편이 더 낫다. 그 뜻은, 그이가 우리 모두와 마찬가지로 여러모로 더 나아질 수 있다는 것을 포함한다. 오늘날 많은 물리학자는 각각의 이론이 '효과적인 이론'이라고, 즉 한정된 범위 안에서 진리라고 기꺼이 말한다(Cao and Schweber 1993 참조). 그들은 주로 각각의 이론이 어떤 에너지 준위에서 유효한지에 초점을 맞추지만, 그들의 말에 담긴 교훈을 일반화하여 다른 변수들에도 적용할 수 있다.

일반적으로 말하면, 작업적-정합성에-의한-진리는 질적인 qualitative 속성이다. 어떤 명제가 떠받치는 작업적으로 정합적인 활동들의 개수와 다양성이 더 크면, 또 그런 활동들이 그 명제에 더 강하게 의존하면, 그 명제는 더 높은 정도로 진리다. 더 나아가 작업적 정합성 자체에도 정도 차이가 있다. 그리고 정도 차이가 있다는 것은 진리 자체의 성질이지, 진리에 대한 우리의 앎이나 믿음의 성질에 불과하지 않다. 실제로 이 규정은 일상언어의 용법에 부합한다. 오스틴이([1950] 1979, 117쪽, 130~131쪽) 지적했듯이, '매우 진리다', '충분히 진리다' 등은 완벽하게 말이 되는 발언이며, 일상적인 진리 판단을 예/아니오로 환원하려는 시도는 합당하지 않다. 오스틴의 지적에 담긴 정신은 현재 다시 득세했다. 이는 캐서린 엘긴이 저서 《충분히 진리임True Enough》(2017)에서 그 정신을 되살린 덕분이다. 내가 지금 말하는 진리의 정도는 단순한 수치로 정량화될 수도 없고 확률로 환원될 수도 없을 것이다. 실제로 정도-차이가-있는-진리는 과학철학에서 이미 널리 수용되는 개념이다. 많은 철학자는 (거의 모두 표준적인 과학적 실재론을 변호하는 과정에서) '근사적 진리'를 거론하는 습관을 이미 들였으며, 리처드 보이드는 (1990) 모종의 근사적 진리 개념에 의존하지 않으면 과학적 실재론을 유지할 수 없다는 점을 설득력 있게 논증했다. '근사적 진리'라는 표현은 부정확하며, 우리가 실제로 거론하는 것은 진리를 향한 접근approximation이고, 진리 자체는 여전히 예/아니오의 문제라고 주장할 수도 있을 것이다. 하지만 그런 식으로 진리에 관한 양자택일을 고수해서 얻을 수 있는 것이 무엇인지 나는 모르겠다. 정반대로, 1.6절에서 살짝 언급한 대로, 현재 컴퓨터과학과 인공지능 분야에서 다가多價 논리가 활약한다는 사실은 양자택일적 진리 개념을 벗어나는 것이, 합법적이며 잠재적으로 매우 유용한 행마임을 암시하는 경향이 있다고 할 만하다.

　　진리를 절대적이지 않게 만드는 또 하나의 요인은 진리의 유한한 적용 범위, 바꿔 말해 진리의 영역 특정성domain-specificity이다. 나의 작업적-정합성에-의한-진리 정의에 따르면, 특정 영역에서 진리인 진술이 다른 영역에서 진리가 아닌(즉, 정합적 활동들을 떠받치지 못하는) 경우가 쉽게 발생할 수 있다. 곰곰이 생각해보면, 주어진 진술이 일부 영역들에서는 진리지만 다른 영역들에서는 그렇지 않을 수 있다는 점을 누가 부정하겠는가? 우리는 모두 자연법칙이 일부 사례에서만 진리인 상황들에 익숙하다. 예컨대 고전적인 운동 법칙들은 다양한 양자역학적 영역에서 전혀 타당하지 않다.[10] 절대주의적이며 보편주의적인 경향에 대한 해독제로서 항상 '이 진술은 어디에서/언제 진리인가?'라고 묻는 습관을 들이는 것이 유익할 성싶다. 그러나 많은 사람은 진리에 한정된 범위를 붙이는 것이 마뜩잖을 것이다. 이 불만은 내가 '마법 반론witchcraft objection'이라고 부르고자 하는 것을 유발한다. 그 반론은 이런 문장으로 요약된다. 명백히 비진리인 이론(예컨대 마법)도 작은 영역 안에서는 충분히 잘 작동하는(정합적 활동들을 지원하는) 경우가 있을 수 있지만, 그렇다고 그 이론이 진리라고 말하는 것은 그 영역 안에서라는 단서를 달더라도 그릇된 것 같다. 이 문제는 4.4절에서 본격적으로 다뤄질 테지만, 우선 나의 견해를 밝히자면, 이 반론의 바탕에 깔린 것은 불필요한 두려움이다. 좁은 영역 안에서라고 한정하더라도, 마법 이론에(또는 기후변화 부정, 백신 거부, 어린-지구young-earth 창조론, 평평한 지구 우주론 등에) 진리성을 허락하는 것

---

10 해당 진술에 명시적으로 영역 제한을 기입하고 그렇게 제한된 진술을 엄밀한 진리나 비진리로 간주함으로써 진리의 영역 특정성을 피할 수도 있을 것이다. 그러나 모든 가능한 영역 제한을 미리 알고 특정할 수는 없기 때문에, 그것은 실패를 자초하는 전략이다.

을 꺼려야 할 이유들이 있다. 실제로 마법 이론은 어떤 영역에서도 작업적으로 정합적인 활동들을 떠받치지 못한다. 마법 이론이 특정 영역에서 잘 작동했다는 주장은 심한 과장이다. 반면에, 주어진 영역 안에서 실제로 잘 작동하고 다른 확립된 진리들과 모순되지 않는 이론이 정말로 있다면, 그 이론을 그 영역 안에서 경험적 진리로 간주하는 것에 아무런 문제도 없다. '뉴튼 역학은 그것이 적용되는 영역 안에서 여전히 진리다' 같은 말은 내가 보기에 옳다. 그리고 옛 적용 영역의 대다수에서 뉴튼 역학이 양자역학과 일반상대성이론보다 덜 진리라는 것은 입증되지 않았다. 왜냐하면 고전적인 상황의 대다수에 (고전역학과 혼합되지 않은) 후자의 이론들을 적용해본 사람은 아직 아무도 없기 때문이다.

작업적-정합성에-의한-진리의 또 다른 비절대적 면모는 다원성이다. 작업적-정합성에-의한-진리가 오직 한 활동(또는 실천 시스템 전체)의 맥락 안에서만 사리에 맞는다면, 서로 비정합적인 incommensurable 활동들 혹은 시스템들에 속한 다양한 진리 집합들이 있을 수 있다. 이 사정은 인식적이며 존재론적인 다원주의를 시사한다. 이 다원주의는 '진리' 자체의 의미에 관한 것인 '진리 다원주의'와는 별개의 사안이다. 지금 내가 말하는 다양한 진리들은 하나의 진리 개념 아래에, 곧 작업적-정합성에-의한-진리 아래에 놓인다. 빛은 전자기파다, 는 진리다. 그리고 빛은 광자들로 이루어졌다, 도 진리다. 작업적-정합성에-의한-진리의 이 같은 면모는 내가 과거 저술에서 제시한, 과학에 관한 다원주의, 곧 "임의의 주어진 과학 분야에서 다수의 실천 시스템들을 육성하는 것을 옹호하는 교설"과(Chang 2012a, 260쪽, 번역서 543쪽) 아주 잘 어울린다. 나는 다원주의를 4.5절에서 추가로 논하고 5장에서 실재론과 관련 지어 다시 논할 것이다. 서로 다른 실천 시스템들에서 이루어진 진술들을 동시에 진리로 인정하더라도, 논리적 모순은 쉽사리 발생하지 않는다. 설령 그 진술들이 서로 충돌하는 듯하더라도 말이다. 그 이유는 두 가지다. 많은 경우에 외견상 모순되는 진술들은 동일한 상황에 적용되지 않으며, 따라서 실제로 충돌하지 않는다. 그리고 그런 진술들이 실제로 동일한 상황에 관한 것일 때는, 대개 충분한 정도의 의미론적 비정합성이 있으며, 그 덕분에 그런 진술들은 직접 모순되는 대신에 서로 비껴간다. 진리의 다원성과 비절대성이 막돼먹은 혹은 극단적인 상대주의로, 아서 파인이(2007, 64쪽) 말하는 '멍청이 상대주의'로 귀결되는 것은 아님을 유념할 필요가 있다. 각각의 실천 시스템 안에서 작업적-정합성에-의한-진리는 우리의 바람이나 기대에 의해 통제되지 않는 방식으로 고정되어 있다. 그렇게 정신에 의해 틀지어지지만 통제되지 않는 진리의 다원성을 두려워할 이유는 없다.

이 장의 나머지 부분에서 나는 나의 진리관을 더 상세히 서술할 것이다. 예비 단계로 4.2절에서는 작업적-정합성에-의한-진리와 다르지만 타당한 진리 개념들을 다양하게 제시하고 어떤 상황들에서 그 개념들이 적합해지는지 논할 것이다. 4.3절에서는 작업적-정합성에-의한-진리를 더 본격적으로 논하면서, 이 진리 개념이 절대적 진리 개념이 아니라는 점을 추가로 상세히 밝히고, 절대적 진리의 부재가 일으킬 법한 우려들을 예상해볼 것이다. 4.4절에서 논증하려는 바는, 진리가 특정한 범위와 결부되도록 만드는 경험적 진리 개념이 반드시 필요하다는 것이다. 4.5절에서는, 주어진 하나의 주제 영역 안에서 다수의 작업적-정합성에-의한-진리가 공존할 수 있다는 사실을 다룰 것이다. 마지막으로 4.6절에서 나는 이 진리 개념을 진리에 관한 전통적인 실용주의적 생각들과 연결하고, 고전적인 실용주의 사상에 대한 끈질긴 오해들을 말끔히 청소할 것이다.

4.2 진리의 다양한 유형들

나의 작업적-정합성에-의한-진리 개념에 관한 상세한 논의를 이어가기에 앞서, 진리의 다른 다양한 의미와 그 개념을 비교해보는 것이 유익할 성싶다. 실용주의의 일반적인 정신을 계승하여, 또 '진리 기능주의truth functionalism'에 동조하여, 나는 '진리임'이라는 용어와 '진리'라는 용어가 의미를 획득하는 장소라고 할 만한 활동의 다양한 유형에 따라 진리의 다양한 의미를 식별할 텐데, 나의 초점은 경험과학과 일상생활에서의 가장 평범한 실천들에 놓일 것이다. 이 분석에서 나올 결과는 상호 배제적인 진리 개념들의 합집합이 아니라 부분적으로 겹치는, 진리의 의미들이다. 단언에-의한-진리trurh-by-assertion는, 명제를 단언하기는 명제가 진리라고 말하기와 같다는 최소주의적 발상에 기초를 둔다. 어떤 이가 당신에게 자신이 생각하고 느끼는 바를 왜곡 없이 말할 때, 당신이 듣는 것은 정직에-의한-진리truth-by-honesty다. 법령에-의한-진리truth-by-decree는 우리가 무언가를 진리로 상정할 때 성립한다. 진리의 이 같은 의미들 중 어느 것도 우리가 말하는 경험적 진리의 의미를 포착하지 못하며, 이 사정은 작업적-정합성에-의한-진리가 따로 있음을 시사한다. 그리고 4.1절에서 논했듯이, (내가 비교에-의한-진리라는 이름으로 부르고자 하는) 이차 진리도 있다. 이차 진리에서 관건은 이미 진리로 확립된 다른 명제들과의 합치다. 다양한 유형의 진리들이 복합적으로 작동하는 경우가 많음을 유념할 필요가 있다. 그런 복합적 작동은 실제 실천에서 진리 개념이 사용되는 방식을 복잡하고 흥미롭게 만든다.

진리에 관한 기능주의와 다원주의

진리를 다루는 철학적 이론은 무엇을 해야 할까? 내가 생각하기에 그런 이론은 다양한 영역에서 진리 개념이 어떻게 사용되는지 보여주는 전체적인 그림을 제시해야 한다. 이 생각은 의미가 사용에서 나온다고 보는 나의 후기 비트겐슈타인적 성향에 따른 것이다. 이런 점에서 나는 진리를 다른 모든 용어와 마찬가지로 다루는 셈이다. 이미 언급했듯이 나는 일반적으로, 그리고 특히 진리와 관련하여, 오스틴의 견해에서 큰 도움을 받았다. '신실용주의 neo-pragmatism' 전통 안에서는 로버트 브랜덤과(1994) 휴 프라이스가 (1988; 2003) 진리 개념의 기능들을 숙고할 필요성을 강조했다. 더 최근에는 마이클 린치가(2001; 2009) '진리 기능주의'를 옹호하는 진영에 가담했다. 이 다양한 입장들과 견해들 사이에, 특히 우리가 탐구하는 것이 진리의 의미인지 아니면 기능인지와 관련해서, 미묘한 차이가 있다. 그 차이를 둘러싼 갑론을박에 대뜸 뛰어드는 대신에,

내가 공통 핵심으로 간주하는 바를 논의의 기반으로 삼고자 한다. 그 공통 핵심은 진리 개념이 다양한 활동에서 실제로 어떻게 사용되는지에 주의를 기울이는 것이다. 그러므로 여기에서 할 일은 다양한 이론을 검토하여 어떤 이론이 옳은지 판정하는 것이 아니라 다양한 진리관이 다양한 맥락 안에서 어떻게 작동하는지 살펴보는 것이다.[11] 이 접근법은 예컨대 알렉서스 매클라우드가(2016) 옹호하고 실천한 것과 같은, 진리 개념에 대한 문화 간cross-cultural 비교 접근법과도 맥이 통한다.

쉽게 알 수 있듯이, '진리truth'라는 용어나 '진리임true'이라는 용어는 실천에서 다양한 방식으로 사용된다. 린치의 풍자적인 표현을(2001, 723쪽) 빌리면, "진리인 모든 명제가 공통으로 지녔으며 오직 진리인 명제만 지닌 그런 속성을 지목하려는 노력들의 역사는 행복한 역사가 아니었다". 그리하여 일부 철학자들은 진리 개념에 관한 다원주의를 채택했다.[12] 크리스핀 라이트의 지적에 따르면, 일부 영역들에서 진리는 대응과 유사한 관계에 기초를 두지만, 다른 영역들에서 진리와 관련한 관건은 단언 가능성이다. 페더슨과 린치는(2018, 546쪽) 매우 유익하게도 진리 개념을 '승리' 개념에 빗댄다. "다양한 게임에서 승리가 무엇인지는 천차만별"이며 "다양한 게임에서 승리를 성립시키는 다양한 속성(골을 상대보다 더 많이 넣기, 상대

---

11 다양한 진리 이론을 두루 조망하는 문헌으로 Kirkham(1992) 그리고 Glanzberg(2018b) 참조.

12 Lynch(2009), Wright(1992; 1999) 참조. 개관은 Pedersen and Wright(2018), Pedersen and Lynch(2018), Glanzberg(2018a, 4.4절) 참조.

표4.1. 다양한 진리 개념

개념	핵심 직관	관련 사항들
단언에-의한-진리	'P는 진리다'는 P를 의미한다	축소주의, 따옴표 제거
정직에-의한-진리	P가 진심으로 단언되면, P는 진리다	진실 말하기, 증언하기
법령에-의한-진리	우리가 P를 긍정하기로 결정하면, P는 진리다	상정, 공리 시스템
작업적-정합성에-의한-진리	P가 정합적 활동들을 촉진하면, P는 진리다	실용주의, 능동적 앎 안에 내장하기
비교에-의한-진리 (이차 진리)	P가 이미 확립된 다른 진리들과 합치하면, P는 진리다	대응, 입증

의 왕을 잡기 등)이 있다". 진리도 마찬가지다. '진리를 성립시키는' 속성은 '다양한 담론 영역'에서 매우 다양할 수 있다. 때로는 대응이, 때로는 초강력 단언 가능성이, 때로는 정합성이 진리를 성립시킨다. 케빈 샤프는(2013; 2021) 통상적으로 진리와 관련지어지는 모든 '통념들'을 만족시키는 진리 개념이 있을 수 있다고 생각하지 않는다. 대신에 그는 진리를 대체할 수 있는 명확한 진리 관련 개념들을 제작하는 다원주의적 개념 공학 프로젝트를 선택한다.

이 절의 나머지 부분에서 나는 다양한 영역에서 '진리'가 가지는 다양한 의미와 기능에 관한 나 자신의 견해를 제시하면서 위에 언급한 저자들의 연구를 자유롭게 끌어들일 것이다.[13] 표4.1은

---

13 또한 '진리와 진리의 여러 의미들'에(Chang 2012a, 240~243쪽. 번역서 507~515쪽) 관한 나 자신의 기존 연구도 기반으로 삼겠지만, 여기에서 그 연구를 중대하게 수정할 것이다.

이어질 논의의 윤곽을 간략하게 보여준다. 나의 분석은 담론의 영역들을 지목하는 것에서 그치지 않고, 각각의 진리 개념이 적용되는 특수한 활동 유형의 수준까지 파고들 것이다. 내가 제시하고자 하는 것은 상호 배제적인 범주들의 합집합이 아니라 부분적으로 겹치는 여러 범주다.

단언에-의한-진리와 축소주의

진리 개념과 관련 있는 가장 단순한 활동은 단언 및 부정이다. 명제 P를 단언하기는 P는 진리라고 말하기이며, P를 부정하기는 P는 거짓이라고 말하기이다. 이 활동에서 '진리'가 의미하는 바는 한 명제가 단언되고 있다는 것이며, 당사자가 그 명제를 단언할 이유를 타당하게 가지고 있는지는 중요하지 않다. 이런 진리를 **단언에-의한-진리**라고 부르자. 이 생각은 축소주의 진리 이론으로 이어진다. 어떤 진술이든지 단언될 수 있으므로, 축소주의 진리 이론은 어디에나 적용되는 것처럼 느껴질 만하다. 실제로 그 이론은 다른 모든 진리 이론의 바탕에 깔린, 진리에 관한 가장 기초적인 생각이다. 그러나 다른 모든 진리 개념이 제거되거나 축소주의적 진리 개념으로 환원될 수 있고 그렇게 되어야 한다고 간주하는 것은 어리석은 짓일 터이다.[14]

14 또한 진리의 비단언적non-assertoric 기능들을 배제하는 것도 성급한 짓이라고 나는 생각한다. 명확히 발설되지 않고 암묵적으로 상정되기만 한 내용이 그런 기능들을 담당할 가능성이 있다.

단언 게임은 정확히 무엇이고, 우리는 실제로 언제 단언 게임을 할까? 논리학 수업에서 단언은 무미건조하게 느껴질 수도 있겠지만, 현실에서 단언은 결코 무미건조하지 않다. 무언가가 진리라고 말하기는 그 무언가를 단순히 반복하기가 아닌 더 중요한 기능들을 지녔다. 내가 (나 자신을 포함한) 누군가의 발언에 "그건 진리야 It's true"라는 말로 맞장구친다면, 이는 그 발언 전체를 단순히 반복하는 것보다 더 효과적이고 강력한 강조 행동이다. 만일 내가 "그건 진리야…"에 이어 "…하지만"을 전형적인 어조로 덧붙인다면, 이는 상대가 한 말의 명시적인 내용을 승인하면서도 모종의 부차적인 의미나 암시적인 의미를 문제 삼는 행동이다. 노골적으로 하건 미묘하게 하건 상관없이, 단언은 개인적인 책무commitment가 걸린 게임이다. 내가 어떤 명제를 단언한다면, 나는 내가 가진 모든 신뢰성을 그 명제에 거는 것이며, 내가 그 명제에 맞게 행동할 것이라고 함축적으로 말하는 것이며, 나 자신을 타인들의 판단에 맡기는 것이다. 요컨대 '진리이다'의 좁은 의미는 해당 명제에 대한 단순한 긍정이지만, 단언에-의한-진리가 발화 행동 안에서 하는 기능은 다양하다. 이처럼 심지어 단언의 맥락조차도 축소주의 진리 이론을 적용할 맥락으로 완전히 적합하지는 않을 수 있다.

정직에-의한-진리와 진실 말하기

단어 '진리임' 또는 '진리'의 또 다른 기능은 발화자가 정직함 또는 진심임sincerity을 알리는 것이다. 여기에서 '진리'는 더 객관주의적인 진리 개념들과 다른 유형이다. 프라이스는(1998; 2003) 진심임에 관한 규범들과 진리임에 관한 규범들의 융합을 비판하면서 이를 지적한 바 있다. 내가 **정직에-의한-진리**라고 부르고자 하는 이 진리 개념과 관련 있는 활동은 진실 말하기truth-telling, 혹은 증언하기다. 정직에-의한-진리는 일종의 대응이라고 할 수 있다. 이때 대응은 내가 단언하는 바와 마음속에 품은 바 사이의 대응, 내가 말하는 바와 내가 지각하거나 생각하는 바 사이의 일치다. 하지만 '일치match'라는 표현이 늘 완벽하게 옳은 것은 아니다. 왜냐하면 진실 말하기 활동 중에 일어나는 정확한 정신적 과정은 그런 간단명료한 대응이 아닐 때가 많기 때문이다. 아무튼 진실 말하기는 작업적으로 유의미하다. "정말이야, 언덕 위에 있는 눈표범을 내가 봤어. 나는 진실을 말하는 거야." 내가 생각하는 바가 어떤 다른 의미에서 진리인지 여부와 상관없이 이런 다짐은 설득력을 발휘한다. 물론 당신은 그 다른 의미의 진리성을 의심하면서 "런던에서 눈표범을? 그럴 리 없어"라고 대꾸할 수도 있겠지만 말이다. 진실 말하기는 단지 단언하기가 아니다. 거짓말하기도 단언하기다. 진실 말하기 활동이 없다면, 인식 공동체는 존속할 수 없을 터이며, 집단적 지식 추구는 불가능할 터이다. 진실 말하기는 개인적 성격과 성향의 문제에 불과한 것이 아니라, 임의의 경험적 실천 시스템 안에서 지식을 떠받치는 토대의 중요한 부분이기도 하다.

법령에-의한-진리: 공리와 규약

어떤 진술은 우리가 그 진술을 진리로 정하기 때문에 진리다. 하지만 그런 진리는 그것을 견지할 책무를 우리가 수용하는 한에서만 타당하고, 우리가 그 책무 수용에 기초하여 무언가를 할 때만 흥미롭다. 나는 이런 진리를 **법령에-의한-진리**라고 부르고자 하는데, 이 진리의 원형原形은 정의와 동어반복이다. 미터원기의 길이가 1미터라는 것은 당연히 진리다(단, 미터원기가 여전히 길이의 표준이라면 그러한데, 오늘날 실제 미터법에서 길이의 표준은 미터원기가 아니다). 또 '모든 총각은 결혼하지 않았다'라는 진술이 진리라는 점은 의심의 여지가 없다. 왜냐하면 이 진술은 동어반복이기 때문이다. 이것들은 우리가 특정한 의미로 규정하고 사용하고 강화함으로써 구성하고 판단하고 유지하는 진리들이다. 또한 이 진술들은 우리가 그것들을 주어진 것으로 간주하고 그것들에 기초하여 활동들을 수행할 때 전제로 채택함으로써 진리가 된다.

수학에서 우리는 공리들을 출발점으로 삼아 추론 시스템을 구축하는데, 공리는 법령에 의해 진리다. 과학 이론도 공리적인 방식으로 구성하고 적용할 수 있다. 예컨대 아인슈타인이 빛의 속력은 관찰자나 광원의 운동과 상관없이 동일하다는 것을 전제로 채택했을 때, 그 전제는 기존의 '빛'이나 '속력'에 대한 정의에서 전혀 도출되지 않는 새로운 공리였다. 법령에-의한-진리의 또 다른 유형은 규약convention인데, 이때 규약은 일상적인 의미이기도 하고 푸앵카레가 말한 의미이기도 하다. 일상언어에서 규약은 사회적으로 합의된 임의적인 것이다. 예컨대 차량이 도로의 좌측이나 우측으로 진행하는 것, 혹은 새로 정의된 전문용어나 측정단위가 그러하다. 푸 앵카레에 따르면, 과학자들은 가장 잘 입증된 경험적 법칙들을 규 약의 지위로 '격상하기'로 결정한다. 즉, 그 법칙들을 의문의 여지가 없는 것들로 간주하기로 한다. 하지만 이 경우에도 법령에-의한-진 리가 그 자체로 경험적 진리인 것은 아니다.

작업적-정합성에-의한-진리

이제 내가 가장 큰 관심을 기울이는 진리 유형을 언급할 차 례다. 앞 절에서 나는 그 유형을 작업적-정합성에-의한-진리로 명 명했다.[15] (이 개념은 이미 도입했고 이 장의 나머지 부분에서 추가로 상술할 것이므로 여기에서는 간략하게 다루겠다.) 이 진리 개념은 경험주의의 핵 심에 놓여 있으며, 경험적 진리는 우리가 무엇을 믿거나 말하거나 하거나 바라는가가 아니라 정신에 의해 통제되지 않는 실재들이 어 떠한가에 의해 결정된다는 생각을 담고 있다. 위에 거론한 진리 개 념들은 이 같은 경험주의의 핵심적인 요구를 충족시키지 못한다. 퍼스의(2003) 이론과 관련지어 고찰하면, 작업적-정합성에-의한- 진리는 개인적으로 보증된 단언 가능성이라는 규범에만 부합하는 것처럼 보일 수도 있을 것이다. 그러나 인식 활동은 사람들의 공동

---

15 작업적-정합성에-의한-진리는 과거에(Chang 2012a, 242쪽, 번역서 512~513쪽) 내가 '진리5'라고 불렀던 것과 밀접한 관련이 있지만, '진리5'는 비교에-의한-진 리도 포함한다.

체에 의해 수행되는 만큼, 작업적-정합성에-의한-진리는 상호 합
의를 요구하는 퍼스의 진리 규범에도 부합한다.

비교에-의한-진리

4.1절에서 나는 일차 진리와 이차 진리를 구분했다. 법령에-
의한-진리와 작업적-정합성에-의한-진리는 일차 진리의 유형들이
며, 정직에-의한-진리도 일차 진리로 간주될 수 있다. 이차 진리는
비교에-의한-진리인데, 이때 '비교'는 넓은 의미다. 일차 진리를 주
춧돌로 삼아 이차 진리를 정초하는 일은 다양한 방식으로 이루어질
수 있다. 앞서 나는 연역과 열거적 귀납을 언급했다. 이차 진리를 가
장 자유주의적으로 다루고자 한다면, 단지 일차 진리들과 모순되지
만 않으면, 혹은 최선의 설명을 향한 추론에 의해서, 이차 진리가 확
립된다고 간주할 수도 있을 것이다. 흥미롭게도 전통적인 진리 대
응 이론과 정합 이론은 둘 다 확실하게 비교에-의한-진리의 영역에
적합하다.

실제 실천에서 진리 개념의 복합적 작동

지금까지 구분한 진리의 유형은 바라건대 삶의 다양한 영역
에서 기능하는 진리에 대한 우리의 생각을 명료화하는 데 도움이
될 것이다. 일상생활이나 과학적 실천의 전형적인 상황들에서는 다

양한 진리 개념이 동시에, 흔히 하나로 합쳐져 역할을 한다. 그런 복합적인 상황 전체를 분화되지 않은 단 하나의 '진리' 개념으로 다루려 하면, 난관에 봉착할 수밖에 없다.

주어진 진술에 다양한 진리 개념이 동시에 적용되면, 진릿값 판정이 달라질 수 있다. 확고하게 단언되거나 정직하게 견지된 진술이 정합적인 활동을 지원하지 못하는 경우가 흔히 있다. 또 도널드 트럼프가 자신의 견해를 밝힐 때, 그는 정직에-의한-진리를 말하는 것일(그의 지지자들은 이를 높게 평가한다) 수도 있겠지만 그가 말하는 내용은 경험적 영역 안에서 작업적-정합성에-의한-진리가 아닐 때가 많다. 작업적-정합성에-의한-진리성을 높은 수준으로 갖춘 명제가 법령에-의한-진리인 이론적 원리와 모순되는 상황이 벌어질 수도 있다. 경험과학에서 우리는 법령에-의한-진리로서 채택된 전제가 작업적-정합성에-의한-진리성도 갖췄는지를 일상다반사로 검사한다. 궁극적으로는 바로 이것이 이론을 경험적으로 입증하는 절차다. 법령에-의한-진리와 작업적-정합성에-의한-진리가 일치하는 순간은 경이로운 과학적 순간이지만, 그 일치를 절대로 당연시하지 말아야 한다. 푸앵카레의 규약주의는, 우선 한 진술의 작업적-정합성에-의한-진리성이 높다는 점을 확인하고 그다음에 그 진술에 법령에-의한-진리성을 부여할 것을 권고함으로써 더 안전한 행마를 선택한다.

동일한 명제가 일차 진리의 역할과 이차 진리의 역할을 둘 다 할 수도 있음을 유념할 필요가 있다. 염소의 원자량은 35.5라는 명제를 생각해보자. 이 명제는 화학과 물리학에서 이 명제에 의존한 활동들이 얼마나 잘 이루어지는지에 의해 결정된 일차 진리일 수 있다. 예컨대 특정량의 다른 물질과 결합하는 염소의 양을 이 명제에 기초하여 알아낼 수 있고, 이 양 파악 활동은 잘 이루어진다. 그러나 우리는 염소의 원자량을 측정을 통해 알아낼 수도 있다. 이 경우에 위 명제는 측정장치 작동의 바탕에 깔린 특정한 물리적 전제들을 주춧돌로 삼아 정초된 이차 진리로서 확립된다. 또 다른 예로 구의 표면적은 반지름의 제곱에 비례한다는 명제를 보자. 이 명제는 유클리드 기하학에서 이차 진리, 즉 공리들에 기초하여 증명할 수 있는 진리다. 그러나 이 명제를 경험적 가설로 간주할 수도 있다. 이 경우에 만일 우리가 이 명제에 의존하여 다양한 정합적 활동을 할 수 있다면, 이 명제는 일차 진리로 확립된다. 그런 활동의 예로 다양한 크기의 공에 페인트를 칠할 때 필요한 페인트의 양을 계산하기부터, 칸트가 수행한(Kant[1786] 2004, 57~59쪽, 원서 쪽수로 518~521쪽) 중력에 관한 역제곱 법칙의 도출까지 다양한 것들을 들 수 있다. 일반적으로 말하면, 진리의 다양한 의미를 어떻게 다룰지 아는 것은 탐구 솜씨의 한 부분이다.

4.3 경험적 진리와 작업적 정합성

이제 작업적-정합성에-의한-진리로 시선을 돌리자. 이 절에서 나는 진리임이란 정합적인 활동들을 촉진함이라는 나의 기본적인 생각을 설명하고 정당화하는 일에 집중할 것이다. 많은 이는 이 생각이 억지스럽다고 느낄 것이다. 거듭 강조하지만, 내가 작업적-정합성에-의한-진리를 제안하는 것은 경험적 영역에서 일차 진리가 무엇을 의미해야 마땅한가에 관한 의미론적 행마다. 어떤 명제에 의존하여 정합적 활동들을 수행함이 그 명제의 작업적-정합성에-의한-진리성을 성립시킨다. 전자는 그 명제의 진리성의 효과나 증거가 아니다. 또한 나는 정합적 활동이 진리인 명제에 의존한다고 할 때 '의존'이 정확히 무엇을 의미하는지 더 설명해볼 것이다. 설명의 핵심은 의존이란 실천적 필요성이라는 것이다. 해당 명제의 사용이 해당 활동의 정합성을 위해 필요한가, 라는 질문이 결정적이다. 더 나아가, 진리로 확립할 의도조차 없는 명제에 의존하여 정합적 활동이 수행되는 문제적인 상황도 다뤄질 것이다. 내가 보기에 그런 명제는 해당 측면에서 혹은 적절한 정도까지 진리로 간주되어야 한다. 접근 불가능한 궁극적 실재와의 대응이라는 관념과 달리, 작업적-정합성에-의한-진리는 실제 이론 검증 절차를 비롯한 온갖 실천에서 유효하게 작동하고 있는 개념이다.

진리를 성립시키는 정합성

다양한 진리 개념과 그것들의 용도를 4.2절에서 제시했으니, 이제 작업적-정합성에-의한-진리를 더 집중해서 논할 수 있다. 내가 4.1절에서 내놓은 간략한 정의를 상기하라. 어떤 명제에 의존하여 수행할 수 있는 작업적으로 정합적인 활동들이 있는 만큼 그 명제는 진리다. 나는 이 개념이 경험적 영역들에서 작동하고 있는 일차 진리의 주요 의미라고 믿는다. 따라서 이 개념은 모든 경험주의적 인식론 혹은 과학철학을 위한 결정적 토대를 제공한다.

더 세심히 고찰할 첫째 논점은 나의 실용주의적 제안이 띤 의미론적 성격이다. 나의 제안에 따르면, 작업적 정합성은 경험적 영역에서 일차 진리를 성립시킨다. 이 견해에 맞서 당신은 더 전통적인 입장을 고수하려 할지도 모르겠다. 그 입장에 따르면, 진리는 아무튼 따로 있고(예컨대 궁극적 실재와의 대응이고), 작업적 정합성 같은 것들은, 우리가 진리를 어떻게 배우고 아는가, 라는 인식적 질문과 관련 있을 따름이다. 이 접근법은 진리에 관한 형이상학과 인식론을 갈라놓는 행마다. 이렇게 접근하면, 인식론적 측면은 정당하게 경험주의적일 수 있는 반면, 형이상학적 측면은 여전히 (2.2절에서 정의한) 대응실재론에 머무른다. 통상적인 직관에 따르면, 경험적 진술은 정신 독립적인 진리성을 보유하고 있으며, 가설 검증을 비롯한 우리의 인식 활동들은 미리 존재하는 그 진리성을 발견하도록 설계된다. 내가 지금 논증하려는 바는 우리가 이 직관으로부터 벗어나야 한다는 것이다.

작업적-정합성에-의한-진리를 논할 때는 진리 자체와 진리의 증거 사이의 구별을 지나치게 중시하지 말아야 한다. 나도 진리와 진리에 대한 개인적인 지식 사이의 구별을 보존하고 싶지만, 진리와 실제 인식 활동을 분리하는 것은 그 보존을 위한 올바른 방법이 아니다. 나는 이것이 다음과 같은 제임스의([1907] 1975, 37쪽) 말에 담긴 취지라고 생각한다. "우리가 이것저것을 진리라고 부르는 이유는 그것들이 진리인 이유와 같다." 한 진술이 작업적-정합성에-의한-진리라는 것이 의미하는 바는 그 진술이 작업적-정합성에-의한-진리임을 우리가 어떻게 아는가와 다르지 않다. 나는 진리와 앎을 다음과 같이 구별하자고 제안한다. 이 구별은 내가 3장에서 실재와 실재에 대한 우리의 앎을 맞세워 다룬 방식과 맥이 통한다.

- 어떤 명제에 의존하여 수행할 수 있는 작업적으로 정합적인 활동들이 있는 만큼 그 명제는 진리다.
- 어떤 명제에 의존하여 이런저런 작업적으로 정합적인 활동들을 어떻게 수행할지를 내가 (직접) 실제로 아는 만큼, 나는 그 명제가 진리임을 안다.

이렇게 구별하면, 작업적 정합성이 진리를 성립시킨다는 견해를 유지하면서도 개인적인 사정을 진리로부터 멀리 떼어놓을 수 있다. 내가 아직 수행할 줄 모르거나 구상조차 해보지 못한 정합적인 활동들이 있음을 나는 충분히 예상한다.

작업적-정합성에-의한-진리는 넓은 의미의 경험적 입증과 다르지 않다. 이 대목에서 몇몇 기본적인 직관들로 돌아가자. 입증이 '경험의 검증'을 통과하기를 의미하지 않는다면 대체 무엇을 의미하겠는가? 그리고 경험의 검증을, 특수한 형식적 도식(예컨대 가설연역적 도식, 베이즈주의적 확률 업데이트 도식, 또는 귀무가설null-hypothesis 검정 도식)을 따르는 검증으로 한정하는 것은 말할 것도 없고, **명시적** 검증으로 한정해야 할 이유가 있겠는가? 명시적인 이론 검증은 진술이 세계와 대응한다는 생각과 가장 친근한 활동일 수도 있겠지만, 이것은 그 활동에 특권을 부여할 이유로서 설득력이 없다. 한 이론이 정합적 활동들을 촉진한다면, 그리고 우리가 알 수 있는 한에서 이것이 어떤 기이한 우연이나 우연의 일치가 빚어낸 결과가 아니라면, 우리는 그 이론(에 들어 있는 해당 진술들)을 '진리'로 간주할 수 있고 간주해야 마땅하다. 토끼는 수염이 있고 땅굴 속에서 산다는 것은 진리라고 우리가 말할 때와 똑같이 현실적인 의미의 진리로 말이다.

이론 검증은 이론 사용과 구별되는 유형의 활동이 아니라 이론 사용의 부분집합이다. 이론을 사용하는 시도라면 어떤 시도든지 원리적으로 이론에 대한 경험적 검증의 기능을 할 수 있으며, 한 명제가 진리라는 점이나 거짓이라는 점은 흔히 명시적으로 검증으로서 설계되지 않은 활동들에서 드러난다. '마드리드에서 바르셀로나까지 거리는 15킬로미터다'는 비非진리이며, 이 진술에 기초하여 수행해볼 만한 거의 모든 활동(이를테면 한나절 동안 마드리드에서 바르셀로나까지 걸어가기, 마드리드에서 포를 쏘아 바르셀로나에 명중시키기)이 작업적으로 부정합적일 것이라는 점에서 이 진술의 비진리성이 드러날 터이다. 전염병학부터 우주론까지 다양한 과학 분야에 종사하는 과학자들은 명시적인 검증을 고안할 수 없는 상황에 매우 익숙하다. 그런 상황에서 가설은 '현실에서' 관찰되는 현상들을 얼마나 잘 설명하는가에 의해 평가될 수밖에 없다. (새로운 백신의 효과를 검증하는 과정은 느리게 진행된다. 왜냐하면 우리가 백신을 투여한 다음에 고의로 병원체를 투여할 수 있는 인간 실험동물은 존재하지 않기 때문이다. 하지만 이것은 우리가 받아들여야 할 제약이다. 사회적 삶을 떠받치는 근본적인 윤리적 토대의 변경을 우리가 원치 않는다면 말이다.) 심지어 고전적인 가설연역적 입증 방법도 가설을 **사용하여** 예측들을 도출하는 일을 포함한다. 이 도출에 이어 우리는 예측들을 관찰과 비교함으로써 평가할 수 있다. 이 활동이 잘 이루어지는 만큼, 곧 이론의 내용에 의존한 예측들이 경험적으로 정확한 만큼, 이론이 입증된다.

긍정적인 검증 결과라면 어떤 결과든지 이론의 진리성을 부분적으로 성립시킨다.[16] 이론의 진리성이 긍정적 검증 결과들을 일으킨다는 말은 범주 오류일 터이다. 제임스는 '-th가 붙은' 다른 '단어들'(예컨대 부wealth, 건강health, 강함strength)의 사물화reification를 경계해야 하는 것과 마찬가지로 '진리truth'를 사물화하지 않도록 조심해야 한다고 타이르면서 고트홀트 에프라임 레싱에게서 유래한 다음과 같은 경구를 인용했다. "세상에서 가장 돈이 많은 사람들이 바로 세상에서 가장 부유한 사람들인 것은 대체 어찌 된 일일까?"[17] 당연히 이것은 설명할 일이 아니다. 왜냐하면 부유함이 의미하는 바가 바로 돈이 많음이기 때문이다(James [1907] 1975, 105~106쪽). 작업적-정합성에-의한-진리도 마찬가지다. 여기에서도 나의 취지는 표준적인 과학적 실재론에서 말하는 경험적 성공과 진리 사이의 관계를 반박하는 것이다. 그 관계에서는 진리가 성공을 설명해준다. 나의 견해를 키처가 대응 진리의 설명적 역할을 보존하려 애쓰는 과정에서 제시하는 견해와 대비하는 것이 유익할 성싶다. 그는 성공에서 진리로 나아가는 실재론적 추론을 실용주의적인(혹은 활동에 기초한) 방식으로 해석하긴 하지만 여전히 'S는 섬세하게 예측하고 개입하는 체

---

16 유한한 개수의 긍정적 검증 결과로는 일반적인 이론의 진리성을 완전히 입증하지 못한다. 이는 반 프라센의 인식론에서 경험적 성공의 사례들과 이론의 완벽한 경험적 적절함 사이의 관계와 유사하다.

17 원문은 이러하다. Wie kommt es, Vetter Fritzen(어찌된 일일까, 사촌 형제 프리첸)/Das grad' die Reichsten in der Welt(바로 세상에서 가장 부유한 사람들이)/Das meiste Geld besitzen(가장 돈이 많은 것은)?

계적 실천에서 결정적 역할을 한다'에서 'S는 근사적으로 진리다'로 나아가는 추론을 보존한다(Kitcher 2012, 112쪽). 더 최근의 저술에서 그는 이 같은 성공-진리 연결을 '그럴싸한 경험적 추측'으로 간주한다. 이 추측이 옳다면, 이 추측은 진리를 성공에 대한 설명으로 간주하기 위한 토대를 이룬다(Kitcher 근간, 3장). 반면에 나는 성공-진리 관계를 추론이나 설명의 구조로 간주하지 않는다. 대신에 나는 성공(더 나은 표현으로는, 작업적 정합성)을 '근사적으로 진리임', 더 나은 표현으로는 '(어느 정도) 진리임'이 띤 의미 자체의 핵심으로 간주한다.

제임스의 인상적인 표현을 빌리면, "진리성은 생각에게 일어난다happen. 사건들에 의해 생각이 진리로 된다. 바꿔 말해, 사건들이 생각을 진리로 만든다make".[18] 이 진술은 생각이 촉진하는 정합적 활동들이 늘어남에 따라 어떤 일이 벌어지는지 알려준다. 작업적-정합성에-의한-진리 개념의 핵심은 우리의 다양한 활동에서 명제가 하는 중대한 역할이며, 우리가 더 많은 활동을 하는 법을 계속 배움에 따라 그런 역할들이 더 많이 발생한다. 불완전하지만 시사하는 바가 많은 비유로 말하면, 명제가 진리성을 획득하는 과정은 아이가 성장하는 과정과 유사하다. 특정한 아이는 특정한 성인으로 성장할 잠재력이 있다고 우리는 말하곤 하지만, 그 아이 안에 그 성인이 완전히 들어 있는 것은 아니다. 진리성도 마찬가지다. 우리는 아직 알려지지 않은 정합적 활동들이 있음을 인정할 수 있지만, 실제로 구체적인 진리성 판단을 해야 할 때는, 우리가 실제로 수행할 수 있는 활동들에서 이미 알려진 진리성을 근거로 삼을 수밖에 없다.

18 James([1907] 1975) 97쪽, 강조는 원문. 키처(2012) xxiii쪽에서 재인용.

의존의 의미

작업적-정합성에-의한-진리의 정의로 돌아가자. 어떤 명제에 의존하여 수행할 수 있는 작업적으로 정합적인 활동들이 있는 만큼 그 명제는 진리다. 그런데 활동이 명제에 '의존한다rely on'는 것은 정확히 어떤 의미일까? 명제의 진리성을 평가할 때 우리는 이런 질문을 던져야 한다. 해당 명제가 알려주는 대로 하지 않으면, 해당 활동의 정합성이 유지될 수 있을까? '의존'의 의미는 실천적 필요need와 경험적 필요를 아우르며,[19] 구체적으로 말하면, 해당 명제를 사용하지 않으면 실제로 해당 활동을 수행할 수 없다는 의미다. 예컨대 고전 전기역학에서 거의 모든 문제 풀이는 맥스웰 방정식에 의존하지 않으면 수행될 수 없다. '의존' 개념을 채택한 취지는 명제의 채용이 생산적이고 유의미하다는 의미를 전달하는 것이다. 여기에서 내가 말하는 '채용employment'을 위해서는, 활동 과정에서 명제가 단언되는 것으로는 충분치 않다. 한 예로 아인슈타인 이전의 많은 물리학자는 맥스웰 방정식을 사용할 때 에테르가 존재한다고 단언하는 경우가 많았지만, 에테르가 존재한다는 것을 부정하면서도

---

[19] 과거 저술에서 나는 이 생각을 다음과 같이 표현했다. "주어진 상황에서 수행하는 정합적 활동을 위해 어떤 명제가(명제에 대한 믿음이) 필요하면, 그 명제는 그 상황에서 진리다"(Chang 2017b, 113쪽). 여기에서 '필요하다be needed'라는 용어는, 논리적 필연성necessity이나 형이상학적 필연성은 존재하지 않지만 실용적 필연성은 존재한다는 점을 표현하려는 취지로 사용되었다. 실용적 필연성이란 우리에게 실제로 무엇이 필요한가 하는 것이며, 이것은 오직 경험적으로만 배울 수 있다. 이제 나는 필연성 개념을 들먹이지 말자고 제안한다. 왜냐하면 그 개념은 혼란을 일으키기 십상이기 때문이다.

맥스웰 방정식을 완벽하게 잘 사용할 수 있다. 즉, 다양한 문제와 관련지어 맥스웰 방정식을 푸는 활동은 에테르가 존재한다는 명제에 의존하지 않는다. 실제 채용을 강조하면 해당 명제가 덧붙이기 역설tacking paradox(핵심 가설에 그 가설과 무관한 진술들이 덧붙여져 전체 가설이 구성된 상황에서, 핵심 가설을 입증하는 증거가 그 덧붙여진 진술들의 증거로 간주되는 역설-옮긴이)이나 게티어 문제Gettier problem(거짓인 명제를 근거로 삼은 정당한 추론에 의지하여 진리인 명제를 믿는 것은 정당화된 진리인 믿음을 가지는 것이지만 앎을 가지는 것은 아니라는 문제적인 지적-옮긴이)를 연상시키는 피상적인 방식으로 해당 활동에 관여할 가능성도 예방된다. 이런 경우에 우리는 해당 명제에 진리성을 부여하기를 꺼릴 만하다.

의존은 예컨대 프실로스와 내가 칼로릭 이론의 성공을 두고 벌인 논쟁의(Chang 2003) 핵심에 놓여 있었다. 2.4절에서 그 논쟁을 간략하게 언급한 바 있다. 나는 1800년경에 열물리학자들이 수행한 매우 정합적인 몇몇 활동은 실제로 칼로릭 이론의 핵심 원칙들에 의존했음을 거의 모든 사람이 만족할 정도로 보여주었다고 자부한다. 예컨대 피에르-시몽 라플라스의 이상기체 법칙 도출은 칼로릭의 물질적 실재성에 관한 전제, 칼로릭의 입자적 구조에 관한 전제, 칼로릭 입자들 사이에서 작용하는 힘들의 기본적인 성격에 관한 전제에 의존했다. 프실로스는 칼로릭 이론가들이 성공을 거둘 때 의존한, 칼로릭의 본성에 관한 중요한 전제는 없었다고 진술한 바 있었고, 나는 그 진술에 동의하지 않았다. 우리 중에 누가 역사적 사실에 관하여 옳은 주장을 했는지는 지금 나의 논의에서 주요 사안이 아니다. 내가 보기에 우리는, 과학자들의 실천을 구체적으로 살펴봄으로써 판정할 수 있는 이런 유형의 의존이 해당 명제의 진리성을 떠받친다는 점에 둘 다 동의했다. 피상적이라고 의심되는 명제가 일으키는 문제에 대해서는 마법의 해결책이 없다. 오직 고된 경험적 탐구를 통해서만 그 문제를 해결할 수 있다. 이런 유형의 검사는 과장된 철학적 검사의 이미지에 부합하지 않을 수도 있겠지만, 이런 유형의 검사야말로 우리가 과학을 해나가는 방식이며, 남은 삶을 살아나가는 방식이기도 하다.

의존은 너무 느슨한 개념이라는 반론, 특히 이 개념은 심리적 요소들을 포함한다고 느껴질 만하기 때문에 그러하다는 반론이 제기될 수도 있을 것이다. 때때로 사람들은 진리와는 무관하다고 간주해야 할 어떤 심리적인 방식으로 특정 명제에 의존하지 않는가. 우리의 정신적 기질 때문에, 우리가 특정 활동을 수행하기 위해서는 어떤 환상적인 명제가 심리적으로 꼭 필요할 수도 있지 않을까? 예컨대 나는 나 자신이 돌고래라고 믿어야만 헤엄칠 수 있다고 해보자. 이 경우에 나의 정합적인 헤엄치기 활동은 나는 돌고래라는 믿음에 의존하므로, 내가 돌고래라는 것은 진리일까? 얼핏 보면 이것은 나의 작업적-정합성에-의한-진리 개념을 반박하는, 혹은 모든 실용주의적 진리 개념을 반박하는 간단명료하고 치명적인 반론인 것처럼 보인다. 그러나 실제로 문제는 진리와 **믿음**이 내재적으로 연결되어 있다고 보는 것에서 유래한다. 믿음 대신에 내용에의 의존에 초점을 맞추면 심리적인 요소와 불필요하게 얽히는 것을 피할 수 있다. 믿음에 심리적으로 의존하는 것과 명제를 활동에 채용하는 것은 별개의 사안이다. 어느 19세기 과학자가 오직 고귀하고 찬란한 에테르의 실재성을 믿어야만 광학을 연구할 동기를 얻을 수 있었다고 상상해보자. 만일 그가 추론할 때 에테르의 본성에 관한 어떤 특수한 전제에도 의존하지 않았다면, 그의 심리적 의존은 나의 작업적-정합성에-의한-진리 개념을 전혀 위협하지 않는다.[20]

진리 없는 정합적 사용?

때로는 사람들이 명확히 비진리로 여기는 명제를 유익하게 사용할 수도 있다. 이것은 과학 연구에서 흔히 벌어지는 상황이다. 예컨대 거짓으로 공인된 모형이 예측과 설명을 비롯한 다양한 정합적 인식 활동에서 사용된다(Suárez 2009; Toon 2012; Rowbottom 2019 참조). 이런 상황은 나의 작업적-정합성에-의한-진리 개념을 위태롭게 만들지 않을까? 그 개념에 따르면 정합적인 활동에서 의존되는 명제는 진리니까 말이다. 더 표준적인 진리관들은 때로는 거짓으로부터 유용하고 심지어 옳은 귀결이 나올 수 있음을 얼마든지 인정할 수 있는 반면, 비진리인 명제가 정합적으로 사용되는 상황 앞에서 나의 진리관은 개념적으로 꼬여버리는 것처럼 보일 만하다. 하지만 몇 가지 이유에서 이것은 문제가 아니다.

비교적 간단한 사례 유형 하나는, 우리가 어떤 이론 혹은 모형이 전체적으로 거짓이라고 선언하면서도 당면한 정합적 사용에

---

20 2017년 1월 아리스토텔레스 학회Aristote.ian Society에서 이 우려의 한 버전을 제기한 마이크 마틴에게 감사한다. 그가 든 예는 망상적인 자신감이 과학자를 이끌어 아주 어려운 문제를 (성공적으로) 연구할 수 있게 해주는 경우였다.

서 그 이론의 일부 측면에 의존하면서 실제로 그 측면을 신뢰 혹은 긍정하는 경우다. 또 다른 유형으로는, 우리가 해당 이론 혹은 모형이 엄밀한 진리는 아니지만 '충분히 진리라고' 여기면서 그 이론의 사용은 충분한 정도로만 정합적이라고 선선히 인정하는 경우다. 이런 사례 유형들에서 정합성과 진리성은 확연히 어긋나지 않는다. 또는 진리일 확률이 100퍼센트에 가깝지는 않다고 추정해야 마땅한 명제가 작업가설로 채택되는 경우가 있을 수 있다. '작업가설'이라는 용어가 있다는 것에서 벌써 알 수 있듯이, 가설이 결정적인 입증 없이 사용되는 경우는 매우 흔하다. 실제로 삶은, 확실성이 불충분한, 의심하고 검사할 여지가 있는 가설들에 의존하여 수행하는 놀이에 매우 가깝다. 예컨대 우리는 지지율이 가장 높은 후보가 선거에서 이길 것이라고 예상하고, 현재 지배적인 과학 이론이 한동안 반박되지 않으리라고 추정하고, 심지어 우리가 자동차 사고를 당하거나 심각한 질병에 걸리지 않으리라는 것에 기초하여 내년을 계획하기도 한다. 우리가 이런 작업가설들에 의존하는 것은 우리의 활동을 위한 더 나은 토대를 가지고 있지 않기 때문이다. 하지만 이 예상하기, 추정하기, 계획하기 활동이 정합적이라는 것이 드러나면, 해당 작업가설들은 실제로 작업적-정합성에-의한-진리성을 어느 정도 획득한다. 반면에 이 활동들이 정합적이지 않다는 것이 드러나면, 우리의 의존은 철회된다. 따라서 진리성과 정합성의 불일치는 단지 일시적으로만 발생할 것이다.

해당 명제가 진리의 한 의미에서는 진리지만 다른 의미에서는 비진리인 경우도 있을 수 있다(4.2절에서 논한 '진리'의 다양한 의미를 상기하라). 예컨대 한 이론 혹은 모형이 더 굳건하게 진리로 확립된 다른 이론 혹은 모형과 상충하기 때문에 비교에-의한-진리성은 보유하지 않았지만 정합적으로 사용됨으로써 작업적-정합성에-의한-진리를 보유한 경우가 쉽게 발생할 수 있다. 예컨대 3.4절에서 언급했듯이, 원자 오비탈과 분자 오비탈에 관한 이론은 화학에서 정합적이기 그지없는 많은 활동을 지원하지만, 전자들을 동일한 (구별 불가능한) 입자들로 취급하는 양자역학의 나중 버전들에 의해 거짓으로 선언되었다. 이런 사례에서, 성공적으로 사용되는 모형이 거짓이라고 말하는 것은 옳지 않을 터이다. 그런 모형은 최소한 제한된 영역 안에서는 작업적-정합성에-의한-진리다.

때때로 우리는 이론 혹은 모형이 외견상으로만 명제적이라고 간주한다. 심지어 우리는 일반화된 도구주의를, 즉 이론 혹은 모형을 명제들의 집합으로 취급하는 것이 아니라 추론 도구로 취급하는 입장을 채택할 수도 있다. 그러면 진리에 관한 질문이 발생하지 않는다.[21] 이것은 유지될 수 있는 입장이지만, 내가 더 선호하는 것은, 신뢰할 만하게 성공적인 모형 각각에 어느 정도의 작업적-정합성에-의한-진리성을 부여하는 실재론적-다원주의적 태도다. 나는 이 선호를 5장에서 추가로 설명할 것이다. 또 다른 가능성으로, 허구주의적fictionalist 태도를 취할 수도 있다. 뉴튼의 운동 법칙들과 중력 법칙이 진리라는 것을 더없이 확신했던 뉴튼적 물리학자들을 생각해보자. 우리는 현재에서 돌이켜보며 뉴튼의 법칙들은 완벽한 진

---

21 일반화된 도구주의는 구성적 경험주의와(van Fraassen 1980) 다르다. 구성적 경험주의는 관찰 불가능한 것들에 관한 진술이 진리 가능성을 갖췄다고 보면서도 그런 진술의 진릿값을 알아내려는 노력을 단류한다.

리가 아니라고 말하지만, 뉴튼적 실천을 허구주의적으로 혹은 (팀 라이언스라면 이렇게 표현할 성싶은데) 초현실주의적으로surrealist 이해할 수도 있다. 즉, 많은 영역에서 세계는 마치 뉴튼의 법칙들이 진리이기라도 한 것처럼 행동한다, 라고 말할 수도 있다. 그렇다면 일종의 비관적 귀납이 등장할 만하다. 현재 우리가 가장 신뢰하는 이론들이 허구적으로만 진리인 것으로 밝혀지지 않으리라고 누가 장담할 수 있겠는가. 그러나 나는, 그 이론들은 알려진 한계 안에서 진리다, 라고 말하는 쪽을 더 선호한다. 이것은 비관적 귀납에 대한 낙관주의적-실재론적 응수다. 우리가 수행하는 성공적인 활동들에는 진리성이 깃들어 있으며, 훗날의 허구주의적 상황 설명에 의해 그 진리성이 부정되어서는 안 된다.

4.4 질로서의 진리성

작업적-정합성에-의한-진리가 띤 핵심 특징 하나는 이 진리가 절대적 개념이 아니라는 점이다. 내가 보기에 이 점은 중요하면서 또한 유익하다. 따라서 이 특징을 좀 더 자세히 다룰 필요가 있다. 작업적-정합성에-의한-진리에 대한 나의 정의에 따르면, 명제는 정합적 활동들을 촉진하는 '만큼' 진리다. 여기에서 '만큼'은 간결한 정의를 위해 의도적으로 선택한 모호한 표현이었는데, 이제 나는 이 표현의 의미를 설명해야 한다. 두 가지 주요 면모가 있으며, 그것들을 순차적으로 다루고자 한다. 첫째, 한 명제의 작업적-정합성에-의한-진리는 고유하고 유한한 범위와 결부되어 있으며, 그 범위는 그 명제에 의존하는 정합적 활동들의 집합에 의해 주어진다. 둘째, 그 명제가 진리인 정도는 그 정합적 활동들의 개수와 다양성에, 또 그 활동들 각각이 그 명제에 의존하는 정도에, 또 각 활동이 얼마나 정합적인가에 달려 있다. 이 모든 조건을 단일한 척도로 요약하려는 시도는 부질없을 것이다. 요컨대 작업적-정합성에-의한-진리성은 양자택일적 진리/거짓의 문제가 아니며 단순한 정도의 문제도 아니다. 오히려 그 진리성은 맥락과 관련이 있으며 여러 측면이 있는 질quality이다.

진리의 유한한 범위

작업적-정합성에-의한-진리가 작업적으로 정합적인 활동들을 촉진하는 '만큼' 성립한다는 말의 의미를 풀어낼 때 맨 먼저 지적해야 할 점은 진리가 유한한 범위를 가진다는 것이다. 이것은 과학사(혹은 임의의 진화하는 지식 분야)를 이해하려 할 때 매우 유용한 통찰이다. 실제로 우리는 이런저런 이론이 특정한 영역 안에서만 진리라는 말을 자주 한다. 특수상대성이론은 중력이 없을 때만 진리다. 통상적인 비非상대론적 양자역학은 원자들과 분자들의 세계에서 충분히 진리지만 물질과 빛의 상호작용이나 고에너지에서 기본입자들의 충돌을 다루기에는 부적합하다. 4.1절에서 지적했듯이, 현재 우리가 믿는 최첨단 이론을 제외한 다른 모든 이론은 거짓이라고 말하고 싶어하는 이들이 있지만, 그렇게 말하는 것은 곧장 함정으로 걸어 들어가는 것과 다를 바 없다. 왜냐하면 그렇게 말한다면, 현재 우리가 보유한 최선의 이론들도 훗날 거짓으로 밝혀질 가능성이나 심지어 개연성을 인정해야 하기 때문이다. 이렇게 되면 '진리'는 기본적으로 사용 불가능한 말이 되어버린다. 과학사에 기초한 비관적 귀납으로부터 우리 자신을 보호하는, 유일하게 사리에 맞는 길은, 모든 좋은 이론은 진리이며 그 이론의 고유한 범위 안에서 진리로 남는다는 점을 인정하는 것이다. 그리고 나의 작업적-정합성에-의한-진리 개념을 채택하면 그런 자유주의적인 진리 인정이 가능할 뿐 아니라 매우 자연스럽다. (이 사정은 명백히 다원주의를 함축하는데, 이 부분은 4.5절과 5.4절에서 추가로 논할 것이다.)

그런데 통상적으로 과학적 실재론자들은, 더 나중에 나온 더 나은 이론이 더 큰 영역에서 진리이며, 이 같은 영역 확장은 누적적 과정이어서 기존 이론의 영역이 더 나중의 더 나은 이론의 영역 안에 고스란히 포함된다고 여기는 경향이 있다(2.5절에서 언급한 아인슈타인과 인펠트의 이미지, 곧 산에 오를 때 시야가 꾸준히 넓어지는 것을 상기하라). 이것이 역사를 옳게 묘사하는 그림이라면, 절대적 진리 개념을 고수하면서도 현재 이론이 제한된 범위 안에서만 진리라는 점을 감내할 수 있게 된다. 왜냐하면 우리가 "제한 없이 타당하며 완전히 만족스러운 완전성과 일관성을 갖춘 이론"에(Weinberg 1992, 3쪽) 한 걸음씩 접근하고 있다는 낙관적 희망을 품을 수 있으니까 말이다. 하지만 (4.5절에서 논할 비정합성incommensurability 문제를 제쳐두더라도) 여러 타당한 이유에서 이 그림은 의심스럽다.

과학에서 나중 이론이 기존 이론의 성공을 얼마나 잘 설명해주는가에 관하여 우리는 과장된 견해를 품는 경향이 있다. 예컨대 양자역학은 어디에서나 진리인 반면, 고전역학은 거시적인 영역에서만 진리에 충분히 잘 접근한다는 말을 우리는 흔히 듣는다. 그러나 실제로 우리는 고전역학이 최선의 성과를 내는 표준적인 거시적 영역에서 양자역학이 진리라는 것을 보여주는 **직접적인 경험적 증거**를 단 하나도 가지고 있지 않다. 현미경으로만 볼 수 있는 규모를 간신히 벗어난 물체들에서 나타나는 양자역학적 효과를, 예컨대 보스-아인슈타인 응축물Bose-Einstein condensate 두 개가 합쳐져 간섭무늬를 형성하는 것을, 명백하게 보여주는 것만 해도 경이로운 성취로 평가받는다. 심지어 그런 놀라운 사례들도 양자효과를 정성적定性的으로 보여줄 따름이다. 양자역학적 계산에서 나온 엄밀한 예측이 그런 사례들에서 입증되는 것은 아니다.[22] 전형적인 거시적 상황들, 이를테면 로켓의 궤적이나 회전하는 팽이를 양자역학으로 다루려면, 슈뢰딩거 방정식을 그런 대상들에 맞게 조정하는 방법을 알아내는 일이 난해하기 그지없는 기술적 문제가 될 것이다. 설령 누군가가 그 방법을 알아내더라도, 양자역학적 계산에서 경험적으로 더 옳은 결과가, 고전역학적 계산 결과보다 더 옳은 결과가 나올 것이라고 장담할 수 있을까? 내가 이 질문을 던지면, 황당하다는 반응이 돌아오는 경우가 많다. 대체 어떻게 이런 걸 질문할 수 있지? 양자역학은 고전역학보다 보편적으로 우월한 이론이므로 양자역학의 예측은 어디에서나 고전역학의 예측보다 더 옳다는 것은 통상적인 신앙의 조목이다. 하지만 그런 한결같은 우월성에 대한 믿음을 어떻게 정당화할 수 있을까? (당신이 나보다 더 나은 사람이라면, 당신은

---

[22] 보스-아인슈타인 응축물에 관한 통찰력 있는 역사적 철학적 논의는 Tomczyk (2022) 참조.

모든 면에서 나보다 더 나을까?) 거시적 영역에서 양자역학적 서술이 어떻게 고전역학적 서술에 접근하는가에 관한, 에렌페스트의 정리부터 결어긋남decoherence까지 아우르는 정교한 설명들이 있기는 하지만, 그 설명들은 양자역학과 고전역학이 모종의 방식으로 수렴한다는 점을 보여줄 따름이지, 그 설명들 자체로는 그 두 이론의 예측이 불일치하는 곳에서 어느 이론이 경험적으로 더 우월한지 말해주지 못한다. 나의 견해는 이러하다. 즉, 고전역학은 늘 진리였던 곳에서 여전히 진리라는 점을, 그리고 고전역학의 진리성은 고전역학이 양자역학으로 성공적으로 환원된다는 점에 있지 않음을 인정하는 편이 더 낫다. 고전역학과 양자장이론을 비교하거나 고전역학과 기본입자물리학의 표준모형을 비교하면 동일한 견해를 더 설득력 있게 논증할 수 있을 것이다.

　'최종 이론의 꿈'에 휘둘리지 말고, 작업적-정합성에-의한-진리가 실제로 성립하는 경우를 앞에 놓고 그 진리의 범위를 판정하자. 또 하나의 예로 19세기 유기 구조화학의 역사에서 어쩌면 가장 중요한 단 하나의 명제였던 다음 명제를 생각해보자. '탄소는 원자가valency가 4다.' 이 명제의 의미는 탄소가 다른 화학적 단위(원자나 기) 4개와 동시에 결합할 수 있다는 것이다. 적어도 처음 등장했을 때 이 명제는 작업적-정합성에-의한-진리였다. 이 명제를 관찰과 직접 비교할 길은 없었으며, 이 명제를 귀결로 지닌 원자의 내부 구조에 관한 이론들은 몇십 년 뒤에야 개발되었다. 그러나 이 명제에 결정적으로 의존하여 무수한 유기물질의 분자 구조를 밝히는 활동이 대단히 생산적으로 이루어졌다. 무수한 화학반응을, 특히 '치환substitution'을 계획하고 이해하는 활동도 이 명제에 의존했다. 예컨대 메탄 기체가 일정한 부피의 염소 기체를 흡수하고 같은 부피의 수소를 방출하면서 염화메탄으로 변환되도록 만들 수 있었다. 또한 이 치환을 연달아 네 번 수행하여 최종 생성물로 이른바 사염화탄소carbon tetrachloride를 얻을 수 있었다. 탄소의 원자가가 4라는 명제를 사용하여 메탄을 CH_4로, 염화메탄을 CH_3Cl로, 사염화탄소를 CCl_4로 이해하면, 이 모든 반응이 완벽하게 사리에 맞는다(2.5절의 그림2.1 참조). 분석화학과 합성화학에서의 이 같은 고도로 정합적인 활동들이 '탄소의 원자가는 4다'라는 진리를 성립시켰고, 그 활동들은 오늘날에도 여전히 정합성을 보유하고 있다. 그러나 이 진리는 제한적이다. 예컨대 우리는 일산화탄소의 구조가 오랫동안 수수께끼로 남았음을 안다. 심지어 이산화탄소(CO_2)도 쉽사리 이해할 수 없었지만, 이산화탄소 속 탄소가 (원자가가 2인) 산소 원자 두 개 각각과 이중결합을 형성하여 가능한 결합의 개수 4개를 소진한다고 이해함으로써 이 문제를 해결할 수 있었다. 이 결합을 나타내는 구조식은 O=C=O다. 반면에 일산화탄소(CO)를 어떻게 이해할 수 있는지는 양자화학이 등장하면서 비로소 명확히 밝혀졌다. 양자화학은 화학결합을 전혀 다른 정교한 방식으로 설명했다. 그 새로운 이론적 체제에서는 '원자가'라는 낡은 개념이 들어설 자리가 없었다(또한 옛 공-막대 모형에서 결합을 표상하는 막대와 간단명료하게 대응하는 양자역학적 항목은 없다). 그러나 19세기 원자가 값들은, 그것들이 고도로 정합적인 분석화학 및 합성화학 활동을 계속해서 무수히 가능케 하는 만큼, 여전히 진리다.

　　주어진 진리는 어떤 진리든지 범위가 제한적이라는 점을 명심하는 것은 내가 '효과적인 거짓 믿음에 기초한 반론'이라고 부르고자 하는 것(4.1절에서 나는 이 반론을 '마법 반론'이라는 덜 냉철한 이름으로 불렀다)에 대처하기 위해서도 결정적으로 중요하다. 이 반론은 아주 간단하다. 주지하다시피 때로는 거짓인 믿음이 성공을 가져온다. 따라서 진리와 성공(더 정확히 말하면, 성공을 일으키는 요인)을 동일시하지 말아야 한다는 것이 이 반론의 요지다. 같은 유형의 반론을 나의 진리 개념에도 쉽게 적용할 수 있다. 마녀의 실재성과 신의 다양한 속성을 비롯한 온갖 주제를 다룰 때 사람들은 거짓 믿음에 의존하여 작업적으로 정합적인 활동들을 수행할 수 있다. 예컨대 지구가 평평하다는 견해에 기초하여 매우 정합적인 활동들을 많이 수행할 수 있다. 하지만 그렇다고 지구가 평평하다는 명제가 진리인 것은 확실히 아니지 않은가! 그러나 우리는 이런 유형의 사례 앞에서 고민할 필요가 없다. 정합적인 평평한-지구 활동들은 지구 전체가 아니라 지구의 국소적 구역이 평평하다는 견해에 의존하며, 이 견해는 충분히 진리다. 즉, 이 견해를 진리로 인정해도 해로울 것이 없다(Teller 2021, S5023쪽, 각주 20 참조). 지구가 평평하다는 명제를 '무제한적 진리'로 간주할 수도 있겠지만, 그러면 러커토시가 말한 퇴보하는 연구 프로그램degenerating research programme의 고전적 사례에 종사하게 된다. 온갖 변명을 늘어놓으면서 반증이 이루어질 위험이 있는 검증들을 거부한 끝에 남는 평평한-지구의 정합성은 인공위성에서 촬영한 이미지들, GPS, 남극의 존재 등을 배제한, 가련할 만큼 미미한 구역에 국한될 것이다. 이와 관련하여 매우 유익한 읽을거리는 평평한-지구 주창자들을 경험적 담론에 끌어들이려 노력하면서 그 노력을 서술한 리 매킨타이어의 글이다(2021).

한낱 편리성을 진리성으로 오해하지 말아야 한다고 우리가 말할 때 그렇게 말하는 이유는 일반적으로 '진리가 드러날 것이기' 때문이다(1.6절에서 인용한, 경험이 '끓어 넘친다'는 제임스의 비유를 상기하라). 주어진 진술이 다른 상황들에서는 진리가 아니라는 점이 드러날 가능성을 우리가 예상한다면, 우리는 그 진술이 제한 없이 '진리라고' 단언하지 말아야 한다. '이 상황들에서는 P가 진리인 것처럼 보일 수 있겠지만, 실은 P는 진리가 아니다'라는 말이 의미하는 바는 어떤 다른 상황들에서는 P가 진리가 아니라는 것이지, 달리 무슨 의미가 있겠는가? 효과적인 거짓 믿음에 기초한 반론을 제기하는 사람들은 손쉽고 자격 없는 정합성을 지나치게 두려워하는 경향이 있다. 실제 삶에서 정합적인 활동을 고안하고 유지하기가 얼마나 어려운지 상기시켜주면 그들이 안심할지도 모르겠다. 또한 그들은 다양한 정합적 활동의 토대를 이루는 명제들의 진리성을 너무 교조주의적으로 부정하는 경향이 있다. 내가 이미 논증했듯이, 과거에 만들어진 최선의 과학 이론의 진리성을 깡그리 부정하는 것은 지혜롭지 못하다. 내가 우려하는 사고방식은 이러하다. 먼저 어떤 교설은 거짓이라고 선험적으로 판단한다. 그런데 그 교설에 의존한 정합적 활동들이 있으면, 그 교설이 해당 상황들에서 진리일 가능성을 인정하는 대신에, 작업적 정합성 촉진은 진리성의 관건이 아니라는 결론을 내리면서, 대응에-의한-진리라는 공허한 개념으로 후퇴한다.

질로서의 진리성

한 명제에 의존한 정합적 활동들이 있는 **만큼** 그 명제는 진리다, 라는 말은 명제의 진리성에 정도 차이가 있으며, 그 정도는 명제가 정합적 활동들을 얼마나 잘 떠받치는가에 달려 있다는 의미도 담고 있다. '정도 차이'라는 표현은 실은 약간 어폐가 있다. 왜냐하면 '정도'는 수량을 연상시키기 때문이다. 여기에서 '얼마나 잘'은 쉽게 정량화될 수 없다. 적어도 단일한 수치로 정량화하기는 어렵다. 많은 요인이 작업적-정합성에-의한-진리성을 결정한다. 해당 명제에 의존하는 정합적 활동들의 개수와 다양성이 얼마나 큰가? 그 활동들 각각이 해당 명제에 얼마나 강하게 의존하는가? 각각의 활동이 얼마나 정합적인가? 작업적-정합성에-의한-진리성의 정도를 전반적으로 측정하는 척도를 얻으려면, 그 활동들 각각이 얼마나 가치 있는가도 고려해야 할 터이므로 그 활동들 각각에 고유한 비중을 부여할 수 있을 것이다. 또 동일한 영역 안에서 시도한 활동들 가운데 정합적인 것들과 부정합적인 것들을 상쇄할 필요도 있을 터이다. 따라서 최선의 경우에도 작업적-정합성에-의한-진리성은 다차원적인 양이거나 여러 양으로 이루어진 지표일 텐데, 이런 식으로 그 진리성을 측정하는 행마도 오로지 각 차원을 적절히 정량화할 수 있을 때만 설득력 있게 실행할 수 있을 것이다.

나는 실제로 사용할 수 없는 양적 척도를 공들여 구성하려 하지 않을 것이다. 내가 보기에 더 나은 길은 작업적-정합성에-의한-진리성은 질이라는 점을 받아들이는 것이다. 이런 질에 대해서는 엄밀하지 않은 방식으로만 정도 차이를('더'와 '덜'을) 식별할 수 있다. 작업적-정합성에-의한-진리성은, 비교를 허용하지만 명확하며 완전히 정량적인 비교는 허용하지 않는 질의 집합에 속한 사례로 간주되어야 한다. 그런 질들이 꽤 있다. 때로는 그런 질들의 정도 차이가 명확히 판정된다. 예컨대 다이아몬드의 굳기와 활석의 굳기가 명확히 비교된다. 하지만 몇몇 사례에서는 판정이 훨씬 더 애매하다. 모스의 굳기 기준을 채택하면, 곧 무엇이 무엇에 긁힌 흠집을 낼 수 있는가를 기준으로 삼으면, 유리가 철보다 굳기가 더 높다. 그러나 유리가 더 잘 깨진다는 의미에서는 명확히 유리가 철보다 굳기가 더 낮다. 몇몇 다른 질은 극단적인 사례에서나 매우 구체적인 맥락 안에서만 비교를 허용한다. 우리는 테레사 수녀가 아돌프 히틀러보다 더 높은 정도로 자비로웠다고 자신 있게 말할 수 있지만, 존 F. 케네디의 자비로움과 프랭클린 루즈벨트의 자비로움을 명확히 비교하기는 어려울 것이다. 작업적-정합성에-의한-진리성은 이 후자의 사례들과 유사하다. 그리고 이처럼 진리성이 아름다움, 정의로움, 자비로움 같은, 삶에서 중요한 다른 덕목들과 유사하다는 점은 어쩌면 문제가 아니라 적절한 일일 것이다.

이 대목에서 경험적 진리성이 흑백 양자택일의 문제가 아님을 인정하기 위해 이루어진 다른 시도 몇 개를 살펴보면 유익할 성싶다. 근사적 진리성 개념은 특히 과학적 실재론자들에 의해 자주 거론되지만 엄밀히 정의된 적은 거의 없다. 유사한 방향의 진지한 연구는 진리-같음 truth-likeness(그럴싸함)을 정량화한다. 이 연구는 포퍼의 시도를 출발점으로 삼으며, 니닐루오토가(1999, 3.5절) 제시한 버전을 비롯한 여러 버전으로 진화했고, 궁극적으로 이론의 진리인 귀결들과 거짓인 귀결들의 개수를 센다는 발상에 기초를 둔다. 그러나 이런 정량화는 오로지 이론의 귀결들의 진리성과 허위성이 명확히 정의된다고 전제해야만 실행할 수 있다. 최근 들어 인식론에서 인기를 누리는 또 다른 행마는 확률에 의지한다. 그러나 작업적-정합성에-의한-진리를 확률로 환원하기는 어렵다. 왜냐하면 이 진리와 관련한 관건은 잘 정의된 빈도나 믿음의 정도가 아니기 때문이다. 설령 우리가 작업적-정합성에-의한-진리성을 어떻게든 단순화하여 1차원으로 만들 수 있다 하더라도, 0에서 1까지의 값을 가지는 확률로서의 정량화는 그 진리성과 어울리지 않는다.

진리가 질이라는 점을 인정하면 매우 중대한 논리적 문제가 발생한다. 내가 여기에서 충실히 다룰 수 없는 그 문제는 이러하다.[23] 진리가 질이라면, 진리(참)/거짓의 엄격한 상호 배제에 기반을 둔 모든 논리 규칙은 어떻게 될까? 1.6절에서 내비쳤듯이, 이 문제를, 이가 논리bivalent logic는 실제 삶을 이끄는 궁극적 길잡이가 아님을 알려주는 심각한 경고로 받아들여야 한다고 나는 생각한다. '진리임'이 질이라면, '거짓임'은 무엇을 의미해야 하는지 숙고하다 보면 흥미로운 딜레마에 빠지게 된다. 매우 초보적인 나의 견해를 밝히자면, 과학철학을 위해서는 '진리임'과 '진리 아님not true'이 여전히 상호 배제적이라고 간주해야 한다. 이는 단지 '아님'의 의미를 보존하기 위해서다. 하지만 '진리임' 자체가 질적인 개념이라면, 이 행마는 그리 유용하지 않다. 또한 '거짓임'에 '진리 아님'보다 더 흥미로운 의미를 부여할 수 있을 법하다. 어떤 명제에 의존할 경우, 그 명제가 기존 활동의 정합성을 적극적으로 파괴하는 상황이 벌어질

---

23 내가 이 문제를 피할 수 없음을 일깨워준 도로시 에딩턴에게 감사한다.

수 있다. 나는 그런 명제에 부여할 수 있는 거짓임 개념이 매우 유용하다고 생각한다. 일부 상황에서는 마치 진리와 거짓이 간단히 상호 배제적인 범주들인 것처럼 편리하게 진리와 거짓을 다룰 수 있지만, 진리와 거짓의 상호 배제를 궁극적이며 보편적인 생각의 규칙으로 오해하지 말아야 한다.

방금 언급한 논리적 질문들이 시사하듯이, '진리'라는 용어를 완벽함과 보편적임에 못 미치는 것에 적용한다는 생각이 많은 철학자의 직관에 거슬릴 것임을 나는 안다. 그들의 짜증을 누그러뜨리기 위해서는, 어떤 진술이 완벽하지 않으며 한정적일 개연성이 매우 높음을 알면서도 우리가 그 진술에 거리낌 없이 또 자신 있게 진리성을 부여하는 수많은 사례 중 몇몇을 더 면밀히 고찰하는 작업이 필요할 것이다. 실제로 나는 고전적인 형식논리 바깥의 모든 실제 실천에서 이루어지는 진리성 부여 사례가 거의 다 이런 유형이라고 주장하고자 한다. 실제 삶을 사리에 맞게 이해할 준비를 갖춘 철학을 위해서는 우리의 진리 개념이 어떤 완벽한 것을 가리키지 않는다는 점이 오히려 좋은 일이다. '충분히 진리임true enough'은 많은 실천적 결정과 과학적 결정에서 작동하고 있는 기준일 가능성이 있다. 제임스의([1907] 1975, 34쪽) 말마따나, "우리가 올라탈 수 있는 생각이라면 어떤 생각이든지… 딱 그만큼 진리요, 그런 한에서 진리다".[24]

---

24 이 인용된 대목의 나머지 부분에서 제임스는 생각이 '도구적으로 진리'라고 말하는데, 이 입장은 오늘날 통상적으로 거론되는 '도구주의'와 근본적으로 다르다. 오늘날의 도구주의는 도구로 간주되는 명제들에 진릿값을 부여하는 것을 거부한다.

4.5 다원성과 비정합성

작업적-정합성에-의한-진리가 4.4절에서 설명한 의미에서 질적이라면, 주어진 하나의 영역 안에 진리인 이론이 여럿 있을 가능성이 자연스럽게 제기된다.[25] 이 다원성은 진리 개념이 여럿 있음을 인정하는 것과는 별개의 사안이다. 그런데 작업적-정합성에-의한-진리의 다원성은 모순으로 이어지지 않을까? 적어도 대다수 사례에서 이것은 우려할 거리가 아니라고 나는 주장한다. 왜냐하면 서로 경쟁하는 성공적인 이론들은 일반적으로 충분히 상이한 개념 집합들을 사용하고, 따라서 경쟁하는 이론들에 속한 명제들은 서로 직접 모순되지 않기 때문이다. 이것은 쿤의 의미론적 비정합성 semantic incommensurability 교설을 표현하는 한 방식이다. 비정합성을 인정하면 인식적 다원주의를 받아들이게 되고, 3.4절에서 서술한 형이상학적 다원주의와 보조를 맞추게 된다. 과학자들이 몇몇 측면에서 더 우월한 대안 이론이 등장한 다음에도 성공적인 기존 이론을 보존함으로써 이론들의 다원성을 유지하곤 하는 것은 사리에 맞는 행동이다.

---

25 이론 대신에 캐서린 엘긴이(2017, 12쪽) 정의한 대로의 '이야기account'를 거론하는 편이 어쩌면 더 나을 것이다. 이야기를 이루는 요소들은 "주제에 관한 견해와 그것을 뒷받침하기 위해 제시되는 이유, 다른 견해들을 뒷받침하기 위해 그것을 사용하는 방식, 증거가 왜 어떻게 그것을 뒷받침하는지 말해주는 더 높은 수준의 믿음들이다. 또한 이야기는, 범주들의 적합성, 정당화의 적절성을 판정하는 기준, 그 기준에 부합함을 확인하는 방법을 말해주는 규범적 방법론적 믿음들도 포함한다".

작업적-정합성에-의한-진리의 다원성

내가 짐작하기에 많은 독자는 이제껏 제시한 나의 견해를 접하고 상대주의를 우려하게 되었을 것이다. 나는 절대적인 것의 부재를 인정한다는 의미에서의 상대주의가 그리 두려워할 만한 것이 아니라고 생각하지만, 아무튼 진리에 관한 나의 견해들이 함축하는 바는 상대주의적이라기보다 다원주의적이다(Chang 2020b). 내가 보는 진리는 두 층에서 다원주의적이다. 첫째, 4.2절에서 논했듯이 나는 타당하고 유용한 진리 개념이 많이 있다고 생각한다. 또 다른 층에서는, 지금 내가 중점적으로 다루는 작업적-정합성에-의한-진리 개념 아래에서 동일한 주제 영역과 관련하여 다수의 진리가 성립할 수 있다. 이제부터 내가 추가로 논하고자 하는 것은 이 둘째 유형의 다원성이다.

내가 가장 먼저 강조하고 싶은 것은, 작업적-정합성에-의한-진리의 다원성이 모순을 반드시 함축하는 것은 아니며, 실천에서 모순을 함축하는 경우는 매우 드물다는 점이다. 이론들의 다원성은 오로지 우리가 각각의 이론이 완전하고 완벽하다고 전제할 때만 위협적이다. 4.4절에서 논했듯이, 이론의 실제 사용 범위는 흔히 상상하는 것보다 더 좁으며, 이론들은 우리가 우려하는(또는 바라는) 만큼 서로 겹치지 않는다. 예컨대 양자역학에서 파동-입자 이중성을 둘러싸고 벌어지는 일을 보자. 닐스 보어는 양자에 대한 파동-서술과 입자-서술 둘 다의 진리성과 필수성을 인정했고 이 통찰을 일반화하여 상보성 교설에 도달했다(Murdoch 1987, 1~5장 참조). 보어의 견해가 띤 몹시 형이상학적인 면모들을 받아들이지 않더라도, 전자를 비롯한 양자들이 특정한(광전효과 실험이나 콤프턴-사이먼 실험 같은) 실험적 조건에서는 입자처럼 행동하고 다른 특정한(이중슬릿 실험 같은) 실험적 조건에서는 파동처럼 행동한다는 사실만큼은 인정해야 한다. 브루스 휘튼은(1983, 제사題詞) 파동-입자 이중성을 생생히 묘사하면서 1925년에 톰슨이 한 다음과 같은 발언을 인용한 바 있다. "이것은 호랑이와 상어의 싸움과 비슷하다. 각자가 자신의 터전에서 최고지만 상대의 터전에서는 무력하다." 설령 우리가 어떤 의미에서 동일하다고 할 수 있는 대상들을 다루고 있더라도, 우리는 사뭇 다른 실험적 활동들에서 나타나는 사뭇 별개인 현상 집합들을 주목하고 있는 것이다. 우리는 양쪽 현상 집합에서 동일한 대상들을 식별할 수 있지만, 그럼에도 파동성 서술은 한 현상 영역에서 진리이고 입자성 서술은 다른 현상 영역에서 진리라고 전적으로 그럴싸하게 말할 수 있다.

하지만 이런 경쾌한 다원주의는 나의 진리 개념을 난처하게 만들지 않을까? 작업적-정합성에-의한-진리의 정의는 진리인 명제가 정합적인 활동들이 의존할 기반이 될 것을 요구한다. 그런데 그 기반 되기 임무를 상이한 두 가지 방식으로 수행할 수 있다면, 어느 쪽도 필연적이지 않다. 그렇다면 의존할 기반 되기가 어느 쪽에서건 이루어졌다고 할 수 있을까? 예컨대 동일한 실험을 전혀 다른 두 가지 방식으로 해석할 수 있다면, 양쪽 해석에 포함된 모든 진술이 필연성을 잃게 되지 않을까? 바로 이 대목에서 의존 개념과 더 강한 필연 개념 사이의 미묘한 차이를 주목해야 한다. 내가 말하는 의존은 주어진 실천 시스템 안에서의 현실적인 필요에 관한 것이다. 따라서 예컨대 이렇게 말할 수 있다. 즉, 내가 열에 관한 칼로릭 이론과 거기에 딸린 설명적 실천을 채택했다면, 나는 기체의 압력과 관련한 현상들을(예컨대 온도가 오르면 기체의 압력이 증가하는 것을) 설명할 수 있기 위하여 칼로릭 유체가 스스로를 밀어낸다는 추정에 의존해야 한다, 라고 말할 수 있다. 반면에 내가 칼로릭 시스템 안에서 연구하는 것이 전혀 아니라면, 기체의 압력에 대한 나의 설명은 당연히 칼로릭에 관한 어떤 추정에도 의존하지 않는다. 만일 내가 칼로릭 이론이 아니라 기체에 관한 운동 이론을 전제로 삼고서 연구하고 있다면, 기체 분자들은 이리저리 튀며 아무렇게나 돌아다니고 있으며 온도는 분자들의 평균 에너지에 비례한다는 추정에 의존하여 기체의 압력과 관련한 동일한 현상들을 설명할 수 있다. 따라서 칼로릭 이론이 추정하는 바와 운동 이론이 추정하는 바는 둘 다 어느 정도의 작업적-정합성에-의한-진리성을 지녔다. 또 다른 예를 간략히 살펴보자. 내가 플로지스톤 이론을 사용하여 수행할 수 있는(프리스틀리 등이 실제로 수행한) 정합적 활동들이 있으며, 당신이 라봐지에의 산소 이론을 사용하여 수행할 수 있는 정합적 활동들도 있다. 그런 활동들을 할 때 나는 플로지스톤 이론에 의존하고, 당신은 산소 이론에 의존하는 것이며, 그런 만큼 각각의 이론은 진리다.

비정합성을 재검토함

방금 언급한 유형의 상황에서 우리는 사뭇 상이한 이론들을 동일한 영역에서 사용하는데, 그런 상황은 진리에 관한 나의 견해 앞에서 또 다른 유형의 우려도 품게 만든다. 그런 상황에서 우리는 결국 모순에 빠지지 않을까? 실제로 플로지스톤 이론과 산소 이론은 외견상 상충하는 진술들을 한다. 예컨대 물과 금속들이 원소인가, 하는 질문에 대한 두 이론의 대답은 외견상 상충한다(플로지스톤 이론에 따르면, 물은 원소이고 금속들은 원소가 아닌 반면, 산소 이론에 따르면, 물은 원소가 아니고 금속들은 원소다). 또는 빛의 경우를 다시 살펴보자. 빛은 특정한 반사 및 굴절 법칙들을 따르는 광선들의 집단으로 여겨지거나(기하광학), 회절 현상과 간섭 현상을 나타낼 수 있는, 에테르를 매질로 삼은 파동으로 여겨지거나(원조 파동광학), 짝을 이룬 전기장과 자기장의 전파 패턴으로 여겨지거나(현대 맥스웰 전기역학), 제각각 작은 에너지 꾸러미를 운반하는 광자들의 집단으로 여겨지거나(아인슈타인의 빛에 관한 양자이론), 전하를 띤 입자들 사이에서 전자기력을 매개하는 광자들로 여겨지거나(파인먼의 양자전기역학), 양자화된 장의 들뜬상태로 여겨진다(양자장이론). 빛이 등장하는 상황이라면 어떤 상황에든지 이 모든 견해를 적어도 원리적으로 적용할 수 있으며, 각각의 견해가 진리들의 집합 하나를 구현한다. 이 견해들을 조합한 결과 중 일부는 썩 조화롭지만, 다른 일부는 그렇지 않다. 이런 상황에서 내가 제안하는 대로 거리낌 없이 다원주의적으로 진리성을 인정한다면, 어떻게 모순을 피할 수 있을까?

내가 주장하려는 바는, 실제 과학에서 등장하는 이런 사례 대다수에서 모순은 발생하지 않는다는 것이다. 이 주장을 상술하고 정당화하기 위해서 나는 비정합성에 관한 논의에 뛰어들 필요가 있다. 빛은 전기장과 자기장의 연속적 파동성wave-like 분포라는 말과 빛은 각각 특정량의 에너지를 운반하는 낱낱의 광자들의 집단이라는 말 사이에는 확실히 합의의 결여가, 일종의 불협화음이 있다. 그러나 이중슬릿 실험에서 낱낱의 광자들이 슬릿들을 통과한다는 것을 부정하거나, 광전효과에서 금속 표면을 때리는 전자기파가 있다는 것을 부정하는 과학자는 없을 터이다. 이런 상황들에서 우리는 두 개의 서술이 병립함을 인정하지 않을 수 없다. 그 서술들은 서로 관련이 있지만(예컨대 광자의 에너지는 광자의 진동수에 비례한다. 이때 광자는 입자 서술에서 등장하는 개념인 반면, 진동수는 파동 서술에 뿌리를 둔 개념이다), 한 서술을 다른 서술로 완전히 번역할 수는 없다. 이것은 쿤이 논한 의미론적 비정합성이 명백히 성립하는 사례다.

쿤의 의미론적 비정합성은 모순을 함축하지 않는다. 이 사안은 복잡하며 더 꼼꼼히 고찰할 가치가 있다(면밀한 논의를 담은 문헌으로 Hoyningen-Huene and Sankey 2001 참조). 계속해서 빛의 예를 살펴보자. 일반적인 서술의 수준에서 보면, 광자들은 분절적인 에너지 꾸러미들이라는 생각과 전자기장은 완전히 연속적인 방식으로 에너지를 운반한다는 생각이 모순되는 것처럼 보인다. 그러나 구체적인 진술들의 수준에서 보면, 그 모순이 증발하여 번역 불가능성이라는 안개로 되어버릴 때가 많다. 예컨대 '각각의 에너지가 E이며 x축을 따라 이동하는 광자 다섯 개 중 하나가 위치 L에 있는 원자에 의해 흡수되면서 그 원자를 들뜬상태로 만들었다'라는 진술을 파동 이론의 언어로 어떻게 옮길 수 있을까? 특정 방향으로 퍼져나가는 평면파를 묘사해볼 수 있겠지만, 이 경우에 파동 이론은 광자들의 분절성을 표현하거나 파동을 위치 L에 국소화하기 위한 어휘를 가지고 있지 않다. 위 진술을 파동 이론의 용어들로 충실히 옮길 길은 없다. 이 사정이 의미하는 바는, 입자 이론의 서술과 파동 이론의 서술이 모순되는지 보기 위해서, 파동 이론은 위 상황을 어떻게 서술할까, 라는 질문을 제기하는 것조차도 불가능하다는 것이다.

그러므로 우리가 빛에 관한 20세기 초반의 파동 서술과 입자 서술을 놓고 어느 쪽이 진리냐고 묻는다면, 유일하게 사리에 맞는 대답은 그 서술들이 제각각 어느 정도 진리라는 것이다. 어느 쪽이 더 진리인지는 판정하기 어려울 것이다. 왜냐하면 두 서술의 우열이 상황에 따라 바뀌기 때문이다('호랑이와 상어'를 상기하라). 그렇다면 두 서술 중 어느 것을 선택해야 할까? 바로 이것이 쿤의 연구가 제기한, 큰 논란을 일으킨 이론 선택(혹은 패러다임 선택) 문제였다. 이 질문에 대한 다원주의적 대답은 대안들 중 하나만 남기고 나머지는 죽여 없애는 방식으로 선택할 필요가 없다는 것이다. 우리는 두 서술을 모두 보유하면서 한 서술이나 다른 서술 또는 양자 모두가 정합적 활동들을 촉진할 수 있는 경우라면 언제든지 한 서술이나 다른 서술 또는 양자 모두를 사용할 수 있다. 각각의 서술이 정합적 활동들을 촉진함으로써 진리성을 획득할 수 있다. 물리학의 실제 역사는 이 가능성을 입증한다. 양자 물리학자들이 모두 보어의 일반적 상보성 교설을 따른 것은 아니지만, 그들은 파동-입자 이중성과 더불어 사는 법을 터득했다. 더 이른 시기의 광학에서도 입자 이론과 파동 이론이 공존하면서 제각각 자신이 어느 정도 진리임을 보여주었다. 많은 과학자는 그 상황을 단지 무지와 망설임의 상황으로 간주하면서 한 이론이나 다른 이론의 승리로 논쟁이 해결되리라 예상했지만, 이후 역사는 그런 일원주의적 예상을 반박했다. 쿤이 게슈탈트 심리학에서 얻은 영감을 상기하라. 오리-토끼 그림 속의 오리-토끼는 과연 오리일까, 아니면 토끼일까? 네커 정육면체Necker cube 그림이 묘사하는 정육면체는 과연 이렇게 놓여 있을까, 아니면 저렇게 놓여 있을까? 우리가 어떻게 보느냐에 따라 두 해석이 모두 옳다. 한 해석을 더 그럴싸하게 만드는 맥락적 요소들 (예컨대 오리-토끼가 오리 농장 묘사의 일부라는 점)이 있을 수 있겠지만, 한 해석이 절대적으로 진리이고 다른 해석이 절대적으로 거짓이라는 것은 사리에 맞지 않는다. 비유를 빼고 말하면, 비정합적인 서술들이 있을 때, 각 서술의 진리성은 그 서술의 사용이 얼마나 정합적인가에 달려 있지, 다른 서술들의 사용이 얼마나 정합적인가에 달려 있지 않다.

4.6 실용주의자들을 복권시키기

진리 개념(들)의 본성과 기능들에 관한 나 자신의 생각을 이제껏 제시했으므로, 이제 이른바 실용주의적 진리 이론을 살펴보고자 한다. 실용주의의 이 측면을 옳게 이해하는 것이 중요하다. 왜냐하면 진리라는 주제는 고전적 실용주의가 가장 심각하게 오해당하고 공격당하는 빌미이기 때문이다. 진리에 관한 고전적 실용주의자들의 견해를, 믿는 자의 마음에 드는 것이라면 무엇이든지 진리라는 생각으로 희화화해서는 안 된다. 특히 윌리엄 제임스의 논란 많은 진리 개념을 나의 작업적-정합성에-의한-진리 개념을 통해 복권시킬 수 있다고 나는 주장한다. 또한 나는 실용주의적 진리 이론에 관한 흔한 오해 몇 가지를 말끔히 해소하려 할 것이다. 우선, 실용주의는 진리성과 효용성을 동일시하지 않는다는 점을 유념하는 것이 중요하다. 더 섬세하게 말하면, 실용주의적 진리

이론이 제안하는 것은 단지 새로운 진리 판정 기준들이 아니라 진리의 의미 자체를 생각하는 방식의 전환이라고 나는 해석한다.

실용주의적 진리 이론이란 무엇인가?

이 절에서 하려는 일은 고전적 실용주의자들의 진리관들을 방어하고 생산적으로 재해석하는 것이다. 진리에 관한 논의는 실용주의의 핵심이었으며, 특히 제임스가 펼친 실용주의의 핵심이었다. 또한 그 논의는 실용주의에 대한 격렬한 비판의 빌미이기도 했다. 고전적인 실용주의적 진리 개념들은 나의 작업적-정합성에-의한-진리 개념과 멀리 떨어져 있지 않다. 나의 생각은 실용주의자들의 영향을 강하게 받아왔으므로 이는 놀라운 일이 아니다. 여기에서 고전적 실용주의자들의 견해를 심층적으로 논할 수는 없지만, 이 책의 전반적인 윤곽을 보여주려면 실용주의를 중요하게 언급해야 한다는 점을 고려할 때, 나 자신이 주요 실용주의자들의 진리관들을 어떻게 이해하는지 이야기하지 않는다면, 내가 태만하게 구는 것일 터이다. 또한 나 자신의 생각을 렌즈로 삼아 고전적 형이상학자들을 돌아보면 그들의 사상을 생산적으로 재해석할 단서들을 발견할 수 있다고 나는 믿는다.

실용주의 전통 안에서 진리에 관한 생각은 크게 두 갈래로 나뉜다. 한 갈래는 퍼스에게서 비롯되었는데, 퍼스는 전형적인 대응 이론이나 기타 진리에 관한 모든 '초월적인' 이야기들에 대하여 실용주의자들이 공유한 혐오를 선도했다. 접근 불가능한 형이상학

적 영역들을 거론하는 그 이야기들은 퍼스가 보기에 진리를 '쓸모
없는 단어'로 만들었다(Peirce 1934, §5.553). 그렇다면 진리 개념에 관
한 실용주의적 '결론upshot'(Peirce 1934, §5.4)은 정확히 무엇이었을
까? 대응실재론으로 되돌아가지 않으면서도 진리의 객관성을 보
존하고자 했던 퍼스는 다음과 같은 유명한 정식화를 선택했다. "결
국 모든 탐구자가 어떤 의견에 동의할 운명일 때, 우리가 말하는 진
리의 의미는 그 의견이며, 그 의견 안에서 표상되는 대상이 실재
다"(Peirce 1986, W3.273). 더 나중의 유사한 정식화는 이러하다. "진리
란 추상적 진술과, 끝없는 탐구의 결과로 과학적 믿음이 접근하는
경향이 있는 이상적 한계의 일치다"(Peirce 1934, §5.565). 요컨대 모든
말과 행동이 완료되었을 때, 곧 모든 탐구가 종결되었을 때, 진심이
고 유능한 탐구자들의 공동체는 진리들의 집합을 보유한 상태일 것
이다.

　　실용주의의 기본 정신에 충실히 머무르고자 하는 사람이라
면 어떤 사람이 보더라도 '탐구의 종결'이라는 관념은 명백히 공허
하다. 여기에서 퍼스가 내다보는 탐구의 궁극적 종결은 형이상학적
실재론자가 말하는 '외부세상'이나 실재와 마찬가지로 접근 불가능
하다. 따라서 퍼스의 진리 개념은 대응실재론의 진리 개념과 마찬
가지로 쓸모없으며 퍼스 본인의 실용주의 정신을 손상시킨다. 나는
셰릴 미삭의 논증에(2007b) 동의하는 편인데, 그 논증에 따르면, 퍼
스의 진리 개념의 진짜 핵심은 지식의 장기적 수렴이나 운명에 관
한 생각이 아니라 '파기할 수 없는 믿음'에 관한 생각이다. 파기 불
가능성indefeasibility이 의미하는 바는 해당 생각이 "더 개선되지 않으
리라는 것, 또는 영영 실망을 일으키지 않으리라는 것, 또는 이유와

논증과 증거를 대라는 요구에 영원히 부응하리라는 것이다"(Misak 2013, 36쪽. 또한 Misak 2007b, 68쪽 참조). 이것은 퍼스의 후기 저술에 대한 확실히 옳은 해석이지만, 내가 우려하는 문제는 역시나 해결하지 못한다. 어떤 어려운 요구에 '영원히' 부응할 수 있다는 의미의 파기 불가능성은 우리가 현재 평가할 수 있는 사항이 전혀 아니다. 이는 탐구 과정이 궁극적으로 종결되었을 때 나올 결과를 우리가 예견할 수 없는 것과 마찬가지다.

그러므로 퍼스의 견해를 잠시 제쳐두고, 실용주의적 진리 이론의 또 다른 주요 갈래로 시선을 돌리자. 이 갈래는 일반적으로 제임스에게서 유래했다고 여겨지는 더 논란 많은 견해다. 이 견해는 세심한 해설과 방어가 필요하다. 제임스 본인은([1907] 1975, 95쪽) 이 견해를 '실러-듀이 진리관Schiller–Dewey view of truth'이라고 불렀지만, 나는 여기에서 제임스의 견해에 초점을 맞추려 한다. 이는 제임스의 견해가 알려진 최선의 버전이기 때문이기도 하고, (듀이와 달리) 제임스는 진리 개념에 대한 명확한 설명을 대단히 중시하여 실용주의의 두 가지 핵심 성분 중 하나로 보았기 때문이기도 하다. 나머지 핵심 성분은 '실용주의적 방법'(같은 곳, 37쪽)이다. 제임스는 1907년에 출판된 대표적인 저서《실용주의Pragmatism》에서 진리 개념을 중요하게 다뤘으며, 2년 후《실용주의》의 속편으로 홍보된《진리의 의미》에서도 진리 개념에 관심을 기울였다. 그는 상식적인 대응 진리관을 지지하는 듯한 말로 운을 뗀다(같은 곳, 96~97쪽).

어떤 사전을 보든지 이렇게 말해주겠지만, 진리는 우리의 생각들 중 일부가 띤 속성이다. 진리가 의미하는 바는 생각이 '실재'와 '합치함agreement', 거짓이 의미하는 바는 생각이 '실재'와 합치하지 않음이다. 실용주의자와 지성주의자intellectualist 양쪽 모두가 이 정의를 당연한 것으로 받아들인다.

그러나 이어지는 제임스의 서술에 따르면, "'합치함'이라는 용어의 의미는 정확히 무엇인가, 그리고 우리의 생각이 실재와 합치해야 한다고 할 때 '실재'라는 용어의 의미는 정확히 무엇인가, 라는 질문이 제기되면" 실용주의자와 지성주의자는 서로 "싸우기 시작한다". 제임스는 우리의 생각이 실재를 '복사copy'해야 한다는 생각을 배척한다. 대신에 그는 '실재와 합치함'을 "경험과 관련하여 진리가 띤 현금 가치cash-value"를 통해 설명한다. 이 설명은 실용주의가 '늘 제기하는 질문'에 스스로 내놓는 대답과 다르지 않다. 그 질문은 이러하다. '한 생각이나 믿음에 진리성을 부여하라' – '그 생각이나 믿음의 진리성 보유는 누군가의 실제 삶에서 어떤 구체적인 차이를 만들어낼까?' 제임스의 결론은 다음과 같다.

> 진리인 생각은 우리가 우리 자신의 것으로 만들고 유효화하고 확고히 하고 입증할 수 있는 생각이다. 거짓인 생각은 그렇게 할 수 없는 생각이다. 이것이 진리인 생각을 가질 때 우리에게 발생하는 실천적인 차이다. 그러므로 이것이 진리의 의미다. 진리란 무엇인가에 관하여 알려진 바는 이것이 전부이니까 말이다.(같은 곳, 97쪽, 강조는 원문)

제임스는 생각에 대한 실용주의적 유효화validation가 의미하는 바를 표현하기 위해 다양한 시도를 하는데, 중요한 논점은 세 가지다. 첫째, 진리성은 경험들 사이의 연결connection에 관한 것이다. 진리인 생각이 띤 속성으로서의 '합치agreement'가 뜻하는 바는 그 생각 덕분에 우리가 다양한 경험들을 생산적으로 연결할 수 있다는 것이라고 제임스는 강조한다. "생각들은(생각들 자체가 다름 아니라 우리 경험의 일부인데) 우리가 우리 경험의 다른 부분들과 만족스럽게 관계 맺는 데 도움이 되는 만큼, 그 다른 부분들을 요약하고 그것들 사이에서 개념적 지름길들을 통해 돌아다니는 데 도움이 되는 만큼, 진리성을 띠게 된다"(같은 곳, 34쪽, 강조는 원문). 제임스에 따르면, 진리인 생각의 주요 기능은 '매개 기능go-between function'이다(같은 곳, 37쪽).[26] 둘째, 진리는 기존에 알려진 진리들을 참작해야 한다. "우리의 이론은 기존의 모든 진리와 새로운 경험들 사이를 매개해야 한다"(같은 곳, 104쪽). "자신의 경험이 띤 참신한 면모를 자신의 기존 믿음들과 조화시키려는 개인의 욕망을 새로운 의견이 충족시키는 만큼, 그 의견은 '진리'로 간주된다. 진리는 옛 진리에 기대야 하는 동시에 새로운 사실을 움켜쥐어야 한다"(같은 곳, 36쪽). 셋째, 진리는 '이끌기leading' 혹은 '안내하기guiding' 기능을 지녔다.

가장 넓은 의미에서 실재와 '합치함'이 의미하는 바는 우리가 실재나 그 주변으로 곧장 안내됨이든지, 아니면 실재와 합치하지 않

---

26 이를 받아들이면, 다음과 같은 이해하기 어려운 진술도 더 잘 이해할 수 있다. "진리는 사실들로부터 발생하지만, 다시 사실들 안으로 잠수하여 사실들을 보충한다. 이 사실들은 다시 새로운 진리를 창조하거나 들춰내며(표현은 중요하지 않다), 이 과정이 무한정 계속된다"(James [1907] 1975, 108쪽).

을 때보다 실재나 실재와 연결된 무언가를 더 잘 다룰 수 있게 실재
와 일하면서 접촉하게 됨이든지, 둘 중 하나일 수밖에 없다. 더 나은
표현으로 바꾸면, 지성적으로 합치함이든지, 아니면 실천적
으로 합치함이든지, 둘 중 하나일 수밖에 없다!(같은 곳, 102쪽,
강조는 원문)

실재로 '안내됨'이 뜻하는 바는 불명확하다. '실재와 일하면서 접촉
함working touch with it'이 뜻하는 바는 더 명확한데, 제임스는 그것을
다음과 같이 설명한다.

> 어떤 실재나 그 실재에 속한 것들을 실천적으로 또는 지성적
> 으로 다루는deal 데 도움이 되는 생각, 우리의 진보를 좌절시
> 키지 않는 생각, 그 실재의 모든 설정에 실제로 들어맞고fit 우
> 리 삶을 그 설정에 적합하게 조정하는 생각이라면 어떤 생
> 각이든지 필요를 충족하기에 충분할 만큼 [그 실재와] 합치할
> 것이다. 그 생각은 그 실재에 관한 진리일 것이다.(같은 곳, 강
> 조는 원문)

작업적-정합성에-의한-진리로서의 실용주의적 진리

작업적-정합성에-의한-진리는 실천에서 다양한 정도로 성
취할 수 있고 입증할 수 있는 바이며, 이 진리의 추구는 명백히 유
용하다. 따라서 이 진리는 실용주의 철학에 알맞은 진리 개념임에

틀림없다. 더 나아가 고전적인 실용주의적 진리관들을, 특히 제임스의 진리관을 진리에 관한 나의 생각에 비추어 재해석하면, 그 진리관이 더 명확해지고 더 그럴싸해질 수 있다고 나는 믿는다. 이제부터 나의 생각과 제임스의 진리관을 비교하고 대비하면서, 주목해야 할 점 몇 가지를 지적하고자 한다.

제임스의 표현은 불명확할 수 있고 때로는 거의 시詩적이라고 할 만하다. 그가 진리의 실천적 의미를 설명하려 할 때도 그러하다. 내가 작업적 정합성 개념을 개발한 것은 다름 아니라 제임스풍의 직관을 더 정확하고 체계적인 진리관으로 발전시키기 위해서였다. 제임스의 주장에 따르면, 실용주의는 "우리의 정신과 실재 사이의⋯ 정靜적인 '대응' 관계라는 절대적으로 공허한 개념을, 우리의 특정한 생각들과 그것들이 역할을 하고 사용되는 현장인 기타 경험들의 거대한 우주 사이에서 형성되는 (누구든지 상세히 지켜보고 이해할 수 있는) 풍부하고 능동적인 거래commerce로 전환한다"(같은 곳, 39쪽). 1.6절에서 설명했듯이, 제임스가 말하는 '이로움expediency' 개념은 실재가 생각을 강제할 수 있음을 포함하는데, 이 개념과 동일한 역할을 하는 것이 바로 작업적 정합성이다. 양쪽 개념 모두 경험주의적 색채를 강하게 띤 것으로 이해되어야 한다. (나는 듀이의 '보증된 단언 가능성' 개념도 나의 작업적-정합성에-의한-진리 개념에 통합될 개연성이 있다고 생각한다.)

내가 4.4절에서 설명한 대로 진리성은 흑백 양자택일의 문제가 아니라 질이라는 점을 인정하면, 실용주의가 완벽하지 않은 생각에 진리성을 부여하는 것을 비웃는 비판자들을 침묵시키는 데 도움이 될 수 있다. 제임스가 그런 비판자들에게 짜증을 낸 것은("당연히 장기적으로 또 전반적으로 이로운 것") 납득할 만한 반응이다. 퍼스가 진리성을 '파기 불가능성'으로 간주하고 싶어한 것도 마찬가지다. 그러나 나의 진리 개념을 채택하면, 진리성을 판정하기 위해 장기적으로 기다릴 필요가 없으며, '탐구의 종결'을 운운하는 퍼스의 자기 반박적 행마를 확실히 자제할 수 있다. 제임스는 진리의 질적이며 다차원적인 성격을 선선히 인정했다. 또한 작업적 정합성을 통해 진리를 정의하면 진리를 성공에 의한 직접 입증으로부터 한 걸음 떼어놓게 되고, 그럼으로써 실용주의를 지원하게 된다. 이 떼어놓기 행마는 얼핏 불만스러울 수도 있겠지만 실은 부수적 상황의 차이로 인한 우연적 성공과 실패에 진리성을 부여하지 않을 수 있게 해준다.

더 나아가 진리의 다원성이 성립할 수 있는 두 층 모두에서 다원주의를 명시적으로 채택하면, 실용주의적 진리관을 풍부하게 만들고 그 진리관과 관련한 난점들을 해소할 수 있다고 나는 생각한다. 첫째, 진리 개념의 층에서 다원주의를 채택하면(4.2절), 실용주의적 진리 이론은 하나의 진리 개념으로 '진리'의 모든 사용을 설명해야 하는 부담을 벗게 된다. 실용주의적 진리를 작업적-정합성에-의한-진리와 동일시한다는 것은 다른 유형의 진리들도 작업적-정합성에-의한-진리와 동일시한다는 것을 의미하지 않는다. 진리에 대한 실용주의적 설명은 "진리가 어디에서나 의미하는 바"에 관한 것이라는 제임스의([1907] 1975, 34쪽) 말은(이 말이 진리 일원주의에 대한 경계심 없는 동조를 뜻한다면) 내가 보기에 지나치다. 둘째, 작업적-정합성에-의한-진리의 층에 국한해서도 일원주의적 선입견을 떨쳐내면(4.5절), 실용주의적 진리관이 잠재력을 온전히 발휘하는

데 도움이 될 수 있다. 나는 크리스토퍼 후크웨이의 퍼스 해석이 많은 것을 깨우쳐준다고 느낀다. 후크웨이의(2004, 129쪽) 주장에 따르면, 초기 퍼스의 수렴주의적 진리관은 실재가 정신 독립적이며 일원적이라는(실재를 진리인 명제의 대상으로 정의하는) 견해를 뒷받침하기 위해 정식화되었으며 퍼스의 진리 개념이 발전하여 직접 지각 direct perception에 관한 생각에 도달하자 필요없게 되었다. 이어서 후크웨이는(같은 곳, 130쪽) 다음 인용문에서 탐구자가 진리에 도달할 '운명fate'이라는 퍼스의 말이 의미하는 바를 더 넓게 해석한다. "어떤 명제가 진리라면, 그 명제가 답인 모종의 질문을 탐구하는 사람이라면 누구든지 그 명제를 믿을 운명이다." 후크웨이의 지적에 따르면, 이 진술은 "절대적인 실재 개념에 대한 거부와 조화를 이룰 수 있다. 왜냐하면 이 진술은, 우리가 이해할 수 있는 혹은 진지하게 다룰 수 있는 다양한 질문들이 우리의 다양한 관점들을 반영한다는 견해와 조화를 이룰 수 있기 때문이다". 후크웨이의 견해가 퍼스에 대한 최선의 해석이건 아니건 간에, 내가 보기에 그 견해는 그 자체로 매우 그럴싸한 진리관이다. 그 견해는 실용주의의 일반적인 정신과 맥이 통하며 작업적-정합성에-의한-진리의 다원성과 아주 잘 조화될 수 있다.

오해를 넘어서

지금까지의 설명과 해석을 바탕에 깔면, 실용주의적 진리관이 "우박 소나기처럼 퍼붓는 경멸과 조롱에 시달리고 있으며"(James [1907] 1975, 38쪽) "합리주의적인 철학자들로부터 무자비한 공격을 당하고, 정말 끔찍할 정도로 오해되고 있다"는(같은 곳, 95쪽) 제임스의 넋두리에 충분히 공감할 수 있을 것이다. 제임스는 이 넋두리를 이미 1907년에, 그의 가장 잘 알려진 실용주의 해설의 한 부분으로서, 듀이와 실러뿐 아니라 그 자신을 방어하면서 늘어놓았지만, 보아하니 해명을 위한 그의 노력은 똑같은 유형의 오해가 재발하는 것을 막아내지 못했다.

지적하고 제쳐놓아야 할 논점이 하나 있다. 제임스의 진리관에 맞선 독설의 많은 부분은 종교적 믿음이 실용적 진리로서 정당화될 가능성을, 즉 그 믿음이 믿는 자를 선한 삶으로 이끈다는 점을 통해 정당화될 가능성을 제임스가 기꺼이 고려한다는 점 때문에 촉발되었다. 다음 인용문에서 보듯이 러셀은(1910, 141쪽) 자신이 실용주의적 진리관에 반발하는 주요 이유가 바로 그 점에 있다는 사실을 숨기지 않았다. "나는 '진리'의 실용주의적 용법이 오해를 유발한다고 느끼는데, 주로 종교와 관련해서 그러하다고 느낀다." 일부 철학자들은 신이 존재하지 않음을 안다고 자부했기 때문에 이 사정을 실용주의적 진리관에 심각한 오류가 있다는 결정적인 신호로 간주했을 것이 틀림없다. 그러나 제임스가 절절히 강조했듯이, 무신론적 교조주의는 유신론적 교조주의와 똑같이 근거가 없다. 나 자신의 작업적-정합성에-의한-진리 개념에 비추어 말하면, 나는 많은 사람이 신에 대한 믿음에 기초하여 많은 정합적 활동을 수행한다는 점을 인정하며 따라서 '신은 존재한다'는 그런 만큼 진리라는 점을 기꺼이 받아들인다. 그러나 정작 유신론자들은 이처럼 단서가 붙은 진리성을 거부할 성싶다. 아냐, 신이 존재한다면 절대적으로 존재해! 그렇다면 살면서 수행하는 어떤 활동이든지 신의 존재에 의존함으로써 정합적으로 수행할 수 있는가, 라는 질문이 관건인 셈이고, 나의 대답은 그렇지 않다는 것이다. 더 정확히 말하면, 만일 천국이라고 불리는 높은 곳에 살면서 모든 이의 기도를 경청하는, 수염을 기른 백인 남성이 우리가 말하는 신이라면, 나의 대답은 확실히 그렇지 않다는 것이며, 설령 더 합리적으로, 전능하며 더없이 자비롭지만 웬일인지 인간의 삶에서 온갖 악이 발생하는 것을 허용하는 궁극의 존재가 신이라 하더라도, 나의 대답은 마찬가지다. 그러나 만약에 일부 사회들이 잘 만든 신 개념에 기초하여 정말로 포괄적이며 정합적인 삶의 방식을 실제로 고안할 수 있다면(물론 이런 일이 벌어질 가능성은 매우 낮겠지만), 그럼에도 신은 존재하지 않는다고 간주해야 할 이유가 있을까? 그런 상황에서라면, 상당히 극단적인 유물론에 대한 현대 무신론자들의 만연한 믿음보다 신에 대한 믿음을 받아들이기가 더 어려울 이유가 있을까?

　　존 캡스는(2019, 5절) 실용주의적 진리 이론에 맞선 표준적인 반론들을 모아 간편한 목록을 제시한다. 이제부터 그 반론들을 차례로 검토하면서 내가 보기에 그것들은 모두 오해에 기초를 둔다는 점을 지적하고자 한다. 첫째, 캡스의 지적에 따르면, "만일 실용주의적 진리 이론이 진리와 효용을 동일시한다면, 이 정의는 한편으로 유용하지만 거짓인 믿음의 존재에 의해, 다른 한편으로 진리이지만 쓸모없는 믿음의 존재에 의해 (명백하게!) 반박된다". 폴 호리치도(1998b, 9쪽) 실용주의적 진리 이론이 진리와 효용을 대뜸 동일시하는 정의를 내놓는다고 여긴다. "여기에서 진리는 **효용**이다. 진리인 견해란 효용이 가장 큰 견해, 바람직한 결과를 낳는 행동을 유발하는 견해다.” 더 나아가 일부 저자들은 효용을 행복이나 심리적 만족으로 간주하기까지 하는데, 명백히 이것은 실용주의자들이 말하는 진리의 주요 의미가 아니다. 이에 관해서는 제임스의([1907] 1975, 111쪽) 한탄을 인용하는 것으로 충분하다고 나는 생각한다. “실러 씨의 교설과 나의 교설을 서술할 때 사람들이 즐겨 채택하는 공식에 따르면, 우리는, 당신의 마음에 드는 것이라면 무엇이든지 말하고 그것을 진리라고 부르기만 하면 당신은 실용주의적[!] 조건을 완전히 충족시키게 된다, 라고 생각하는 사람들이다.” 더 나쁜 것은 효용을 물질적 혜택으로 해석하는 것이다. 다른 면에서는 진지하고 박식한 학자들이 제임스가 거론하는 ‘현금 가치cash-value’를(또 ‘수지가 맞는’ 것what ‘pays’을) 글자 그대로 받아들이면서 실용주의를 돈벌이에 매몰된 미국적 사상이라며 비난하는 모습 앞에서 나만 경악하는 것은 아닐 성싶다!

실용주의가 그릇된 진리 정의를 내놓는다는 책망이 첫째 반론이라면, 둘째 반론은 실용주의가 혼등을 범한다고, 진리성 부여를 위한 인식적 조건을 진리성 자체로 오인한다고 꾸짖는다. 캡스는 이 둘째 반론을 이렇게 표현한다. “효용, 장기적 존속성, 단언 가능성 등은 진리성의 정의가 아니라 기준으로 간주되어야 한다.” 사람들이 이 반론을 제기하는 원인은, 실용주의자들이 ‘진리’의 의미에 관하여 의미론적 제안을 내놓고 있으며 따라서 이 반론의 표적이 될 수 없다는 점을 이해하지 못하는 것에 있다. 나는 4.1절과 4.3절에서 이를 설명한 바 있다. 제임스는《실용주의》의 속편에《진리의 의미》라는 제목을 붙여 ‘의미’를 강조했는데, 그렇게 할 이유가 있었다. 러셀은 실용주의자들의 의미론적 행마를 이해했지만 그 행마를 왜곡해서 해석했다(1910, 138쪽, 강조는 원문). "실용주의자들의 논증들은 거의 전적으로, 효용이 기준이라는 점을 증명하는 것을 목표로 삼는다. 이를 증명하면 효용이 진리의 의미라는 점이 도출된다고 그들은 여긴다."[27] 나의 해석은 다르다. 적어도 제임스는 기준과 정의를 혼동하지 않고 곧장 진리의 의미를 탐구했다.

캡스의 목록에 오른 셋째 반론에 따르면 "믿음의 유용성 등에 대한 평가는 진리성에 대한 평가보다 더 명확하지 않다". 따라서 실용주의는 진리를 대응 개념보다 더 접근 가능하고 유용한 개념으로 변환하는 데 실패한다. 러셀은 이렇게 말한다. "믿음이 진리인지 판정하기보다 유용한지 판정하기가 더 어려울 때가 아주 많다"(Russell 1910, 138쪽, 또한 135쪽 참조). 이 반론은 생각과 세상 사이 대응의 원리적 확인 불가능성과 내가 4.4절에서 논한 확실히 손에 잡히는 성공들의 세부적 불확실성 및 다차원성을 동등하게 취급한다는 점에서 오류를 범한다. 무엇이 유용한지 판단하는 일이 깔끔하게 이루어지지 않는다는 점은 오직 일원주의적 유용성 개념을 전제할 때만 문제가 된다.

마지막으로 캡스가 '근본적 반론'이라고 부르는 것이 있다. "실용주의적 진리 이론들은 반실재론적이며 따라서 진리의 본성과 의미에 관한 기본적인 직관들과 어긋난다." 이 반론은 그야말로 얼토당토않아서 어떻게 대응해야 할지 막막할 따름이다. 무엇보다도

---

27 러셀은 분석이 아니라 조롱에 의지한다. "실용주의자들에 따르면, '타인들이 존재한다는 것은 진리다'라는 말은 '타인들이 존재한다고 믿으면 유용하다'를 의미한다"(Russell 1910, 136쪽, 강조는 원문).

먼저 이 반론은 선결문제 요구의 오류를 범한다. 왜냐하면 진리에 관한 옳은 직관들이 무엇인지 안다고 전제하기 때문이다. 하지만 더 심층적인 오해도 있다. 즉, 이 반론은, 실용주의가 우리의 생각이 경험에, 곧 내가 3장에서 정의한 실재들에 부합할 것을 요구한다는 점에서 지닌 실재론적 차원을 무시한다. 하지만 이 논점을 충분히 설명하려면 실용주의적 실재론을 명확히 제시하는 작업을 완수할 필요가 있다. 이 작업은 5장에서 이루어질 것이다.

5장

실재론

REALISM

5.1 개관

나는 왜 실재론자로 자처하는가?

나는 이 책에서 '현실적인 사람들을 위한 실재론'을 제시하 겠다고 약속했는데, 지금까지 지식과 실재와 진리의 본성을 재검 토했으니, 이제 그 실재론을 풀어놓을 준비가 되었다. 실재론이란 무엇이며, 실재론을 현실적이도록 만든다는 나의 말은 무슨 뜻일 까? 우선 한 걸음 뒤로 물러나자. 과학과 기타 다양한 삶의 실천들 에 관하여 숙고할 때 우리는 왜 '실재론'이라고 부를 만한 것을 주 요 관심사로 삼아야 할까? 왜냐하면 우리는 상상이 아니라 사실을 존중하고 싶기 때문이다. 왜냐하면 고정된 견해 뒤에 안락하게 숨 는 대신에 열린 태도로 경험으로부터 배우고자 하기 때문이다. 왜 냐하면 경험적인 지식이 우리를 물질적인 세계에서 더 잘 살게 도 와줄 수 있다는 점을 잘 알기 때문이다. 왜냐하면 우리의 무지한 현 상태를 개선함 없이 체념한 채로 사는 것이 아니라 실재들에 관한 진리들을 배울 수 있다는 낙관론을 품고 살고 싶기 때문이다.

　　내가 이 책에 담은 생각의 과거 버전들을 접한 많은 사람들은, 나의 입장을 '실재론'이라고 부르는 것이 과연 적절한가, 하는 의문을 제기했다. 이유는 다양하다. 어떤 이들은 나의 입장이 '실재론'이라고 불릴 자격이 없다고 말한다. 왜냐하면 내가 말하는 '실재'와 '진리'는 우리 인간의 활동 및 개념과 너무 밀접하게 관련되어 있기 때문에, 나의 입장은 '실재론'이라고 부르기에 부적합하다고 그들은 평가한다. 하지만 내가 보기에 이것은 불필요한 걱정이다. 2.1절에서 강조했듯이, 실재가 정신에 의해 틀지어지는 것은 정신에 의해 통제되는 것을 함축하지 않는다. 정신에 의해 틀지어진 대상들을 실재들이라고 부르는 것을 두려워할 이유는 없다. 실재하는 것들은 개념에 구속되어 있긴 하지만 우리의 바람을 따르지 않는다. 우리는 원하는 대로 개념을 고안할 수 있지만, 우리의 개념이 정합적 활동들을 촉진할 수 있느냐는 우리의 통제를 완전히 벗어난 사안이다. 그러므로 내가 보기에 나의 입장은 많은 사람이 실재론의 소중한 가치로 여기는 매우 중요한 특징을 보유하고 있다. 또한 나의 입장은 실증주의적 반실재론이나 도구주의적 반실재론과 명확히 구별된다. 왜냐하면 나는 이론적 명제들이 진리 가능성을 갖출 수 있다고 보기 때문이다. 더 나아가 나의 입장은 반 프라센의 구성적 경험주의와도 다르다. 왜냐하면 나는 과학이 관찰 불가능한 대상들에 관한 진리를 깨달을 수 있는 경우가 많다고 생각하기 때문이다.

　　나의 입장을 실재론이라고 부르려면 실재론과 경험주의 사이의 관계를 재개념화해야 한다. 과학철학에서 실재론과 경험주의는 흔히 맞선 두 교설로 여겨지는데, 내가 보기에 이것은 중대한 오류다. 실재론은 경험주의의 핵심인 경험으로부터 배우기와 모순되는 입장이 아니어야 마땅하다. 실재론과 경험주의가 서로 맞선다는 통념이 생겨난 것은 내가 보기에 역사적 우연이다. 이 통념은 논리실증주의가 경험주의의 정통 계승자로 여겨지던 20세기 초의 철학적 지형이 남긴 유산이다. 실증주의자들은 대체로(노이라트는 주목할 만한 예외였지만) 실재론을 기피했다. 왜냐하면 실재론을 자기네가 철학에서 몰아내려 하는 형이상학적 전통의 일부로 보았기 때문이다. 그러나 내가 논증했듯이, 과학 및 기타 실천들과 관련한 실재론은 형이상학적 실재론에 의지할 필요가 없다. 그리고 경험주의는 현실적이고자realistic 하는 정신과 아주 잘 어울린다. 경험으로부터 배우는 태도를 견지하면, 잔뜩 부풀려진 주장이나 도달할 수 없는 지식의 이상에 빠져들지 않을 것이다.

　　비교적 우호적인 일부 비판자들도 나의 입장을 '실재론'이라고 부르는 것을 다양한 이유에서 만류한다. 이 명칭은 말하자면 이미 오염되어 있어서 내가 원하지 않아야 마땅한 통상적인 의미들을 띠고 있다고 그들은 지적한다. 이 명칭 대신에 무언가 다른 명칭을 채택하고서 나의 생각을 명확히 풀어놓는 일에 집중하는 편이 더 낫다고 그들은 조언한다. 그러나 '실재론'이라는 명칭을 유지할 강력한 동기들이 있다. '실재'라는 용어와 '진리'라는 용어도 마찬가지다. 나는 이 용어들을 아예 제쳐두는 것이 아니라 실용주의적인 방식으로 재개념화할 것을 제안한다. 이 용어들을 우리에게 도움이 안 되는 방식으로 사용하는 사람들이 있다. 그런 사람들에게 이런 강력한 단어들을 내맡겨서는 안 된다. 극단적인 예를 들자면, 만일 권력자들이 '법과 질서'를 내세우며 잔혹한 짓을 저지를 경우, 뒤로 물러나 법치와 사회 질서를 촉구하기를 멈추는 것은 올바른 대응이 아니다. 올바른 대응은 그 명예로운 용어들을 되찾아 그 용어들로 불릴 자격이 있는 행동과 상황을 가리키기 위해 사용하는 것이다. 바로 이것이 질서라고, 저것은 법치가 아니라고 우리는 말해야 한다. 고맙게도 현재 철학이 처한 상황은 정치적으로나 도덕적으로 그리 엄중하지 않지만, 이런 방법론적 접근법은 여기에서도 타당하다. 진리, 지식, 실재, 실재론이 다른 이들에 의해 오용된다는 이유만으로 이 용어들을 외면한다면, 그것은 심각한 오류일 터이다. 그러므로 이 중요한 용어들이 무엇을 의미해야 마땅한가에 관한 논쟁이 어느 정도 필요하다. 퍼스는 자신의 고유한 입장을 'pragmatism'과 구별하여 'pragmaticism'이라고 부르려 했지만 이를 통해 아무것도 이뤄내지 못했다는 점을 상기하라. 아무도 이 명칭을 받아들이지 않았다(퍼스 본인도 이 명칭이 수용되리라고 예상하지 않았다). 듀이는 진리 대신에 '보증된 단언 가능성'을 언급하는 전략을 채택했지만, 이것 역시 지혜로운 행마가 아니었다.

실재론을 다루는 현실적인 태도

나는 철학이 행동을 안내하는 역할을 해야 한다고 생각하는데, 이 생각은 나의 실용주의적 입장의 중요한 부분이다. 그래서 나는 실재론을 우리가 실제로 실천에 옮길 수 있는 교설로, 삶의 모든 행보에서 경험적 지식의 발전을 안내할 수 있는 인생관으로 재구상해야 한다고 제안한다. 실재론자냐 아니냐에 따라 사람들의 행동이 달라져야 마땅하다. 아서 파인은(1984, 97쪽), 누구나 이른바 '자연스러운 존재론적 태도natural ontological attitude, NOA'를 토대로 삼아 살고 일하는데, 그 태도 위에 얹힌 철학적 실재론은 이미 받아들여진 바에 덧붙여 "책상을 두드리고 발을 구르며 '진짜야!'라고 외치는 것"일 따름이라고 지적한다. 이 대목에서 이 지적을 유념해야 한다. 이 지적이 일깨우는 대로, 형이상학적 실재론은 무시되어야 마땅하다(2.2절 참조). 왜냐하면 실증주의자들이 주장하는 대로 형이상학은 전적으로 무의미하기 때문이 아니라, 형이상학은 실천에서 어떤 변화도 일으키지 못하기 때문이다. 오히려 형이상학에 관한 논쟁은 우리의 관심을 더 중요한 사안들로부터 멀어지게 만든다. '과학적 실재론'이 형이상학적 실재론에 기초를 둔한에서, 과학적 실재론도 똑같은 방식으로 부질없을 위험이 있다. 5.2절에서 추가로 논하겠지만, 나는 실용주의적 색채를 띤 생산적인 실재론 버전들을 제시하려 애쓴 다양한 철학자들의 발자취를 따른다. 예컨대 토레티, 비할렘, 필스트룀, 키처가 그런 철학자다.

그런데 실재론이 행동을 안내해야 한다면, 실재론은 평범한 일상적 의미에서 현실적realistic이어야 한다. 여기에서 현실적이라 함은 "성취하거나 기대할 수 있는 바에 관하여 실질적이며 사리에 맞는 생각을 가짐 혹은 드러냄"(《구글 사전》의 정의 1)을 의미한다. 이 설명은 합리성의 현실적인 의미도 알려준다. 현실적 합리성은 성취할 가망이 있는 목표를 추구함, 최소한 의미 있게 접근할 수 있는 목표를 추구함을 의미한다. 실재론의 관건은 우리가 실제로 획득하려 할 수 있는 유형의 지식이어야 마땅하다. 2장에서 논했듯이, 표준적인 과학적 실재론은 우리가 의미 있게 추구할 수 없는 유형의 진리에 관심을 기울인다. 왜 유의미하게 추구할 수 없냐면, 우리는 우리 자신이 전통적인 대응 진리 이론에서 말하는 진리에 접근하고 있는지 판정할 방법조차 모르기 때문이다. 반면에 내가 의도하는 실재론은 궁극적 진리의 탐색이 아니다. 오히려 그 실재론은 작업적 진리, 곧 (4장에서 설명했듯이) 작업적-정합성에-의한-진리와 이에 기초한 이차 진리의 추구다. 이것들은 우리가 지금 여기에서 획득할 수 있는 진리들이다. 우리는 이미 보유한 이 유형의 진리들을 공들여 개선할 수 있으며, 우리가 이 일에서 진보를 이뤄내는지 아닌지를 명확히 판정할 수 있다. 3장에서 설명한 나의 실재 개념에도 똑같은 정신이 담겨 있다. '실재'라는 용어는 우리가 추상적으로 생각만 할 수 있는 접근 불가능한 존재 영역을 지칭하는 것이 아니라 우리가 유의미한 상호작용의 상대로 삼을 수 있는 사물들을 지칭해야 마땅하다. 나의 개념들은 표준적인 과학적 실재론이 유발하는 핵심적인 난점을 해소함으로써 실재하는 항목들에 관한 진리를 매우 현실적인 목표로 만든다.

'실재론자realist'로 자처하는(표준적인 과학적 실재론을 옹호하는) 많은 사람이 그다지 현실적이지realistic 못하다는 아이러니를 여러 과학철학자가 지적했다. 자칭 실재론자인 그들은 과학이 성취한 것이나 성취할 수 있는 것에 관하여 터무니없이 낙관적이거나, 아니면 실제 과학 연구에서 벌어지는 일을 전혀 모르는 채로 엄청나게 추상적인 수준에서 발언한다. '들어가는 말'에서 이미 언급했듯이, 피터 코소는 실재론을 더 현실적으로 만들 것을 촉구하는데,

그는 전혀 외톨이가 아니다.[1] 에스토니아 타르투에서 열린 2011 실천적 실재론 연수회의 부제는 '과학에 관한 현실적인 논의를 향하여Towards a Realistic Account of Science'였다(Lõhkivi and Vihalemm 2012, 1쪽). 케리 매킨지는(2018) 실재론 논쟁에서 '현실적인' 태도를 취할 것을 촉구하면서 지금 여기에서의 과학에 적용할 수 있는 실재론적 태도를 모색한다. 키처의(2012, 3장) '실질적 실재론real realism'도 실제로 접근 가능한 대상들에 관한 지식을 주춧돌로 삼아 실재론적 추론을 정초하려 애쓴다. 과학은 세상의 완벽한 모형을 만들어야 한다는 견해에 맞선 텔러의(2001) 반론 역시, 인간이 현실적으로 추구하고 획득할 수 있는 형태의 과학적 지식을 철학적으로 다루려는 태도를 아주 뚜렷하게 취한다. 퍼트넘은 '내재적 실재론을 위한 변론'을 마무리하며 이렇게 말한다. "나는 현실적인 정신을 되살리고 부흥하는 것이 이 시대에 철학자들의 중요한 사명이라고 본다"(Putnam 1990c, 42쪽).[2] 이 현실적인 정신의 원조로 코라 다이아몬드는(1991) 비트겐슈타인을, 셰릴 미삭은(2020, xxvi쪽, 387쪽) 램지를 지목한다.

실재론을 둘러싼 논쟁의 맥락 안에서 현실적인 정신이 등

---

1 우스칼리 메키도(2009) '현실적인 실재론'을 옹호하지만, 그의 의도는 상당히 다르다. 그는 경제학 모델들에 문자 그대로의 진리가 들어 있어야 한다는 과도한 요구를 억누르고자 한다.

2 이 발언에 담긴 퍼트넘의 취지가 정확히 무엇인지는 약간 불분명하지만, 데이비드 매카서는(2012) 상식에 대한 존중을 촉구하는 것이 퍼트넘의 의도라고 해석한다. 상식에 대한 존중은 퍼트넘의 철학적 입장에서 늘 중요한 부분이었다면서 말이다.

장하는 주요 방식은 두 가지다. 첫째, 그 정신은 흔히 '내재주의적 internalist'이라고 할 만한 입장으로 표현된다. 이 입장은 아는 자가 접근할 수 있는 바를 중심으로 앎을 다루는 것을 책무로 짊어진다. 나는 내재주의가 생산적이라고 생각하지만, 오로지 개인적인 정신의 의식적 요소들에만 초점을 맞추는 것은 피하고 싶다. 인식론과 심리철학에서 내재주의는 대개 그런 요소들에만 초점을 맞추지만 말이다. 내가 강조하고자 하는 내재주의적 논점은 이것인데, 실재론은 접근 불가능한 '외재적' 기준을 내세우는 대신에 실제 실천을 위한 작업적 지침을 제공해야 한다. 이런 맥락에서 퍼트넘의 '내재적 실재론'은 나의 실재론과 맥이 통하는 매우 중요한 입장이다. 나는 이를 5.3절에서 추가로 논할 것이다. 또한 거기에서 나는 퍼트넘의 입장을, 앎은 아는 자의 삶 안에 있음을 강조하는 오랜 전통과 관련지을 것이다. 이 전통은 칸트를 궁극적 원조로 하며 현재는 로널드 기어리와 미켈라 마시미 등이 옹호하는 관점주의 perspectivism로서 매우 활발하게 생동한다.

현실적인 정신의 또 다른 표현은 출발점으로 돌아가기를 거듭하는 반복적iterative 형태의 진보다. 이런 형태의 진보가 일어나는 것은, 현실적으로 어떤 탐구든지 우리가 개인적 과거와 집단적 과거로부터 물려받은 상황을 탐구의 출발점으로 삼을 필요가 있으며, 확고한 토대라고 할 만한 것이 우리의 출발점이 되는 일은 영영 벌어질 가망이 희박하기 때문이다. 탐구는 질서가 교란된 상태에서 시작된다는 퍼스와 듀이의 지적을 상기하라. 그런데 우리에게 확고한 토대가 없다면, 앎은 무엇을 기반으로 삼을 수 있을까? (당연히 한 가지 대답은 앎은 어떤 것도 기반으로 삼지 않는다는 것, 혹은 탐구는 확실히 그러하다는 것이다.) 탐구하면서 착실히 진보하려 애쓸 때 우리는 물려받은 무언가를 주어진 것으로 받아들이고서 그 무언가를 토대로 무엇을 배울 수 있는지 알아볼 수밖에 없다. 그리고 우리가 충분히 운이 좋다면, 우리는 출발점으로 돌아와서 그 배운 바를 사용하여 출발점을 개선할 수 있을 것이다. 나는 의심의 여지가 없는 토대가 부재하는 상황에서 이런 식으로 인식을 '해나가는' 과정을 가리키기 위해 **인식 과정의 반복**epistemic iteration이라는 용어를 사용한 바 있다. 반복적인 인식 과정에서 순차적인 앎의 단계들은 특정한 인식적 목표의 성취를 촉진하기 위해, 앞선 단계를 기반으로 삼아 창조된다. 각각의 걸음에서 나중 단계는 전 단계를 기초로 삼지만 전 단계로부터 도출될 수 없다. 나중의 발전들은 흔히 전 단계에 채택된 전제를 수정하고 다듬는다. 원래 나는, 새로운 측정 기준의 타당성을 입증하려 할 때 잣대로 삼을 만한 기존의 측정 기준이 없는 상황에서 어떻게 새로운 측정 기준이 확립될 수 있는가, 라는 수수께끼를 풀고자 애쓰는 과정에서 이런 반복을 생각하게 되었다(Chang 2004, 5장, 또한 44~48쪽). 그 후 나는 인식 과정의 반복은 다양한 상황에서 경험적 탐구가 나타내는 매우 일반적인 특징임을 상당히 확신하게 되었다(Chang 2007, 2016a, 2017a 참조). 나는 5.5절에서 현실적인 과학적 과정의 반복성을 더 심층적으로 고찰할 것이다.

행동하는 실재주의

내가 말하는 실재론은 서술적 주장이 아니라 어떤 이상을 책무로 짊어지는 태도다. '-주의'로 번역되는 영어 '-ism'은 일상적인 어법에서 ('민족주의', '보수주의', '환경주의'에서 보듯이) 정치적 이데올로기일 수도 있고 ('입체파cubism', '인상파impressionism'에서 보듯이) 예술적 유파일 수도 있다.[3] 철학에서도 '-ism'을 '-론'보다는 '-주의'로 이해하는 것이 적합하다. 예컨대 빈 학단이 실천한 실증주의는 확실히 결의가 담긴 입장이며, 현장 과학자들이 실천하는 환원주의도 마찬가지다. 나는 한국어에서 realism의 일반적인 번역어로 쓰이는 '실재론'과 구별하여 나의 realism을 '실재주의'로 옮기고자 하는데, 실재주의의 핵심은 **행동하는 탐구의 이상**activist ideal of inquiry이다. 바꿔 말해, 실재주의의 핵심은 실재들에 관한 더 나은 지식을 더 많이 추구하는 것을, 그리고 이를 위해 우리의 인식적 실천들을 개선하는 것을 책무로 짊어지기다. 무릇 실재주의의 전체적인 목표는 지식의 범위를 넓히고 질을 향상하는 것이어야 마땅하다. 이때 지식이란 명제적 지식에 국한되지 않고 1장에서 논한 능동적인 앎의 모든 면모를 뜻한다. 내가 옹호하는 실재주의는 실재들을 인정하기뿐 아니라 탐구를 권장하고 배움을 촉진하는 것을 책무로 삼기를 포함한다. 과학에 관한 실재론realism concerning

---

3 더 일반적으로 '-ism'은 식별 가능한 입장이나 경향이라면 어떤 것이든지 그 유형을 막론하고 지칭할 수 있다. 예컨대 '허무주의', '나체주의', '이기주의', '자기애narcissism', 심지어 '류머티즘rheumatism'이 그런 어법의 사례다.

science은[4] 우리가 과학적 지식을 어떻게 추구해야 하는가에 관한 것이어야 한다.

과거 저술에서(Chang 2012a, 205쪽, 번역서 430쪽) 나는 이 같은 탐구의 이상을 '능동적 (과학적) 실재주의'(과거 번역어는 '(과학에 대한) 능동적 실재주의' – 옮긴이)라고 불렀다. 능동적 실재주의를 따르는 과학은 실재들과의 접촉과 실재들에 관한 배움을 극대화하려 애써야 한다. 이 책에서 채택한 '능동적' 앎이라는 용어와 뒤엉키는 것을 피하기 위해서 이제 나는 나의 실재주의를 **행동하는 실재주의**activist realism'라고 약간 고쳐 부를 것을 제안한다.[5] '행동하는' 이라는 표현은 진보하라는 명령에 초점을 맞춤으로써 나의 실재주의가 띤 규범성을 강조한다. 이런 점에서, 실재주의를 보는 나의 견해는 10년 전에 밝힌 견해와(같은 곳. 4장, 특히 215~224쪽, 번역서 451~473쪽) 크게 달라지지 않았다. 다만 내가 핵심 개념들을 더 상세히 설명함으로써 나의 견해를 더 잘 정초했기를 바란다.

행동하는 실재주의는 실재에 관한 우리의 지식을 다른 목표들과 가치들의 맥락 안에서 최대한 확장하고 향상하기 위해서 우리가 할 수 있는 일이라면 무엇이든지 하는 것을 책무로 짊어지는 태도다. 행동하는 실재주의는 우리가 이미 획득한 지식을 높게 평

---

4 당연히 나의 입장을 '과학적 실재론scientific realism'이라고 불러도 좋겠지만, 이 명칭은 오래전에 다른 사람들에 의해 상당히 다른 의미로 사용되었다는 점이 문제다.

5 능동적 앎의 증진에 딱히 관심이 없어도 능동적 앎(능력으로서의 앎)에 관하여 숙고할 수 있다. 이 경우에 숙고하는 자는 능동적 앎을 행동하지 않는 방식으로 다루는 것이다.

가하며 가만히 앉아 만족하거나 우리의 지식을 받아들이고 사용하지 않는 사람들을 비난하는 태도가 아니다. 행동하는 실재주의는 가설에 대한 경험적 검증의 판결을 받아들이는 것만 의미하지 않고, 더 나은 검증들을 더 많이 고안하는 것과 검증할 가설들을 더 많이 생산하는 것도 의미한다. 또한 행동하는 실재주의는 전혀 새로운 질문들을 제기하라고, 새로운 이론들을 만들어내라고, 심지어 실재하는 대상들을 더 많이 창조하고 그것들에 관하여 배우라고 명령한다.

모든 좋은 이상이 그러하듯이, 지금 내가 옹호하고 있는 행동하는 실재주의라는 이상은 일단 진지하게 품고 나면 당연하기 그지없는 목표로 느껴질 만하다. 더 많은 실재들에 관한 더 많은 지식을 원하지 않는 사람이 누가 있겠는가! 그러나 지식은 좋은 것이라는 견해는 결코 자명하지 않다. 나는 지식이 절대적으로 좋은 것이어서 다른 모든 좋은 것을 능가한다고 주장할 생각이 결코 없다. 그래서 방금 행동하는 실재주의를 설명하면서 나는 우리가 앎을 추구해야 하되 다른 목표들과 가치들의 맥락 안에서 최대한으로 추구해야 한다고 말했다. 이렇게 단서를 달면, 행동하는 실재주의는 매우 폭넓은 호응을 받아야 마땅한 이상이다. 심지어 표준적인 과학적 실재론에 반발하는 반실재론자로 자처하는 이들도 행동하는 실재주의에 동참할 수 있어야 마땅하다. 우리가 실제로 배울 수 있는 바를 배우는 것에 반대할 반실재론자는 거의 없다. 오히려 반실재론자들이 표준적인 과학적 실재론에 맞서 제기하는 반론은, 우리가 획득할 수 있다고 합당하게 주장할 수 없는 유형의 지식을 이 실재론이 과학에 귀속시킨다는 것이다. 5.6절에서 나는 과

학적 실재론을 둘러싸고 논쟁하는 다양한 입장들과 행동하는 실재
주의가 어떤 관계인지 보여주면서 바라건대 그 입장들을 생산적으
로 재배열할 것이다.

　하지만 여전히 이런 질문이 제기될 만하다. 행동하는 실재
주의를 명확히 제시하는 일이 과학적 실천을 위해 과연 중요할까?
이미 과학자들은 지식을 증가시키기 위해 최선을 다하고 있지 않
은가. 과학자들이 이토록 잘하는 것은 그냥 과학자들에게 맡겨야
하지 않을까? 과학에 관한 행동하는 실재주의를 철학적으로 숙고
하는 일이 과연 어떤 효과를 낼 수 있을까? 과학자들이 항상 배움
에 최대한 기여하는 방식으로 행동하는 것은 아니다. 사려 깊은 비
과학자들은 과학이 이미 정말로 아주 잘 실천되고 있음을 인정하
면서도, 존중을 바탕에 깐 비판적 태도로 어떻게 하면 과학이 더
잘 실천될 수 있을지 제안할 수 있다. 이 제안을 과학철학자들이
하지 않는다면 누가 수행하겠는가? 나는 과학철학의 이웃 분야에
서 큰 영감을 얻는다. 무슨 말이냐면, 폴 포먼은(1991, 86쪽) "과학
의 좋은 점이 무엇인지 우리 스스로 판단하고 우리의 역사 연구와
저술을 통해 그 좋은 점을 발전시킬 의무"를 기꺼이 짊어질 것을
과학사학자들에게 촉구한다. 과학철학도 똑같은 역할을 심지어 더
긴급하게 수행해야 마땅하다.

　과학자들은 흔히 경험적 증거를 받아들이기를 거부하거나
임시방편적 가설에 기댄 설명을 통해 그 증거를 무력화함으로써
현재 지배적인 이론에 맞선 대안들을 제안하는 질문과 개념적 도
식이 거론되지 못하게 가로막는다. 이런 행동은 내가 보기에 반실
재주의적이다. 왜냐하면 이것은 탐구를 통해 실재들을 충실히 다

루기를 꺼리는 행동이기 때문이다. 이런 반실재주의적 행태를 과학사에서 얼마든지 발견할 수 있다. 근대 초기에 코페르니쿠스의 모형이 억압당한 것부터 20세기 후반에 프리온에 관한 생각과 후성유전학적 대물림에 관한 생각이 처음엔 강한 반발에 직면한 것까지, 그런 예들은 시대를 가리지 않는다. 모름지기 과학은 경험적인 배움을 촉진하는 개념들을 취급해야 하지만, 때때로 과학자들은 이에 아랑곳하지 않는 모습을 보인다. 이론이 사변적인 방향으로, 경험적 검증의 기회가 줄어드는 방향으로 이행하는 사례가 꽤 있다. 검증 불가능한 가설들을 향한 이행의 동기는 흔히 통일성과 아름다움 같은 형이상학적 요구사항들이다. 이런 이행들이 지속적인 전통을 이뤄, 고대의 4원소 이론에서부터 무게 없는 유체들에 관한 18세기의 이론을 거쳐 오늘날의 초끈이론들에 이르기까지 물리학의 역사를 관통한다.[6]

실용주의적 교설이라면 그러하리라 예상해야 하겠지만, 행동하는 실재주의는 실천을 변화시킬 수 있다. 실재론 논쟁이 부질없다는 느낌은 오직 형이상학적 실재론이나 표준적인 과학적 실재론과 연결될 때만 적절하다. 실제로 이 실재론적 교설들과 관련하여 벌어지는 철학적 실재론과 반실재론의 싸움은 실천을 거의 변화시키지 못할 가능성이 높다. 예컨대 19세기 유기화학의 많은 부분에서 원자의 실재성을 믿는다고 공언한 이들이 한 연구는 원자의 실재성을 믿지 않는다고 공언한 이들이 한 연구와 기본적으로

---

6 최근의 이론물리학을 이런 면에서 비판하는 문헌으로 Hossenfelder(2018) 참조. 끈이론을 섬세하게 방어하는 문헌으로 Dawid(2013) 참조.

동일한 듯하다. 믿음이나 불신을 적절히 제쳐놓고 보면, 양 진영의 실천은 대체로 동일해 보인다. (실재론을 놓고 과학자들이 벌이는 요란한 대결은 철학자들이 벌이는 대결과 마찬가지로 비생산적이다.)

한 가지 특히 비생산적으로 보이는 것은 실재론과 구성주의 사이의 논쟁을 들 수 있다. 행동하는 실재주의는 개념들과 이론들이 인간의 구성물임을 인정한다. 그리고 나의 실재관에 따르면(3장 참조), 작업적으로 정합적인 활동을 촉진하는 개념적 구성물의 지칭 대상은 실재한다. 이 같은 구성주의와 실재주의의 혼합은 어떤 우려도 자아내지 않아야 마땅하다. 우리는 출발점에서 개념을 원하는 대로 구성하여 제안해도 된다. 그러나 그 개념에 기초하여 정합적 활동들을 수행할 수 있느냐는 우리의 의지에 달린 문제가 전혀 아니다. 탐구가 잘 실행되면, 경험적인 성공과 실패에 부응하여 개념을 구성하는 과정이 반복해서 진행될 것이다. 이 과정은 피커링이(1995) 과학적 실천에서 발견하는 저항과 수용resistance-and-accommodation의 과정과 유사하다. 우리가 실재들을 구성한다는 것은 맞다. 하지만 그 구성 과정은 임의적이지 않다. 이런 식으로 실재론과 구성주의가 어우러진다고 보면, 올곧은 실재론자 루트비히 볼츠만에게서 나온 다음과 같은 외견상 구성주의적인 진술을 이해하는 데 도움이 된다. "나의 느낌에 따르면, 이론의 임무는 외부세계의 이미지를 구성하는 것이다. 우리의 정신 안에만 존재하는 그 이미지는 우리의 모든 생각과 실험에서 우리를 안내해야 한다"(Nye 1972, 20쪽에서 재인용).

행동하는 실재주의와 과학의 진보

행동하는 실재주의는 더 나은 지식을 더 많이 획득하는 것을 책무로 짊어지는 태도이므로 본질적으로 진보주의적인 교설이다. 그러므로 행동하는 실재주의를 충분히 명확하게 제시하려면 과학의 진보라는 개념을 면밀히 고찰해야 한다. 기본적으로 '더 좋게 만들고자 함'을 뜻하는 진보주의는 계몽시대 이래로 줄곧 강한 영향력을 발휘해온 현대의 이상이다. 과학의 발전은 계몽의 비전에서 중심에 놓이며, 진보는 과학 자체에 내재하는 의심할 수 없는 신조다. 진보가 바람직하다는 것은 거의 동어반복이지만(더 좋게 만들기가 좋은 일이 아닐 수 있겠는가?), 비非진보주의적이면서 소중한 몇몇 이상도 있음을 인정해야 한다. 예컨대 질서와 안정에 대한 보수적 갈망, 불교가 조언하는 수용과 단념이 그런 이상이다. 심지어 지식과 관련해서도, 우리가 이미 품위 있는 삶을 떠받치기에 충분할 만큼 많이 알며 추가적인 배움은 문제만 일으킬 개연성이 높다고 느끼는 사람도 있을 만하다. 이것이 옳은 태도인지는 구체적인 사례에 기초하여 판단할 필요가 있을 것이다. 그러나 전체적으로 볼 때 나는 인류가 추가적인 지식을 싸잡아 거부해야 할 단계에 도달했다고 생각하지 않는다. 더 많이 배우기 위해 물불 안 가리고 돌진하는 것이 지혜롭지 않은 특수한 분야들이 있는 것은 사실이다. 그런 분야에서는 예상되는 귀결을 면밀히 고려함으로써 이러한 돌진을 규제할 필요가 있다. 그러나 이런 국소적인 제한은 전반적인 진보의 명령과 양립할 수 있다.

진보는 1960년대와 1970년대에 과학철학의 주요 논제였지만 요새는 뒷전으로 밀려났다. 어쩌면 일각에서는 진보를 철 지난 현대주의적modernist 이상으로 여길 것이다. 심지어 과학의 진보를 매우 중시하는 많은 이들도 과학의 진보에 대한 논의는 하지 않으려는 경향이 있다. 이는 어쩌면 철학이 과학의 진보를 설명하는 방면에서 진보하지 못했기 때문일 것이다. 그러나 명확한 진보의 부재는 철학적 질문을 버릴 타당한 이유가 아니며, 과학철학이 진보를 도외시하는 것은 심각한 오류다. 과학이 계속 진보한다는 것은 부정하기 어렵다. 우리는 과학이 어떻게 진보를 이뤄내는지, 또 정확히 어떤 의미에서 그러한지 이해할 필요가 있다. 오늘날 과학의 진보에 관한 논의를 기피하는 세련된 사상가 중 다수가 다른 한편으로 사회적 진보와 정치적 진보를 거침없이 열렬히 옹호하는 것은 아이러니한 일이다. 이런 양면적 태도는 물론 논리적 모순이 아니지만 확실히 불만스러운 구석이 있다. '진보'라는 개념이 과학의 영역에서조차도 논의될 가치가 없을 정도로 설득력이 없다면, 윤리학이나 정치학의 영역에서 확고한 진보의 개념을 거론할 수 있다고 어떻게 전제할 수 있겠는가. 더구나 과학은 사회적 진보에서 결정적인 역할을 여전히 하고 있으며 해야 한다. 그 역할은 지적인 차원과 물질적인 차원 모두에서 수행된다. 나는 키처가 듀이에게서 물려받아 품은 느낌에 진심으로 공감한다. 그 느낌에 따르면, 진보는 최근 들어 외면당해온 개념이며, 우리는 이 '위험에 처한 개념'을 '복권시키고' 이 개념이 탐구에서 갖는 중요성을 복원할 필요가 있다.[7]

　　앞서 지식과 진리와 탐구를 다루는 장들에서 내가 제시한 생각들은, 우리가 표준적인 과학적 실재론의 토대에 놓인 과학의 진보에 관한 견해와 결별해야 한다는 점을 강력하게 시사한다. 그 잘못된 견해에 따르면, 진보란 첫 철자를 대문자로 쓴 Truth 곧 절대적 진리에 접근하기다. 키처는(근간, 2장) '실용적 진보'를 이야기하는데, 이 진보는 퍼스와 듀이가 말하는 탐구의 출발점인 문제적 상황으로부터의 진보를 의미하며, 목적론적 진보와 정면으로 대비된다. 행동하는 실재주의는 목적론적 진보관과 결별할 동기의 층 하나를 추가하면서, 진보를 **풍요로운**abundant 발전으로 보는 진보관을 권고한다. 진보의 풍요로운 모양새는 1.5절에서 설명한 탐구의 본성에 따른 귀결이다. 탐구는 궁극적으로 제약이 없다. 즉, 문제적인 상황을 해소하기 위해 그 상황의 어느 부분이든지 수정해도 된다. 해소의 방식이 다양하다는 점은 지식이 향상되고 과학이 진보할 수 있는 방식이 다양함을 시사한다.

이제부터 과학적 진보의 다양한 방식을 아주 간략하게 분류해보고자 한다. 이는 과학적 진보의 풍요로운 모양새를 조금이라도 전달하기 위해서다. 다음은 '진보의 다양성'에 대한 키처의 (1993, 4장) 분석에서 영감을 얻어 내가 제시하는 포괄적이지 않은 목록이다. (1)기존 질문이 주어져 있다면, 우리는 그 질문에 답하거나 기존 대답의 질을 향상할 수 있다. 이때 향상은 알려진 개별 오류를 수정하는 것일 수도 있고, 더 나은 관찰, 측정, 계산의 방법을 발견하는 것일 수도 있다. 이것은 사실 수집fact-gathering 유형의 탐구에서 일상다반사로 일어나는 진보일 것이다. (2)사실 수집 탐

---

⁷ 키처(근간, 2장). 키처는 늦어도 Kitcher(1993) 이래로 진보라는 주제를 계속 다뤄왔다.

구의 범위 안에서 우리는 또한 새로운 질문을 제기하고 답함으로써 진보를 이뤄낼 수 있다(Shan 2019). 옛 질문을 버리지 않으면서 새 질문을 제기하고 답하면, 명제적 지식의 누적을 이뤄낼 수 있다. (3)새 질문을 제기함으로써뿐 아니라 기존 질문을 개선함으로써도 진보를 이뤄낼 수 있다. 더 나은 질문은 더 폭넓은 목표의 성취를 위해 중요하고 유용한 정보를 추구한다. (4)우리 활동의 정합성을 증가시킴으로써 능동적 앎을 향상할 수 있다. 우리가 과제를 더 잘 수행하는 법을 배우는 것은 일상다반사로 일어나는 일이다. 어떤 솜씨든지 배워본 사람이라면 누구나 이를 증언할 수 있다.[8] (5)정합성을 증가시킴으로써 명제적 지식을 향상할 수도 있다. 즉, 우리가 받아들인 명제를 출발점으로 삼은 다음에, 그 명제에 의존한 활동들의 정합성을 증가시키거나 그 명제에 의존한 활동들을 추가로 고안함으로써, 그 명제의 작업적-정합성에-의한 진리성을 향상할 수 있다. (6)동일한 목표를 성취하는 새로운(또한 바라건대 더 좋은) 방법들을 발견할 수 있으면, 능동적 앎이 증가할 수 있다. 동일한 목표를 성취하는 다수의 방법이 보존될 수 있을 것이며, 그 방법들이 서로를 향상할 수 있을 것이다. (7)우리가 새로운 물질적 대상이나 현상을 창조할 때, 당연히 우리는 그것들을 창조하는 방법에 관한 지식을 비롯해서 그것들에 관한 새로운 지식을 얻을 수 있다. (8)새로운 개념을 창조하고 그 개념이 관여하는 인식 활동

---

8 최초의 인간 게놈 서열 판독은 약 10억 달러의 예산과 13년의 시간이 투입된 고된 사업이었다. 오늘날 그 판독은 몇천 달러만 들이면 하루나 이틀 만에 완료된다. 원자폭탄을 생산하는 솜씨도 이와 유사하게 진보했다.

을 고안할 수 있다. 만일 그 인식 활동이 정합적인 것으로 밝혀지면, 우리는 새로운 실재를 보유하게 된다. 그럴 때 우리는 그 실재에 관하여 추가 질문을 제기할 수 있다. (9)새로운 목표를 세운 다음에 새로운 활동들을 고안함으로써 그 목표를 성취하는 법을 배운다. 성공적일 경우 우리는 새로운 능동적 앎을 얻을 것이 확실하며 새로운 명제적 지식도 얻을 개연성이 매우 높다. (10)기존 활동의 목표를 수정하여 우리가 수행하는 다른 활동들의 목표와 더 잘 양립하게 만들 수 있고, 또 기존 활동이 자신의 외적 기능들을 더 잘 수행하도록 만들 수 있다. 이런 수정은 해당 활동이 속한 실천 시스템의 작업적 정합성을 증가시킨다.

이처럼 '과학적 진보란 무엇인가?'라는 질문에 대한, 충분히 내실 있는 단 하나의 대답은 없을 것이다. 과학적 진보는 미리 내려진 지시를 준수하는 협소한 진보부터 제약이 전혀 없는 진보까지 유형이 다양하다. 다양한 진보의 유형을 하나의 지표 아래 뭉뚱그리기는 어려울 것이며, 이는 좋은 일이다. 중요한 것은 유의미한 진보의 유형들을 모두 인정하는 것, 그리하여 우리의 일반적인 진보 개념이 빈곤해지거나 편협해지지 않는 것이다. 과학에서는 위에 열거한 진보의 양태들 모두가 추구되어야 하고, 실제로 추구된다. 우리의 노력을 그 양태들 중 일부에만 국한하는 것은 어리석은 짓일 터이다. 그 양태들 중 하나에만 국한하는 것은 더 말할 필요도 없다. 다음과 같은 퍼스의 명령은, 우리가 진보의 다양한 길들을 모두 고려할 때 진정으로 생생하게 다가온다. "탐구의 길을 가로막지 말라."[9] 과학적 진보가 완벽한 진리를 향한다는 전통적인 견해를 받아들이는 것보다 더 사리에 맞는 선택은 그 견해를 배척하고 과학의 발전을 생명의 진화에 빗대는 모형에서 영감을 얻어 쿤이 옹호한 '-로부터의 진보' 관점을 채택하는 것일 성싶다. 그러나 생명의 진화를 모범으로 삼으려 한다면, 보금자리-구성niche-construction에 관한 라우스의(2015) 견해를 받아들이는 편이 어쩌면 더 나을 것이다. 그 견해는 유기체와 환경 사이에서 일어나는 역동적이며 구성적인 상호작용을 충분히 인정한다.

행동하는 실재주의는 진보가 더 큰 규모에서도 다원적인 모양새를 띠어야 한다고 명령한다. 나는 이를 5.4절에서 더 자세히 논할 것이다. 지식을 얻을 수 있는 방식이라면 어떤 방식으로든지 얻으려 애쓴다면, 그 결과로 우리는 주어진 하나의 연구 분야에서 다수의 실천 시스템에 도달할 개연성이 매우 높다. 각각의 시스템이 독특한 방식으로 값진 지식을 제공할 것이다. 솔직히 말해 나의 행동 중심적 시각은 과학이 누적cumulative을 통해 진보한다는, 몹시 구식인 견해와 밀접한 관련이 있다. 이 견해에 따르면 우리는 (각각의 실천 시스템 안에서, 또 실천 시스템들을 누적함으로써) 점점 더 많은 지식을 끊임없이 생산하여 쌓아놓는다. 더 나아가 다양한 실천 시스템들 안에서 발견된 진리들과 실재들을 유의미하게 연결할 수 있다면, 우리는 더욱더 많은 지식을 창조할 수 있을 것이다. 지금 나는 행동하는 실재주의로부터 다원주의를 논리적으로 도출하고 있는 것이 아니라, 과학과 기타 탐구들의 역사가 실제로 띤 모양새를

---

9 이 명령은 에이미 매클로플린의 퍼스 해석에서 핵심 논제다. 그 해석을 제시하는 문헌으로 McLaughlin(2009) 그리고 McLaughlin(2011) 참조. Susan Haack(2014)에서도 마찬가지다.

뜰 듯이 기뻐하며 받아들이고 있는 것이다. 또한 나는 미래의 탐구가 이 측면에서 근본적으로 다를 것이라고 예상할 강력한 근거가 없다는 점을 인정하고 있는 것이다. 일반적으로 실재론은 형이상학과 과학철학 모두에서 일원주의적 입장으로 여겨진다. 그러나 일원주의가 진보를 방해한다면, 내가 보기에 일원주의는 배척되어야 한다. 과학의 다양한 성과들은 필시 다양한 실재들이 확립되는 결과를 가져올 것이며, 필시 그 실재들 각각에 관한 다양한 진리들을 밝혀낼 것이다.

이 같은 진리와 실재의 풍요로움 앞에서 우리는 당황하지 말아야 한다. 이는 내가 3.4절과 4.5절에서 논증한 바다. 진정한 실재주의는 파이어아벤트의 정신을 계승하여 불필요한 일원주의에 제약되지 않고 두려움 없이 지식을 추구할 것이다. 성공적인 활동을 촉진하는 모든 이론과 모든 실천 시스템은 배움의 길들을 제공할 것이다. 그리고 그 모든 이론 및 실천 시스템은 능동적으로 보존되고 발전되어야 한다. 그리하여 떠오르는 탐구자의 이미지는 겸손하게 풍요로움을 육성하는 자의 이미지다. 행동하는 실재주의는 점점 더 늘어나는 삶 속의 실재들에 관하여 계속 배우는 것을 책무로 삼는 태도다. 실재들에 관한 배움을 극대화하기 위하여 우리는 계속해서 새 개념들을 발명해야 하며, 또한 서로 별개이거나 겹치는 다양한 영역에서 정합적 활동을 지원할 수 있는 옛 개념들을 모두 보존해야 한다. 이것이 우리가 더 많은 실재들에 관하여 더 많은 지식을 획득하는 방법이다.

과학적 진보의 본성에 관한 이 같은 생각은 또한 과학적 실재론을 둘러싼 논쟁을 보는 신선한 관점을 제공한다. 실재론이 추

구하는 바는 확장적 추론ampliative inference이 아니라 확장적 탐구
ampliative inquiry라고 보아야 마땅하다. 행동하는 실재주의는 가용
한 증거가 보증하는 수준보다 더 강한 결론을 끌어낸다는 의미에
서 확장적인 것이 아니라 더 많은 지식을 실제로 창조할 것을 장려
한다는 의미에서 확장적이다. 과학자는 지식을 증가시키고 개선하
기 위해 지치지 않고 노력할 때 모든 탐구 양태들을 동원해야 마
땅하다. 브리지먼은(1955, 535쪽) 이를 다음과 같이 단도직입적으로
표현한다. "과학에 방법이라는 것이 있다면, 그 방법이란 어떤 제
약도 없이 자신의 정신으로 악착같이 최선을 다하는 것일 따름이
다." 그리고 철학에서 실재론은 과학이 도달 불가능한 진리에 모종
의 방식으로 접근할 수 있음을 보여주려 애쓰는 방어적 행마에서
벗어나, 지식의 증가를 이뤄낼 수 있는 모든 생산적인 길들을 명확
히 보여주는 일에 집중해야 마땅하다.

5.2 실용주의와 실재주의

이미 시사했듯이, 내가 보기에 실용주의는 나의 실재관을
위한 토대로 가장 적합한 철학적 전통이다. 나의 견해와 맥이 통하
는 견해들을 품은 다양한 사상가들도 명시적으로 실용주의를 자
기 생각의 기틀로 삼는다. 나는 실재론을 실용주의적 입장으로 간
주할 수 있음을 보여주기 위한 그들의 노력에서 영감을 얻었다. 이
절에서 그 선배들에게 경의를 표하면서 그들의 연구에 더 많은 관
심을 기울이고자 한다. 로베르토 토레티는 명시적으로 '실용적 실

재론pragmatic realism'을 옹호해왔으며,[10] 내가 말하는 선형상화의 오류를 아주 명확하게 지적했다. 레인 비할렘과 엔들라 르키비의 '실천적 실재론practical realism'은 실천에 기반을 둔 접근법이며 마르크스 철학에 뿌리를 둔다. 사미 필스트룀의 '실용적 과학적 실재론'은 칸트주의와 실용주의의 주목할 만한 종합이며 클레어런스 루이스의 연구와 유사한 면이 있다. 필립 키처는 고전적 실용주의를 되살리는데, 대응실재론과 양립할 수 있는 방식으로 그렇게 한다. 대응을 실제 실천에서 성립하는 관계로 간주하면 대응실재론은 완벽하게 사리에 맞는다고 나는 생각한다.

로베르토 토레티의 실용적 실재론

실재론을 실용주의 전통 안에 위치시키는 것을 옹호해온 선배들 중에서 나에게 가장 많은 영감을 준 인물은 로베르토 토레티다. 나는 이 책에서 그를 이미 몇 번 인용했다. 토레티는(2000, 114쪽) '실용적 실재론'을 옹호하는데, 나는(2016b) 이 실재론이 나의 생각에 중대한 영감을 주었음을 인정한 바 있다. 토레티는 실재론과 실용주의가 아주 기초적인 수준에서 동일한 욕구를 동기로서 공유한다고 본다. 즉, 실재론자의 관심사는 옳은 앎을 보유하는 것인데, 실

10 '실용적 실재론'이나 이와 매우 유사한 문구를 많은 저자가 사용한다. 예컨대 필스트룀과 키처가 그런 저자인데, 이 절에서 이들의 연구도 논의될 것이다. 또한 피커링과(1995, 183쪽) 티머시 레노아도(1992, 166쪽) 그런 저자로서 언급해야 마땅하다.

용주의자의 관심사도 마찬가지라는 것이다. 이 견해는 실재론과 경험주의 사이에 근친성이 있고 경험주의와 실용주의 사이에 근친성이 있다는 나의 견해와 유사하다. 토레티에 따르면(2000, 114~115쪽) 과학은 "상식을 다른 수단에 의지하여 확장한 것"인데, 이 같은 토레티의 생각은, 일상생활에서부터 가장 전문적인 과학 분야들에 이르기까지 탐구의 과정은 연속적이라는, 듀이를 비롯한 실용주의자들의 주장과 맥이 통한다. 어떤 경우에든지 앎이란 세상 안에서 해나가기getting on에 관한 것, 우리가 처한 상황에 최대한 효과적으로 대처하기에 관한 것이다.

그러나 철학자들이 통상적으로 말하는 실재론은 실용주의와 영 딴판이다. 토레티는 내가 말하는 선형상화의 오류에서 유래하는 그런 유형의 '실재론'이 지식과 학문을 보는 일신교적 관점의 잔재일 가능성을 의심하는데, 내가 보기에 이 의심은 옳다. "잘 정의된 혹은… 이미 완성된 실재는 의심의 여지 없이 일신교의 신 개념이 함축하는 바다. 그러나 신의 세계관이 인간의 담론으로 표현될 수 있다고 생각할 근거를 나는 전혀 가지고 있지 않다. 우리가 그 세계관을 말로 표현할 수 있다는 생각을 품는 것은 극심한 편협성이 유발하는 증상이다." 그럼에도 이 편협성이 보편성으로 가장되는 경우가 아주 많다! 성숙한 과학철학은 이 편협성을 뛰어넘을 수 있어야 마땅하다. "인간의 앎과 현장 과학자의 실재 이해를 가장 잘 표현하는 것은 슈퍼 영웅을 그리워하는 '과학적 실재론'의 신학이 아니라 실용적 실재론이다"(같은 곳, 117쪽).

타르투 학파의 실천적 실재론

2장에서 펼친 나의 논의는 표준적인 과학적 실재론에 관한 레인 비할렘의 논의에서 큰 도움을 받았다. 이제 실재론을 보는 비할렘의 고유한 긍정적 시각에 관심을 기울일 때다. 타루트에서 활동하는 비할렘, 엔들라 르키비, 그리고 동료들은 '실천적 실재론'이라는 입장을 발전시켜왔다(이들의 최근 입장과 이들의 가장 유명한 길동무들의 논문 몇 편을 실은 문헌으로 Lõhkivi and Vihalemm 2012 참조). 비할렘은 자신의 '실천에 기반을 둔 마르크스주의적 실재론'을 실용주의와 전적으로 동일시하지는 않지만, 내가 보기에 그 실재론과 실용주의 사이의 근친성은 상당히 명확하다.[11] 르키비와 비할렘이 (2012, 3쪽) 제시하는 실천적 실재론의 주요 원칙들을 아래와 같이 요약할 수 있다.

(1) 과학은 세상을 신의 관점에서 '세상을 있는 그대로' 표상하지 않는다. '실재를 일대일로 모사하는 표상'을 추구하는 것은 과학의 이상이 아니다. 우리는 그런 표상의 옳고 그름을 판정할 기준을 가지고 있지 않다.

(2) 과학 이론, 패러다임, 실천으로부터 독립적으로 세상에 접근할 수는 없다는 점을 근거로 내재적 실재론이나 '과격한' 사회적 구성주의를 옹호하는 것은 오류다.

---

11 인용한 문구는 Vihalemm(2012), 20쪽. 비할렘이 실용주의로부터 거리를 두는 모습은 11쪽 참조.

(3) 과학 연구는 '실천적 활동'이며, 과학 연구의 주요 형태는 '과
     학적 실험'이다. "과학적 실험은 실제 세상 안에서 이루어진다.
     과학적 실험은 목적을 품고 비판적으로, 이론을 지침으로 삼아
     … 물질적으로 자연에 개입하기다."
(4) "실천으로서의 과학은 또한 사회적-역사적 활동이다. 바꿔 말
     해 과학적 실천은 규범적 면모도 포함한다."
(5) 이 입장은 실재론으로 간주될 자격을 갖췄다. "왜냐하면 실천
     으로서의 과학은 우리가 세상을 상대하는 방식의 하나라는 것
     이 이 입장이 주장하는 바이기 때문이다."

나는 이 모든 원칙에 전적으로 동의한다고 말하지 않을 수 없다. 단,
이 원칙들에 포함된 용어들(이를테면 '세상')을 나의 실용주의적 의미
로 이해한다는 전제하에서 그러하다. 내가 보기에 비할렘의 실천적
실재론의 배후에 놓인 근본적인 발상은, 모든 앎이, 심지어 모든 담
론이 실천에 뿌리를 둔다는 것이다.

> 실천 바깥의 세상을 거론하는 것은 정의할 수 없거나 환상에
> 불과한 것을 거론하는 것이다. 오직 실천을 통해서만 객관적
> 세상이 인간 앞에 실제로 존재할 수 있다. 그러므로 앎은 어
> 떻게 세상이 실천 안에서 정의되는지 이해하는 과정으로 간
> 주되어야 한다.(Vihalemm 2012, 10쪽)

그런데 실천이란 정확히 무엇일까? 실천이란 "자연 안에서 인간적
인 세상―문화―을 생산하고 재생산하는, 사회적-역사적인, 결정

적으로 목적 지향적-규범적인, 구성적인, 물질적인 인간 활동, 자연과 사회에 개입하기로서의 인간 활동"이다(같은 곳). 담론뿐 아니라 대상 자체도 실천을 주춧돌로 삼아 정초된다. 이와 관련하여 비할렘은(같은 곳, 14쪽) 다음과 같은 라우스의(1987, 163쪽) 발언을 긍정의 취지로 인용한다. "어떤 사물이 우리의 실천 안에서 열리는, 가능한 결정들의 영역에 속한다는 점이 그 사물을 사물로서 성립시킨다." 비할렘의 형이상학은 급진적이다.

> 실천에 기반을 둔 접근법은 실천적 활동의 지위가 개별 대상-사물의 지위보다 더 근본적이라는 것을 함축한다. 이 경우에 개별 대상의 존재에 대한 구체적 결정은 구체적으로 정의된 활동에 의해 이루어지는데, 어떤 활동이냐 하면, 그 활동의 맥락 안에서 이 대상-사물이 특정한 불변항invariant으로서 등장하는 그런 활동이다.(Vihalemm 2012, 13쪽)

비할렘은 자신의 입장을 2장에서 논한 '표준적인 과학적 실재론'과 대비한다. 반실재론도 거론되는데, 비할렘 정의에 따르면, 표준적인 실재론의 원칙 중 하나나 여럿을 배척하는 입장이라면 어떤 입장이든지 반실재론이다. 실천적 실재론은 표준적인 실재론과 도구주의적-구성주의적 반실재론 양쪽 모두와 맞선다고 비할렘은 말한다. 서로 논쟁하는 이 양쪽 모두에서 비할렘이 발견하는 공통의 그릇된 점은 "실천으로부터 동떨어져 있다"는 점과 "실제 과학의 실천에서 유래하지 않았다"는 점이다(같은 곳, 10쪽).

실천적 실재론의 원칙2는 퍼트넘의 내재적 실재론을 명시적으로 배척한다는 점에서 주목할 만한데, 이 주제는 5.3절에서 추가로 다뤄질 것이다. 비할렘은 내재적 실재론이 '실재론'으로 불릴 자격이 없다고 본다. 하지만 이 견해는 약간 이해하기 어렵다. 왜냐하면 비할렘 본인의 입장과 내재적 실재론은 많은 공통점을 지닌 듯하기 때문이다.[12] 이어지는 비할렘의 설명에 따르면, "내재적 실재론과 실천적 실재론의 핵심적인 차이"는, 내재적 실재론은 "칸트주의 전통 안에 있으며 실은 실재론으로서의 자격을 전혀 인정받을 수 없다"는 점에 있다(Vihalemm 2012, 17쪽). 왜 비할렘이 칸트주의에 이토록 반대하는지 나는 약간 의문스럽다. 어쩌면 진리 개념에 관한 그의 다음과 같은 발언에서 중요한 단서를 얻을 수 있을 것이다(같은 곳, 19쪽). "나는 실용주의자들을 대변할 수 없지만, 실천적 실재론에서 '진리'는 축소주의적으로 해석될 수 있고, 이 해석은 의미론적 실재론과 양립할 수 있다." 그리고 비할렘은 다음과 같은 니닐루오토의 견해를 의미론적 실재론의 기원으로 지목한다. "진리는 언어와 실재 사이의 의미론적 관계다. 진리의 의미는 대응 이론의 현대적(타르스키적) 버전에 의해 주어지고, 진리 판정을 위한 최선의 지표는 과학의 방법들을 사용하는 체계적 탐구에 의해 주어진다"(Niiniluoto 1999, 10쪽, Vihalemm 2012, 18쪽에서 재인용). 말년의 퍼트넘과 마찬가지로 비할렘은 따옴표 제거와 대응을 옹호하는 쪽으로 기울었다. 하지만 어떻게 이 옹호를, 내가 느끼기에 내재주의와 매우 유사한, 실천에 기반을 둔 시각과 조화시킬 수 있을까? 비할렘은

---

12 르키비는 비할렘의 사상이 띤 외재주의적 경향 때문에 그가 내재적 실재론을 배척하는 것일 수 있다고 생각한다(2017년 3월에 타르투에서 나눈 대화).

(같은 곳, 19쪽) 니닐루오토를(1999, 11쪽) 인용한다. 표준적인 과학적 실재론자들과 정반대로 니닐루오토는 이렇게 말한다. "세상은 식별되지 않았지만unidentified 식별 가능한identifiable 대상들은 담고 있다. 반면에, 나쁜 형이상학적 의미에서 저절로 식별되는self-identifying 대상들은 담고 있지 않다." 비할렘과 니닐루오토가 말하는 '세상'이 칸트적인 누메나 세계처럼 보일 수도 있겠지만, 비할렘에 따르면, "실천적 실재론자 혹은 [마르크스주의적] 유물론자에게 그것[세상]은 파악할 수 없는 무언가가 아니다. 실천적 실재론자는 그것의 구체적인 존재 형태들을 실천을 통해 식별할 수 있다고 본다". 비할렘이 (2012, 20쪽) 수긍하면서 주목하듯이, 니닐루오토는(275쪽) 이와 관련하여 프리드리히 엥겔스가 1886년에 쓴 포이어바흐에 관한 글을 인용한다. "자연적 과정에 관한 우리의 생각이 옳다는 점을 우리 스스로 그 과정을 만들어냄으로써 증명할 수 있다면… 파악할 수 없는 칸트적인 '사물자체'는 종말을 맞게 된다." 하지만 실천을 통해 파악할 수 있다는 것이, 제임스가 말하는 '인간 뱀의 흔적'이 뗄 수 없게 들러붙은 페노메나로서만 인식할 수 있다는 것과 과연 다른지 나는 잘 모르겠다.

사미 필스트룀의 '실용적 과학적 실재론'

나는 실천적 실재론에 동조하지만, 칸트에 대한 비할렘의 해석은 설득력이 없다고 본다. 내가 보기에 칸트의 통찰을 계승하고 발전시키는 최선의 길을 보여주는 학자는 사미 필스트룀이다. 그는 실용주의와 칸트주의를 흥미진진하게 혼합한다(최신의 종합적 논의는 Pihlström 2014 참조). 필스트룀은 (퍼트넘, 비할렘과 달리) 스스로 공언하는 실용주의자이며 실재론을 철학이 다뤄야 할 결정적으로 중요한 문제로 간주한다(Pihlström 2011, 121쪽). 따라서 그가 자신의 입장을 어떻게 규정하는지 살펴보는 일은 나에게 매우 중요하다. 내가 이해하기에 실재론 논쟁에 관한 필스트룀의 주요 통찰은 두 부분으로 이루어졌다. 즉, 우리는 칸트가 필요하다, 그리고 둘째, 우리에게 필요한 것은 칸트의 실용주의적 버전이다, 라는 것이 그의 주요 통찰이다. 더 정확히 말하면, 필스트룀은(2011, 111쪽) 근본적으로 칸트적인 접근법으로 실재론 논쟁을 다루고자 한다. 그 접근법은 초월적 관념론(인식을 위해서는 정신 의존적인 개념적 기틀이 필요하다)과 경험적 실재론(그 개념적 기틀 안에서 인식되는 대상의 경험적 속성들은 인식하는 주체에 의해 통제되지 않는다)의 조합이다.[13] 이와 관련한 나의 견해는 정확히 다음과 같다. 실재는 정신에 의해 틀지어져 있지만 정신에 의해 통제되지 않는다. 우리는 우리 인간의 인식적 틀짓기가 절대적으로 타당하다고 주장할 수 없지만, 그 틀짓기 안에서 우리가 다루는 대상들은 실재한다. (필스트룀은 '기틀 내재적scheme-internal' 실재론이라는 표현도 사용하는데, 이는 카르납에 대한 수긍이며 퍼트넘의 내재적 실재론과 잘 조화되는 듯하다.)

근본적으로 칸트적인 통찰을 실용주의적으로 해석하는 필스트룀은 개념적 기틀이 실천에 뿌리를 둔다는 점을 인정한다. 필

---

13 비전문가들에게는 이 같은 칸트의 기본적 교설들에 대한 니컬러스 스탱의 (2018) 해설이 꽤 유용하다.

스트룀의(2011, 112쪽, 또한 2012, 85쪽) 표현에 따르면, 이 행마는 "칸트적인 초월적 관념론의 실용적 '자연화'"라고 할 만하다. 개념적 기틀들은 칸트가 상정한 것처럼 보편적이고 정靜적이지 않다. 오히려 인식 주체들로서 "우리는 맥락에 의존할 뿐 아니라 맥락을 변화시키는 실천들 안에 완전히 자연스럽게 위치해 있다". 그 실천들 안에 "'상대적으로 선험적인' 조건들이 들어 있고", "그 조건들이 우리가 실재를 경험하는 방식을 구조화한다". 이 같은 필스트룀의 입장은 프리드먼의 신칸트주의와 아주 잘 조화된다. 또한 필스트룀이 쿤을 이런 방향으로 해석하는 것, 그리고 '상대적 선험성relative a priori' 개념의 원천으로 클레어런스 루이스를 지목하는 것은 내가 보기에 옳다(Pihlström 2012, 82~83쪽). 이 모든 준칸트적quasi-Kantian 입장들의 공통점은, 인식은 특정한 선험적 원리들을 전제해야만 가능하다는 것을 인정한다는 점이다. 또한 전제되어야 할 선험적 원리들이 보편적이고 불변적이며 불가피하다는 칸트의 주장을 부정한다는 점도 이 입장들의 공통점이다. 이 입장들의 요점을 역설적으로 표현하면 이러하다. 선험적인 것은 필연적이지만necessary, 오직 상황의존적으로만contingently 필연적이다(3.2절 참조).

필스트룀이 보기에 존재론은 실천에 뿌리를 둔다. "세상이 어떤 특정한 방식으로 존재한다고 우리가 간주할 때의 그 존재론적인 간주하기 방식들은 우리의 목표 지향적 활동과 실천 안에 놓여야 한다." 필스트룀은 이 생각이 "과학의 대상들은 탐구에 앞서 '이미 만들어져 있는' 것이 아니라, 탐구로부터 발생한다는, 혹은 탐구 과정에서 구성되고/되거나 지목된다"는(같은 곳, 89쪽. 듀이의 원문을 변형한 인용문임) 듀이의 견해와 맥이 통한다고 본다. 더 나아가 "그런 활동과 실천으로부터 동떨어진 믿음은 전혀 없으며 결코 있을 수 없다"(같은 곳, 84쪽). 필스트룀 본인이 인정하듯이, 이 생각들은, 진리와 실재는 오직 실천 안에서만 유의미하다는 비할렘의 견해와 강하게 공명한다. 또한 퍼트넘의 내재적 실재론과도 마찬가지다. 다음 인용문은 필스트룀의(2012, 80쪽) 입장을 옳게 요약한다. "칸트적인, 혹은 준칸트적인 '초월적' 요소—탐구나 표상이나 인식이 가능하기 위해서 반드시 전제되어야 하는 무언가—는 국소적 실천들 자체 안에 들어 있을 가능성이 있다." 그리고 필스트룀의 지적에 따르면, "실재의 실천 적재적practice-laden 표상 가능성과 경험 가능성에 관한 매우 기본적인 초월적 논제는 [비할렘의] 실천적 실재론의 관점에서도 다뤄져야 한다"(같은 곳, 88쪽).

나는 필스트룀의 견해에 대체로 열렬히 동의한다. 그리고 그의 기본적인 시각을 받아들인 다음에 추가로 중요한 한 걸음을 내디뎌야 한다고 느낀다. 즉, 구체적인 실천들의 세부 사항으로 들어가, 어떤 구체적 실천을 위해 어떤 구체적 전제가 필요한지를 일종의 초월적 논증transcendental argument을 통해 보여주어야 한다. 또한 초월적 논증의 본성을 다시 고찰해야 한다(Chang 2008 참조). 무언가를 가능케 하는 필연적 조건을 알아내는 방법은 정확히 무엇일까? 그 방법은 통상적으로 연역deduction으로 간주되지만 간단명료한 연역은 아니다. 만약에 간단명료한 연역이라면, 칸트의 논증들을 이해하기가 이토록 어려울 리 없을 터이다! 나는 3장에서 '정신에 의한 틀짓기'를 논했는데, 그 논의는 바로 이런 생각의 노선을 따르고자 했다.

필립 키처의 '혼성 실용주의'와 '실질적 실재론'

필립 키처의 최근 연구와 현재 진행 중인 연구를 외면한 채로 이 시대에 실용주의와 실재론의 통합을 추구하고 있는 과학자들에 관한 논의를 마무리하는 것은 그야말로 있을 수 없는 일이다. 앞선 장들에서 키처의 생각이 띤 다양한 면모를 넌지시 언급했지만, 그의 연구를 더 체계적으로 서술하기에 적합한 자리는 여기다. 키처의 실용주의 버전은 2012년에 출판된 《실용주의를 향한 전주곡 Preludes to Pragmatism》이라는 논문집에 실린 다양한 논문들에서, 그리고 키처가 2020년에 틸뷔르흐대학교에서 한 데카르트 강연 Descartes Lectures의 텍스트를 비롯한 더 최근의 논문들에서 제시되었다. 후자의 논문들은 조만간 《호모 쿠에렌스: 진보, 진리, 가치 Homo Quaerens: Progress, Truth, and Values》(라틴어 Homo Quaerens는 탐색하는 인간을 뜻함-옮긴이)라는 제목의 책으로 묶여 출판될 것이다.

'실용주의와 실재론: 온건한 제안'(Kitcher 2012, 5장)을 다루는 논문에서 제시한 생각들을 발전시킨 키처의 최근 연구는 '혼성 실용주의hybrid pragmatism'를 명시적으로 옹호한다. 혼성 실용주의의 핵심은 실용주의적 진리 이론과 대응 진리 이론의 종합이다. 키처는 진리에 대한 퍼스적인 정의의 새로운 버전을 내놓는다. "언어 L에 속한 문장 S가 진리라 함은, 탐구가 무한정 진보하는 동안 문장 S가 L 안에서의 용법대로 안정적으로 유지된다는 것이다." 하지만 그는 이렇게 덧붙인다. "서술적descriptive 문장의 진리성은 대응 진리관과 퍼스적 진리관을 둘 다 필수 성분으로 가진 혼합물일 가능성이 있다"(Kitcher 근간, 3장). 키처는 대응 진리 개념을 견지하는 것을 중시한다. 이는 무엇보다도 그 개념이 실용적 성공을 설명해주기 때문이다(Kitcher 2012, 4장). 성공을 진리와 관련지어 설명하는 전략을 보존하는 것은 키처가 보존하고 방어하고자 하는 과학적 실재론 버전을 위해 핵심적으로 중요하다. 하지만 그가 말하는 '실질적 실재론'은 지상에 발 디딘 현실적 교설이다. 이 교설에 따르면, '진리가 성공의 원인이다'라는 명제는 어떤 경우에는 직접 입증할 수 있지만 다른 경우에는 입증 없이 신뢰해야 하는 경험적 가설이다. 키처는 실질적 실재론(실천에서의 실재론)의 '갈릴레오적 전략Galilean strategy'을 거론하는데, 이 전략은 진리이기-때문에-성공적임 가설을, 잘 입증된 영역에서 연구되지 않은 새 영역으로 점차 확장하는 것이다. 갈릴레오가 망원경을 가지고 수행한 연구는 이 전략을 설득력 있게 보여주는 사례다. 지상에서 망원경의 사용이 성공적인 것은 가까이서 맨눈으로 본 사물들의 모습과 멀리서 망원경으로 본 사물들의 모습 사이의 입증 가능한 대응을 통해 설명될 수 있다. 더 나아가 천체들에 관하여 배우기 위해 망원경을 사용할 때 갈릴레오는 망원경의 실용적 성공은 이 경우에도 망원경으로 본 이미지들과 대상들의 실제 모양이 일치하는 것에 기인한다고 추정했다. 이 경우에는 대상들을 직접 관찰할 수 없지만 말이다(Kitcher 2012, 3장 그리고 Kitcher 근간, 4장).

내가 키처의 종합에서 가장 매력적이라고 느끼는 점은 그가 대응을 '경험의 세계' 안에서 일어나는 일로 취급한다는 사실이다. 이런 점에서 키처의 실용주의적 실재론은 내재적 실재론 및 관점적 실재론(5.3절 참조)과 썩 잘 어울린다. 키처는 진리를 이해하기 위해 타르스키를 들먹인다는 점에서 많은 형이상학적 실재론자 및 표준적인 과학적 실재론자와 다를 바 없다. 하지만 또한 그는 이들이 대개 강조하지 않는 다음과 같은 타르스키적 논점을 명확히 한다. "(나는 이것을 선호하는데) 문장들에 진리성을 부여하고자 한다면, 기준으로 삼을 언어를 밝히거나 전제하고서 그렇게 해야 한다"(Kitcher 근간, 3장). 언어에 구속된다는 것은 언어 사용자들의 '경험 세계' 안에 존재하는 것들을 기준으로 삼아 생각하도록 유도된다는 것을 의미하며, 그것들은 그 언어 안에서 표현되는 다양한 일차 진리들과 결부된 실재들이다. 이 견해는 내가 3장에서 제안한, 실재가 정신에 의해 틀지어진다고 보는 시각과 상당히 공명한다.

그러나 나의 견해는 몇 가지 중요한 측면에서 키처의 견해와 다르다. 그는 대응이 접근 불가능한 누메나적 실재와의 대응이 아님을 인정하면서도, 경험적 진리를 위한 관건은 항상 대응이라는 전통적인 생각을 보존한다. 그러므로 직접 접근할 수 없는 대상들에 관한 진리도 대응 개념을 **모범으로** 삼을 수밖에 없으며 따라서 가설로 취급되어야 한다. 반면에 나의 견해는, 작업적-정합성에-의한-진리의 역할을 허용하는 편이 더 생산적이라는 것이다. 그 이유는 크게 두 가지다. 첫째, 대응 진리는 이차 진리이며, 해당 명제가 대응할 수 있는, 기존에 확립된 사실들이 있어야만 사리에 맞게 성립한다. 그리고 대응 관계를 맺은 진리들의 사슬은 결국 일차 진리를 포함해야 한다. 실용주의자가 볼 때 경험적 영역에서 의존할 수 있는 유일한 일차 진리는 작업적-정합성에-의한-진리다. 둘째, 원리적으로 대응 진리성을 획득할 수 있는 진술이 작업적-정합성에-의한-진리로서 기능하고 있을 가능성을 열어놓아야 한다.

5.3 내재적 실재론과 관점적 실재론

이 절에서는 나의 실재주의와 근친성이 있는 입장 두 가지를 추가로 살펴볼 것이다. 그 근친성은 특히 현실적인 정신의 구현이라는 측면에서 나타난다. 첫째 입장은 퍼트넘의 내재적 실재론이다. 이 입장의 기반을 이루는 통찰은, 존재론과 진리와 대응을 사리에 맞게 이해하려면 주어진 개념적 기틀 안에서 그렇게 할 필요가 있다는 것이다. 나는 퍼트넘이 내재적 실재론을 버린 이유도 고찰할 것이며, 나의 작업적-정합성에-의한-진리 개념의 도움을 받아 내재적 실재론을 실용주의적 색채가 더 짙은 입장으로 해석했더라면 그가 내재적 실재론을 더 잘 방어할 수 있었으리라고 제안할 것이다. 관점주의(혹은 관점적 실재론)는 내재적 실재론과 밀접한 관련이 있으며 내재적 실재론과 마찬가지로 내재주의의 일종으로서 현실적인 정신을 길잡이로 삼는다. 내가 보기에 관점주의의 영속적인 교훈은, 관점적 진리는 우리가 보유할 수 있고 소중히 여길 수 있는 진리라는 점을 인정하는 것이다. 이런 점에서 관점적 진리는 내가 말하는 작업적-정합성에-의한-진리와 맥이 통한다.

내재적 실재론이란 무엇인가?

지금까지의 역사에서 많은 철학자가 현실적 정신을 구현하는 입장들을 제시해왔다. 그런 입장들 가운데 주목할 만한 전통을 이룬 것으로 인식론적 내재주의를 꼽을 만하다. 이 입장에 따르면,

지식은 오직 실제로 아는 자의 삶 안에 자리잡은 채로만 존재한다. 바꿔 말해 내재주의는 내가 말하는 정신에 의한 실재의 틀짓기가 결정적으로 중요하다는 점을 인정한다. 내재주의자들은 개념적 기틀, 패러다임, 세상 버전world-version 등의 다양한 개념들을 거론하면서, 지식은 오로지 특정한 실천 시스템 안에서만 존재할 수 있음을 인정해왔다. 20세기 후반에 이 입장을 가장 두드러지게 표명한 사상은 퍼트넘의 내재적 실재론이었다.

퍼트넘이 말한 '내재적 실재론'은 정확히 무엇일까? 이 질문은 그 자체로 논쟁거리이며, 상당히 많은 문헌이 이 질문을 다룬다.[14] 이 질문에 간단명료하게 답하기 어려운 이유 하나는 퍼트넘이 내재적 실재론을 주로 부정적인 방식으로, '외재적' 혹은 '형이상학적' 실재론과 반대되는 것으로 정의했다는 점에 있다.《이성, 진리, 역사Reason, Truth and History》에서[15] 그는 '형이상학적 실재론의 시각'은 다음과 같다고 말한다.

이 시각으로 보면, 세상은 정신 독립적 대상들의 고정된 총

---

14 특히 Hacking 1983, Steinhoff 1986, Sosa 1993, Clark and Hale 1994, Niiniluoto 1999, Baghramian 2012, Button 2013 참조. 퍼트넘 본인은(2015a, 82쪽) 자신이 1976년 12월에 한 APA 동부 지부 회장 취임 연설에서 처음으로 '내재적 실재론'을 내놓았으며《이성, 진리, 역사》(1981)에서 더 자세히 설명했다고 밝힌다. 해당 연설문은《의미와 도덕과학Meaning and the Moral Sciences》(1978)에 실려 출판되었다. 또한 Putnam(1987)과 Putnam(1990a)도 핵심 텍스트다.

15 이 텍스트에 담긴, 내재적 실재론에 대한 설명은 퍼트넘 자신의 설명 가운데 가장 명시적이고 이해하기 쉽다. 니닐루오토와(1999, 211쪽) 해킹은(1983, 92~93쪽) 이 설명이 결정적이라고 본다.

체로 이루어져 있다. '세상이 어떠한지'에 관하여 진리이고 완벽한 서술은 딱 하나 존재한다. 진리는 단어들 혹은 생각-기호들과 외부 사물들 및 사물 집합들 사이에 성립하는 모종의 대응 관계에 관한 것이다. 나는 이 시각을 외재주의적 시각이라고 부를 것이다. 왜냐하면 이 시각이 선호하는 관점은 신의 관점이기 때문이다.(Putnam 1981, 49쪽, 강조는 원문)[16]

이와 대조적으로 퍼트넘 자신의 시각은 존재론과 진리가 둘 다 '내재적' 사안이라는 것, 주어진 개념적 기틀 안에서만 유의미하다는 것이다. 바꿔 말해, "세상은 어떤 대상들로 이루어져 있는가? 라는 질문은 오로지 한 이론 혹은 서술 안에서 제기할 때만 사리에 맞는다"(같은 곳, 강조는 원문). 퍼트넘은 이렇게 덧붙인다. "'대상들'은 개념적 도식으로부터 독립적으로 존재하지 않는다"(같은 곳, 52쪽). 그리고 존재론이 내재적이라면, 진리도 불가피하게 그러할 것이다.

대상들이… 이론 의존적이라면, 언어에 속한 항목들과 이론 독립적이며 고정된 실재에 속한 항목들 사이의 '대응'을 통해 진리가 정의되거나 설명된다는 생각 전체를 폐기해야 한다.(Putnam 1990c, 41쪽)

16 훗날 퍼트넘이 지적한 바에 따르면, 필드는 이 세 가지 주장을 세 가지 형이상학적 실재론 버전으로 구분했으며, 둘째 주장을 '이해하는 자연스러운 방법'은 첫째 주장을 받아들이는 것을 포함한다.

그렇다면 내재주의자가 보기에 진리란 무엇일까?

> 내재주의적 시각으로 보면, '진리성'이란 모종의 (이상화된) 합리적 수요 가능성이다. 즉, 진리란 우리의 믿음들 서로 간에, 또 우리의 믿음과 우리의 믿음 시스템 안에서 표상된 대로의 우리의 경험 간에 성립하는 모종의 이상적 정합이지, 우리의 믿음과 정신 독립적 혹은 담론 독립적 '사정state of affairs' 사이에 성립하는 대응이 아니다.(Putnam 1981, 49~50쪽, 강조는 원문)

내가 보기에 나 자신의 견해와 내재주의 사이의 근본적 근친성은, 내재주의의 초점이 우리가 접근할 수 있는 영역에 놓여 있다는 점에 있다. 만일 내재주의를 우리가 경험할 수 있는 바를 통해 진리와 실재를 이해하는 것을 책무로 삼는 태도로 재구상한다면, 내재주의는 경험주의 및 실용주의와 이음매 없이 매끄럽게 연결된다. 니닐루오토의(1999, 205쪽) 설명에 따르면, 퍼트넘의 내재적 실재론은 "세상이 '이미 완성된' 구조를 지녔다는 것을 부정한다는 점에서 칸트주의 전통에 속하고, 인식적 개념들인 입증 및 수용과 진리를 연결한다는 점에서 실용주의에 속한다". 이 같은 칸트주의와 실용주의의 혼합은—이 혼합을 명시적으로 완전하게 이뤄낸 인물은 필트스룀인데(5.2절 참조)—나의 고유한 실재주의의 핵심에 놓여 있기도 하다. 퍼트넘은 명시적으로 실용주의자로 자처하지 않았고 실용주의를 "열려 있는 질문open question"이라고(Puttnam 1995, 부제) 칭했지만, 나는 퍼트넘을 실용주의자로 보는 것이 생산적인 해석이라고 믿는다. 흥미롭게도 토레티는(2000, 114쪽) 퍼트넘의 내재적 실재론이 토레티 자신의 '실용적 실재론'에(5.2절 참조) 직접적인 영감을 주었다면서, 퍼트넘의 입장을 '내재적 실재론'이 아니라 '실용적 실재론'으로 명명해야 옳았다고 퍼트넘 자신이(1987, 17쪽) 훗날 말했다고 언급한다.

퍼트넘에 대한 실용주의적 해석의 동기와 가치를 이해하기 위해 두 가지 논점을 추가로 고찰할 필요가 있다. 그 논점들은 진리와 대응이다. 퍼트넘의 내재적 실재론에 대한 실용주의적 해석의 주춧돌은 '경험'을 지각을 통한 정보 입력이라는 의미 대신 행동 및 실천과 연결된 넓은 의미로(1.6절 참조) 이해하는 것이다. 이를 염두에 두고, 진리란 "우리의 믿음과… 우리의 경험 간에 성립하는… 정합"이라는 퍼트넘의 진술을 다시 읽어보라. 이 같은 더 온전한 경험 개념을 채택하면, 퍼트넘의 진리 개념은 나의 작업적-정합성에-의한-진리 개념과(4장) 상당히 가까워진다. 나는 이 독해가 퍼트넘의 정신을 충실히 담아낸다고 믿는다. 왜냐하면 이 독해는 작업적 진리 개념을 추구하면서 그 개념을 내재적 개념으로 해석하기 때문이다. "내가 요구하는 바는, '진리'로 여겨지는 것을 '합리적이며 사리를 파악할 줄 아는' 생물들 앞에서 경험과 지성에 기초하여 보증할 수 있어야 한다는 점뿐이다"(Putnam 1990c, 41쪽). 이 요구는 실용주의자들의 요구와 잘 맞아떨어진다. "우리가 늘 사용하는 진리 개념, 혹은 더 겸손하게 말하면, '옳음 right' 개념이 있으며, 그 개념은 서술이 누메나적 사실과 '대응한다'고 형이상학적 실재론자가 말할 때의 대응 개념이 전혀 아니라고 나는 믿는다"(같은 곳, 40쪽). 심지어 내재적 실재론에서 멀어진 뒤에도 퍼트넘은 이 같은 진리 개념을 향한 방향 설정을 유지했다. 다음은 제임스에 관한 퍼트넘의 의미 심장한 진술이다. "진리가 무엇인지를 우리가 어떻게 파악할 수 있는지 우리가 말할 수 있어야 한다고, 진리란 그런 것이어야 한다고 제임스는 믿는다"(Putnam 1995, 10쪽).

대응에 관한 퍼트넘의 내재적 실재론적 견해도 뚜렷이 실용주의적이며 나의 견해와(2.5절 참조) 아주 많이 유사해서, 내가 오래 전에 그 견해의 중요성을 모르는 채로 퍼트넘으로부터 그것을 수용하지 않았나 의심될 정도다. 핵심은 한 시스템 안에서의 대응은 완벽하게 작동하는 개념이라는 것이다.

> 특정한 사용자들의 공동체에 의해 특정한 방식으로 실제로 채용되는 기호는 그 사용자들의 개념적 도식 안에서 특정한 대상들과 대응할 수 있다… 우리가 한 서술 도식이나 다른 서술 도식을 도입하면서 세상을 조각조각 잘라 대상들로 만든다. 대상들과 기호들은 둘 다 서술 도식 안에 내재하므로, 무엇이 무엇과 일치하는지 말할 수 있다.(Putnam 1981, 52쪽, 강조는 원문)

이런 대목은 퍼트넘이 지칭을 내재적 사안으로 여긴다는 점을 명확히 보여준다. 그리고 여기에서 조금만 더 나아가면, 완벽하게 사리에 맞는 내재주의적 대응 진리 개념이 있음을 깨닫게 된다. 나는 4.2절에서 그 개념을 비교에-의한-진리로 명명한 바 있다. 나는 이차 진리인 비교에-의한-진리와 일차 진리인 작업적-정합성에-의한-진리를 구별하는 쪽을 더 선호한다. 퍼트넘은 이런 유형의 구별을 하지 않지만, 퍼트넘이 보기에 이 진리 유형들은 둘 다 내재주의적이다.

내재적 실재론을 옹호하는 퍼트넘의 논증들

내재적 실재론이란 무엇이고 왜 이 입장이 내 마음에 드는지에 관한 논의는 이 정도로 마무리하자. 퍼트넘 본인은 실제로 어떤 논증으로 이 입장을 옹호했을까? 한 논증 노선은 상식에 대한 신뢰를 출발점으로 삼는다.

> 실재론이 전적으로 정당하게 지닌 매력이 있다면, 그 매력은, 탁자들과 의자들이 당연히 있다는 상식적인 느낌에 호소한다는 점, 이것들은 실은 없고 오로지 감각 데이터나 '텍스트' 따위만 있다고 말하는 철학은 약간 미친 수준을 넘어섰다는 상식적인 느낌에 호소한다는 점이다.(Putnam 1987, 3~4쪽, 강조는 원문)

퍼트넘에 따르면, 표준적으로 실재론이라 불리는 입장은 이 통찰을 배신한다. 그 입장은 상식에 호소함으로써 반실재론을 물리친 다음에 '과학적 실재론Scientific Realism'으로 변신하여, 일상적인 대상들은 실은 실재하지 않고 오직 '종결된 과학'에서 승인될 정체불명의 것들만 실재한다고 말한다(같은 곳, 4쪽). 이런 배신을 배척하면서 퍼트넘은 (첫 철자를 소문자로 쓴) '실재론realism'을 선택한다. 이 실재론은 "익숙한 상식적 도식과 우리의 과학적 도식, 예술적 도식 등을 곧이곧대로 받아들이며, 사물'자체'라는 개념을 사용하지 않는다". 퍼트넘은 이렇게 단언한다. "안타깝게도, 첫 철자를 대문자로 쓴 실재론은 소문자로 쓴 실재론의 옹호자가 아니라 적이다." 그리하여 우리는 내재적 실재론에 관한 또 다른 간결하고 의미심장한 진술에 도달한다. 내재적 실재론은 "상식적 실재론을 보존하면서 형이상학적 실재론의 터무니없는 점들과 이율배반들을 피하는 프로그램을 완수하기 위한 열쇠다"(같은 곳, 17쪽). 곧 보겠지만, 이런 직관들은 심지어 퍼트넘이 내재적 실재론과 결별한 뒤에도 보존되었다.

그러나 문헌에서 가장 많은 관심을 받은 내재적 실재론 옹호 논증은 '모형 이론적 논증들model-theoretic arguments'이다. 이 논증들은 내재적 실재론을 옹호하는 논증이라기보다 외재적/형이상학적 실재론을 반박하는 논증에 가깝다. 나는 퍼트넘이 제시한 그 논증들의 전문적 세부 사항을 일일이 따지려 하지 않을 것이다. 그 세부 사항을 살펴보려면, 무엇보다도 팀 버튼의(2013) 세밀하고 뛰어난 비판적 해설을 참조하라. 여기에서 내가 바라는 바는, 퍼트넘에게서 얻을 수 있는 유용한 교훈들을 직관적으로 조망하는 것뿐이다. 버튼은 퍼트넘의 모형 이론적 논증을 두 부류로 구분하는데, 직관적으로 더 강력한 것은 '불확정성indeterminacy 논증들'이다. 이 부류가 보여주려는 바는 "이론을 진리로 만드는 방식이 아무튼 있다면, 그런 방식이 많이 있다"는 것이다(Button 2013, 14쪽, 강조는 원문). 퍼트넘은(1981, 32~33쪽), 문장 전체의 진리 조건을 확정하면 용어들의 외연과 내포가 확정된다고 보는 '해석에 관한 통상적 견해'가 제대로 작동하지 못한다는 점을 보여주고자 한다. 퍼트넘이 콰인의 통찰을 확장하여 주장하는 바에 따르면 "가능한 세상 각각에서 문장 각각의 진릿값이 특정한 값이어야 한다는 조건을 충족하면서 서로 영딴판인 방식들로 언어 전체를 해석할 수 있다". 해킹은 이 주장을 나름의 방식으로 이렇게 표현한다. "당신이 체리를 언급할 때마다, 당신은 내가 고양이라고 부르는 놈을 언급하고 있을 수 있으며, 거꾸로도 마찬가지다. 고양이가 매트 위에 있다고 내가 진심으로 말하면, 당신은 체리가 나무 위에 있다는 말이라고 여기면서 고개를 끄덕일 수도 있을 것이다. 그런 식으로 우리는 세상의 사실들에 관하여 완벽한 합의에 이를 수 있다"(Hacking 1983, 102쪽). 좀 더 추상적으로 말하면, 버튼은(2013, 14~15쪽) '순열permutation 논증'을 (모형 이론적 논증들 가운데 가장 쉬운 논증이라면서) 이렇게 설명한다. "우리가 세상 안의 모든 대상들을 다양한 표찰(이름)들과 짝지어 늘어놓을 수 있다고 상상해보자… 이제 우리가 그 대상들을 아무렇게나 재배열한다고 해보자. 우리가 표찰들을 건드리지 않는다면, 재배열 전에 진리였던 문장들이 재배열 후에도 그대로 진리일 것이다." 이 상황은, 형이상학적 실재론자들이 자기네 견해의 근본적 원칙으로서 전제하는, 단어들과 대상들 사이의 확정적 대응을 파괴한다.[17]

17 퍼트넘의 형이상학적 실재론 비판은 자기반박적인 것처럼 보일 수 있다. 왜냐하면 그는 먼저 형이상학적 실재론의 기본 용어들을 채택하고서 모형 이론적 논증들을 짜기 때문이다. 모형 이론의 짜임새 자체 안에, 우리에게 언어 L과 개체들의 영역 X, 그리고 L에서 X로 가는 해석 함수 I가 있다는 것이 내재한다(Niiniluoto 1999, 52쪽 이하). 이런 짜임새는 (정신의 틀짓기 없이) 잘 정의된 개체들로 구성된 세상을 처음부터 전제한다. 버튼의 말마따나 퍼트넘의 모형 이론적 논증들은 오직 형이상학적 실재론을 반박하는 귀류 논증으로서만 사리에 맞는다. "퍼트넘은 의미 회의주의를 받아들이지 않는다. 오히려 그는 의미 회의주의를 외재적 실재론을 비롯한 반대 입장들을 반박하는 귀류 논증으로 사용한다"(Button 2013, 3쪽, 강조는 원문). 퍼트넘은(1977, 489쪽) 자신이 보여주고 있는 바는 어떻게 형이상학적 실재론이 '붕괴하여 부정합적으로 되는가' 하는 것이라고 말한다.

퍼트넘은 왜 내재적 실재론을 버렸을까?

나는 퍼트넘의 내재적 실재론과 나 자신의 견해 사이에 이 토록 강한 근친성이 있다고 느끼므로 퍼트넘의 철학에 관한 친숙한 논제 하나를 꼭 다뤄야 한다. 그 논제는 퍼트넘이 생각을 자주 바꿨다는 것이다. 실재론에 관한 그의 견해도 예외가 아니었다. 1990년대 초반부터 그는 내재적 실재론을 명시적으로 거부했다. 원저자조차도 나중에 버린 철학을 나 자신의 철학을 위한 기반으로 삼는 것은 당연히 약간 꺼림칙한 일이다. 퍼트넘이 자신의 내재적 실재론(혹은 '반反실재론'!)을 포기한 사연을 두고 나중에 돌이키며 한 말을 들어보자.

> 진리인 진술이란, 충분히 '이상적'인 조건이 갖춰지면 우리가 받아들일 진술이라는 주장을 나는 공개적으로 버렸다. 이 주장은 내가 1970년대 후반과 1980년대에 옹호한 형태의 반실재론이다. 그 반실재론은 '검증주의verification를 승인하는' 그릇된 입장이었다.(Putnam 2015b, 508쪽, 주석 6)[18]

이 인용문에서 퍼트넘은 실용주의적 성향을 띤 진리관을 자신의 내재적 실재론의 주요 오류로 지목한다.

흥미롭게도 퍼트넘은 내재적 실재론을 명시적으로 거부한 뒤에도 내재적 실재론의 몇몇 결정적 면모를 실은 계속 간직했다.

---

[18] 또한 Putnam(2015a, 83~84쪽, 91쪽; 2015b, 502쪽) 참조.

내재적 실재론을 버린 뒤에도 퍼트넘은 여전히 '개념적 상대성'을 전적으로 받아들였고, 나는 그런 그가 옳았다고 생각한다. 퍼트넘이 실용주의를 송두리째 버린 것도 아니었다. 오히려 정반대로 그는 내재적 실재론을 버린 다음에 실용주의를 매우 공감하며 연구했다(Putnam 1995). 그의 2015년 회고에 따르면, 그가 1990년에 한 일은 제임스가 말한 '자연적natural 실재론' 혹은 '직접적direct 실재론'으로의 회귀였다(Putnam 2015a, 95~97쪽). 실제로 퍼트넘은 1999년에 출판된 《삼중 노끈The Threefold Cord》에서 자신의 새로운 태도를 그렇게 틀지었다. 내가 보기에 그는 (5.1절에서 논한) 현실적인 정신도 간직했는데, 이는 그의 인본주의humanism의 한 부분이었다. "해석과 설명 등에 관한 우리의 생각은 우리의 윤리적 가치들과 마찬가지로 심층적이고 복잡한 인간의 욕구에서 나온다"(Putnam 1990c, 37쪽). 이 모든 것을 고려할 때, 나는 퍼트넘이 내재적 실재론을 버린 다음에 설득력과 정합성을 갖춘 다른 입장으로 옮겨갔다고 보지 않는다. 오히려 그가 내재적 실재론을 유지하면서 더 발전시켰으면 더 좋았으리라는 것이 나의 생각이다. 또한 옹호할 만한 실용주의적 진리 이론이 있었다면, 그가 내재적 실재론을 포기하지 않고 유지하는 데 도움이 되었으리라고 생각한다. 나는 퍼트넘이 나의 연구를 알았더라면 동의를 표했으리라고 상상하고 싶다. 작업적-정합성에-의한-진리 개념은 내재적 실재론과 실용주의 둘 다를 생산적으로 재해석하고 종합할 수 있게 해준다고 나는 믿는다.

관점적 실재론

내가 내재적 실재론의 핵심이라고 여기는 부분은 퍼트넘보다 훨씬 앞서 제시되었다. 3.4절에서 언급했듯이, 그 부분은 전적으로 후기 카르납의 정신이었다(Carnap 1963, 871쪽 참조). 그 부분은 퍼트넘보다 먼저 활동한 클레어런스 루이스, 굿먼을 비롯한 실용주의적 신칸트주의자들의 연구가 강하게 띤 특징이었다. 현재의 과학철학에서 이 전통은 관점주의perspectivism라는 이름으로 이어지고 있다. 로널드 기어리가(2006, 13~14쪽) 구상하는 관점주의의 출발점은 "대상이나 장면을 다양한 위치에서 본다"라는 은유적 생각이다. 하지만 그가 스스로 지목하는 '과학적 관점주의의 원형'은 색채 시각이다. "색깔들은 충분히 실재하지만… 색깔들의 실재성은 관점적이다." 그는 장치의 도움을 받는 관찰을 비롯한 무릇 지각을 이런 식으로 이해할 것을 제안한다(같은 곳, 3장). 그런 다음에 매우 '논쟁적이고' 흥미롭게도 기어리는 이 생각을 확장하여 과학 이론 세우기에 적용한다(같은 곳, 4장). "객관주의자들이 보편적 자연법칙이라며 내놓는 웅장한 원리는, 한 이론적 관점을 특징짓는 고도로 일반화된 모형을 정의하는 원리로 간주될 때 더 잘 이해된다"(같은 곳, 14쪽). 기어리의 연구를 기초로 삼아 미켈라 마시미는 관점주의를 '우리의 과학 지식'이 역사적으로 또 문화적으로 "어딘가에 위치해 있다는 점을 다양한 방식으로 강조하는 입장들"로(Massimi 2018a, 164쪽, 강조는 원문) 이해한다. 텔러가(2018, 162쪽) 보기에 관점성perspectivality의 핵심 원천은 "실천에서 연구 주제의 다양한 측면을 다루기 위해 필요한 이상화된 모형들의 다양성, 혹은 심지어 양립 불가능성"이다.

이쯤 되면, 일련의 질문들이 제기될 만하다. 관점이란 정확히 무엇인가? 어딘가에 위치해 있음이란 무엇인가? 그리고 무엇이 위치해 있다는 것인가? 마시미에(2018b, 343쪽, 각주 2) 따르면, 관점이란 "주어진 역사적 시점에 실재하는 과학적 공동체의 현실적인 —역사적으로 또 과학적으로 어딘가에 위치해 있는— 과학적 실천"이다. 그녀가 말하는 '실천'은 앎 주장knowledge claim, 방법, 그리고 정당화 규범을 포함한다. 다른 곳에서 마시미는(2018a, 164쪽) 어딘가에 위치해 있는 지식의 요소들로 "과학적 표상, 모형화 실천, 데이터 수집, 과학 이론"을 꼽는다. 이렇게 설명해놓고 보면, 관점은 '전문분야 매트릭스'를 뜻하는 쿤의 패러다임과 그리 다르지 않다. 기어리는(2006, 82쪽) 관점이 패러다임보다 더 좁은 개념이라고 말하지만, 이를 자세히 설명하지 않는다.

나는 관점성의 세 층을 구분하는 것이 유용하다고 생각하며, 이 생각을 관점주의와 실용주의를 비교하는 최근 저술에서(Chang 2020a; Chakravartty 2010 참조) 제시한 바 있다. (1)같은 내용을 서로 비정합하지incommensurable 않은 다양한 방식들로, 언어들로, 또는 표현들로 나타낼 수 있다. 다양한 표현들은 전형적으로 다양한 함의들을 지닐 테고, 그 함의들은 서로 엇갈리는 예상들과 연결되어 서로 엇갈리는 행동들을 유도할 것이다. 예컨대 고전역학의 뉴튼 정식화, 라그랑주 정식화, 해밀턴 정식화는 내용의 측면에서는 서로 같지만, 어떤 문제 풀이와 추가적인 이론 세우기를 지원하느냐 하는 측면에서는 서로 중대하게 다르다. (2)서로 다른 관점들은 주어진 대상의 서로 다른 측면들을 부각할 수 있고, 또 은폐할 수도 있다. 이런 뜻의 관점주의는 말 그대로 바라보는 위치를 뜻하는 '관점'

과 잘 어울린다. 우리가 3차원 대상을 평범한 방식으로 바라보면 2차원 그림만 볼 것이며, 그 그림의 내용은 어느 방향에서 대상을 바라보느냐에 따라 달라질 것이다. 원기둥은 관찰자의 관점에 따라 원처럼 보일 수도 있고 사각형처럼 보일 수도 있다. 원을 보는 관점은 또 다른 관점이 보는 사각형을 은폐하고, 거꾸로도 마찬가지다. 기어리를 모범으로 삼아 우리는 이 생각을 일반화하고 확장하여 관찰적 관점과 이론적 관점 둘 다에 적용할 수 있다. (3)더 깊은 층에서, 우리의 지식과 세상 사이의 관계를 객관주의적인 방식으로 진술할 수 없다고 주장할 수 있다. 우리가 논할 수 있는 현상이라면 어떤 현상이든지 이미 개념들을 통해 표현되어 있다(즉, 이미 정신에 의해 틀지어져 있다). 그리고 우리는 서로 비정합적이기 십상인 다양한 개념적 기틀 중 하나를 선택할 수밖에 없다. 심지어 두 가지 표상이 동일한 대상을 서로 다른 관점에서 본 결과라고 말하는 것조차도 너무 많은 것들을 당연시하는 행동이다. 각각의 관점은 실재들에 관한 지식을 제공하지만, 동일한 실재들에 관한 지식을 제공하는 것은 아니다.

기어리와 마시미는 둘 다 자신의 관점주의를 실재론적 입장이라면서 내놓는다. 지식이 어딘가에 위치해 있다는 점과 그런 지식 안에서 정신에 의해 통제되지 않는 진리가 표현된다는 점을 양쪽 다 인정하는 중도적 입장이라면서 말이다. 관점적 실재론은 '객관주의(곧 객관주의적 실재론)'와 '구성주의'의 맞섬을 뛰어넘을 수 있게 해준다(Giere 2006, 88쪽). 마시미가 보기에 관점적 실재론은 실재론 논쟁에서 "이분법적 분열들을 우회하려는 최신 시도"이며, "우리의 앎 주장은⋯ 관점적이면서 또한 있는 그대로의 세계에 관한 주장들"일 수 있다(Massimi 2018b, 342쪽, 강조는 원문). 하지만 어떻게 그럴 수 있을까? 기어리는(2006, 81쪽) 관점적 사실들이 명백히 사실들이라는 점을 강조한다. 그 어떤 것에도 못지않게 건실한 '한 관점 안에서의 진리'가 있다. 그가 드는 예를 하나 언급하자면, 대만에서 북쪽을 바라보면 일본이 한국의 오른쪽에 놓여 있다. 이 사실은 경험을 통해 쉽게 검증할 수 있고, 이론의 여지가 전혀 없으며, 캄차카 반도에서 바라보면 일본이 한국의 왼쪽에 있다는 사실과 전적으로 양립할 수 있다. 그리고 어떤 관찰과 이론화든지 관점적으로 이루어질 수밖에 없으므로, 모든 진리 주장은 '관점과 결부된 상대적인 진리'를 주장한다. 그러나 합당한 의미의 '실재론자'라면 그런 관점적 진리를 최대로 실재론적인 태도로 다룰 수 있고 다뤄야 마땅하다. 다시 기어리의 말을 인용하면(2016, 138쪽, 강조는 원문), "한 관점 안에서 제기되는 주장은 그 관점 안에서 제기되더라도 진짜로 세계에 관한 주장으로서, 따라서 비록 충분히 정확하거나 완전하지 않더라도 '실재론적인' 주장으로서 의도된intended 것이다". 이 같은 관점적 진리 개념은 나의 작업적-정합성에-의한-진리 개념과 아주 잘 어울린다. 특히 관점이란 실천들의 집합이라는 마시미의 견해를 고려할 때 그러하다. 그리고 실용주의적 진리 개념을 흔쾌히 받아들인다면, 관점주의는 가장 심층적인 의미의 관점성(앞서 열거한 관점성의 세 층 가운데 3번)을 채택해야 할 것이다.

하지만 이렇게 되면 우리가 구성주의 쪽으로 너무 많이 기울었다고 우려하는 이들도 있을 성싶다. 마시미는 관점적 진리가 비관점적인 무언가를 실제로 알려줄 수 있음을 보여주기 위해 기어리의 논증을 넘어선다. 서로 다른 관점들이 특정한 논점에서, 이를테면 전하의 최소 단위로서의 전자 전하에 대한 판단에서 합의에 이를 수 있을 것이다(Massimi 2021). 더 일반적으로, 서로 다른 관점들의 생산적 상호작용이 비관점적인 지식을 시사할 수 있다. 그런데 마시미가 떠올린 시나리오가 너무 잘 작동할 경우, 그 시나리오는 차크라바르티의 관점주의 비판을 위한 땔감을 제공할 법하다. 차크라바르티의 논증에 따르면, 관점주의적 주장들은 완전히 객관적이며 비관점적인 진리의 불완전한 또는 이상화된 버전들을 보여줄 따름이다. "진리를 말하면서 온전한 진리를 말하지 않을 수도 있을 것이다… 하지만 이것은 관점주의가 옳음을 뜻하지 않는다"(Chakravartty 2010, 407쪽). 과학자들이 동일한 현상들이나 대상들의 집합을 상호 비일관적으로 모사하는 모형들을 가지고 연구한다는 사실과 관련하여 차크라바르티는 이렇게 주장한다(같은 곳, 406쪽). "과학적 모형들, 특히 상호 비일관적인 모형들이 전적으로 합당한 의미에서 관점적이라 하더라도, 이 사정은, 그 모형들이 모사하는 사물들에 관한 비관점적 사실들을 우리가 배우지 못하거나 배울 수 없다는 것을 함축하지 않는다." 요컨대 마시미는 마치 삼각측량을 하듯이 관점적인 지식들에서 비관점적인 지식으로 나아가는 시나리오를 떠올리는데, 이 삼각측량은 성공적일 경우에 차크라바르티의 관점주의 배척을 향한 길을 닦을 따름일 것이며, 그 배척은 우리를 표준적인 과학적 실재론으로 회귀시킨다.

5.4 다원주의와 실재론

　　내가 옹호하는 실재주의의 행동 중심적이며 현실적인 정신은, 실재들에 관한 우리의 지식을 향상하기 위하여 우리가 할 수 있는 일이라면 어떤 일이든지 하라고 권고한다. 내가 옹호하는 실재주의를 채택하면 3.4절과 4.5절에서 제시한 다원주의 옹호 논증들이 강화된다. 더 일반적으로 다원주의와 관련해서는, 대체로 나는 앞선 저술들에서 밝힌 견해를 고수한다. 그 견해는 다원주의의 귀결들과 그럴싸함에 관한 우려에 대응하여 내가 내놓는 답변들을 포함한다. 이 절에서 나는 다원주의에 관한 내 생각의 몇몇 측면을 더 자세히 제시할 텐데, 그 측면들은 이 책에서 제시한 실재주의에 대한 명확한 서술에 의해 강화된다.[19] 첫째, 내재주의의 현실적 정신은(5.3절 참조) 개념적 도식들의 다원성을 자연스럽게 허용한다. 둘째, 현실적 성향과 행동하는 성향은 함께 내가 말하는 '보호주의적conservationist 다원주의'를 강력하게 지원한다. 보호주의적 다원주의는 성공 실적이 좋은 실천이 버려지지 않도록 애쓴다. 셋째, 행동하는 실재주의를 가장 잘 돕는 입장은 상호작용적 다원주의다. 이 다원주의는 '관용적 다원주의'나 '다층적 다원주의foliated pluralism'에서 발견되는, 상호작용 없는 공존을 넘어서 다양한 실천 시스템들의 생산적 상호작용으로부터 혜택을 얻으려 애쓴다.

19　여기에서 내가 기초로 삼는 것은 Chang(2018)에서 밝힌 생각들이다. 셰플러는(1999) 오래전부터 실재론과 다원주의의 양립 가능성을 논증해왔다. 내가 Chang(2021)에서 주장하듯이, 파이어아벤트도 마찬가지다.

내재주의와 다원주의

5.3절에서 논한 내재적 실재론과 기타 관련 입장들은 다원주의를 강력하게 북돋는다. 관점주의와 다원주의의 연관성은 자명하다. 대상을 보는 한 관점은, 만약에 그 동일한 대상을 보는 다른 관점들을 채택하기가 불가능하다면, 한 관점이 아닐 터이다. 마찬가지로 내재적-외재적 구별도 다원주의를 거의 함축한다. 내재적으로 타당한 명제들이 한 개념적 도식 안에서 정식화된다면, 다른 개념적 도식 안에서는 온갖 다른 타당한 명제들의 집합이 정식화될 것이다. 내가 '거의'라고 한 것은, 칸트가 그랬듯이, 인식을 위한 근본적인 개념적 도식이 단 하나만 존재한다고 주장할 수도 있기 때문이다. 그러나 이 맥락에서는 칸트의 일원주의가 설득력이 없음을 신칸트주의 철학, 현대 수학, 현대 물리학의 역사 전체가 증언한다. 심지어 전반적으로 칸트의 견해들에 가장 많이 동조한 이들이 보기에도, 인식을 위한 근본적인 개념적 도식에 관한 칸트의 일원주의는 설득력이 없었다. 카르납과 루이스를 비롯한 많은 이는 대안적인 언어들 혹은 개념적 도식들이 있음을 흔쾌히 인정했다. 레셔의 (1980, 337쪽) 말마따나, "다른 언어들은 우리에게 다른 말하기 방식들을 제공한다. 더 정확히 말하면, '동일한 것들'을 다르게 말하거나 '동일한 것'에 관하여 다른 주장들을 제기하는 방식들을 제공하는 것이 아니라, 다른 유형의 것들을 말하는 방식들을 제공한다". 그리고 내재주의적으로 보면, 우리가 무언가에 관하여 타당한 진술들을 하고 있다면, 그 무언가는 존재해야 한다. 따라서 3.4절에서 논한 간단명료한 유형의 존재론적 다원주의가 귀결된다.

퍼트넘이 주창한 내재적 실재론의 주춧돌은 다양한 인간 집단이 서로 엇갈리는 개념적 도식들을 일상다반사로 개발한다는 생각이다. 내재주의자에게는 "우리가 알거나 유용하게 상상할 수 있는 신의 관점은 없다. 오로지 현실적인 사람들의 다양한 관점들만 있으며, 그 관점들은 그들의 서술들과 이론들이 종사하는 다양한 이해 관심과 목적을 반영한다"(Putnam 1981, 50쪽)라는 점을 퍼트넘은 일찍부터 지적했다. 그는 이렇게 말하기까지 했다. "내재적 실재론은 근본적으로 단지 실재론과 개념적 상대성이 양립 불가능하지 않다는 주장일 따름이다"(Putnam 1987, 17쪽, 강조는 원문). 퍼트넘은 유익한 사례 몇 개를 제시한다. "삶과 지적인 실천의 관점에서 보면, 점을 개별 대상으로 다루는 이론과 극한으로 다루는 이론이 (적절한 맥락들 안에서) 둘 다 옳을 수 있다." 또는 물리과학에서 "물체들 사이의 물리적 상호작용을 원격 작용으로 표상하는 이론과 똑같은 사정을 장場으로 표상하는 물리 이론이 둘 다 옳을 수 있다". 일반적으로 "양립 불가능한 존재론들과 결부된 이론들이 둘 다 옳을 수 있다"(Putnam 1990c, 40쪽). 여기에서 퍼트넘의 말은 《세상 만들기 방식들 Ways of Worldmaking》의 저자 넬슨 굿먼의 말과 약간 비슷하게 들리기 시작한다. "우리가 실천에서 실은 단 하나의 세상 버전을 구성하는 것이 아니라 수많은 버전들을 구성할 뿐이라는 점은 '실재론'이 은폐하는 바다"(같은 곳, 42쪽).

내재적 실재론자 퍼트넘은 지칭의 안정성은 객관적 진리의 문제가 아니라 해석의 문제라는 점을 강조한다. "왜 우리는 보어가 '전자(원어는 Elektron)'라는 동일한 단어를 1900년과 1934년에 변함없이 사용하면서 서로 다른 그의 두 이론을… 동일한 대상을 서술

하는 이론들로 간주한 것은 합당하다고 여기고, 플로지스톤은 원자
가전자들valence electrons을 지칭했다고 말하는 것은 부당하다고 여길
까?"(Putnam 1990c, 33쪽) 아닌 게 아니라, 나는 플로지스톤이 원자가
전자들(또는 전도전자들)을 지칭한다고 말하는 것이 지극히 합당하
다고 생각한다!(Chang 2012a, 43~45쪽. 번역서 125~129쪽) '고정 지시어'
개념에 맞서 퍼트넘은 이렇게 주장한다. "지칭은 인과성과 마찬가
지로 유연하며 이해 관심과 결부된 상대적인 개념이다. 무엇이 어
떤 대상을 지칭하는가에 대한 우리의 판단은 배경지식과 너그럽게
해석하려는 의지에 의존한다. 이토록 심층적으로 인간적이며 속속
들이 의도적인 관계를 집어넣으면서 세계를 읽고 나서 그 결과로
나오는 형이상학적 그림이 만족스럽다고 말하는 것은… 터무니없
다"(Putnam 1983, 225쪽). 퍼트넘은 인과관계 그 자체가 '근본적으로
관점적임'을 지적함으로써, 인과관계의 형이상학적 객관성을 주춧
돌로 삼아 지칭의 형이상학적 객관성을 정초하려는 시도를 미연에
방지한다. 인과관계의 근본적 관점성은 맥락 의존성에 관한 논의에
서 친숙하게 다뤄지는 논점이다. "지구인들에게 산불의 원인은 버
려진 담배꽁초일 수 있겠지만, 화성인들에게 산불의 원인은 산소의
존재다"(Sosa 1993, 607쪽). 퍼트넘은(1990c, 34쪽) 이렇게 결론짓는다.
"우리는 모종의 절차와 실천을 거쳐 사람들이 다양한 상황에서…
실제로 동일한 사물을 가리킨다고 판단하는데, 그 절차와 실천으로
부터 독립적인 지칭 개념을 우리가 지녔다는 주장은… 도무지 이해
할 수 없는 주장인 것 같다."

　　　내재적 실재론을 버린 뒤에도 퍼트넘은 여전히 확고하게 존
재론적 다원주의를 옹호했다. 모들린이 '소박한unsophisticated 형이

상학적 실재론'을 촉구하자, 이에 대응하여 퍼트넘은 자신이 '세련된sophisticated 실재론'을, 곧 "액면가로 보면 양립 불가능한 (잘 알려진 콰인적인 의미에서의) '존재론들'을 가진 서술들이 때로는 동일한 상황에서 허용된다는 생각을 수용하는 실재론"을 옹호한다고 밝혔다. 이와 유사하게, 니닐루오토는(2014, 160쪽) 내재적 실재론을 받아들이지 않지만, 니닐루오토 본인의 '비판적인 과학적 실재론'은 '개념적 다원주의' 원리에 동의한다. 이 원리에 따르면 "모든 탐구는 모종의 개념적 기틀을 바탕으로 삼은 상대적 탐구다". 니닐루오토의(1999, 218쪽) 견해에 따르면, "내재적 실재론과 쿠키 틀cookie cutter 비유의 진정한 주요 성분은 개념적 다원주의, 곧 다양한 언어적 기틀로 세계를 서술하거나 개념화할 수 있다는 생각이다".

보호주의적 다원주의

행동하는 실재주의를 채택하고서 과학사를 새삼 살펴보면, 현장 과학자들의 실천에서 인식적 다원주의가 표출되는 방식 가운데 특히 중요한 것 하나를 발견할 수 있다. 과학자들이 오래전부터 채택해온 암묵적 정책이 있는데, 나는 그 정책을 **보호주의적 다원주의**라고 부른다(Changs 2012a, 218, 224쪽. 번역서 459, 472쪽). 보호주의적 다원주의자는 이제껏 성공적이었던 실천 시스템을 그것이 여전히 잘 통하는 영역에 적용하기 위해 보존하면서, 다른 실재들에 관한 지식을 제공할 새 시스템들을 추가로 채택한다. 표준적인 과학적 실재론자들의 흔한 상상과 정반대로, 이 같은 실천은 실제 과학에서 상당히 널리 퍼져 있다. 그것은 현장에서 실천하는 과학자들이 취하는 현실적 태도다. 그들은 유용한 과거 이론들을, 심지어 그것들이 거짓이라고 선언하면서도, 심지어 입에 발린 말로 환원주의를 편들고 위대한 통일 이론의 꿈에 동참하면서도, 버리지 않으려 애쓰는 경향이 있다. 그렇게 옛 이론이 보호되어 유용하게 사용되는 사례를 기하광학부터 화학에서의 오비탈 이론까지 다양하고 풍부하게 제시할 수 있다. 또한 많은 이가 예상할 법한 바와 정반대로, 다른 어떤 과학에서보다 물리학에서 이런 보호주의적 발전 패턴이 더 뚜렷하게 나타난다. 물리학자들과 물리학을 사용하는 다른 이들은 특정 영역들에서 잘 통하는 다양한 성공적 시스템들을 없애지 않고 유지해왔다. 지구 중심 우주관(항해를 위해), 뉴튼 역학(기타 지상에서의 활동들과 태양계 내에서의 우주여행을 위해), 비상대론적 양자역학(미시물리학의 많은 부분과 양자화학의 거의 전부를 위해), 특수상대성이론과 일반상대성이론, 양자장이론, 그리고 더 최근에 나온 이론들이 그런 사례다. 위대한 일반상대성이론의 적용 가능성이 '국소적'이라는 말에 분개하는 분들이 있다면, 우리가 일반상대성이론을 사용할 것을 꿈도 꾸지 않을 만한 온갖 상황들을, 또한 일반상대성이론에 대한 구체적인 경험적 검증의 사례는 극소수라는 사실을 지적해드릴 수 있을 따름이다. 다음과 같은 굿먼의(1978, 4쪽) 발언은 옳다. "다원주의자는 반反과학적이기는커녕 과학의 가치를 온전히 인정한다."

　　성공에서 진리로 나아가는 표준적인 과학적 실재론의 추론은 전형적으로 일원주의적 기틀 안에서 이루어진다.[20] 그 추론에 따르면, 주어진 영역 안에서 가장 성공적인 이론이 진리인 이론이다.

더 성공적인 새 이론이 등장하면, 기존에 가장 성공적이었던 이론에 부여된 진리임이라는 속성은 철회되어야 한다. 반면에 현실적인 실재주의는 과학자들의 보호주의적 행동을 완벽하게 이해할 수 있다. 현실적인 실재주의에 따르면, 이론의 성공은 이론이 작업적-정합성에-의한-진리성을 어느 정도 지녔다는 점을 말해줄 따름이다. 이것은 증명이 아니며, 더 나아가 경쟁 이론들의 작업적-정합성에-의한-진리성을 부정하지 않는다. 하지만 실제로 성공은 계속적인 추가 성공을 믿을 만하게 약속하며, 우리는 귀납의 문제를 유념하면서, 이 약속을 받아들여야 한다. 주어진 영역 안에서 다수의 경쟁 이론들이 이 같은 추가 성공의 전망을 보유할 수 있다. 한 실천 시스템이 거듭해서 성공을 산출하면, 미래에 사용하기 위해 그 시스템을 보존하는 것이 사리에 맞는다. 성공적인 옛 이론을 보존하는 것은 겸손하고 합당한 귀납주의적 정책이다. 이 정책은 흄이 우리 삶에 필수적이라고 가르친 기본적인 귀납적 추론 및 행동에 확고히 뿌리내려 있다. 시도되고 검증된 시스템은 다른 것을 잘하는(또는 심지어 같은 것을 다른 방식으로 잘하는) 다른 시스템이 있더라도 확실히 성공적이라고 평가되어야 마땅하다. 또한 후자의 시스템도 신뢰받을 자격이 있다. 논점을 가장 일반적이고 두루뭉술하게 표현하면 이러하다. 우리가 성공의 원인으로 간주하는 것이라면 어떤 것이든지 계속 성공을 가져다줄 가능성이 있도록 보존되어야 한다. 거듭 말하지만, 보호주의적 다원주의를 채택하면 우리는 과학의 진보를

20 나는 성공이 다차원적이라는 점을 인정함으로써 이 같은 일원주의에 맞선 바 있다(Chang 2012a, 224~233쪽, 번역서 473~493쪽. 그리고 이 문헌의 참고문헌).

누적적 진보로 이해할 수 있다. 더 정확히 말하면, 과학의 진보를 단순한 불변적 사실들의 누적(이 누적의 결과로 점점 더 일반적인 이론이 형성될 텐데)으로 이해하는 것이 아니라, 국소적으로 효과적이어서 계속 성공을 산출하는 다양한 이론들의 누적으로 이해할 수 있다.

이 논점을 예증하기 위해 다시 아인슈타인을, 이번에는 그의 특수상대성이론 연구를 잠깐 살펴보자. 아인슈타인이 에테르와 절대적 공간 및 시간을 버린 것(1.5절, 3.2절 참조)을 형이상학적 깨달음으로 간주하지 말아야 한다.[21] 대신에 아인슈타인의 연구를, 그토록 근본적으로 다른 물리학 실천 방식이 정합적일 수 있음을 보여준 다원주의적 행마로 간주할 것을 나는 제안한다. 특수상대성이론을 습득하는 데 성공한 이들의 대다수는 상대론적으로 생각하는 법을 배우기가 얼마나 어려웠는지, 하지만 일단 배우고 나면 상대론적 생각이 얼마나 사리에 잘 맞는지 기억할 것이다. 그러나 아인슈타인은, 일상생활은 말할 것도 없고 뉴튼 역학부터 분자생물학까지 아우르는 온갖 영역에서 여전히 절대적 공간 및 시간을 기본 전제로 삼아 계속 수행되는 온갖 활동의 타당성을 부정하지 않았다. 오히려 상대성이론 연구는 물리학에서 이루어진 경이로운 행마였다. 최대로 제약 없는 탐구의 한 부분이었던 그 행마는 전례 없는 방법들로 예상치 못한 결과들을 산출함으로써 난해한 문제를 해결했다. 상대성이론 연구의 결과는, 새로운 개념적 활동들에 기초한 새로운

---

21 또한 일반적인 작업주의적 의식의 깨어남으로 간주하지도 말아야 한다. 그렇게 간주하는 것은 브리지먼, 하이젠베르크, 딩글에 맞서 아인슈타인 본인이 거부한 해석이다(Chang 2009b 참조).

실용적 이해였다. 상대론적 기준틀이 설정됨에 따라 공간 개념과 시간 개념 자체가, 그리고 동시성 개념이 새로운 의미를 얻었다.

　　이 같은 다원주의적 관점은 과학철학에서 논의되는 이론 선택 문제와 관련하여 중요한 함의를 지닌다. 나는 전통적인 방식으로 거론되는 이론 선택(혹은 패러다임 선택)이 필요하지 않다고 주장한다. 승자를 선발하고 다른 모든 경쟁자를 제거하려고 고심하기를 그치면, 과학적 진보의 본성과 평가에 관하여 훨씬 더 관대하고 열린 태도를 취할 수 있다. 다원주의자는 진보의 전망이 충분히 밝은 실천 시스템이라면 어떤 것이든지 허용되고 권장되어야 한다는 입장을 받아들일 수 있다. 그런데 '충분히'는 당연히 불명확한 개념이며, 전망이 충분히 밝다는 판정은, 가용한 물질적 자원과 인지적 자원의 제약 아래에서 우리가 얼마나 많은 시스템을 한꺼번에 유지할 수 있느냐에 의존한다. 그러나 여기에서 판정의 불명확성은 문제가 되지 않는다. 왜냐하면 판정이 불명확한 것과 어울리게, 수행할 필요가 있는 행동도 불명확하기 때문이다. 실천 시스템을 허용하거나 지원하기로 하는 판단은 죽느냐 사느냐처럼 양자택일이 아니다. 간신히 관용하는 수준부터 '모든 것을 거는' 수준까지 다양한 정도의 지원이 가능하다. 요컨대 어떤 실천 시스템이 충분히 밝은 진보의 전망을 보인다는 믿음을 충분히 많은 사람이 충분히 강하게 가진다면, 이 사정은 행동하는 실재주의자가 보기에 그 시스템을 어느 정도 지원할 이유로서 일단 충분히 타당하다.

　　일원주의적 이론 선택을 그만두는 것은 또한 고정된 최종 도착점을 향한 진보의 개념을 포기하는 것을 의미한다. 제약 없는 탐구는 미리 정해진 도착점이 없다. 왜냐하면 우리가 어떤 실재들에 관하여 배우고 싶을 때, 그 실재들은 우리의 탐구로부터 독립적으로 선형상화되어 있지 않기 때문이다. 그 실재들은 우리가 탐구를 다양한 방향으로 진행함에 따라 다양한 방식으로 실현된다. 나는 지식의 발전이 최종점으로 꾸준히 수렴한다는 매혹적인 생각에 반기를 든다. 퍼스부터 프리드먼까지 아우르는 다양한 사상가들이 이 생각에 사로잡혔지만 말이다. 퍼스와 프리드먼이 이 생각에 빠지지 않았다면, 그들의 통찰은 그들을 다원주의로 이끌었을 터이다. 이 생각 대신에 나는 파이어아벤트가 제시한 지식관을 환영하며 받아들이게 되었다. 그 지식관의 핵심은 **풍요로움**abundance이다. 탐구가 제약 없이 진행되도록 놔두면, 모든 탐구자가 똑같이 최대한 성공적인 방식으로 배우려 애쓰더라도, 탐구의 결과들은 흥미로운 방식으로 발산하는 듯하다. 우리는 모두 지상에서 지식을 '위로' 쌓아갈 수 있지만, 모든 '위로'가 동일한 방향인 것은 아니다! 우루과이에서 '위로' 가는 것과 한국에서 '위로' 가는 것은 둘 다 상승이라는 의미에서 진보지만 우주에서 보면 방향이 정반대다. 단지 우리가 어떤 발전 방향이 옳은지 모른다는 얘기를 하려는 것이 아니다. 요점은 유일무이하게 옳은 방향이나 최선인 방향 따위가 아예 없을 수도 있다는 것이다.

행동하는 실재주의에 종사하는 다원주의의 다양한 유형

이제 어떻게 다원주의가 행동하는 실재주의에 종사할 수 있는지를 더 면밀히 고찰하고자 한다. 이 대목에서 다원주의의 다양한 유형을 구분할 필요가 있다. 그 유형들은 서로 다른 지식 시스템들knowledge-systems'의 상호관계에 관하여 저마다 다른 견해를 지녔다. (여기에서 '지식 시스템'은 의도적으로 불명확한 용어로서, 이론, 모형, 연구 프로그램, 패러다임, 실천 시스템을 뭉뚱그려 가리킨다.) 나는 기존에 내가 제시한 구분을 중요하게 수정해야 한다. 즉, '관용적' 다원주의와 '상호작용적' 다원주의만 있는 것이 아니라, 또 다른 주요 유형으로 다층적 다원주의도 있다.

가장 약한 유형의 다원주의에 따르면, 동일한 영역 안에서 다양한 시스템들이 모두 타당할 경우, 그 시스템들은 전적으로 양립 가능하다. 나는 스테파니 루피의(2015) 용어 **다층적 다원주의**를 채택하여 이 유형을 지칭하고자 한다. 다층적 다원주의는 온건한 관점주의라고도 할 수 있다(5.3절에서 구분한 관점성의 세 층 가운데 '첫째 층' 참조). 루피에 따르면, 존재론은 기존 관점에 새 관점이 정합적으로 추가됨에 따라 풍요로워진다. 다층 구조는 카트라잇이 제시한 조각보 이미지와 대비된다. 즉, 앎의 다양한 층들은 동일한 구역을 다루고 서로 밀접하게 연결되어 있으며 제각각 다른 것을 전체에 보탠다. 다층적 다원주의(혹은 첫째 층 관점주의)는 행동하는 실재주의에 기여할까? 대답은 지식의 본성을 어떻게 보느냐에 따라 몹시 달라진다. 지식을 오로지 명제적인 지식으로 국한하면, 전적으로 상호 번역 가능한 진술 집합 두 개를 가지는 것이 단 하나의 진술 집합을 가지는 것보다 더 많은 지식을 가지는 것이라는 점을 부정할 수도 있을 것이다. 그러나 내 나름의 견해에 따르면, 한 관점 위에 포개진 다른 관점은, 만일 이 둘째 관점이 새로운 실천 시스템을 지원한다면, 새로운 지식을 성립시킨다(혹은 창조한다). 또한 이 경우에 다양한 '층들'은 다양한 방향으로 발전하여 결국 서로 엇갈리는 능동적 명제적 지식을 창조할 개연성이 매우 높다. 그런 일이 일어 나면 깔끔한 다층구조는 깨질 것이다.

다음 유형의 다원주의는 내가 **관용적 다원주의**tolerant pluralism 라고 불러온 것인데, 이 다원주의는 다양한 지식 시스템이 전적으 로 양립 가능하다고 간주하지 않는다. 대신에 관용적 다원주의에 서 다양한 지식 시스템은 상호작용 없이 평화롭게 공존한다. 관용 적 다원주의의 훌륭한 사례로 알리사 보쿨리치가(2008, 2장) 통찰 력 있게 해설한 베르너 하이젠베르크의 '닫힌 이론' 개념을 들 수 있 다. 하이젠베르크에 따르면, 고전역학과 양자역학은 둘 다 닫힌 이 론이다. 즉, 이 이론들은 제각각 내적으로 완벽하며 조금도 개선 될 수 없다. 이 이론들은 통째로 수용되거나 통째로 배척되어야 한 다. 따라서 닫힌 이론은 쿤의 패러다임과 유사한데, 하이젠베르크 는 기존 패러다임을 혁명적으로 폐기하는 대신에 관용적 다원주의 를 채택하는 것이 옳다고 본다.[22] 관용적 다원주의는 확실히 행동 하는 실재주의에 기여할 수 있다. 파이어아벤트가 떠올리는 번성繁 盛, proliferation의 이미지를 상기하라. 덜 대담하긴 하지만, 보호주의 적 다원주의도 같은 방향을 가리킨다. 각각의 실천 시스템이 고유 한 지식을 생산할 수 있으며, 관용적 다원주의를 실천하는 사회는 그 모든 시스템으로부터 지식을 수확할 수 있다. 하지만 다양한 시 스템들에서 나오는 지식의 갈래들을 어떻게 합칠 수 있을까에 관한

---

22 보쿨리치는 이 같은 하이젠베르크의 견해가 카트라잇의 '형이상학적 법칙론 적 다원주의metaphysical nomological pluralism'와 유사하다고 지적한다.

질문들이 제기되는 것은 사실이다. 상황에 따라 그 갈래들은 합쳐지지 않을 수도 있다. 그럴 때는 다양한 하위 공동체들이 다양한 활동 권역들에 존재하면서 인식적으로 유의미한 어떤 방식으로도 상호작용하지 않을 것이다. 심지어 동일한 개인이나 공동체가 다양한 시기에 다양한(서로 밀접한 관련이 없는) 실천 시스템에 속한 활동들을 (그 활동들 사이에 강한 연관성 없이) 수행할 수도 있을 것이다. 텔러는 물리학자들이 동일한 대상을 모사하는 모형을 여럿 사용하면서 그것들을 합치려 하지 않는 상황을 다양한 사례를 들어 지적한다. 때로는 물을 양자역학적으로 모형화할 필요가 있고, 때로는 고전적인 유체로 모형화할 필요가 있다(Teller 2001, 408~409쪽). 중력을 거론하는 모형과 시공의 굴곡을 거론하는 모형을 양쪽 다 보유하면, "사물들이 어떠한지에 훨씬 더 풍부하게 접근할" 수 있다(Teller 2018, 163쪽).

행동하는 실재주의의 요구에 가장 완벽하게 부응할 수 있는 다원주의 유형은 **상호작용적 다원주의**interactive pluralism다. 이 다원주의에서 다양한 지식 시스템은 생산적으로 상호작용하면서 각각의 시스템이 독자적으로 제공하는 탐구의 길에 더하여 새로운 탐구의 길들을 연다. 과거에 나는 시스템 간 상호작용의 주요 양태로 융합, 들여와 쓰기, 경쟁을 논한 바 있다(Chang 2012a, 5.2.3절). 보쿨리치는(2008) 양자-고전 관계에 대한 면밀한 고찰을 토대로 시스템 간 상호작용에 관하여 더 깊고 풍부한 통찰을 제시한다. 그녀는 이 상호작용이 다원주의를 넘어선다고 보지만, 나의 어법에 따라 판단하면, 그녀의 입장은 상호작용적 다원주의 정신 안에 있다. 특히 인상적인 것은 '반半고전역학semiclassical mechanic'에 관한 그녀의 논의다. 반고전역학은 "고전적인 양들을 사용하여 심지어 양자적 현상들까지 탐구하고 계산하며", 반고적역학의 방법들은 "양자적 발상들과 고전적 발상들의 비정통적 혼합"을 채용한다. 예컨대 "고전적 궤적을 적절한 양자적 위상phase과"(Bokulich 2008, 104쪽) 비정통적으로 혼합한다. 보쿨리치는 이 같은 연구 노선에서 다양한 유형의 혜택이 누적되어왔음을 강조한다. 그 혜택은 계산의 편리성뿐 아니라 새로운 물리적 통찰 및 설명과 새로운 현상의 발견까지 아우른다. 1.4절에서 논한 GPS의 사례에서도 유사한 유형의 상호작용이 일어난다고 할 수 있다. 마시미도(2018b, 356쪽) 생산적인 관점 간 상호작용을 강조한다. "각각의 과학적 관점이… 사용의 맥락으로도(그 관점 자신의 앎 주장들을 위하여) 기능하고 평가의 맥락으로도(다른 과학적 관점에서 주장하는 앎의 수행 적합성을 평가하기 위하여) 기능한다." 나는 이런 상호작용에서 비관점적 지식이 나올 수 있다고 확신하지는 않는다. 그러나 이런 상호작용이 더 나은 관점적 지식을 더 많이 창조한다는 것만큼은 확실하다. 이 생각들은 특정한 상황들에 부응하기 위해 서로 다른 시스템들이 임시방편적으로 융합하는 경우에 관한 샌드라 미첼의(2003, 2020) 견해를 확장한다. 상호작용적 다원주의는 제약 없는 탐구의 핵심 특징이다. 상호작용적 다원주의가 없으면, 우리의 지식 추구 활동은 잠재력을 완전히 발휘할 수 없다.

5.5 인식 과정의 반복을 다시 논함

이 절에서 나는 과학적 진보의 반복적 성격을 더 면밀히 고찰하고자 한다. 현실적인 정신은, 진보는 모종의 물려받은 출발점에서 시작되어야 한다는 점을, 또한 우리에게 주어진 출발점이 완전히 정당화되는 일은 영영 없으리라는 점을 인정한다. 인식 과정의 반복에서 우리는 출발점이 완벽하지 않음을 알면서도 그런 출발점에 기초하여 탐구를 시작하고, 탐구의 성과를 사용하여 그 탐구 자신의 출발점을 개선한다. 인식 과정의 반복이 함축하는, 보수주의conservatism와 낙관주의의 결합은 현실적 실재주의의 모범적인 사례다. 나는 우선 인식 과정의 반복에 관하여 내가 과거에 제시한 생각들을 재검토하고 재천명할 것이다. 그런 다음에, 어떻게 인식 과정의 반복이 우리의 개념들과 존재론을, 우리의 방법과 원리를, 심지어 우리의 목표를 진보적으로 변화시킬 수 있는지 보여줄 것이다. 우리가 절대적 진리에 점차 접근한다고 생각하지 않아도, 이 모든 반복적 진보의 패턴들을 인정할 수 있다. 주어진 상황을 받아들이고 그 상황에 기초하여 탐구를 시작하는 것은 진보를 이뤄내는 합리적인 방법이다. 이 방법은 한낱 사실 축적이나 지식의 정확성 및 범위의 단순한 증대보다 더 심층적인 진보를 가능케 한다.

인식 과정의 반복이 띤 면모로서의 보수주의와 낙관주의

나는 원래 측정 방법들의 정당화와 관련하여 '인식 과정의 반복epistemic iteration'이라는 개념을 제시했으며(Chang 2004, 5장), 그때 이래로 그 개념을 다양한 방향으로 확장해왔다(Chang 2007; 2016a; 2017a). 현재의 논의에서는 우선 인식 과정의 반복을 통해 진보가 일어난다는 생각을 간략히 재검토하고 업데이트하고자 한다. 이 대목에서 내가 강조하고 싶은, 인식 과정의 반복이 띤 두 가지 면모가 있다. 첫째, 인식 과정의 반복은 물려받은 **모종의 지식 상태**를 출발점으로 받아들이되 그 출발점에 필시 결함과 부족함이 있음을 충분히 인정한다는 점에서 보수주의적인 과정이다. 인식 과정의 반복을 바탕에 깐 관점은 확고한 기반 위에 앎을 건축한다는 익숙한 토대주의적 비유를 배척한다. 이 비유의 타당성은, 이 비유가 전제로 삼는 평평한 지구 우주론의 타당성과 동등하다. 하지만 이 비유를 현대화한다면 어떨까? 우리의 현재 우주관에 따르면, 우리 지구인이 건축하는 구조물은 평평한 지구에서 위로 솟는 것이 아니라 둥근 지구에서 바깥쪽으로 뻗어나간다. 지구는 그 어디에도 확고히 고정되어 있지 않다. 그럼에도 우리는 아무런 문제 없이 지구 위에 구조물을 건축할 수 있다. 왜냐하면 지구는 다른 대상들을 끌어당기는 크고 조밀한 물체이기 때문이다. 그리고 우리가 지구 위에 구조물을 건축하는 것은 지구가 우주에서 가장 좋은 기반이기 때문이 아니라 우리가 지구에서 태어났고 지구에서 살기 때문이다. 물론 기반으로 삼을 또 다른 행성을 우리가 찾아 나설 수 없다는 뜻은 아니지만, 심지어 일론 머스크도 우주선을 일단 여기 지구 위에서 제작할 수밖에 없다. 고전적인 실용주의자들은 이 사정을 아주 잘 알았다. 특히 퍼스는 인식 과정의 반복에 관한 나의 생각에 가장 먼저 영감을 준 인물 중 하나다. 그는 우리가 탐구를 수행할 때 기반으로 삼는 현실적 토대가 전적으로 확고하지는 않다는 사실을 이런 멋진 비유로 표현했다. 탐구는 "사실의 반석 위에 서 있지 않다. 탐구는 늪지에서 걷고 있으며, 다만 이렇게 말할 수 있을 따름이다. 이 기반이 당분간 탐구를 지탱할 것 같아. 난 이 기반이 무너지기 전까지는 여기에 머무를 테야"(Misak 2013, 34쪽에서 재인용한 퍼스의 말).

인식 과정의 반복이 띤 온당한 보수주의는 우리가 물려받은 바를, 그리고 과거에 실제로 있었던 지적인 존재들의 집단이 이뤄낸 성취를 기반으로 삼는 것을 의미한다. 이 기반은 무가 아니라 유有다. 탐구를 촉발하는 최초 상황이 문제적인 상황인 것은 맞지만, 우리의 최초 상황은 어떤 좋은 기존 지식을 포함한다. 이를 인정하는 것이 내가 말하는 '존중의 원리principle of respect'의(Chang 2004, 43쪽) 기초다. 탐구는 기존 지식에 의존하며, 나중에 되돌아와 그 지식을 다듬고 수정한다. 이렇게 우리의 출발점을 개선하는 일은 '외부로부터' 우리에게 주어지는 절대적으로 옳은 정답을 토대로 이루어지는 것이 아니라, 이제 수정되고 있는 바로 그 전제들에 의존한 탐구 과정을 통해 도달한 최선의 판단을 토대로 이루어진다. 이 사정이 의미하는 바는, 탐구 전체의 타당성을 탐구의 출발점의 기본적인 괜찮음decency으로부터 분리할 수 없다는 점이다. 만일 탐구가 탐구 자신의 출발점을 완전히 부정하는 것으로 종결된다면, 탐구 과정 전체가 파괴되고, 우리는 완전히 새로운 탐구를 시작해야 한다.

인식 과정의 반복이 띤 또 다른 면모로 내가 강조하고 싶은 것은 근본적인 낙관주의, 곧 불완전한 출발점에 기초한 탐구가 최소한 가끔은 자기 향상 과정으로 이어질 것이라는 낙관적 예상이다. 나는 온도를 비롯한 다양한 개념을 실제 물리과학들에서 뽑아내 예로 들면서 이 같은 자기 향상 과정을 매우 상세하게 논한 바 있지만(Chang 2004; 2016a), 일상생활에서 유래한 다음과 같은 비근한 예 겸 비유를 통해서도 그 과정을 생생히 보여줄 수 있다. 나는 안경을 쓰지 않으면 작은 것들을 그리 잘 보지 못한다. 그래서 안경을 쓰고 작은 것들을 보면, 나는 안경 렌즈에 난 미세한 흠집을 볼 수 없다. 그러나 안경을 쓰고 거울 속의 나 자신을 보면, 나는 안경 렌즈를 아주 세밀하게 볼 수 있다. 요컨대 나의 안경은 내가 그 안경 없이 볼 수 있는 광경보다 더 세밀한 광경을 보여줌으로써 그 안경 자신의 결함을 보여줄 수 있다. 하지만 결함 있는 안경을 통해 얻은, 결함 있는 안경의 이미지를 어떻게 신뢰할 수 있을까? 나의 신뢰는 일단 그 이미지를 어떻게(안경을 쓰고 보는 방식 외에도 이를테면 눈살을 찡그려 실눈을 뜨고 보는 방식으로) 얻었느냐와 상관없이 그 이미지 자체가 척 보기에 선명하다는 점에서 나온다. 그 선명함은, 내가 안경을 쓰고 보는 렌즈의 흠집이, 보이는 이미지의(설령 그 이미지가 렌즈 자체의 흠집의 이미지일지라도) 질을 떨어뜨리지 않는다고 일단 판단할 근거를 어느 정도 제공한다. 하지만 당연히 때로는 렌즈의 흠집이 보이는 이미지의 질을 떨어뜨릴 것이다. 왼쪽 렌즈의 중앙에 검은 점이 있을 수도 있고, 양쪽 렌즈의 중앙에 얼룩이 있을 수도 있을 것이다. 이런 경우에 나는 안경을 쓰고 보는 모든 이미지를 교정해야 한다는 점을 알 테고, 따라서 안경을 쓰고 보는 안경 자체의 이미지도 교정해야 한다는 점을 알 것이다.

좋은 탐구는 자기 교정 과정이라는 점을 퍼스는(1934, 399~400쪽) 직관적으로 알았는데, 이 직관의 출처는 수학적 반복 mathmatical iteration이었다. 수학적 반복을 수행하는 사람은 틀린 답이라는 것을 알면서도 그 답에서 출발하여 그 답을 사용하는 알고리즘을 통해 더 나은 답에 도달한다. 경험적 탐구에서도, 충분히 운이 좋을 경우 우리는 수렴하는 결과를 향한 점진적 접근 과정에 진입할 수 있다. 나는 이 가능성을 특히 켈빈의 절대온도 측정을 예로 들어 보여준 바 있다(Chang 2004, 4장; Chang and Yi 2005). 퍼스의 통찰은 본질적으로 진보주의적이면서도 비토대주의적인 인식론을 시사했다. 듀이도 반복적인 '자기 교정적 탐구 과정'을 생각했는데, 이와 관련하여 그가 특히 주목한 것은 방법의 발전이었다. "문제는… 탐구가 탐구 자신의 진행 과정에서 **향후 탐구가 따를 논리적기준들과 형식들을 발전시킬 수 있느냐** 하는 것이다. 이 질문에 이렇게 대답할 수 있을 법하다. 이미 그런 **발전**이 이루어지고 있으니, **당연히 가능하다**"(Dewey 1938, 5쪽, 강조는 원문).

반복에 의한 개념적 변화와 존재론적 변화

원래 나는 인식 과정의 반복이라는 개념을 측정 방법의 정당화 및 개선과 관련하여 개발했지만 얼마 지나지 않아 그 개념을 더 광범위하게 적용할 수 있음을 깨달았다. 가장 먼저 알아챈 것은, 측정 방법과 기준의 변화가 해당 개념의 의미 자체에 영향을 미친다는 점이었다. 온도 개념의 발전은 온도 측정의 발전과 맞물려 있었다. 일반적으로 말하면, 우리의 생각을 위한 개념들 자체가 그 개념들을 사용하여 자연을 다루는 우리의 과학적 실천을 통해 미묘한 변화를 겪고 때로는 미묘한 수준을 뛰어넘는 변화를 겪으면서 다듬어지고 교정된다. 그리고 개념들은 곧장 존재론과 연결된다. 왜냐하면 실재들은 정합적 활동을 촉진하는 개념들의 지칭 대상들이기 때문이다. 성공적인 탐구의 결과로 우리는 생각하고 더불어 살기에 더 나은 존재론에, 더 나은 실재들의 집합에 도달할 수 있다. 정확히 어떻게 우리가 실재하는 것들을 식별하고 안정화하는지 좀 더 면밀히 숙고할 필요가 있다. 화학과 물리학에서 몇 가지 사례를 가져와 논하는 것이 유익할 성싶다. 왜냐하면 이 과학들은 흔히 시간을 초월한, 본질주의적으로 규정된 자연종의 가장 좋은 사례들을 제공한다고 여겨지기 때문이다.

예컨대 물리학과 화학에서 '원자' 개념은 매우 근본적인 변화를 여러 번 겪었다. 처음에 '원자' 개념은 불변하며 분할할 수 없는, 물질의 근본 단위를 의미했다. 이 고대의 개념이 성공적으로 다듬어져 원자-분자 이론의 토대를 이뤘다. 이 이론에서 각각의 화학 원소는 단일한 유형의 원자로 이루어졌다고 여겨졌고 각각의 화합물은 여러 종류의 원자들의 유일무이한 결합으로 간주되었다. 이를 기초로 매우 성공적인 화학 시스템이 개발되었고, 수천 가지 화합물이 명확한 분자식을 부여받았다. 그러나 이 시스템은 다음과 같은 새로운 질문을 부각했는데, 개념적 자원이 없는 탓에 아무도 그 질문에 답할 수 없었다. 왜(그리고 어떻게) 원자들이 서로 달라붙어 분자를 형성할까? 결국 이 질문은 원자의 내부 구조를 상정함을 통해, 특히 원자 내부의 전자들이 위치를 옮기거나 이웃 원자들과 공유되는 것을 허용함을 통해 해결되었다. 이처럼 원자-분자 화학의 토대였던 분할 불가능한 원자는 성숙하여 근본적으로 다른 무언가로, 홀로 있을 때는 정체성을 유지하지만 결합할 때는 정체성이 달라지는 놈으로 바뀌었다.

　우리가 특정한 물질을 다루는 방식에서도 인식 과정의 반복이 나타난다. 매우 일상적인 예로 '고정 공기fixed air' 개념을 살펴보자. 고정 공기란 현대 용어로 이산화탄소다(세부 사항은 Chang 2016a, 3절 참조). 이산화탄소는 늘(우리의 날숨 속에서, 더 최근에는 맥주 거품 속에서) 인류와 함께해온 물질이지만 18세기 후반기에 이르러서야 하나의 화합물로 명확히 식별되었다. '고정 공기' 개념은 원래 스티븐 헤일스의 연구에서 유래했다. 그는 기체('공기')가 고체 물질 속에 '고정될' 수 있음을 보여주었다. 그렇게 고체 속에 고정되어 있다가 방출되는 기체는 어떤 기체든지 '고정 공기'라고 불렸다(실은 '탈고정 공기unfixed air' — 기존의 고정 상태에서 둘려난 공기 — 라고 불려야 했다고 나는 생각하지만). '고정 공기'를 더 명확한 범주로 발전시키는 과정의 출발점은 조지프 블랙의 선구적인 연구였다. 백악(탄산칼슘)에서 나오는 고정 공기의 화학반응들을 연구하는 과정에서 블랙은 고정 공기가 석회수(과일 lime이 아니라 광물 lime의 수용액)와 접촉하면 하얀색 침전물이 생겨난다는 점을 주목했다. 이 반응은 결과가 명확하고 실패할 염려가 없어서 매우 편리하게 활용할 수 있었다. 그리하여 이 반응은 고정 공기의 좋은 작업적 정의로 쓰이게 되었다.[23] 이

23　현대의 용어로 설명하면, 석회수는 수산화칼슘('소석회slaked lime')의 수용액이다. 석회수와 이산화탄소가 반응하면 탄산칼슘(백악)이 생성되는데, 탄산칼슘은 물에 녹지 않아 침전물을 이룬다. 이 반응을 화학기호로 적으면 다음과 같다. $Ca(OH)_2 + CO_2 \rightarrow CaCO_3 + H_2O$. 백악($CaCO_3$)을 가열하여 가성석회($CaO$)로 변환할 수 있다는 점은 일찍부터 알려져 있었지만, 이 변환 과정은 백악이 석회와 고정 공기(CO_2)로 분해되는 과정이라는 존은 블랙의 연구로 비로소 밝혀졌다. 가성석회(CaO)가 물(H_2O)을 흡수하면 소석회($Ca(OH)_2$)가 되는데, 소석회는 물에

어서 블랙은 석회수 검사를 다양한 기체에 적용했고, 화학반응에서 방출되는 기체들이 모두 석회수 검사를 통과하는 것은 아님을 배웠다. '고정 공기'라는 용어의 원래 의미에 따르면 그 기체들은 모두 고정 공기였지만 말이다.[24] 이로써 블랙이 한 일은 '고정 공기' 개념을 외견상 대수롭지 않게 보일지 몰라도 실은 매우 중대하게 개정한 것이었다. 그는 고정 공기는 '화학반응을 통해 고체 물질에서 방출되는 공기'라는 옛 개념을 연구의 출발점으로 삼아 그런 공기(기체)들을 수집했고 그런 공기들 중 일부는 독특하고 흥미롭게 행동한다는 것을 깨달았다. 그 행동을 고정 공기의 정의로 채택한다는 것은 고정 공기 개념을 대폭 좁힌다는 것을 의미했고, 이 새로운 정의는 다른 특수한 기체들을 (고유한 특징적 행동을 기준으로) 식별하는 연구의 물꼬를 텄다. 요컨대 블랙은 마치 어떤 섬을 거점으로 삼듯이, 명명되지 않은 (일부 공기들이 석회수와 접촉하면 침전물이 생성된다는) 규칙성을 발판으로 활용하여 '고정 공기'의 의미를 새롭게 규정함으로써 진보를 이뤄냈다. 그다음 단계에서 고정 공기를 비롯한 특수한 기체들의 속성들이 더 정확히 밝혀짐으로써 지식의 수준이 향상되었다. 더 좁게 정의된 고정 공기는 산화탄소로, 이어서 더 정확하게 이산화탄소(CO_2)로 판별되었다.

녹아 석회수를 이룬다. Lowry(1936, 61쪽), 그리고 4장의 나머지 부분 참조.

24 의미심장하게도 애당초 라봐지에가 산소를 생산하는 작업(금속회를 가열하기)에서 생산되리라고 예상한 물질은 고정 공기였다. 만약에 석회수 검사가 없었다면, 그는 자신이 고정 공기를 생산했다고 믿었을지도 모른다. 이 작업에서 생산된 기체가 고정 공기가 아니라는 깨달음은 산소의 발견으로 이어진 생각의 전환을 위한 열쇠였다.

곰곰이 생각해보면 명확히 알 수 있듯이, 인식 과정의 반복은 개념적(그리고 존재론적) 발전을 이뤄내는 그럴싸한 방법이다. 어떤 유형의 탐구든지 시작하려면 모종의 개념들을 출발점으로 삼아야 한다. 안 그러면 어떤 질문도 제기할 수 없고, 어떤 추론도 할 수 없으며, 어떤 실험도 설계할 수 없고, 어떤 결론도 내릴 수 없다. 기본 개념들을 채택하는 일을 과학이 충분히 진보한 후로 미룰 수는 없다. 지금 여기에서 우리는 이미 보유한 개념들이 지칭하는 작업적 실재들을 가지고 과학 연구를 수행해야 한다. 따라서 우리는 현재 보유한 최선의 개념들을 가지고 탐구를 해나간다. 우리의 탐구에서 나온 결과들은 우리가 출발점으로 삼은 그 개념들을 재고하게 만들 수 있다. 우리의 활동에서 나온 중요하고 지속적인 성과는 어떤 것이든지 그 활동에서 사용된 개념들에 대한 신뢰를 산출하고 그 개념들을 '자연스러운' 것들로 간주하도록 유도하면서 자연종들을 거론하도록 부추긴다. 이때 관건은 그런 좋은 개념들이 지칭하는 대상들을 우리가 사는 세계의 특징들로 인정하면서도 선형상화의 오류에(2.1절 참조) 빠지지 않는 것이다. 그리고 무엇이 자연스럽다고 간주되는지는 과학의 전반적 진보에 발맞춰 진화할 것이다.

방법과 원리의 진보

반복적 진보는 또한 탐구 방법 및 원리의 개선을 가져올 수 있다. 이 사정은 측정 방법, 가설 검증, 수학적 분석, 이론 구성, 모형화, 시뮬레이션, 논리적 추론을 비롯하여 과학에서 사용되는 모든 유형의 규칙에 적용된다. 실제로 이 개선은 개념적 변화와 완전히 별개인 사안이 아니다. 왜냐하면 개념은 개념의 사용을 위한 규칙과 본질적으로 맞물려 있기 마련이기 때문이다. 이 맞물림은 개념이 명시적으로 정의되어 있을 때 매우 명백하게 나타나지만, 정합적으로 사용되는 개념이라면 어떤 것이든지 알아챌 수 있는 사용 규칙과 맞물려 있으며, 그 규칙은 의미론적 규칙과 방법론적 규칙을 포함한다. 규칙과 맞물린 개념이 업데이트되면, 우리는 동일한 주제에 관하여 더 유익한 다른 질문들을 제기할 수 있다. 또한 탐구는 새로운 의미들을 창조할 것이므로, 잘 알려진 원리의 타당성이 탐구의 결과로 약화되지 않는다고 장담할 수 없다(예컨대 '원자는 분할 불가능하다'라는, 조금 전 논한 원리를 상기하라).

반복적 탐구 과정에서 심지어 선험적 원리로 간주되는 규칙을 비롯한 가장 근본적인 규칙들조차도, 그것들에 기초한 탐구가 얼마나 순조로우냐에 따라 수정될 수 있다. 스텀프가(2015) 통찰력 있고 상세하게 논하듯이, 선험적 원리로 여겨지는 것이 실은 가변적이라는 점을 몇십 년 전부터 다양한 사상가가 깨달았다. 스텀프의 연구보다 먼저 휴얼은 과학사가 진행됨에 따라 '근본적인 관념들fundamental ideas' 및 그것들과 연결된 원리들이 변화하고 진화함을 알아챘다(Losee 1993, 126~134쪽). 근래에 유사한 견해를 제시해온 가장 유명한 철학자는 프리드먼이다(2001). 듀이는 탐구를 지배하는 절대적 기준은 없다는 점을, 그리고 심지어 논리적 원리들까지 포함해서 모든 방법론적 규칙은 단지 "향후 탐구와 관련해서 단지 작업적으로 선험적operationally a priori이라는" 점을 강조했다(Dewey 1938, 14쪽, 강조는 원문). 클레어런스 루이스는 듀이의 논리관에 대체로 동의했고, 두 사상가는 그 동일한 관점을 확장하여 모든 선험적 원리에 적용했다(1.6절, 3.2절 참조).

인식 과정의 반복을 고려하면, '선험적임a priori'이란 단지 선행先行함prior을, 곧 모든 경험보다 앞섬이 아니라 각각의 탐구를 시작할 때 의문 없이 받아들여짐을 뜻할 따름이다. 모든 경험에 앞선 것이 어떠한지 말할 수 있는 사람이 우리 중에 과연 있을까? 지금 내가 이런 이야기를 하는 의도는 (마치 테니스에서 드롭샷으로 경기의 흐름을 늦추듯이) 유익한 방식으로 어조를 낮추는 것, 또한 그럼으로써 '선험적'이라는 용어에 얽힌 복잡한 역사적 짐을 내려놓는 것이다. 엘긴의(2017, 64쪽) 말을 들어보자. "콰인이 강조하듯이, 탐구는 항상 진행 중인 상황에서in medias res 시작된다. 우리는 스스로 신뢰하고 싶고 중요하다고 여기는 의견, 가치, 방법, 기준을 가지고 시작한다. 물론 우리는 그것들이 현재 형태로는 완전히 만족스러운 수준에 못 미침을 잘 알지만, 그것들은 탐구할 대상에 관하여 현재 우리가 가진 최선의 견해를 이룬다."

규칙은 가변적일 뿐 아니라 인식 과정의 반복이라는 표준적인 방식으로 스스로 자신을 개선할 수 있다는 점을 유념하라. 우리는 모종의 선행 원리들에 기초하여 탐구 과정을 시작한다. 그리하여 우리가 얻는 탐구 결과가 그 선행 원리들의 변경을 제안할 수 있을 것이며, 그 제안에 따라 업데이트된 원리들은 엘긴의 실용주의적 유효화 버전인(2017, 4장) 정합주의적 반성적 평형coherentist reflective equilibrium의 한 부분을 이룬다. 클레어런스 루이스는 이 논점을 아주 잘 알았다. 개념적 시스템의 선택에 대한 정당화는 오로지 그 시스템을 다양한 탐구 분야에 적용해본 경험으로부터 나올 수밖에 없다고 그는 주장했다(1929, x~xi쪽). 루이스는 선험적인 것이 우리에 의해 입법된다고(따라서 분석적이고 임의적이라고) 말하면서도 그 입법의 배후에 타당한 이유가 있어야 한다는 점을 명확히 한다. 타당한 이유란 결국 작업적 정합성이다. 우리가 합리적으로 군다면, 우리의 활동 선택은 결국 무엇이 성공적이냐에 의해 결정될 것이다. 루이스는(1929, 239쪽, 강조는 원문에 없음) 이렇게 진술한다. "선험적인 것은 경험에서 제시되는 바에 의해 명령되는 것도 아니고 인간 본성에 속한 어떤 초월적이고 영원한 요인에 의해 명령되는 것도 아니다. 하지만 선험적인 것은 실용적이라고 부를 만한 일반적인 기준에 부합한다." 바로 탐구에서 그러하다. 우리는 모종의 기반 규칙을 출발점으로 삼지만, 그 규칙 아래에서 탐구함으로써 배운 바에 따라서 그 규칙을 어떻게 조정해야 하는가에 관해 근거를 갖추고 방법론적 결정을 내릴 수 있다. 방법론을 우리가 경험적으로 배우는 다른 모든 것과 마찬가지로 취급하는 것은 실용주의가 지닌 철저한 경험주의의 중요한 부분이다(1.6절 참조).

목표의 반복적 발전

우리의 개념과 방법뿐 아니라 목표도 인식 과정의 반복을 통해 진화할 수 있다. 활동은 활동 자신의 목표가 바뀌는 결과를 낳을 수 있으며, 탐구에 포함된 인식 활동들도 그런 점에서 예외가 아니다. 행위자는 동일한 목표를 계속 추구하도록 제약되어 있지 않다. 특히 장기적인 제약은 없다. 인식 과정의 반복과 관련하여 중요한 점은 이것인데, 실현 가능하지 않음이 드러난 목표를 성취하려는 노력은 중단하는 것이 사리에 맞는다. 바꿔 말해, 현실적인 정신으로 우리의 목표를 조정하는 것이 합리적이다. 반대로 우리가 정합적으로 또 지속 가능하게 할 수 있는 일은 흔히 우리가 하고 싶은 일이 된다. 목표가 개정되면, 목표를 성취하기 위한 활동도 다시 조형되고, 그 재조형의 결과로 우리가 추구하고 싶은 목표가 또다시 개정될 수도 있다. 활동과 목표의 이 같은 반복적 공진화co-evolution는 무한정 계속될 수 있다.

목표의 발전을 위해서는 반복적 과정이 필요하다. 왜냐하면 목표를 성취하려고 시도해보지 않으면 그 목표를 수긍할 만하게 추구할 수 있는지 판단할 수 없기 때문이다. 이 사정은 지식의 정당화를 위한 의심할 수 없는 토대는 없다는 점과 맥이 통한다. 따라서 우리는 일단 성취 가능하고 바람직해 보이는 목표를 성취하기 위하여 활동들을 고안하려 애써야 하고, 그 활동들의 결과를 길잡이로 삼아 다음 진로를 결정해야 한다. 그런데 목표를 포기하는 것도 그 자체로 진보일까? 성취 불가능한 목표를 추구하는 것은 우리의 노력을 생산적으로 사용하는 방식이 아니라는 의미에서, 목표의 포기도 그 자체로 진보일 수 있다. 또한 수긍할 만하지 않은 목표를 처리하는 방식이 오로지 그 목표를 아예 포기하는 것뿐이냐 하면, 실은 그렇지 않다. 많은 경우에 탐구의 결과는 목표를 더 수긍할 만하고 생산적으로 되도록 조정하는 것이다. 심지어 목표를 버리는 것이 향후 발전을 위한 긍정적 토대가 될 수 있다. 예컨대 과학의 역사 초기에 많은 이는 영구기관을 제작하는 것이 수긍할 만한 목표라고 여겼다. 그도 그럴 것이, 확고한 근거를 갖추고서 영구기관은 불가능하다고 선언할 수 있는 사람이 누가 있었겠는가? 영구기관을 만들기 위한 시도가 숱하게 이루어졌고, 그 활동의 와중에 지식들이 획득되었다. 결국 그 목표는 포기되었지만, 그것은 단순한 패배의 인정이 아니었다. 오히려 영구운동의 불가능성은 열역학 제1법칙과 제2법칙의 형태로 열역학이라는 새로운 과학의 이론적 토대가 되었다. 최초 목표의 달성 실패는 이런 식으로 믿기 어려울 만큼 중요할 수 있다. 그 실패는 과학의 대폭적인 진보로 이어질 수 있다. 많은 이는 지구가 에테르를 헤치며 운동한다는 사실이 왜 탐지되지 않는지 설명하려 했지만 아인슈타인은 이 목표 자체를 버렸는데, 여기에서도 똑같은 교훈을 얻을 수 있다.

일반적으로, 관찰 불가능한 대상에 관한 진리를 확립하는 것을 목표로 한 과학적 활동의 성공과 그 목표를 추구하는 것에 대한 과학자들과 철학자들의 자신감 사이에서 유익한 합리적 상호작용이 일어나는 것을 볼 수 있다.[25] 예컨대 내가 보기에 푸앵카레, 뒤엠, 마흐가 19세기 말 즈음에 원자를 직접 다루려는 시도들이 실패하는 것을 보고 미시물리학의 실재론적 목표들을 미심쩍게 여기며 경계한 것은 상당히 합당했다. 그러나 20세기 초에 원자 규모와 아원자 규모의 입자를 더 직접적으로 다루는 수단들이 등장하면서 다른 많은 과학자가 그런 경계심을 잃은 것 역시 합당했다. 때때로 철학자들의 논쟁에서도 과학이 처한 상황의 진화에 발맞춰 건강한 대응이, 어느 정도 시차를 두고, 이루어지는 것을 볼 수 있다. 내가 보기

---

25 목표 추구의 맥락 안에서 합리성을 깊이 있게 논하는 문헌으로 Šešelja, Kosolosky and Straßer(2012) 그리고 Šešelja and Straßer(2014) 참조.

에 20세기 중반에 과학적 실재론이 득세한 것은 미시물리학과 분자생물학과 기타 과학들의 성공에 발맞춘, 합당하지만 순박한 반응이었다. 더 성숙한 반응은 반 프라센의(1980) 구성적 경험주의였다. 이 입장은 과학의 발전을 장기적 안목으로 고찰했으며, 진리임과 경험적으로 적절함을 구별하고 오직 후자만을 관찰 불가능한 것들과 관련된 수긍할 만한 목표로 간주함으로써 과학의 혈기 넘치는 야망을 누그러뜨릴 것을 제안했다. 그러나 다른 논평자들은 반 프라센의 비관주의를 수정할 것을 통찰력 있게 제안했다. 그들은 관찰 불가능한 일부 대상들에 관하여 일부 진리들을 배울 가능성을 낙관할 수 있는 상황들을 현대 과학에서 발견하여 지목했다. 해킹의(1983) 실험적 실재론은 이 수정의 좋은 사례이며 현장 과학자들의 직관과 조화를 이룬다.

5.6 진보와 과학적 실재론 논쟁

행동하는 실재주의 관점에서 과학적 실재론 논쟁을 바라볼 때 핵심적으로 고찰할 사항은 다양한 철학적 입장 각각이 과학적 진보를 촉진하는가, 촉진한다면 얼마나 잘 촉진하는가, 하는 것이다. 이 관점에서 보면, 철학적 입장들이 흥미롭게 재배열된다. 전통적으로 반실재론으로 여겨지는 일부 입장들은 진보의 촉진에 상당히 기여할 수 있으며, 따라서 나의 기준에 따르면 실재론적이라고 간주되어야 마땅하다. 다른 한편으로 표준적인 과학적 실재론의 일부 측면들은 실은 과학적 진보에 도움이 되지 않는다. 혹은 그 측면들은 빈곤한 유형의 과학적 진보를 부추기며, 따라서 반실재론적이라고 여겨져야 마땅하다. 지금 나는 다양한 입장들에 붙어 있던 전통적인 딱지들을 떼고 새 딱지들을 붙이는 놀이를 제안하는 것이 아니다. 내가 제안하는 바는 전통적인 논쟁을 새롭게 틀짓는 것이다. 이 새로운 틀짓기는 '실재론적임'이 왜 중요한지를 우리가 명심하는 데 도움이 될 것이다.

'반실재론'과 행동하는 실재주의가 한편일 가능성

이 장의 주요 관심사 하나는 과학적 진보의 개념에 대한 재검토이며, 나는 과학적 진보를 일단 아주 넓은 의미로, 곧 과학 지식의 향상으로 이해한다. 5.1절에서 지적했듯이, 과학적 진보의 모양새는 통상적으로 철학자들이 상상하는 것보다 훨씬 더 풍요롭다. 5.2절~5.5절에서 나는 행동하는 실재주의 관점에서 본 과학적 진보의 특징을 추가로 논하면서, 내재적임/관점적임, 반복적임, 다원적임을 그 특징들로 꼽았다. 과학적 진보에 관한 이 같은 견해를 바탕에 깔고 이제 과학적 실재론을 둘러싼 논쟁으로 돌아가서, 다양한 입장 각각이 과학적 진보와 어떤 관계인지 검토하자. 이 검토는 명백히 진보에 헌신하는 행동하는 실재주의를, 그리 헌신하지 않는 다른 입장들과 확실히 차별화하는 데 도움이 될 것이다. 그리고 진보의 촉진과 관련하여 전자의 행동하는 실재주의와 후자의 입장들이 차별적으로 지닌 함의들은 과학적 실재론 논쟁이 말과 구호에 관한 공허한 논쟁에 불과한 것은 아님을 시사한다. 이런 맥락 안에서 다양한 입장들이 재배열될 것이며, 그 결과로 몇 가지 놀라운 사정이 드러날 것이다.

첫걸음으로, 실은 전적으로 수긍할 만하게 추구할 수 있는 지식인데도 그런 지식의 추구를 반실재론이 가로막는 경우가 흔히 있음을 인정하자. 이 사정은 헤라클레스의 기둥Pillars of Hercules(지브롤터 해협 좌안의 곶과 우안의 곶)에 'Non plus ultra(넘어가지 말라)'라는 문구가 새겨져 있었다는 전설을 떠올리게 한다. 그 문구가 배들을 지중해에 가둬 미지의 위험이 가득한 대서양으로부터 떼어놓았다고 한다. 반실재론적 과학관도 이와 유사한 금지를 함축하여 탐구의 길을 다양한 방식으로 봉쇄하는 경우가 많다. 예컨대 실증주의는 관찰 불가능한 대상에 관한 이론을 구성하기를 깡그리 거부하는 경향이 있었다. 유명한 예로 에른스트 마흐의 원자론 반박을 들 수 있다. 포괄적인 정책으로서의 그런 반실재론은 연구 활동을 불필요하게 제한한다. 관찰 불가능한 대상에 관한 이론이 관찰 가능한 귀결을 실제로 가질 때가 많다. 그러므로 그런 대상에 관한 이론의 구성을 거부할 때 발생하는 결과는 경험적인 배움의 기회를 상실하는 것이다.

다른 한편, 통상적으로 반실재론적이라고 여겨지는 모든 철학적 입장이 새로운 지식의 생산을 방해하는 것은 아니다. 경험주의적 입장들은 흔히 반실재론적이라고 여겨진다. 왜냐하면 그 입장들은 관찰 불가능한 것들의 존재를 믿지 않기 때문이다. 그러나 경험주의는 개념을 관찰과 관련지음으로써 유의미하게 만들어야 한다고 강력히 주장하며, 이 주장의 동기는 우리의 진술들이 반드시 경험적 내용을 갖도록(따라서 실질적인 지식을 담을 수 있도록) 만들려는 욕망이다. 이 측면에 초점을 맞추면, 경험주의적 교설들은 행동하는 실재주의의 일종으로 간주되어야 마땅하다. 20세기 초반에 작업주의와 검증주의는, 과학과 철학에서 경험적 내용의 상실을 초래하는 합리주의적 경향들을 막아내려 애썼다. 경험적 내용의 상실은 행동하는 실재주의가 반대하는 바이므로, 작업주의와 검증주의는 행동하는 실재주의와 한편이었던 셈이다. 또한 관찰 불가능한 것들에 기대야만 이론적 진보가 이루어지는 것은 당연히 아니다. 많은 창조적 생산적 과학 연구는 관찰 가능한 것에 초점을 맞춤으로써 이루어졌다. 예컨대 마흐의 음향학 연구, 조제프 푸리에의 열전도 연구(이 연구에서 푸리에 해석이 나왔다), 사디 카르노의 (이후 모든 열역학 이론들의 토대를 놓은) 열기관 연구가 그러하다.

행동하는 실재주의 관점에서 볼 때 무엇이 실재론적인지 판별하는 일이 얼마나 미묘한지 생생하게 보여주는 흥미로운 사례로 반 프라센과 해킹이 벌인 논쟁을 들 수 있다. 나는 이 논쟁을 5.5절의 말미에서 슬그머니 언급한 바 있다. 표면적인 수준에서 나는 상당히 명확하게 해킹의 편이다. 지식은 관찰 불가능한 영역까지 신뢰할 만하게 확장될 수 있으며, 진리 탐구를 관찰 가능한 영역에 국한하지 말고 그 확장을 이뤄내는 것이야말로 과학의 임무다. 지식이 어디까지는 확장될 수 있고 어디까지는 확장될 수 없는지 선험적으로 단언하려는 시도는 지혜롭지 못할뿐더러 진보의 명령에 반한다. '관찰 불가능한 것들에 관해서는 배울 수 없다'라는 명제는 과학의 미래에 관한 일반적인 경험적 예측으로서 결코 수긍할 만하지 않다. 반 프라센이 말하는 의미에서 관찰 불가능한 대상에 관하여 배울 수 있음을 현대 과학의 역사 전체가 증언한다. 엑스선, 바이러스, 유전자, 나노입자 등이 그런 관찰 불가능한 대상이다. 그러나 더 깊은 수준에서 나는 반 프라센에게도 동조한다. 내가 보기에 반 프라센과 해킹의 입장 차이는 언뜻 느껴지는 것만큼 현격하지 않다. 반 프라센이 말하는 '경험적으로 적절함'은 내가 말하는 작업적-정합성에-의한-진리와 그리 다르지 않다. 후자는 경험적 적절성의 실용주의적 버전이라고 할 만하다. 따라서 반 프라센의 입장을 용도 변경하여 내가 말하는 실용주의적 실재주의의 일종으로서 사용할 수 있다. 그러면 그 입장은 진보를 전혀 가로막지 않는다. 해킹의 존재자 실재론이 내놓는 실재는 형이상학적 실재론자들이 원하는 유형의 실재가 아니라는 점도 유념할 필요가 있다. 3장에서 논했듯이, 해킹의 실재 개념은 작업적 정합성에 기초한 나의 실재 개념과 실은 매우 유사하다.

표준적인 과학적 실재론이 진보를 촉진하지 못할 가능성

이제 다시 표준적인 과학적 실재론으로 눈을 돌려(이 실재론의 특징은 2.1절 참조), 이 실재론이 행동하는 실재주의와 얼마나 잘 동맹할 수 있는가에 관하여 몇 가지 경고성 언급을 하고자 한다. 가장 먼저 지적할 문제는 표준적인 과학적 실재론이 상정하는 과학 지식의 상태가 대단히 비현실적이라는 점이다. 우리의 실제 과학이 표준적인 과학적 실재론자들이 과학에 귀속시키는 유형의 지식을 과연 획득했느냐 하는 것은 상당한 논란거리일 수 있다. 또한 그런 유형의 지식을 추구해야 한다고 과학자들에게 요구하는 것 역시 합당하지 않다. 비현실성은 실재론의 행동 촉구 차원에 방해가 된다. 이 문제에 대처하기 위하여 최근 몇십 년 동안 여러 철학자가 표준적인 과학적 실재론을 (통상적인 반실재론적 반론들을 피하는 데 지장이 없을 만큼만) 완화함으로써 유지하려 애썼다. 그 결과로 나온 입장들은 내가 (야멸차게) 보기에 물 탄 표준적인 과학적 실재론에 불과한데, 그 입장들이 나 자신의 입장과 맥이 통한다고 느끼는 분도 어쩌면 있을 것이다. 왜냐하면 그 입장들은 표준적인 과학적 실재론을 더 현실적으로 만들기 때문이다. 그러나 나는 그런 입장들을 옹호하지 않는다. 왜냐하면 그것들은 충분히 진보주의적이지 않기 때문이다. 그 입장들은 기존 과학 지식에 가장 우호적인 조명을 비추는 일에 초점을 맞추는데, 이 같은 치중은 결국 주의를 흩뜨려 적극적인 진보 촉진을 방해하는 효과를 낸다.

우리가 보유한 최선의 과학 이론들은 근사적인 진리일 뿐이라고 주장하는 통상적인 물타기 행마를 생각해보자. 진리 아니면 거짓이라는 양자택일적 판단에서 멀어지려는 욕망은 나도 충분히 공유한 바지만, 우리의 과학 이론들이 대응−진리를 근사적으로 성취한다는 말에는 동의하고 싶지 않다. 왜냐하면 표준적인 과학적 실재론자들이 말하는 대응-진리는 작업적 의미가 없는 개념이기 때문이다(2장 참조). 논점을 명확히 하자. 갈릴레오의 자유낙하 법칙은 지구 표면 근처에서 낙하하는 물체에 관한 문제의 완전한 뉴튼적 해의 근삿값이라는 사정을 우리는 알 수 있다. 그러나 이 사정은 갈릴레오나 뉴튼이 궁극적 진리의 근삿값을 우리에게 제공하는지에 관하여 아무 말도 해주지 않는다. 이와 유사하게, 뉴튼 역학의 방정식들은 특수상대성이론 방정식들의 근삿값이다. 알려진 목표에 접근하기라는 실제로 검증 가능한 과정으로서의 근사는 진보적 행동일 터이다. 그러나 갈릴레오는 뉴튼 역학의 판결에 가까운 결과를 얻는 것을 목표로 세우고 자신의 법칙을 만들어내지 않았다. 표준적인 과학적 실재론자들이 소중히 여기는 근사적 진리는 사후 합리화에 불과할 뿐, 과학적 진보의 동력이 아니다. 반면에 나의 작업적-정합성에-의한-진리는 실제로 추구할 수 있는 목표다. 작업적-정합성에-의한-진리성은 점차 증가할 수 있다. 이 진리는 추가 탐구의 결과로 개선될 수 있으며, 그 개선을 실제로 확인할 수 있다. 초월적 실재에 관한 진리의 접근 불가능성 같은 것을 처리할 필요는 없으며, 진리임이라는 속성을 부여하면서 그릇되게 '근사'를 운운함으로써 위험을 줄일 필요도 없다.

이제 표준적인 과학적 실재론을 옹호하는 핵심 논증인 과학의 성공에 기초한 논증을 다시 살펴보자. 이 논증은 대개 이론의 성공에서 이론의 진리성으로 나아가는 추론의 형태를 띤다. 이 추론은 '확장적' 추론으로 여겨진다. 왜냐하면 전제와 비교할 때 결론에 더 많은 내용이 들어 있기 때문이다. 과학의 성공에 기초한 논증에서 무슨 일이 벌어지는지 이해하는 간단한 방법 하나는 다음을 주목하는 것이다. 즉, 일부 표준적인 과학적 실재론자들은 실재론을, 우리가 실제로 아는 것보다 더 많이 안다는 주장을 그럴싸하게 펼치는 게임으로 바꿔놓는다. 이것은 성공하기 어려운 게임이며, 이 게임에서 성공하려면 수많은 난관을 극복해야 한다. 그러나 실천의 차원에서 보면, '확장적 추론'을 도모하는 것은 게으른 짓이다. 게으른 이들은 이렇게 생각한다. 우리가 투입한 증거에 의해 명백히 보증되는 정도보다 더 강한 결론을 단지 생각하기만으로 어떻게든 얻을 수 있다면 얼마나 좋을까…

　　귀납과 가추假推, abduction(최선의 설명을 향한 추론)를 비롯한 여러 양태의 확장적 추론은 현실적인 경험적 탐구에서 중요한 역할을 실제로 한다. 그러나 확장적 추론들은 논리적 연역을 추론이라고 부를 때의 의미에서 추론이 아니라 일상적인 어법에서의 **추론**이라는 점을 명심해야 한다. 후자의 추론은 "당신이 가진 정보를 근거로 당신이 품는 추측이나 의견"(온라인 〈케임브리지 사전〉)을 의미한다. 이런 추론들은 그 자체로 지식을 생산하지 못한다. 이런 추론들은 가능한 미래의 지식을 향한 방향을 일러줌으로써 탐구를 안내한다. 이고르 두븐이 지적하듯이, 오늘날의 논의에서 가추는 대개 정당화 (가설 검증)의 방법으로 취급되지만 퍼스의 원래 구상에서 가추는 발견(가설 생산)의 방법이었다.[26] 이 대목에서 퍼스에게로 돌아가는 것이 좋을 성싶다. 나는 실재론 곧 실재주의를 고된 경험적 연구를 통해 지식을 향상하는 **확장적 탐구**ampliative inquiry 사업으로 간주할 것을 제안한다. 이 사업은 (철학자나 과학자가) 안락의자에 편히 앉아서 하는 확장적 추론 사업과 전혀 다르다. 행동하는 실재주의의 관건은 성공에서 진리로 나아가는 추론이 아니라 다양한 목표를 달성하는 성공을 추구하기, 그리고 그 추구를 통해 다양한 진리들에 도달하기다. 철학자의 역할은 과학자가 수행하는 확장적 탐구를 북돋는 것, 그리고 과학자가 확장적 탐구를 수행하지 않는다면 철학자 스

---

26 Douven(2021), 특히 부록으로 실린 〈가추에 관한 퍼스의 견해Peirce on Abduction〉 참조. 두븐은 다음과 같은 퍼스의 말을 인용한다. "가추는 설명적인 가설을 형성하는 과정이다. 가추는 새로운 생각을 도입하는 유일한 논리적 작업이다"(Peirce 1934, §5.172).

스로 그 탐구에 뛰어드는 것이어야 마땅하다. 그렇게 뛰어들 때 철학자는 내가 주창해온 **상보적 과학**의 정신을 따르는 것이다(Chang 2004, 5장; 2012b).

인본주의적 지식관

　이 책은 더 많은 실용주의를 과학철학에, 그리고 인식론과 형이상학에(특히 이 분야들 안에서 과학철학과 관련 있는 부분에) 주입하려는 시도였다. 실용주의적 관점에서 나는 지식, 진리, 실재를 실천에서 전적으로 유의미한 개념들로 취급하는 새로운 지식관, 진리관, 실재관을 제안했다. 또한 실용주의를 더 큰 틀 안에 넣고자 했는데, 그 틀은 인본주의humanism다. 과학철학에 적용될 경우, 인본주의란 과학을 인간의 사업으로, 사람들의—지적, 물질적, 사회적—욕구를 충족하기 위해 사람들이 벌이는 사업으로 간주하는 것을 의미한다. 1.6절에서 설명했듯이, 내가 말하는 '인본주의'는 인간 우월주의가 아니다. 비인간 행위자들에게는 다른 실용주의적 인식론들이 있을 것이며, 그것들은 인간의 실용주의적 인식론과 사뭇 다를 수밖에 없다. 하지만 내가 보기에 이 사정은 우리가 다른 앎의 유형들을 이해하려 애쓰기 전과 애쓰는 동안에 우리 자신의 인간적 앎의 방식들을 이해할 필요성을 강화할 따름이다. 이런 인본주의적 틀짓기가 나의 실용주의 해석을 조형하는데, 그 해석은 두 가지 주요 측면에 초점을 맞춘다.

첫째 초점은 경험주의에 놓인다. 내가 이해하기에 경험주의는 우리 인간에게 가용한 배움의 유일한 원천은 궁극적으로 인간적 경험이라는 입장, 그리고 지식과 관련해서는 경험의 권위가, 결정권자로 여겨지는 다른 어떤 것의 권위보다도 높아야 한다는 입장이다. 경험주의는 인본주의적 인식론의 근본 신조다. 우리가 사는 세속화된 인본주의적 시대에 모종의 경험주의는 인식론의 불가피한 출발점이다. 이는 과거 유럽에서 신을 상정하는 것이 모든 지적 담론의 불가피한 암반이었을 터인 것과 마찬가지다. 실용주의는 경험 외에 다른 지식의 원천과 기준을 완강하고 일관되게 거부한다. 이런 가차없는 경험주의는 또한 편협하지 않아서 경험을 '살아가는 사람의 경험'으로서 온전하게 고찰해야 한다. 경험주의는 오로지 감각지각의 직접 결과에만 인식적 권위를 부여해야 한다고 간주하는 것은 경험주의를 중대하게 왜곡하는 것이다.

나의 실용주의 해석에서 둘째 초점은 다음과 같은 자명한 사실을 상기시키는 일에 놓인다. 즉, 실용주의는 행동을 지향하는 action-oriented 철학이다. 실용주의의 행동 지향성에는 두 가지 차원이 있다. 첫째, 지식의 실천적 귀결들에 주의를 기울여야 한다는 사실에 모든 실용주의자가 동의할 것이다. 더 근본적인 수준에서 말하면, 둘째, 지식 자체의 본성과 탐구 자체의 본성을 행동의 영역 안에서 이해할 필요가 있다. 바꿔 말해, 인식적 실천을 행동에 초점을 맞춰 실용주의적으로 설명할 필요가 있다. 즉, 이런 질문에 답해야 한다. 지식을 얻기 위해, 검증하고 개선하기 위해, 사용하기 위해 우리는 실제로 어떤 행동을 할까? 어떻게 하면 이런 인식적 행동들을 가장 잘 조직화하고 지원할 수 있을까? 일반적으로 실용주의란 실천을 다루는 것을 책무로 삼는 철학적 태도라면, 실용주의적 인식론은 지식과 관련 있는 모든 실천을 다룰 것이다.

실용주의의 행동 지향성은 경험주의와 뗄 수 없게 연결되어 있다. 왜냐하면 살아가는 사람의 경험은 오직 행동의 맥락 안에서만 일어나기 때문이다. 진정으로 수동적인 관찰 따위는 없다. 실용주의는 우리의 삶 속에서 이루어지는 '하기doing'의 본성을 고찰한다. 왜 우리는 이런저런 행동을 할까? 이런저런 행동을 하는 것이 어떻게 가능할까? 어떻게 하면 이런저런 행동을 더 잘 할 수 있을까? 모름지기 앎은 '어떻게 할 것인가를 앎'이다. 과학철학에 적용된 실용주의는 과학철학을 과학적 실천을 다루는 철학으로 만든다. 우리가 과학을 할 때 하는 일들의 본성을, 그리고 그 '하기'들의 목적과 귀결을 고찰하는 철학으로 말이다. 일work은 겸손의 미덕을 요구하고, 또한 사회적 협력과 관용을 요구한다. 우리가 겸손한 실용주의적 시각으로 우리 인간이 처한 상황을 바라보면, 자연스럽게 다원주의가 귀결된다. 지식을 획득하고 개선하기 위하여 우리가 하는 일은 수많은 방향으로 나아갈 것이며 다양한 실천 시스템 안에서 이루어질 것인데, 그 시스템들 각각은 단지 부분적으로만 입증된, 좋은 지식을 생산할 잠재력을 지녔다. 우리는 서로 경쟁하고 협력하며 각자 선택한 시스템을 발전시키려 애씀으로써 진보를 이뤄낸다. 이것이 삶 전반에서 우리가 살아가는 방식이며, 과학도 예외가 아니다.

앞으로 열린 길

학업을 위해 처음 미국에 갔을 때 나는 많은 미국 학교와 대학교에서 졸업식을 'commencement(시작)'라고 부른다는 사실에 감명을 받았다. 여러분은 학업 과정을 마쳤지만, 그 과정의 종결은 다음 단계의 시작이다, 라는 취지가 대단히 인상적이었다. 책도 그러해야 마땅하다. 나는 위엄 있게 선언할 **결론**을 가지고 있지 않으며, 이제껏 논의한 바를 종합하기 위해 중요하게 덧붙일 말도 없다. 왜냐하면 이 책의 본문 자체가 계속 진화하는 종합이었기 때문이다. 대신에 지금 내가 하려는 일은 앞으로 해결해야 할 중요한 과제 몇 개를 지목하는 것이다. 그 과제들은 크게 두 범주로 나뉜다. 첫째, 더 설득력 있고 박식하게 다룰 수 있으면 좋겠다고 내가 생각하는 문제들이 많이 있다. 아래는 나 자신과 관심 있는 동료들과 재능 있는 학생들을 위한 미래 연구 주제들의 간략한 목록이다.

- 실천이란 과연 무엇일까?
- 작업적 정합성의 토대인 실용적 이해의 본성은 무엇일까?
- 현상학과 인지cognition 철학은 과학적 관찰과 실험을 정말로 충실하게 이해하는 데 어떻게 기여할 수 있을까?
- 어떻게 하면 가치와 판단을 온전히 고려하는 개선된 행동 이론을 개발할 수 있을까?
- 어떻게 하면 나의 실용주의적 과학철학을 **사회적 인식론** social epistemology 및 지식사회학과 더 설득력 있게 연결할 수 있을까?

- 어떻게 하면 가치와 목표에 대한 평가와 개선을 이 책에서 펼친 인식론적 형이상학적 논의와 더 밀접하게 연결하는 일을 가장 잘 할 수 있을까?

둘째, 나는 이 책에서 제시한 생각들과 관점들이 잘 사용될 수 있기를 바라는데, 몇 가지 자명한 사용 방식이 있다. 실재와 진리에 관한 나의 생각은 다양한 영역에서 이루어지는 담론들을 이해하고 개선하기 위해 사용될 수 있을 것이다. 또한 나는 나의 생각이, 철학이 기타 학문 분야들 및 삶에서의 실천들과 관계 맺는 것을 촉진하기를 바란다. 더 비판적으로 표현하면, 나는 나의 생각이, 삶에서의 실천들과 연결되지 않은 개념들에 기초한 철학적 논쟁을 맥 빠지게 만들고, 철학자들의 에너지와 재능을 생산적인 방향으로 더 단호하게 이끌기를 바란다.

철학을 다시 삶으로 데려오기

내용과 형식과 어조에서 드러나듯이, 이 책은 인간의 삶에서 철학의 역할에 관한 나의 견해를 진실하게 표현한다. 한 세기 전에 듀이는 '철학의 회복'을 촉구했는데, 이 책을 통해 내가 나름대로 그 프로젝트에 미약하게나마 기여했기를 바란다. 듀이의 주요 동기를 약간 길더라도 인용할 가치가 있다.

전문적인 철학 사업에 종사하지 않는 진지한 정신의 소유자들이 가장 알고 싶은 것은 새로운 산업적, 정치적, 과학적 움직임들이 지적인 유산을 어떻게 수정하고 폐기하라고 요구하는가 하는 점이다… 전문적인 철학이 이 같은 생각의 명료화와 방향 수정에 충분히 기여하지 못한다면, 오늘날 전문적인 철학은 삶의 주류에서 점점 더 밀려날 개연성이 높다. 이런 맥락에서 이 에세이는, 철학을 전통적인 문제들에 너무 외곬으로 단단히 매몰된 상태에서 해방하려는 시도로 간주될 수 있을 것이다. 이 에세이가 의도하는 바는 그 문제들에 대하여 이제껏 제시된 다양한 해답들을 비판하는 것이 아니다. 오히려 이 에세이는, 과학과 사회적 삶의 현재 조건 아래에서 그 문제들이 진짜로 문제인가, 라는 질문을 제기한다.(Dewey 1917, 5쪽, 강조는 원문)

유의미한 철학은 "바람직한 미래를 고려하고 그 미래를 점진적으로 실현할 방안을 모색하면서"(같은 곳, 29쪽) 지성을 고찰해야 한다. 실용주의는 단지 말의 의미를 더 명확히 생각하도록 돕는 것에 그치지 않고 우리가 살면서 이런저런 일들을 더 잘하도록 돕는 철학이어야 마땅하다. 실은 의미론 자체가 효과적인 행동을 위한 도구로 인식되어야 한다.

　　이 책에서 나는 과학 지식의 진보를 실제로 북돋는 과학철학을 향한 나의 욕망을 표출했으며, 그 이상을 실현하기 위해 최선을 다했다. 나는 그런 과학철학을 위한 최선의 일반적 기틀로서 실용주의를 채택했다. 실용주의를 채택한다는 것은 진리와 실재를 추구하기를 포기한다는 의미가 아니다. 오히려 정반대로, 그 채택은 철학적인 진리 개념과 실재 개념을 개정하여 실천에서 유의미하고 성취 가능하게 만든다는 것을 의미한다. 그런 진리들을 추구하기, 그런 실재들에 대한 앎을 추구하기야말로 내가 이 책에서 '현실적인 사람들을 위한 실재론'으로서 제안한 바다.

우리의 앎과 삶을 돕는 철학

이 책은 장하석 교수가 처음 쓴 본격적인 철학서다. 철학의 주요 개념들인 진리와 실재를 실용주의적인 정신으로 재구성하는 작업을 통해 과학철학의 실재론 논쟁에 뛰어드는데, 결국 주장하는 바는 우리의 앎과 삶에 실질적으로 도움이 되는 현실적인 실재론이다. 저자는 과학이 우리로부터 독립적인 실재에 관한 궁극적 진리를 밝혀낸다고 주장하는 '표준적인 과학적 실재론'을 배척하고 실제 과학 연구와 진보와 삶 전반에 도움이 되는 '행동하는 실재주의'를 주창한다.

출발점은 과학을 숭배하는 교조주의적 입장에 대한 문제의식이다. 저자는 이 혼란한 세상에서 길을 찾고자 하는 우리에게 "최선의 희망"은 여전히 "과학과 과학적 태도"라고 믿는다. 그러나 "과학 지식은 궁극적 실재에 관한 보편적으로 증명된 진리"라는 통

넘은 불가능한 이상으로서 실제 과학의 진보에 도움이 되기는커녕
도리어 해롭다.

과학은 한마디로 인간의 활동이다. 적잖은 이들이 과학 혹
은 과학적임을 내세우며 자신의 주장을 옹호하고 다른 주장들을
억누르지만, 그런 식으로 "억압을 정당화하는 권위를 과학에서 찾
아서는 안 된다". 저자가 강조하듯이, "과학이란 비판으로부터 보
호받는 교리들의 집합이 아니라 끊임없는 탐구와 논쟁이다".

이 사실은 당연하기 그지없는데도 '과학에 대한 신앙'이 상
당히 만연한 우리 사회에서 흔히 외면당한다는 점을 돌아볼 때, 이
책은 특히 우리에게 대단히 의미심장하다. 저자는 과학철학자로서
"과학 지식에 관한 민주주의적 논쟁의 기틀을 세우고 유지하기"라
는 어려운 과제를 자임한다.

이 과제에서 출발한 논의가 결국 도달하는 지점은 5장에서
서술되는 장하석 특유의 '행동하는 실재주의'이며, 2장부터 4장까
지는 거기에 이르기 위해 '대응', '실재', '진리'라는 철학적 개념들
을 재구성하는 작업이다. 이 작업을 이끄는 길잡이는 실용주의 곧
"실천을 다루는 것을 책무로 삼는 철학적 태도"다.

이 작업의 결과인 실재주의는 "행동을 관건으로 삼는 입장"
이라는 점에서 과학철학에 적용된 실용주의라고 할 만하다. 저자
에 따르면, 실재주의는 "과학의 진보에 능동적으로 기여하는 입
장"으로서 "사회적 진보 및 정치적 진보와도 밀접한 관련이 있다".
과학과 사회와 정치의 진보가 절실히 필요하고 실용주의가 새로운
정치적 좌우명으로 떠오르는 지금 여기에서 장하석의 철학을 읽는
것은 가히 모두의 책무라고 할 만하다.

장하석은 과감하면서도 탄탄한 철학자다. 과감한 주장을 펼치려면 논증이 부실해지기 쉽고, 물샐틈없는 논증을 추구하면 메시지가 쩨쩨하거나 공허해지기 쉬운데, 장하석의 논의는 매력적인 예외다.

실재와 진리에 관한 전통적인 견해에 기반을 둔 표준적인 과학적 실재론의 문제점을 밝히고 행동하는 실재주의를 설파하는 이 책의 논의에서, 실재 및 진리 개념을 재구성하기 위해 저자가 의지하는 핵심 개념은 '작업적 정합성'이다. 일반적으로 '정합성'은 앞뒤가 잘 맞는다는 뜻이며, 앞뒤가 모순되지 않는다는 의미의 '일관성'과는 다른 개념이다. '작업적'이라는 수식어는 장하석이 주목하는 정합성이 명제들 사이의 관계가 아니라 우리가 하는 작업들 혹은 실천들 사이의 관계라는 점을 알려준다.

작업적 정합성을 띤 활동이란 "목표 달성을 위해 잘 설계된 활동", "그 활동에 가담하는 모든 것이 서로 잘 들어맞기 때문에 사리에 맞는make sense" 활동이다. 활동을 이루는 요소들에 대한 언급을 빼고 간단히 말하면, 작업적 정합성을 띤 활동은 우리의 목표를 고려할 때 "우리가 해야 사리에 맞는 활동"이다.

이 같은 작업적 정합성 개념을 토대로 삼아 장하석은 철학에서 가장 근본적이라고 할 만한 두 개념인 진리와 실재를 다음과 같이 재정의한다. "어떤 진술이 경험적으로 진리라 함은 그 진술이 작업적 정합성을 띤 활동의 촉진에 긍정적으로 기여할 수 있다는 뜻이다." 그리고 "무언가가 '실재한다' 함은 그 무언가의 존재와 기본적 속성들에 의존하는 정합적 활동에서 그 무언가가 채용될 수 있다는 뜻이어야 마땅하다". 초점은 활동에, 더 정확히 말하면 활

동의 작업적 정합성에 놓여 있으며, 그 초점을 기준으로 우선 진리
가 정의되고, 이어서 실재가 정의된다.

　　이 재정의가 얼마나 과감한 혁신인지 실감하려면 전통적인
철학(그리고 표준적인 과학적 실재론)에서 실재와 진리가 어떻게 정의
되는지 살펴볼 필요가 있다. 전통적으로 이야기되는 실재는 우리
로부터 독립적인 "외부세상"이며, 진리는 진술과 실재 사이의 대응
이다. 즉, 우리로부터 독립적인 실재를 있는 그대로 진술하는 문장
이 진리인 문장이다.

　　그러나 장하석이 명쾌하게 지적하듯이, 거의 상식으로 굳어
진 이 오래된 생각의 문제는 우리로부터 독립적인 실재를 잘 안다
는 듯이 대뜸 거론한다는 점에서 몹시 비현실적이며 따라서 탁상
공론으로 전락할 위험이 크다는 점이다. 우리로부터 독립적인 실
재가 어떠한지, 과연 있기는 한 것인지, 누가 확언할 수 있겠는가!
우리의 진술이 그런 실재와 대응하는지 여부를 어떻게 확인할 것
인가!

　　우리가 평범한 삶에서와 마찬가지로 철학에서도 "신의 관
점"을 헛되이 고집하지 않고 인간의 관점을 채택한다면, 전통적인
대응 진리와 정신 독립적 실체는 공허한 이상, 심지어 실천과 진보
에 전혀 도움이 되지 않는 나쁜 이상이라고 해야 마땅할 것이다.
그리하여 장하석은 우리의 활동에 초점을 맞춰 진리와 실재를 근
본적으로 새롭게 정의한다. 아주 간략하게 말하면, 문장이 진리인
지 판정하기 위한 기준, 무언가가 실재하는지 판정하기 위한 기준
은 우리의 활동에 도움이 되느냐 하는 것, 우리 활동의 작업적 정
합성을 촉진하느냐 하는 것이다.

이 대목에서 일부 독자는 장하석의 철저한 실용주의를 실감하며 반감을 품을지도 모르겠다. 그런 분들께는 장하석의 논의가 어느 철학자의 엄숙한 논의에 못지않게 진지하고 치밀하고 유익하다는 말씀을 서둘러 드리겠다. 우리 대다수는 실용주의라는 명칭을 종종 들어왔을 뿐, 실용주의가 무엇인지, 실용주의를 구체적으로 어떻게 실천하는지 배울 기회를 얻은 적이 거의 없다. 지금 영어권 과학철학계의 첨단에서 실용주의를 주도하는 장하석의 철학을 공부함으로써 실용주의에 대한 피상적인 선입견과 반감을 떨쳐 낼 필요가 있다.

흥미롭게도 장하석이 말하는 진리와 실재는 '사리에 맞음'이라는 더 평범한 개념과 직결된다. 실재하는 대상은 우리가 채용해야 사리에 맞는 대상, 진리인 문장은 우리가 사리에 맞게 활동하도록 도와주는 문장이다. 이 책에서 '사리에 맞는다'라고 옮긴 영어 make sense는 직역하기 어려운 표현이며 '일리가 있다'로 옮길 수도 있겠지만, 어떤 보편적인 원리를 염두에 둔 표현이 아니라 그때그때의 개별 상황에 적합함을 뜻하는 표현이라는 점을 부각하기 위해 '사리事理'를 언급하는 번역어를 선택했다.

아무튼 '사리에 맞음'은 이 책에서 결정적인 역할을 하는 표현이며, 어쩌면 일부 독자는 장하석이 이 표현의 의미를 더 깊이 파헤쳐 밝혀주기를 기대할 것이다. 그런 분들은 아쉬워할지도 모르겠지만, 이 책은 '사리에 맞음'이 무엇인지 규명하지 않으며, 이는 충분히 수긍할 만한 행마다. 왜냐하면 '사리에 맞음' 같은 근본적인 표현을 더 근본적인 다른 표현으로 환원하는 것은 불가능에 가깝기 때문이다. 우리는 '사리에 맞음'과 의미가 유사하며 동등하게 근본적인 표현들을 거론할 수 있을 따름이다. 이를테면 유용함, 목표 달성에 도움이 됨, 적합함 등을 말이다.

'사리에 맞음'이라는 일상적인 표현을 주춧돌로 삼는다는 점에서 장하석은 대단히 추상적이고 거창한 철학 이론을 추구하기보다는 인간이라면 누구나 지닌 사리 분별 능력에 의지하는 셈인데, 이것은 과학을 인간이 살면서 하는 수많은 활동 중 하나로 보는 그에게 잘 어울리는 선택이다. 더 나아가 이 선택은 일찍이 데카르트가 평범한 인간의 상식bon sens을 모든 철학의 기반으로 삼았던 것을 상기시킨다.

개인적으로 흥미롭게 읽으며 많은 배움을 얻은 부분이 몇 개 있다. 첫째, 실재의 결정적 특징으로 이야기되는 정신으로부터의 독립성을 섬세하게 이해하기 위하여 '정신에 의한 틀짓기framing'와 '정신에 의한 통제'를 구별하는 접근법은 존재론과 인식론 전반에서 중요하게 참조할 만하다. 장하석이 말하는 실재는 정신에 의해 틀지어져 있지만 정신에 의해 통제되지 않는다. 칸트는 "개념 없는 직관은 맹목이고, 직관 없는 개념은 공허하다"라는 유명한 말을 남겼다. 정신에 의한 틀짓기가 개념의 몫, 정신에 의해 통제되지 않음이 직관의 몫이라면, 참된 앎을 바라보는 칸트의 시각과 참된 실재를 바라보는 장하석의 시각은 사실상 일치한다고 할 만하다. 실제로 이 책에서 장하석은 칸트를 자주 언급하며 경의를 표한다. 그는 자신의 고유한 실재주의의 핵심에 "칸트주의와 실용주의의 혼합"이 놓여 있다고까지 말한다.

둘째, 장하석이 환원주의와 합성주의를 비판하는 대목

(3.5절)에서 등장하는 "레고주의"에 관한 논의는 단순하고 소박한 환원주의적 과학 이해를 비판하고 개선하는 데 중요하게 기여할 법하다. 레고주의란 마치 장난감 레고처럼 "어떤 것이든지 불변하는 부분들을 단순히 조립함으로써 만들 수 있고 깔끔하게 그 부분들로 분해할 수 있다"라는 가르침이다. 환원주의의 일종인 이 가르침은 고등학교 교과서 수준의 과학 지식을 과학의 전부로 착각하는 많은 이들 사이에서 거의 상식으로 자리잡은 듯하지만 결코 만능의 보편적 원리가 아니며 도리어 과학을 제대로 이해하는 데 방해가 된다고 장하석은 힘주어 말한다. 물리학과 화학에 정통한 철학자 장하석의 다음과 같은 단언을, 환원주의를 과학의 보편적 방법론으로 여기는 분들께 들려드리고 싶다. "물리과학들의 오랜 역사에서 실제로 실천된 물리적 합성들과 분해들을 주의깊게 살펴보면, 부분들이 전체의 다가 아님을 알게 될 것이다. '부분들'은 전체가 물리적으로 또는 개념적으로 부서진 뒤에 수습된 잔재일 따름이다."

　　셋째, "인식 과정의 반복" 혹은 인식적 반복에 관한 논의(특히 5.5절)는 과학철학뿐 아니라 경험주의마저 뛰어넘는 중대한 철학적 의미를 지녔다고 느껴진다. 장하석은 한편으로 경험의 선험적 요소를 인정한다. 물론 고루한 칸트주의자들이 생각하는 대로 그 요소가 보편적이고 영원불변하는 것은 아니다. 그러나 실재가 '정신에 의한 틀짓기'를 겪는 것처럼, 경험이 모종의 선험적(경험에 앞선) 요소에 의해 틀지어지는 것은 엄연한 사실이다. 그러나 철저하고 가차없는 경험주의자답게 장하석은 그 선험적 요소가 경험에 의해 개정된다는 점을 강조한다. 선험적 요소란 우리가 이제부터 해나갈 경험에 앞서 채택하는 원리, 방법, 목표 등이다. 우리는 그런 선험적 요소들을 가지고 탐구를 시작한다. 그리고 그 탐구의 결과로 그 요소들을 개선한다. 그다음은 개선된 선험적 요소들에 기초한 후속 탐구일 터이며, 이런 식으로 반복적 과정이 진행된다. 쉽게 말해서, 탐구 결과가 탐구의 출발점에 되먹임되어 선험적 요소들을 수정한다는 것이다.

즉, 과정의 종결이 출발점으로의 회귀라는 것이며, 이런 의미에서 장하석이 말하는 반복적 인식 과정은 일종의 원운동이다. 이 원운동을 통해 개념, 원리, 방법, 목표가 진화한다. 이 대목에서 헤겔의 변증법적 운동을 떠올리는 것은 나만의 독특한 취향이 아닐 것이다. 물론 장하석을 헤겔주의자로 해석하거나 헤겔을 경험주의자로 해석하는 것은 터무니없다. 장하석이 말하는 반복적 과정은 인식 혹은 경험의 과정인 반면, 헤겔이 말하는 반복적 과정은 이른바 '정신'의 운동이다. 그러나 경험적 요소와 선험적 요소의 철저한 격리를 배척하고 양자의 상호작용에 관심을 기울인다는 점에서, 장하석과 헤겔은 묘한 근친성이 있으며 궁극적으로 칸트의 정신을 계승하고 발전시킨다고 할 만하다.

철학은 언제 어디에서나 어렵지만, 이 땅에서 철학하기는 실로 어려운 과제다. 철학은 일종의 춤이라는 깨달음에 이른 것은 벌써 오래전이지만, 제대로 춤을 춰본 적은 드문 듯하다. 철학을 공부한답시고 위대한 춤꾼들의 동작을 어설프게 흉내내며 세월을 보내거나 심지어 흉내조차 못 내는 뻣뻣한 몸으로 위대한 춤을 다만 우러르며 사족 같은 해설을 늘어놓는 역할로 만족할 때가 많았다. 그런 내가 멋진 춤꾼 장하석의 책을 번역하게 된 것은 정말 큰 행운이다. 한국어를 모어로 가진 춤꾼이라도, 방대한 철학의 전통을 줄줄이 읊으며 웅장한 시스템을 세워 경탄을 자아내지 않더라도, 이토록 멋지게 춤출 수 있다는 것을 이 책에서 두 눈으로 똑똑히 보았다.

전문적인 철학자들, 철학의 길에 들어섰거나 들어설까 고민하는 젊은이들, 꼭 철학이 아니더라도 학문에 종사하는 분들, 전문적인 학자는 아니지만 학문에 관심 있는 일반인들, 특히 과학에 대한 신앙에서 벗어나 과학을 정말로 사랑하고자 하는 분들, 과학에 관심 있는 모든 분께 이 책을 권한다. 아니, 과학을 품은 삶과 우리가 살아가며 실천하는 앎이 이 책의 진짜 주제라는 점을 생각할 때, 이 멋진 춤은, 앎에 의지하여 살아가야 하고 각자의 일을 사리에 맞게 해나가야 하는 우리 모두를 위한 격려다.

참고문헌

Ahmad, Zubair, Rahim, Shabina, Zubair, Maha and Abdul-Ghafar, Jamshid. 2021. Artificial Intelligence (AI) in Medicine, Current Applications and Future Role with Special Emphasis on Its Potential and Promise in Pathology. *Diagnostic Pathology* 16, article 24.

Ankeny, Rachel and Leonelli, Sabina. 2016. Repertoires: A Post-Kuhnian Perspective on Scientific Change and Collaborative Research. *Studies in History and Philosophy of Science A*60: 18 – 28.

Arabatzis, Theodore. 2006. *Representing Electrons: A Biographical Approach to Theoretical Entities*. University of Chicago Press.

Audi, Robert. 2014. *Epistemology: A Contemporary Introduction to the Theory of Knowledge*. London: Routledge.

Austin, J. L. [1950] 1979. Truth. In J. O. Urmson and G. J. Warnock (eds.), *Philosophical Papers*, 3rd edn, 117 – 33. Oxford University Press.

Austin, J. L. [1957] 1979. A Plea for Excuses. In J. O. Urmson and G. J. Warnock (eds.), *Philosophical Papers*, 3rd edn, 175 – 204. Oxford University Press.

Austin, J. L. 1962. *How to Do Things with Words*. Oxford: Clarendon Press. 《말과 행위》(서광사, 1992)

Auxier, Randall E., Anderson, Douglas R. and Hahn, Lewis Edwin (eds.). *The Philosophy of Hilary Putnam*. Chicago and La Salle, IL: Open Court.

Baghramian, Maria (ed.). 2012. *Reading Putnam*. New York: Routledge.

Barnes, Barry. 2000. *Understanding Agency*. London: Sage.

Beck, Lewis White. 1968. The Kantianism of Lewis. In Paul Arthur Schilpp (ed.), *The Philosophy of C. I. Lewis*, 271–85. La Salle, 1L: Open Court.

Bergson, Henri. [1896] 1912. *Matter and Memory*. London: Macmillan.《물질과 기억》(아카넷, 2005)

Bergson, Henri. [1907] 1911. *Creative Evolution*. New York: Henry Holt.《창조적 진화》(아카넷, 2005)

Berkeley, George. [1709] 1910. *A New Theory of Vision and Other Writings*. London: J. M. Dent & Sons.《새로운 시각 이론에 관한 시론》(아카넷, 2009)

Bermejo, Fernando, Hüg, Mercedes X. and Di Paolo, Ezequiel A. 2020. Rediscovering Richard Held: Activity and Passivity in Perceptual Learning. *Frontiers in Psychology*, published online 19 May 2020. https://doi.org/10.3389/fpsyg.2020.00844

Bokulich, Alisa. 2008. *Reexamining the Quantum-Classical Relation: Beyond Reductionism and Pluralism*. Cambridge University Press.

Boon, Mieke. 2015. Contingency and Inevitability in Science: Instruments, Interfaces, and the Independent World. In Léna Soler *et al.* (eds.), *Science as It Could Have Been: Discussing the Contingency/Inevitability Problem*, 151–74. University of Pittsburgh Press.

Boswell, James. 1935. *Boswell's Life of Johnson*, 6 vols. Oxford University Press.

Bowdle, Brian F. and Gentner, Dedre. 2005. The Career of Metaphor. *Psychological Review* 112: 193–216.

Boyd, Richard. 1990. Realism, Approximate Truth, and Philosophical Method. In C. Wade Savage (ed.), *Scientific Theories*, 355–91. Minneapolis: University of Minnesota Press.

Boyd, Richard. 1999. Homeostasis, Species, and Higher Taxa. In Robert A. Wilson (ed.), *Species: New Interdisciplinary Essays*, 141–86. Cambridge, MA: MIT Press.

Brading, Katherine and Crull, Elise. 2017. Epistemic Structural Realism and Poincaré's Philosophy of Science. *HOPOS* 7: 108 – 29.

Brading, Katherine and Landry, Elaine. 2006. Scientific Structuralism: Presentation and Representation. *Philosophy of Science* 73:571 – 81.

Bradley, Richard. 2017. *Decision Theory with a Human Face*. Cambridge University Press.

Brandom, Robert. 1994. *Making It Explicit*. Cambridge, MA: Harvard University Press.

Bridgman, Percy Williams. 1927. *The Logic of Modern Physics*. New York: Macmillan.《현대 물리학의 논리》(아카넷, 2022)

Bridgman, Percy Williams. 1940. Science: Public or Private? *Philosophy of Science* 7/1: 36 – 48.

Bridgman, Percy Williams. 1955. *Reflections of a Physicist*. 2nd edn. New York: Philosophical Library.

Bridgman, Percy Williams. 1956. The Present State of Operationalism. In Philipp Frank (ed.), *The Validation of Scientific Theories*, 75 – 83. Boston, MA: Beacon Press.

Bridgman, Percy Williams. 1959. *The Way Things Are*. Cambridge, MA: Harvard University Press.

Brown, Matthew J. 2012. John Dewey's Logic of Science. *HOPOS* 2: 258 – 306.

Brown, Matthew J. 2013. Values in Science beyond Underdetermination and Inductive Risk. *Philosophy of Science* 80: 829 – 39.

Brown, Matthew J. 2020. *Science and Moral Imagination*. University of Pittsburgh Press.

Brun, Georg. 2016. Explication as a Method of Conceptual Re-engineering. *Erkenntnis* 81:1211 – 41.

Buber, Martin. [1923] 1937. *I and Thou*. Edinburgh: T. & T. Clark.《나와 너》(대한기독교서회, 2020)

Burge, Tyler. 1998. Computer Proof, Apriori Knowledge, and Other Minds: The Sixth Philosophical Perspectives Lecture. *Philosophical Perspectives* 12: 1 – 37.

Button, Tim. 2013. *The Limits of Realism*. Oxford University Press.

Cao, Tian Yu and Schweber, Silvan S. 1993. The Conceptual Foundations and the Philosophical Aspects of Renormalization Theory. *Synthese* 97: 33–108.

Cappelen, Herman. 2018. *Fixing Language: An Essay on Conceptual Engineering*. Oxford University Press.

Capps, John. 2019. The Pragmatic Theory of Truth. In *Stanford Encyclopedia of Philosophy*. https://plato.stanford.edu/archives/sum2019/entries/truth-pragmatic.

Carnap, Rudolf. 1950. Empiricism, Semantics, and Ontology. *Revue Internationale de Philosophie* 4/11: 20–40.

Carnap, Rudolf. 1963. Replies and Systematic Expositions. In Paul Arthur Schilpp (ed.), *The Philosophy of Rudolf Carnap*, 859–1013. La Salle, IL: Open Court.

Carrier, Martin. 2013. Values and Objectivity in Science: Value-Ladenness, Pluralism and the Epistemic Attitude. *Science & Education* 22: 2547–68.

Cartwright, Nancy. 1983. *How the Laws of Physics Lie*. Oxford: Clarendon Press.

Cartwright, Nancy. 1999. *The Dappled World: A Study of the Boundaries of Science*. Cambridge University Press.

Cartwright, Nancy. 2011. A Philosopher's View of the Long Road from RCTs to Effectiveness. *The Lancet* 377 (9775): 1400–1.

Cartwright, Nancy. 2019. *Nature, the Artful Modeler: Lectures on Laws, Science, How Nature Arranges the World and How We Can Arrange It Better*. Chicago: Open Court.

Cartwright, Nancy and Hardie, Jeremy. 2012. *Evidence-Based Policy: A Practical Guide to Doing It Better*. Oxford University Press.

Cassirer, Ernst. [1910] 1953. *Substance and Function & Einstein's Theory of Relativity*. New York: Dover.

Chakravartty, Anjan. 2010. Perspectivism, Inconsistent Models, and Contrastive Explanation. *Studies in History and Philosophy of Science* 41: 405–12.

Chakravartty, Anjan. 2017. *Scientific Ontology: Integrating Naturalized Metaphysics and Voluntarist Epistemology*. New York: Oxford

University Press.

Chalmers, Alan. 2009. *The Scientist's Atom and the Philosopher's Stone.* Dordrecht: Springer.

Chalmers, Alan. 2013. *What Is This Thing Called Science?* 4th edn. St Lucia: University of Queensland Press. 《과학이란 무엇인가?》(서광사, 2003)

Chalmers, David J. 1996. *The Conscious Mind: In Search of a Fundamental Theory.* New York: Oxford University Press.

Chang, Hasok. 2002. Rumford and the Reflection of Radiant Cold: Historical Reflections and Metaphysical Reflexes. *Physics in Perspective* 4: 127 – 69.

Chang, Hasok. 2003. Preservative Realism and Its Discontents: Revisiting Caloric. *Philosophy of Science* 70: 902 – 12.

Chang, Hasok. 2004. *Inventing Temperature: Measurement and Scientific Progress.* New York: Oxford University Press. 《온도계의 철학》(동아시아, 2013)

Chang, Hasok. 2007. Scientific Progress: Beyond Foundationalism and Coherentism. In Anthony O'Hear (ed.), *Philosophy of Science*, 1 – 20. Cambridge University Press.

Chang, Hasok. 2008. Contingent Transcendental Arguments for Metaphysical Principles. In Michela Massimi (ed.), *Kant and the Philosophy of Science Today*, 113 – 33. Cambridge University Press.

Chang, Hasok. 2009a. Ontological Principles and the Intelligibility of Epistemic Activities. In De Regt, Leonelli and Eigner (eds.), 64 – 82.

Chang, Hasok. 2009b. Operationalism. In *Stanford Encyclopedia of Philosophy.* https://plato.stanford.edu/archives/fall2009/entries/operationalism.

Chang, Hasok. 2011a. The Philosophical Grammar of Scientific Practice. *International Studies in the Philosophy of Science* 25: 205 – 21.

Chang, Hasok. 2011b. Compositionism as a Dominant Way of Knowing in Modern Chemistry. *History of Science* 49: 247 – 68.

Chang, Hasok. 2012a. *Is Water H_2O? Evidence, Realism and Pluralism.* Dordrecht: Springer. 《물은 H_2O인가?》(김영사, 2021)

Chang, Hasok. 2012b. Practicing Eighteenth-Century Science Today. In Mario Biagioli and Jessica Riskin (eds.), *Nature Engaged: Science in Practice from the Renaissance to the Present*, 41–58. New York: Palgrave Macmillan.

Chang, Hasok. 2014. Epistemic Activities and Systems of Practice: Units of Analysis in Philosophy of Science after the Practice Turn. In Soler et al. (eds.), 67–79.

Chang, Hasok. 2016a. The Rising of Chemical Natural Kinds through Epistemic Iteration. In Kendig (ed.), 33–46.

Chang, Hasok. 2016b. Pragmatic Realism. *Revista de Humanidades de Valparaiso* 4: 107–22.

Chang, Hasok. 2017a. Epistemic Iteration and Natural Kinds: Realism and Pluralism in Taxonomy. In Kenneth S. Kendler and Josef Parnas (eds.), *Philosophical Issues in Psychiatry*, vol Iv: *Classification of Psychiatric Illnesses*, 229–45. Oxford University Press.

Chang, Hasok. 2017b. Operational Coherence as the Source of Truth. *Proceedings of the Aristotelian Society* 117: 103–22.

Chang, Hasok. 2017c. Operationalism: Old Lessons and New Challenges. In Nicola Mößner and Alfred Nordmann (eds.), *Reasoning in Measurement*, 25–38. London and New York: Routledge.

Chang, Hasok. 2017d. What History Tells Us about the Distinct Nature of Chemistry. *Ambix* 64: 360–74.

Chang, Hasok. 2017e. Prospects for an Integrated History and Philosophy of Composition. In Hannes Leitgeb et al. (eds.), *Logic, Methodology and Philosophy of Science-Proceedings of the 15th International Congress*, 215–31. London: College Publications.

Chang, Hasok. 2018. Is Pluralism Compatible with Scientific Realism? In Saatsi (ed.), 176–86.

Chang, Hasok. 2020a. Pragmatism, Perspectivism and the Historicity of Science. In Massimi and McCoy (eds.), 10–27.

Chang, Hasok. 2020b. Relativism, Perspectivism and Pluralism. In Kusch (ed.), 398–406.

Chang, Hasok. 2021. The Coherence of Feyerabend's Pluralist Realism.

In Karim Bschir and Jamie Shaw (eds.), *Interpreting Feyerabend: Critical Essays*, 40–56. Cambridge University Press.

Chang, Hasok and Fisher, Grant. 2011. What the Ravens Really Teach Us: The Inherent Contextuality of Evidence. In William Twining, Philip Dawid and Mimi Vasilaki (eds.), *Evidence, Inference and Enquiry*, 341–66. Oxford University Press and the British Academy.

Chang, Hasok and Leonelli, Sabina. 2005. Infrared Metaphysics: The Elusive Ontology of Radiation (Part 1); Infrared Metaphysics: Radiation and Theory-Choice (Part 2). *Studies in History and Philosophy of Science* 36: 477–508; 686–705.

Chang, Hasok and Yi, Sang Wook. 2005. The Absolute and Its Measurement: William Thomson on Temperature. *Annals of Science* 62: 281–308.

Chirimuuta, Mazviita. 2015. *Outside Color: Perceptual Science and the Puzzle of Color in Philosophy*. Cambridge, MA: MIT Press.

Clark, Peter and Hale, Bob (eds.). 1994. *Reading Putnam*. Oxford: Blackwell.

Craig, Edward. 1990. *Knowledge and the State of Nature*. Oxford University Press.

Crombie, Alistair. 1961. Quantification in Medieval Physics. In Harry Woolf (ed.), *Quantification: A History of the Meaning of Measurement in the Natural and Social Sciences*, 13-30. Indianapolis: Bobbs-Merrill.

Curiel, Erik. (forthcoming). Why Rigid Designation Cannot Stand on Scientific Ground.

Daly, C. B. 1968. Polanyi and Wittgenstein. In Thomas A. Langford and William H. Poteat (eds.), *Intellect and Hope: Essays in the Thought of Michael Polanyi*, 136-68. Durham, NC: Duke University Press.

Dancy, Jonathan. 1985. *Introduction to Contemporary Epistemology*. Oxford: Blackwell.

Darwall, Stephen. 2006. *The Second-Person Standpoint: Morality, Respect, and Accountability*. Cambridge, MA: Harvard University Press.

David, Marian. 2016. The Correspondence Theory of Truth. In *Stanford*

Encyclopedia of Philosophy. https://plato.stanford.edu/archives/fall2016/entries/truth-correspondence.

Dawid, Richard. 2013. *String Theory and the Scientific Method*. Cambridge University Press.

De Regt, Henk W. 2017. *Understanding Scientific Understanding*. New York: Oxford University Press.

De Regt, Henk W., Leonelli, Sabina and Eigner, Kai (eds.). 2009. *Scientific Understanding: Philosophical Perspectives*. University of Pittsburgh Press.

Debus, Allen G. 1967. Fire Analysis and the Elements in the Sixteenth and the Seventeenth Centuries. *Annals of Science* 23(2): 127−47.

Deleuze, Gilles and Guattari, Félix. [1980] 1987. *A Thousand Plateaus: Capitalism and Schizophrenia*, trans. Brian Massumi. Minneapolis: University of Minnesota Press.《천 개의 고원》(새물결, 2001)

DeVries, Willem A. 2005. *Wilfrid Sellars*. Chesham: Acumen.

Dewey, John. [1907] 1977. The Intellectual Criterion for Truth. In *The Collected Works of John Dewey: The Middle Works*, vol. IV, 50−75. Carbondale: Southern Illinois University Press.

Dewey, John. 1917. The Need for a Recovery of Philosophy. In John Dewey (ed.), *Creative Intelligence: Essays in the Pragmatic Attitude*, 3-69. New York: Holt.

Dewey, John. 1925. *Experience and Nature*. Ithaca, NY: Cornell University Press.

Dewey, John. 1929. *The Quest for Certainty: A Study of the Relation of Knowledge and Action*. New York: Minton, Balch and Co.

Dewey, John. 1938. *Logic: The Theory of Inquiry*. New York: Holt, Reinhardt & Winston.

Diamond, Cora. 1991. *The Realistic Spirit: Wittgenstein, Philosophy, and the Mind*. Cambridge, MA: MIT Press.

Douglas, Heather. 2009. *Science, Policy and the Value-Free Ideal*. University of Pittsburgh Press.

Douven, Igor. 2021. Abduction. In *Stanford Encyclopedia of Philosophy*. https://plato.stanford.edu/archives/sum2021/entries/abduction.

Dummett, Michael. 1981. *Frege: Philosophy of Language*. 2nd edn. London: Duckworth.

Dupré, John. 1993. *The Disorder of Things: Metaphysical Foundations of the Disunity of Science*. Cambridge, MA: Harvard University Press.

Dutilh Novaes, Catarina. 2020. Carnapian Explication and Ameliorative Analysis: A Systematic Comparison. *Synthese* 197: 1011–34.

Eddington, Arthur S. 1928. *The Nature of the Physical World*. Cambridge University Press.

Einstein, Albert. 1961. *Relativity: The Special and the General Theory*, trans. Robert W. Lawson. New York: Crown. 《상대성 이론》(지만지, 2012)

Einstein, Albert and Infeld, Leopold. 1938. *The Evolution of Physics*. Cambridge University Press.

Elgin, Catherine Z. 2017. *True Enough*. Cambridge, MA: MIT Press.

Epstein, Brian. 2015. *The Ant Trap: Rebuilding the Foundations of the Social Sciences*. New York: Oxford University Press.

Faraday, Michael. 1822. On Some New Electro-Magnetic Motions, and on the Theory of Magnetism. *Quarterly Journal of Science, Literature and the Arts* 12: 74–96.

Fernflores, Francisco. 2012. The Equivalence of Mass and Energy. In *Stanford Encyclopedia of Philosopy*. http://plato.stanford.edu/archives/spr2012/entries/equivME.

Fesmire, Steven. 2015. *Dewey*. London and New York: Routledge.

Feyerabend, Paul. 1975. *Against Method*. London: New Left Books. 《방법에 반대한다》(그린비, 2019)

Fine, Arthur. 1984. The Natural Ontological Attitude. In Jarrett Leplin (ed.), *Scientific Realism*, 83–107. Berkeley and Los Angeles: University of California Press.

Fine, Arthur. 2007. Relativism, Pragmatism, and the Practice of Science. In Misak (ed.), 50–67.

Floyd, Juliet and Shieh, Sanford (eds.). 2001. *Future Pasts: The Analytic Tradition in Twentieth-Century Philosophy*. Oxford University Press.

Foley, Richard. 1998. Justification, Epistemic. In Edward Craig (ed.), *Routledge Encyclopedia of Philosophy*, 157 – 65. London: Routledge.

Føllesdal, Dagfinn. 1990. The *Lebenswelt* in Husserl. In Leila Haaparanta, Martin Kusch and Ilkka Niiniluoto (eds.), *Language, Knowledge, and Intentionality: Perspectives on the Philosophy of Jaakko Hintikka*. *Acta Philosophica Fennica* 46: 123 – 43.

Føllesdal, Dagfinn. 2010. The *Lebenswelt* in Husserl. In David Hyder and Hans-Jörg Rheinberger (eds.), *Science and the Life-World: Essays on Husserl's 'Crisis of European Sciences'*, 27 – 45. Stanford University Press.

Forman, Paul. 1991. Independence, not Transcendence, for the Historian of Science. *Isis* 82: 71 – 86.

Frank, Philipp. 1949. *Modern Science and Its Philosophy*. Cambridge, MA: Harvard University Press.

Frega, Roberto (ed.) 2011. *Pragmatist Epistemologies*. Lanham, MD: Lexington.

Frege, Gottlob. [1892] 1948. Sense and Reference. *Philosophical Review* 57: 209 – 30. 《뜻과 지시체에 관하여》(전기가오리, 2017)

Friedman, Michael. 2001. *Dynamics of Reason*. Stanford, CA: CSLI Publications. 《이성의 역학》(서광사, 2012)

Frigg, Roman and Nguyen, James. 2020. *Modelling Nature*. Cham: Springer Nature.

Gabriel, Markus. [2013] 2015. *Why the World Does Not Exist*. Cambridge: Polity Press. 《왜 세계는 존재하지 않는가》(열린책들, 2017)

Galison, Peter. 1997. *Image and Logic: A Material Culture of Microphysics*. University of Chicago Press. 《상과 논리》(한길사, 2021)

Galison, Peter. 2003. *Einstein's Clocks, Poincaré's Maps: Empires of Time*. New York: W. W. Norton. 《아인슈타인의 시계, 푸앵카레의 지도》(동아시아, 2017)

Gardner, Martin. 2000. *Did Adam and Eve Have Navels?* New York: W. W. Norton. 《아담과 이브에게는 배꼽이 있었을까》(바다출판사, 2002)

Giere, Ronald N. 2004. How Models Are Used to Represent Reality. *Philosophy of Science* 71: 742 – 52.

Giere, Ronald N. 2006. *Scientific Perspectivism*. University of Chicago Press.

Giere, Ronald N. 2016. Feyerabend's Perspectivism. *Studies in History and Philosophy of Science* 57: 137-41.

Glanzberg, Michael. 2018a. Truth. In *Stanford Encyclopedia of Philosophy*. https://plato.stanford.edu/archives/fall2018/entries/truth.

Glanzberg, Michael. (ed.). 2018b. *The Oxford Handbook of Truth*. Oxford University Press.

Goldman, Alvin and Beddor, Bob. 2016. Reliabilist Epistemology. In *Stanford Encyclopedia of Philosophy*. https://plato.stanford.edu/archives/win2016/entries/reliabilism.

Gómez, Juan Carlos. 2004. *Apes, Monkeys, Children, and the Growth of Mind*. Cambridge, MA: Harvard University Press.

Gooding, David. 1990. *Experiment and the Making of Meaning: Human Agency in Scientific Observation*. Dordrecht: Kluwer.

Goodman, Nelson. 1978. *Ways of Worldmaking*. Indianapolis: Hackett.

Gottwald, Siegfried. 2020. Many-Valued Logic. In *Stanford Encyclopedia of Philosophy*. https://plato.stanford.edu/archives/sum2020/entries/logic-manyvalued.

Gould, Stephen Jay and Lewontin, Richard C. 1979. The Spandrels of San Marco and the Panglossian Paradigm: A Critique of the Adaptationist Programme. *Proceedings of the Royal Society of London* B205 (1161): 581-98.

Grene, Marjorie. 1974. *The Knower and the Known*. Berkeley and Los Angeles: University of California Press.

Grene, Marjorie. 1987. Historical Realism and Contextual Objectivity: A Developing Perspective in the Philosophy of Science. In Nancy J. Nersessian (ed.), *The Process of Science: Contemporary Philosophical Approaches to Understanding Scientific Practice*, 69-81. Dordrecht: Martinus Nijhoff.

Grimm, Stephen R. (ed.). 2018. *Making Sense of the World: New Essays on the Philosophy of Understanding*. New York: Oxford University Press.

Grimm, Stephen R., Baumberger, Christoph and Ammon, Sabine (eds.). 2017. *Explaining Understanding: New Perspectives from Epistemology and Philosophy of Science*. New York and Abingdon: Routledge.

Haack, Susan. 2014. Do Not Block the Way of Inquiry. *Transactions of the Charles S. Peirce Society* 50: 319−39.

Hacking, Ian. 1983. *Representing and Intervening*. Cambridge University Press.《표상하기와 개입하기》(한울, 2020)

Hacking, Ian. 1989. Extragalactic Reality: The Case of Gravitational Lensing. *Philosophy of Science* 56: 555−81.

Hardcastle, Gary and Slater, Matthew. 2014. A Novel Exercise for Teaching the Philosophy of Science. *Philosophy of Science* 81: 1184−96.

Harré, Rom and Llored, Jean-Pierre. 2019. *The Analysis of Practices*. Newcastle upon Tyne: Cambridge Scholars.

Haslanger, Sally. 2000. Gender and Race: (What) Are They? (What) Do We Want Them To Be? *Noûs* 34: 31−55.

Held, Richard. 1965. Plasticity in Sensory-Motor Systems. *Scientific American* 213/5: 84−94.

Henne, Céline. 2022. Framed and Framing Inquiry: Development and Defence of John Dewey's Theory of Knowledge. PhD Dissertation, University of Cambridge.

Hentschel, Klaus. 2002. *Mapping the Spectrum: Techniques of Visual Representation in Research and Teaching*. Oxford University Press.

Hesse, Mary. 1977. Truth and the Growth of Scientific Knowledge. In Frederick Suppe and Peter D. Asquith (eds.), *PSA 1976, vol. 2 (Symposia)*, 261−81. East Lansing, MI: Philosophy of Science Association.

Hjortland, Ole Thomassen. 2017. Anti-exceptionalism about Logic. *Philosophical Studies* 174: 631−58.

Hoefer, Carl and Martí, Genoveva. 2020. Realism, Reference & Perspective. *European Journal for Philosophy of Science* 10, article 38: 1−22.

Hofmann, August. 1865. On the Combining Power of Atoms. *Notices of the Proceedings at the Meetings of the Members of the Royal*

Institution of Great Britain 4: 401 – 30.

Holton, Gerald. 1969. Einstein, Michelson, and the 'Crucial' Experiment. *Isis* 60: 133 – 97.

Hookway, Christopher. 2004. Truth, Reality, and Convergence. In Cheryl Misak (ed.), *The Cambridge Companion to Peirce*, 127 – 49. Cambridge University Press.

Hornsby, Jennifer. 2004. Agency and Actions. In J. Hyman and H. Steward (eds.), *Agency and Action*, 1 – 23. Cambridge University Press.

Hornsby, Jennifer. 2007. Knowledge and Abilities in Action. In Christian Kanzian and Edmund Runggaldier (eds.), *Cultures: Conflict – Analysis – Dialogue*, 165 – 80. Frankfurt: Ontos Verlag.

Horwich, Paul. 1998a. *Meaning*. Oxford: Clarendon Press.

Horwich, Paul. 1998b. *Truth*. 2nd edn. Oxford University Press.

Hossenfelder, Sabine. 2018. *Lost in Math: How Beauty Leads Physics Astray*. New York: Basic Books. 《수학의 함정》(해나무, 2020)

Hoyningen-Huene, Paul. 2013. *Systematicity: The Nature of Science*. New York: Oxford University Press.

Hoyningen-Huene, Paul and Sankey, Howard (eds.). 2001. *Incommensurability and Related Matters*. Dordrecht: Kluwer.

Husserl, Edmund. [1954] 1970. *The Crisis of European Sciences and Transcendental Phenomenology*. Evanston, IL: Northwestern University Press. 《유럽학문의 위기와 선험적 현상학》(한길사, 2016)

Hyman, John. 1999. How Knowledge Works. *Philosophical Quarterly* 49: 433-51.

Ichikawa, Jonathan Jenkins and Steup, Matthias. 2018. The Analysis of Knowledge. In *Stanford Encyclopedia of Philosophy*. https://plato. stanford.edu/archives/sum2018/entries/knowledge-analysis.

James, William. [1907] 1975. *Pragmatism*. Cambridge, MA: Harvard University Press. 《실용주의》(아카넷, 2008)

Kant, Immanuel. [1786] 2004. *Metaphysical Foundations of Natural Science*, ed. Michael Friedman. Cambridge University Press. 《학문으로 등장할 수 있는 미래의 모든 형이상학을 위한 서설/자연과학의 형이상학적 기초원리》(한길사, 2018)

Kant, Immanuel. [1787] 1998. *The Critique of Pure Reason*. Cambridge University Press.《순수이성비판》(아카넷, 2006)

Kellert, Stephen H., Longino, Helen E. and Waters, C. Kenneth (eds.). 2006. *Scientific Pluralism*. Minneapolis: University of Minnesota Press.

Kendig, Catherine (ed.). 2016. *Natural Kinds and Classification in Scientific Practice*. Abingdon and New York: Routledge.

Kenny, Anthony J. P. 1989. *The Metaphysics of Mind*. Oxford University Press.

Khlentzos, Drew. 2021. Challenges to Metaphysical Realism. In *Stanford Encyclopedia of Philosophy*. https://plato.stanford.edu/archives/spr2021/entries/realism-sem-challenge.

Kim, Sung Ho. 2019. Max Weber. In *Stanford Encyclopedia of Philosophy*. https://plato.stanford.edu/archives/win2019/entries/weber.

Kirkham, R. L. 1992. *Theories of Truth: A Critical Introduction*. Cambridge, MA: MIT Press.

Kitcher, Philip. 1993. *The Advancement of Science: Science without Legend, Objectivity without Illusions*. New York and Oxford: Oxford University Press.

Kitcher, Philip. 2001. *Science, Truth and Democracy*. New York: Oxford University Press.

Kitcher, Philip. 2011a. *Science in a Democratic Society*. Amherst, NY: Prometheus Books.

Kitcher, Philip. 2011b. Epistemology without History Is Blind. *Erkenntnis* 75: 505–24.

Kitcher, Philip. 2012. *Preludes to Pragmatism: Toward a Reconstruction of Philosophy*. New York: Oxford University Press.

Kitcher, Philip. (forthcoming). *Homo Quaerens: Progress, Truth, and Values*.

Kitcher, Philip and Keller, Evelyn Fox. 2017. *The Seasons Alter: How to Save Our Planet in Six Acts*. New York: Liveright.

Klein, Ursula. 2003. *Experiments, Models, Paper Tools: Cultures of Organic Chemistry in the Nineteenth Century*. Stanford University Press.

Knorr Cetina, Karin. 2001. Objectual Practice. In Schatzki, Knorr Cetina and von Savigny (eds.), 186-97.

Kosso, Peter. 1998. *Appearance and Reality: An Introduction to the Philosophy of Physics*. New York and Oxford: Oxford University Press.

Kripke, Saul. 1980. *Naming and Necessity*. Cambridge, MA: Harvard University Press.《이름과 필연》(필로소픽, 2014)

Kuhn, Thomas S. 1957. *The Copernican Revolution*. Cambridge, MA: Harvard University Press. 《코페르니쿠스 혁명》(지식을만드는지식, 2016)

Kuhn, Thomas S. [1962] 1970. *The Structure of Scientific Revolutions*. 2nd edn. University of Chicago Press.《과학혁명의 구조》(까치, 2013)

Kuhn, Thomas S. [1974] 1977. Second Thoughts on Paradigms. In Kuhn, *The Essential Tension*, 293-319. University of Chicago Press.

Kuhn, Thomas S. [1989] 2000. Possible Worlds in History of Science. In James Conant and John Haugeland (eds.), *The Road Since Structure*, 58-89. University of Chicago Press.

Kulp, Christopher B. 2009. Dewey, the Spectator Theory of Knowledge, and Internalism/Externalism. *The Modern Schoolman* 87/1: 67-77.

Kusch, Martin. 2002. *Knowledge by Agreement: The Programme of Communitarian Epistemology*. Oxford University Press.

Kusch, Martin. (ed.). 2020. *The Routledge Handbook of Philosophy of Relativism*. London and New York: Routledge.

Ladyman, James and Ross, Don, with Spurrett, David, and Collier, John. 2007. *Every Thing Must Go: Metaphysics Naturalized*. Oxford University Press.

Lakatos, Imre and Musgrave, Alan (eds.). 1970. *Criticism and the Growth of Knowledge*. Cambridge University Press.《현대과학철학 논쟁》(아르케, 2002)

Lakoff, George and Johnson, Mark. 1980. *Metaphors We Live By*. University of Chicago Press.《삶으로서의 은유》(박이정, 2006)

LaPorte, Joseph. 2018. Rigid Designators. In *Stanford Encyclopedia of Philosophy*. https://plato.stanford.edu/archives/spr2018/entries/rigid-designators.

Laudan, Larry. 1977. *Progress and Its Problems*. Berkeley and Los Angeles: University of California Press.

Laudan, Larry. 1981. A Confutation of Convergent Realism. *Philosophy of Science* 48: 19–49.

Laudan, Larry. 1984. *Science and Values*. Berkeley and Los Angeles: University of California Press. 《과학과 가치》(민음사, 1994)

Lawler, Insa. 2018. Knowing Why – An Investigation of Explanatory Knowledge. PhD dissertation, University of Duisburg – Essen.

Legg, Catherine and Hookway, Christopher. 2021. Pragmatism. In *Stanford Encyclopedia of Philosophy*. https://plato.stanford.edu/archives/sum2021/entries/pragmatism.

Lehrer, Keith. 1990. *Theory of Knowledge*. Boulder, co, and San Francisco, CA: Westview Press.

Lenoir, Timothy. 1992. Practical Reason and the Construction of Knowledge: The Life-world of Haber – Bosch. In Ernan McMullin (ed.), *The Social Dimensions of Science*, 158–97. University of Notre Dame Press.

Leonelli, Sabina. 2016. *Data-Centric Biology: A Philosophical Study*. University of Chicago Press.

Lewis, Clarence Irving. 1929. *Mind and the World-Order: Outline of a Theory of Knowledge*. New York: Dover.

Lewis, Clarence Irving. 1930. [Review of] The Quest for Certainty: A Study of the Relation of Knowledge and Action [by] John Dewey. *Journal of Philosophy* 27: 14–25.

Lóhkivi, Endla and Vihalemm, Rein (eds.). 2012. *Towards a Practical Realist Account of Science*, special issue of *Studia Philosophica Estonica* 5/2.

Longino, Helen E. 1990. *Science as Social Knowledge: Values and Objectivity in Scientific Inquiry*. Princeton University Press.

Longino, Helen E. (forthcoming). What's Social about Social Epistemology? *Journal of Philosophy*.

Losee, John. 1993. *A Historical Introduction to the Philosophy of Science*. 3rd edn. Oxford and New York: Oxford University Press. 《과학철학

의 역사》(동연출판사, 1999)

Lowry, T. M. 1936. *Historical Introduction to Chemistry*. London: Macmillan.

Lynch, Michael P. 2001. A Functionalist Theory of Truth. In Michael P. Lynch (ed.), *The Nature of Truth: Classical and Contemporary Perspectives*, 723–49. Cambridge, MA: MIT Press.

Lynch, Michael P. 2009. *Truth as One and Many*. Oxford University Press.

Lyons, Timothy D. 2003. Explaining the Success of a Scientific Theory. *Philosophy of Science* 70: 891–901.

Lyons, Timothy D. 2016a. Scientific Realism. In Paul Humphreys (ed.), *The Oxford Handbook of Philosophy of Science*, 564–84. Oxford University Press.

Lyons, Timothy D. 2016b. Structural Realism versus Deployment Realism: A Comparative Evaluation. *Studies in History and Philosophy of Science, Part A* 59: 95–105.

Macarthur, David. 2012. Putnam and the Philosophical Appeal to Common Sense. In Baghramian (ed.), 127–41.

Mach, Ernst. [1889] 2013. *The Science of Mechanics:A Critical and Historical Exposition of Its Principles*, trans. Thomas J. McCormack. Cambridge University Press. 《역학의 발달》(한길사, 2014)

Mäki, Uskali. 2009. Realistic Realism about Unrealistic Models. In Don Ross and Harold Kincaid (eds.), *The Oxford Handbook of Philosophy of Economics*, 68–98. Oxford University Press.

Massimi, Michela. 2018a. Perspectivism. In Saatsi (ed.), 164–75.

Massimi, Michela. 2018b. Four Kinds of Perspectival Truth. *Philosophy and Phenomenological Research* 96: 342–59.

Massimi, Michela. 2021. Realism, Perspectivism, and Disagreement in Science. *Synthese* 198: 6115–41.

Massimi, Michela and McCoy, Casey. (eds.). 2020. *Understanding Perspectivism*. New York and London: Routledge.

Maudlin, Tim. 2015. Confessions of a Hardcore, Unsophisticated Metaphysical Realist. In Auxier et al. (eds.), 487–501.

Maxwell, Nicholas. 1984. *From Knowledge to Wisdom: A Revolution in the Aims and Methods of Science*. Oxford: Basil Blackwell.

Mayo, Deborah G. 1996. *Error and the Growth of Experimental Knowledge*. University of Chicago Press.

McIntyre, Lee. 2018. *Post-Truth*. Cambridge, MA: MIT Press. 《포스트 트루스》(두리반, 2019)

McIntyre, Lee. 2021. *How to Talk to a Science Denier*. Cambridge, MA: MIT Press. 《지구가 평평하다고 믿는 사람과 즐겁고 생산적인 대화를 나누는 법》(위즈덤하우스, 2022)

McKenzie, Kerry. 2011. Arguing against Fundamentality. *Studies in History and Philosophy of Modern Physics* 42: 244 – 55.

McKenzie, Kerry. 2018. Being Realistic: The Challenge of Theory Change for a Metaphysics of Scientific Realism. *Spontaneous Generations* 9: 136 – 42.

McLaughlin, Amy. 2009. Peircean Polymorphism: Between Realism and Anti-realism. *Transactions of the Charles S. Peirce Society* 45: 402 – 21.

McLaughlin, Amy. 2011. In Pursuit of Resistance: Pragmatic Recommendations for Doing Science within One's Means. *European Journal for Philosophy of Science* 1: 353 – 71.

McLeod, Alexus. 2016. *Theories of Truth in Chinese Philosophy: A Comparative Approach*. London and New York: Rowman & Littlefield.

Merleau-Ponty, Maurice. [1945] 1962. *Phenomenology of Perception*. London and Henley: Routledge & Kegan Paul. 《지각의 현상학》(세창출판사, 2025)

Michaelson, Eliot and Reimer, Marga. 2019. Reference. In *Stanford Encyclopedia of Philosophy*. https://plato.stanford.edu/archives/spr2019/entries/reference.

Miller, Alexander. 2016. Realism. In *Stanford Encyclopedia of Philosophy*. https://plato.stanford.edu/archives/win2016/entries/realism.

Miller, Arthur I. 1981. *Albert Einstein's Special Theory of Relativity: Emergence (1905) and Early Interpretation (1905 – 1911)*. Reading, MA: Addison-Wesley.

Misak, Cheryl (ed.). 2007a. *New Pragmatists*. Oxford: Clarendon Press.

Misak, Cheryl. 2007b. Pragmatism and Deflationism. In Misak (ed.), 68 – 90.

Misak, Cheryl. 2013. *The American Pragmatists*. Oxford University Press.

Misak, Cheryl. 2020. *Frank Ramsey: A Sheer Excess of Powers*. Oxford University Press.

Mitchell, Sandra D. 2003. *Biological Complexity and Integrative Pluralism*. Cambridge University Press.

Mitchell, Sandra D. 2020. Perspectives, Representation and Integration. In Massimi and McCoy, (eds.), 178 – 93.

Mol, Annemarie. 2002. *The Body Multiple: Ontology in Medical Practice*. Durham, NC: Duke University Press.

Moore, G. E. 1939. Proof of an External World. *Proceedings of the British Academy* 25: 273 – 300.

Morgan, Mary S. and Morrison, Margaret (eds.). 1999. *Models as Mediators: Perspectives on Natural and Social Science*. Cambridge University Press.

Murdoch, Dugald. 1987. *Niels Bohr's Philosophy of Physics*. Cambridge University Press.

Musgrave, Alan. 1976. Why Did Oxygen Supplant Phlogiston? Research Programmes in the Chemical Revolution. In Colin Howson (ed.), *Method and Appraisal in the Physical Sciences*, 181 – 209. Cambridge University Press.

Nersessian, Nancy J. 2008. *Creating Scientific Concepts*. Cambridge, MA: MIT Press.

Neurath, Otto. [1931] 1983. Sociology in the Framework of Physicalism. In Robert S. Cohen and Marie Neurath (eds.), Neurath, *Philosophical Papers 1913-1946*, 58 – 90. Dordrecht: Reidel.

Neurath, Otto. [1932/3] 1983. Protocol Statements. In Robert S. Cohen and Marie Neurath (eds.), Neurath, *Philosophical Papers 1913-1946*, 91 – 9. Dordrecht: Reidel.

Neurath, Otto et al. [1929] 1973. Wissenschaftliche Weltauffassung: Der Wiener Kreis (The Scientific Conception of the World: The Vienna Circle). In Marie Neurath and Robert S. Cohen (eds.), Neurath, *Empiricism and Sociology*, 299 – 318. Dordrecht: Reidel.

Niiniluoto, Ilkka. 1999. *Critical Scientific Realism*. New York: Oxford University Press.

Niiniluoto, Ilkka. 2014. Scientific Realism: Independence, Causation, and Abduction. In Westphal (ed.), 159–72.

Noë, Alva. 2004. *Action in Perception*. Cambridge, MA: MIT Press. 《지각행위》(그린비, 2025)

Noë, Alva. 2005. Against Intellectualism. *Analysis* 65: 278–90.

Norton, John D. 2021. *The Material Theory of Induction*. University of Calgary Press.

Nye, Mary Jo. 1972. *Molecular Reality: A Perspective on the Scientific Work of Jean Perrin*. New York: American Elsevier.

Ogilvie, John F. 1990. The Nature of the Chemical Bond 1990: There Are No Such Things as Orbitals! *Journal of Chemical Education* 67: 280–9.

Oppenheim, Paul and Putnam, Hilary. 1958. Unity of Science as a Working Hypothesis. In Herbert Feigl, Michael Scriven and Grover Maxwell (eds.), *Concepts, Theories, and the Mind–Body Problem*, 3–36. Minneapolis: University of Minnesota Press.

Page, Sam. 2006. Mind–Independence Disambiguated: Separating the Meat from the Straw in the Realism/Anti–realism Debate. *Ratio* 19/3: 321–35.

Pedersen, Nikolaj Jang Lee Linding and Lynch, Michael P. 2018. Truth Pluralism. In Glanzberg (ed.), 543–78.

Pedersen, Nikolaj Jang Lee Linding and Wright, Cory. 2018. Pluralist Theories of Truth. In *Stanford Encyclopedia of Philosophy*. https://plato.stanford.edu/archives/win2018/entries/truth–pluralist.

Peirce, Charles Sanders. 1877. The Fixation of Belief. *Popular Science Monthly* 12/1: 1–15.

Peirce, Charles Sanders. 1878. How to Make Our Ideas Clear. *Popular Science Monthly* 12/3: 286–302.

Peirce, Charles Sanders. 1934. *Collected Papers of Charles Sanders Peirce*, vol. v. Cambridge, MA: Harvard University Press.

Peirce, Charles Sanders. 1986. *Writings of Charles S. Peirce: A*

Chronological Edition, vol. iii. Bloomington: Indiana University Press.

Peters, Dean. 2012. How to Be a Scientific Realist (If At All): A Study of Partial Realism. PhD dissertation, London School of Economics.

Piaget, Jean. [1937] 1954. *The Construction of Reality in the Child*. New York: Basic Books.

Pickering, Andrew. 1995. *The Mangle of Practice*. University of Chicago Press.

Pickering, Andrew. 2015. Science, Contingency, and Ontology. In Léna Soler et al. (eds.), *Science as It Could Have Been: Discussing the Contingency/Inevitability Problem*, 117–28. University of Pittsburgh Press.

Pihlström, Sami. 2003. *Naturalizing the Transcendental: A Pragmatic View*. Amherst, NY: Prometheus.

Pihlström, Sami. 2009. *Pragmatist Metaphysics: An Essay on the Ethical Grounds of Ontology*. London: Continuum.

Pihlström, Sami. 2011. The Problem of Realism, from a Pragmatic Point of View. In Frega (ed.), 103–26.

Pihlström, Sami. 2012. Toward Pragmatically Naturalized Transcendental Philosophy of Scientific Inquiry and Pragmatic Scientific Realism. *Studia Philosophica Estonica* 5/2: 79–94.

Pihlström, Sami. 2014. Pragmatic Realism. In Westphal (ed.), 251–82.

Pirsig, Robert M. 1974. *Zen and the Art of Motorcycle Maintenance*. New York: William Morrow.《선과 모터사이클 관리술》(문학과지성사, 2010)

Polanyi, Michael. 1958. *Personal Knowledge: Towards a Post-critical Philosophy*. University of Chicago Press.《개인적 지식》(아카넷, 2001)

Price, Huw. 1988. *Facts and the Function of Truth*. Oxford: Basil Blackwell.

Price, Huw. 1998. Three Norms of Assertibility, or How the Moa became Extinct. *Philosophical Perspectives* 12: 241–54.

Price, Huw. 2003. Truth as Convenient Friction. *Journal of Philosophy* 100/4: 167–90.

Priest, Graham. 2008. *An Introduction to Non-classical Logic: From If to Is*. 2nd edn. Cambridge University Press.

Pritchard, Duncan. 2016. Seeing It for Oneself: Perceptual Knowledge, Understanding, and Intellectual Autonomy. *Episteme* 13/1: 29–42.

Privat-Deschanel, Agustin. 1876. *Elementary Treatise on Natural Philosophy*, trans. and ed. J. D. Everett. London: Blackie & Son.

Psillos, Stathis. 1999. *Scientific Realism: How Science Tracks Truth*. London and New York: Routledge.《과학적 실재론》(사월의책, 2024)

Putnam, Hilary. 1975a. *Philosophical Papers, vol. 1: Mathematics, Matter and Method*. Cambridge University Press.

Putnam, Hilary. 1975b. What Is Mathematical Truth? In Putnam 1975a, 60–78.

Putnam, Hilary. 1977. Realism and Reason. *Proceedings and Addresses of the American Philosophical Association* 50/6: 483–98.

Putnam, Hilary. 1980a. How to Be an Internal Realist and a Transcendental Idealist (at the Same Time). In R. Haller and W. Grassl (eds.), *Language, Logic, and Philosophy*, 100–8. Vienna: Hölder-Pichler-Tempsky.

Putnam, Hilary. 1980b. Models and Reality. *Journal of Symbolic Logic* 45: 464–82.

Putnam, Hilary. 1981. *Reason, Truth and History*. Cambridge University Press.《이성, 진리, 역사》(민음사, 2002)

Putnam, Hilary. 1982. Why There Isn't a Ready-Made World. *Synthese* 51: 141–67.

Putnam, Hilary. 1983. *Realism and Reason*. New York: Cambridge University Press.

Putnam, Hilary. 1987. *The Many Faces of Realism* (*The Paul Carus Lectures*). Chicago and La Salle, IL: Open Court.

Putnam, Hilary. 1990a. *Realism with a Human Face*, ed. James Conant. Cambridge, MA: Harvard University Press.

Putnam, Hilary. 1990b. Realism with a Human Face. In Putnam 1990a, 3–29.

Putnam, Hilary. 1990c. A Defense of Internal Realism. In Putnam 1990a,

30 – 42.

Putnam, Hilary. 1995. *Pragmatism: An Open Question*. Oxford: Blackwell.

Putnam, Hilary. 1999. *The Threefold Cord: Mind, Body and World*. New York: Columbia University Press.

Putnam, Hilary. 2015a. Intellectual Autobiography. In Auxier et al. (eds.), 1 – 110.

Putnam, Hilary. 2015b. Reply to Tim Maudlin. In Auxier et al. (eds.), 502 – 9.

Quine, W. V. O. 1969. *Ontological Relativity and Other Essays*. New York: Columbia University Press.

Quinn, Terry. 2011. *From Artefacts to Atoms*. Oxford University Press.

Radder, Hans. 2006. *The World Observed / The World Conceived*. University of Pittsburgh Press.

Raskin, Marcus G. and Bernstein, Herbert J. 1987. *New Ways of Knowing: The Sciences, Society and Reconstructive Knowledge*. Totowa, NJ: Rowman & Littlefield.

Rasmussen, Nicolas. 1993. Facts, Artifacts, and Mesosomes: Practicing Epistemology with the Electron Microscope. *Studies in History and Philosophy of Science* 24: 227 – 65.

Ray, Greg. 2018. Tarski on the Concept of Truth. In Glanzberg (ed.), 695 – 717.

Reichenbach, Hans. [1920] 1965. *The Theory of Relativity and A Priori Knowledge*. Berkeley and Los Angeles: University of California Press.

Rescher, Nicholas. 1980. Conceptual Schemes. *Midwest Studies in Philosophy* 5: 323 – 46.

Resnick, David. 1994. Hacking's Experimental Realism. *Canadian Journal of Philosophy* 24: 395 – 412.

Rorty, Richard. 1982. *Consequences of Pragmatism: Essays 1972-1980*. Minneapolis: University of Minnesota Press. 《실용주의의 결과》(민음사, 1996)

Rosenthal, Sandra B. 2007. *C. I. Lewis in Focus: The Pulse of Pragmatism*. Bloomington: Indiana University Press.

Rouse, Joseph. 1987. *Knowledge and Power: Toward a Political*

Philosophy of Science. Ithaca, NY: Cornell University Press.

Rouse, Joseph. 2001. Two Concepts of Practices. In Schatzki, Knorr Cetina and von Savigny (eds.), 198–208.

Rouse, Joseph. 2015. *Articulating the World: Conceptual Understanding and the Scientific Image*. University of Chicago Press.

Rowbottom, Darrell P. 2019. *The Instrument of Science: Scientific Anti-realism Revitalized*. London and New York: Routledge.

Ruphy, Stéphanie. 2016. *Scientific Pluralism Reconsidered: A New Approach to the (Dis)Unity of Science*. University of Pittsburgh Press.

Russell, Bertrand. 1910. William James's Conception of Truth. In Russell, *Philosophical Essays*, 127–49. London: Longmans, Green.

Russell, Bertrand. 1912. *Problems of Philosophy*. London: Williams and Norgate.《철학의 문제들》(이학사, 2000)

Ruthenberg, Klaus and Chang, Hasok. 2020. Glass and Life: The Biochemical Origins of pH. *Beitrag für die Mitteilungen der Fachgruppe Geschichte der Chemie* 26: 63–87.

Ryle, Gilbert. 1946. Knowing How and Knowing That: The Presidential Address. *Proceedings of the Aristotelian Society*, new series 46: 1–16.

Saatsi, Juha (ed.). 2018. *The Routledge Handbook of Scientific Realism*. London and New York: Routledge.

Sagan, Carl. 1980. *Cosmos*. New York: Random House.《코스모스》(사이언스북스, 2004)

Scerri, Eric. 2007. *The Periodic Table: Its Story and Its Significance*. Oxford University Press.《주기율표》(교유서가, 2019)

Scharp, Kevin. 2013. *Replacing Truth*. Oxford University Press.

Scharp, Kevin. 2021. Conceptual Engineering for Truth: Alethic Properties and New Alethic Concepts. *Synthese* 198: 647–88.

Schatzki, Theodore R. 2001a. Introduction: Practice Theory. In Schatzki, Knorr Cetina and von Savigny (eds.), 10–23.

Schatzki, Theodore R. 2001b. Practice Mind-ed Orders. In Schatzki, Knorr Cetina and von Savigny (eds.), 50–63.

Schatzki, Theodore R., Knorr Cetina, Karin and von Savigny, Eike (eds.). 2001. *The Practice Turn in Contemporary Theory*. London and New York: Routledge.

Scheffler, Israel. 1999. A Plea for Pluralism. *Transactions of the Charles S. Peirce Society* 35: 425–36.

Schiller, Ferdinand Canning Scott. 1939. *Our Human Truths*. New York: Columbia University Press.

Schilpp, Paul Arthur (ed.). 1968. *The Philosophy of C. I. Lewis*. La Salle, IL: Open Court.

Schweikard, David P. and Schmid, Hans Bernhard. 2021. Collective Intentionality. In *Stanford Encyclopedia of Philosophy*. https://plato. stanford.edu/archives/fall2021/entries/collective-intentionality.

Šešelja, Dunja, Kosolosky, Laszlo and Straßer, Christian. 2012. The Rationality of Scientific Reasoning in the Context of Pursuit: Drawing Appropriate Distinctions. *Philosophica* 86: 51–82.

Šešelja, Dunja and Straßer, Christian. 2014. Epistemic Justification in the Context of Pursuit: A Coherentist Approach. *Synthese* 191: 3111–41.

Shan, Yafeng. 2019. A New Functional Approach to Scientific Progress. *Philosophy of Science* 104: 639–59.

Shang, Rick. 2021. Positron Emission Tomography from 1930 to 1990. PhD dissertation, Washington University.

Shapere, Dudley. 1993. Discussion: Astronomy and Anti-Realism. *Philosophy of Science* 60: 134–50.

Shipley, Joseph T. 1984. *The Origins of English Words: A Discursive Dictionary of Indo-European Roots*. Baltimore, MD: Johns Hopkins University Press.

Sismondo, Sergio. 2017. Post-Truth? *Social Studies of Science* 46/1: 3–6.

Skulberg, Emilie. 2021. The Event Horizon as a Vanishing Point. PhD dissertation, University of Cambridge.

Smart, J. J. C. 1963. *Philosophy and Scientific Realism*. London: RKP.

Snowdon, Paul. 2004. The Presidential Address. Knowing How and Knowing That: A Distinction Reconsidered. *Proceedings of the Aristotelian Society*, new series 104: 1–32.

Soler, Léna. 2009. *Introduction à l'épistémologie*. 2nd edn. Paris: Ellipses.

Soler, Léna. 2012. Robustness of Results and Robustness of Derivations: The Internal Architecture of a Solid Experimental Proof. In Léna Soler, Emiliano Trizio, Thomas Nickles and William C. Wimsatt (eds.), *The Robustness of Science*, 227 – 66. Dordrecht: Springer.

Soler, Léna and Catinaud, Régis. 2014. Toward a Framework for the Analysis of Scientific Practices. In Soler et al. (eds.), 80 – 92.

Soler, Léna, Zwart, Sjoerd, Lynch, Michael and Israel-Jost, Vincent (eds.). 2014. *Science after the Practice Turn in the Philosophy, History and Social Studies of Science*. New York and London: Routledge.

Solomon, Miriam. 2001. *Social Empiricism*. Cambridge, MA: MIT Press.

Sosa, Ernest. 1993. Putnam's Pragmatic Realism. *Journal of Philosophy* 90: 605 – 26. 2017. *Epistemology*. Princeton University Press.

Spiegelberg, Herbert. 1956. Husserl and Peirce's Phenomenologies: Coincidence or Interaction. *Philosophy and Phenomenological Research* 17: 164 – 85.

Staley, Richard. 2008. *Einstein's Generation: The Origins of the Relativity Revolution*. University of Chicago Press.

Stanford, P. Kyle. 2018. Unconceived Alternatives and the Strategy of Historical Ostension. In Saatsi (ed.), 212 – 24.

Stanford, P. Kyle and Kitcher, Philip. 2000. Refining the Causal Theory of Reference for Natural Kind Terms. *Philosophical Studies* 97: 99 – 129.

Stang, Nicholas F. 2018. Kant's Transcendental Idealism. In *Stanford Encyclopedia of Philosophy*. https://plato.stanford.edu/archives/win2018/entries/kant-transcen dental-idealism.

Stanley, Jason and Williamson, Timothy. 2001. Knowing How. *Journal of Philosophy* 98: 411 – 44.

Steinhoff, Gordon. 1986. Internal Realism, Truth and Understanding. In Arthur Fine and Peter Machamer (eds.), *PSA 1986*, vol. I, 352 – 63. East Lansing, M1: Philosophy of Science Association.

Steinle, Friedrich. 2016. *Exploratory Experiments: Ampère, Faraday, and the Origins of Electrodynamics*. University of Pittsburgh Press.

Stern, David G. 2003. The Practical Turn. In Stephen P. Turner and Paul

A. Roth (eds.), *The Blackwell Guide to the Philosophy of the Social Sciences*, 185–206. Oxford: Blackwell.

Stoljar, Daniel and Damnjanovic, Nic. 2014. The Deflationary Theory of Truth. In *Stanford Encyclopedia of Philosophy*. https://plato. stanford.edu/archives/fall2014/entries/truth-deflationary.

Stuart, Michael T. 2018. How Thought Experiments Increase Understanding. In Stuart, Fehige and Brown (eds.), 526–44.

Stuart, Michael T., Fehige, Yiftach and Brown, James Robert (eds.). 2018. *The Routledge Companion to Thought Experiments*. London and New York: Routledge.

Stump, David J. 2015. *Conceptual Change and the Philosophy of Science: Alternative Interpretations of the A Priori*. New York: Routledge.

Stump, David J. 2020. Ontological Relativity. In Kusch (ed.), 341–8.

Suárez, Mauricio. 2004. An Inferential Conception of Scientific Representation. *Philosophy of Science* 71: 767–79.

Suárez, Mauricio. (ed.). 2009. *Fictions in Science*. New York: Routledge.

Suárez, Mauricio. 2016. Representation in Science. In Paul Humphreys (ed.), *The Oxford Handbook of Philosophy of Science*, 440–59. Oxford University Press.

Swoyer, Chris. 1991. Structural Representation and Surrogative Reasoning. *Synthese* 87: 449–508.

Teller, Paul. 2001. Twilight of the Perfect Model Model. *Erkenntnis* 55: 393–415.

Teller, Paul. 2017. Modeling Truth. *Philosophia* 45: 143–61.

Teller, Paul. 2018. Referential and Prespectival Realism. *Spontaneous Generations* 9/1: 151–64.

Teller, Paul. 2020. What Is Perspectivism, and Does It Count as Realism? In Massimi and McCoy (eds.), 49–64.

Teller, Paul. 2021. Making Worlds with Symbols. *Synthese* 198 (Suppl 21): S5015–36.

Thagard, Paul. 2000. *Coherence in Thought and Action*. Cambridge, MA: MIT Press.

Thompson, Michael. 2008. *Life and Action: Elementary Structures of*

Practice and Practical Thought. Cambridge, MA: Harvard University Press.

Tomczyk, Hannah. 2022. Did Einstein Predict Bose–Einstein Condensation? *Studies in History and Philosophy of Science* 93: 30–8.

Toon, Adam. 2012. *Models as Make-Believe: Imagination, Fiction and Scientific Representation*. Basingstoke: Palgrave Macmillan.

Torretti, Roberto. 1990. *Creative Understanding*. University of Chicago Press.

Torretti, Roberto. 2000. 'Scientific Realism' and Scientific Practice. In Evandro Agazzi and Massimo Pauri (eds.), *The Reality of the Unobservable*, 113–22. Dordrecht: Kluwer.

Tuomela, Raimo. 1985. *Science, Action, and Reality*. Dordrecht: Reidel.

Van Fraassen, Bas. 1980. *The Scientific Image*. Oxford: Clarendon Press.

Van Fraassen, Bas. 2002. *The Empirical Stance*. New Haven, CT: Yale University Press.

Van Fraassen, Bas. 2004. Précis of *The Empirical Stance*. *Philosophical Studies* 121: 127–32.

Van Fraassen, Bas. 2008. *Scientific Representation: Paradoxes of Perspective*. Oxford University Press.

Vickers, Peter. 2017. Understanding the Selective Realist Defence against the PMI. *Synthese* 194: 3221–32.

Vihalemm, Rein. 2012. Practical Realism: Against Standard Scientific Realism and Anti-realism. *Studia Philosophica Estonica* 5/2: 7–22.

Watkins, Calvert (ed.). 1985. *The American Heritage Dictionary of Indo-European Roots*. Boston: Houghton Mifflin.

Weinberg, Steven. 1992. *Dreams of a Final Theory*. New York: Random House.《최종 이론의 꿈》(사이언스북스, 2007)

Westerblad, Oscar. (forthcoming). Making Sense of Understanding: A Pragmatist Account of Scientific Understanding. PhD dissertation, University of Cambridge.

Westphal, Kenneth (ed.). 2014. *Realism, Science and Pragmatism*. Abingdon and New York: Routledge.

Wheaton, Bruce R. 1983. *The Tiger and the Shark: Empirical Roots of Wave-Particle Dualism*. Cambridge University Press.

Williamson, Timothy. 2000. *Knowledge and Its Limits*. Oxford University Press.

Wilson, Mark. 2006. *Wandering Significance: An Essay on Conceptual Behaviour*. Oxford University Press.

Wimsatt, William C. 2007. *Re-engineering Philosophy for Limited Beings: Piecewise Approximations to Reality*. Cambridge, MA: Harvard University Press.

Winther, Rasmus. 2020. *When Maps Become the World*. University of Chicago Press.

Wittgenstein, Ludwig. 1922. *Tractatus Logico-Philosophicus*. London: Routledge & Kegan Paul.《논리-철학 논고》(책세상, 2025)

Wittgenstein, Ludwig. 1953. *Philosophical Investigations*. Oxford: Blackwell.《철학적 탐구》(책세상, 2019)

Wittgenstein, Ludwig. 1969. *On Certainty* (*Über Gewissheit*). New York: Harper. 《확실성에 관하여》(책세상, 2020)

Woodward, James. (forthcoming). Sketch of Some Themes for a Pragmatist Philosophy of Science. In Holly Andersen and Sandra Mitchell (eds.), *The Pragmatist Challenge*. Oxford University Press.

Worrall, John. 1989. Structural Realism: The Best of Both Worlds? *Dialectica* 43: 99–124.

Wray, K. Brad. 2018. *Resisting Scientific Realism*. Cambridge University Press.

Wright, Crispin. 1992. *Truth and Objectivity*. Cambridge, MA: Harvard University Press.

Wright, Crispin. 1999. Truth: A Traditional Debate Reviewed. *Canadian Journal of Philosophy* 24: 31–74.

Young, James O. 2015. The Coherence Theory of Truth. In *Stanford Encyclopedia of Philosophy*. https://plato.stanford.edu/archives/fall2015/entries/truth-coherence.

Zambito, Pascal. 2019. 'Logic is a geometry of thinking': Space and Spatial Frameworks in Wittgenstein's Writings. PhD dissertation, University of Cambridge.

542

이 대담하고 폭넓은 책에서, 장하석은 과학적 실천에 대한 깊이 뿌리내린 사고방식에 도전하는 새로운 아이디어들을 풍부하게 제시한다. 서로 상충하는 것으로 여겨지곤 하는 관점들을 통찰하여, 그것이 어떻게 자신만의 독특한 실용주의 과학철학에 유익하게 결합될 수 있는지 보여준다. 경이로운 역작이다.

_필립 키처(컬럼비아대학교 명예교수)

실용주의가 과학철학의 비전과 관련하여 여전히 가치 있는 통찰을 제공할 수 있음을 과학철학자들에게 새삼 환기시키는 책이다. 철학은 본질적으로 논쟁적인 활동이기 때문에, 형이상학적 실재론으로부터 분리된 형태를 포함한 진리대응론의 가치, 실용주의적 진리론, 적절한 형태의 실재론, 그리고 일원론과 다원론에 대한 논쟁은 앞으로도 계속될 것이다. 이러한 논의에 이 책은 매우 환영할 만하고 신선한 기여를 하고 있다.

_폴 호이닝엔-휘네(하노버 라이프니츠대학교 명예교수),
 K. 브래드 레이(오르후스대학교 교수)

과학의 미묘함과 복잡성을 이해하는 것은 과학철학의 어려운 과제이다. 이 책에서 장하석은 그 이상을 성취한다. 지식을 능동적인 것으로 만들려는 그의 시도는 과학의 인식론적 틀을 재구성하고 개선하는 데 고무적인 역할을 하고 있다.

_마틴 카리에(빌레펠트대학교 교수)